상상이 현실이 되는 마법 스케치

아두이노 바이블

아두이노로 상상할 수 있는 A부터 Z까지!

vol.1 아두이노 기초 편

아두이노 바이블

vol. 1: 아두이노 기초 편

1쇄 발행 2021년 6월 24일

지은이 허경용
펴낸이 장성두
펴낸곳 주식회사 제이펍

출판신고 2009년 11월 10일 제406-2009-000087호
주소 경기도 파주시 회동길 159 3층 3-B호 / **전화** 070-8201-9010 / **팩스** 02-6280-0405
홈페이지 www.jpub.kr / **원고투고** submit@jpub.kr / **독자문의** help@jpub.kr / **교재문의** textbook@jpub.kr

편집부 김정준, 이민숙, 최병찬, 이주원 / **소통기획부** 송찬수, 강민철 / **소통지원부** 민지환, 김유미, 김수연
진행 장성두 / **교정 · 교열** 김경희 / **내지 및 표지 디자인** 이민숙
용지 타라유통 / **인쇄** 한승문화 / **제본** 민성사

ISBN 979-11-91660-02-5 (93000)
값 22,000원

상상이 현실이 되는 마법 스케치

아두이노 바이블

아두이노로 상상할 수 있는 A부터 Z까지!

vol.1 아두이노 기초 편

허경용 지음

Jpub 제이펍

※ **드리는 말씀**

- 이 책에 기재된 내용을 기반으로 한 운용 결과에 대해 저자, 소프트웨어 개발자 및 제공자, 제이펍 출판사는 일체의 책임을 지지 않으므로 양해 바랍니다.
- 이 책에 기재한 회사명 및 제품명은 각 회사의 상표 및 등록명입니다. 본문 중에는 ™, ©, ® 마크 등이 표시되어 있지 않습니다.
- 이 책에서 소개한 URL 등은 시간이 지나면 변경될 수 있습니다.
- 이 책의 스케치 예제와 연습문제 해답 중 코드는 아두이노 1.8.10 환경에서 테스트를 마쳤으며, https://github.com/Jpub/ArduinoBible 에서 다운로드할 수 있습니다.
- 연습문제에 대한 해답은 별도로 제공하지 않습니다. 단, 해답이 코드인 것들은 위의 페이지에서 받을 수 있습니다.
- 책의 내용과 관련된 문의사항은 지은이나 출판사로 연락주시기 바랍니다.
  - 지은이: https://cafe.naver.com/sketchurimagination
  - 출판사: help@jpub.kr

차 례

vol.1 아두이노 기초 편

머리말

2005년에 처음 발표된 아두이노는 마이크로컨트롤러 전반에 많은 변화를 가져왔다. 특히나 교육 현장에서는 아두이노 이전과 아두이노 이후로 나누어도 어색하지 않을 만큼 아두이노가 미친 영향은 크고, 아두이노라는 단어는 마이크로컨트롤러라는 단어를 대신할 정도의 일반 명사로까지 사용되고 있다. 이 외에 아두이노가 바꾸어놓은 것들을 모두 이야기하자면 한 권의 책으로도 부족하다.

아두이노의 어떤 점이 우리를 이렇게 열광하게 만드는 것일까? 발표 초기에 아두이노가 자리를 잡을 수 있게 해준 이유를 '쉽고 빠르게'로 요약할 수 있다면, 아두이노의 열기가 아직도 뜨거운 이유는 '다양하게'라는 말로 설명할 수 있다. 아두이노가 비전공자들을 위한 플랫폼으로 시작되어 쉽고 빠르게 마이크로컨트롤러 응용 시스템을 만들 수 있도록 해준다는 점은, 원하는 것들을 직접 만들어보고 싶어 하는 사람들의 호기심을 자극하기에 충분했고, 아두이노가 DIY와 메이커 운동에서 하나의 축으로 자리 잡을 수 있게 해주었다.

아두이노가 비전공자를 위한 플랫폼으로 시작된 만큼 아두이노가 소개된 이후 본격적으로 등장한 4차 산업혁명, 사물인터넷, 인공지능 등의 분야에서는 충분히 강력한 무기가 될 수 없을 것이라는 우려가 있었던 것이 사실이다. 하지만 아두이노는 쉽고 빠른 플랫폼에서 멈추지 않고 다양한 환경에서 사용할 수 있는 플랫폼으로 진화를 거듭해 왔다. 마이크로컨트롤러와 관련된 흥미로운 내용을 발견했을 때 가장 먼저 떠오르는 생각이 '아두이노에서도 가능하겠지'라는 것일 만큼 아두이노는 최신 기술을 아우르는 플랫폼으로 자리 잡았고, 최신의 기술을 소개하는 플랫폼으로 아두이노를 선택하는 예도 어렵지 않게 찾아볼 수 있다. 이처럼 아두이노의 영토는 그 한계를 예단할 수 없을 만큼 빠르게 확장되고 있다.

아두이노를 쫓아가며 여러 권의 책을 쓰면서도 못내 아쉬웠던 점은 아두이노의 행보를 찬찬히 살펴보면서 쓰고 싶은 이야기를 모두 쓰기에는 항상 시간과 지면이 부족하다는 것이었다. 마침 일 년이라는 시간이 주어져 지면의 제약 없이 아두이노와 관련된 이야기를 마음껏 풀어보자고 시작한 것이 바로 이 책, 《아두이노 바이블》이다. 하지만 아두이노는 만만한 상대가 아니었다.

책이 완성된 지금, '바이블'이라는 이름이 붙을 만한 콘텐츠인지 자문해 보면 부끄럽기 그지없다. 시작할 때 충분하리라 생각했던 분량보다 절반 이상을 더 채우고도 자꾸만 미진한 부분이 눈에 밟힌다. 주어진 시간을 다 쓰고도 이름에 어울리는 책을 쓰지 못한 것은 아두이노를 따라잡기에 발이 느리기 때문이기도 하지만, 첫 페이지를 쓸 때와 마지막 페이지를 쓸 때 이미 아두이노가 변해 있을 만큼 아두이노가 살아 움직이고 있다는 점이 아쉬움이 많지만 여기서 일단락을 지어야겠다는 결심을 한 이유다.

아두이노 바이블은 전통적인 AVR 시리즈 마이크로컨트롤러를 사용한 아두이노 보드, 그중에서도 아두이노 우노를 중심으로 한다. 새로운 영역으로 아두이노가 확장되면서 ARM 기반 마이크로컨트롤러를 사용한 아두이노 보드 역시 여러 종류가 출시되었고, ARM 기반 아두이노 보드가 인공지능으로 대표되는 지금에 더 적합할 수 있다. 하지만 아두이노 우노는 여전히 아두이노를 대표하는 보드로 자리 잡고 있으며, ARM 기반 아두이노 보드에도 대부분 적용될 수 있다는 점이 아두이노 우노를 선택한 이유다. 아두이노 우노로도 많은 것을 스케치할 수 있고 최신의 기술까지 경험할 수 있다는 것이 또 다른 이유이며, 《아두이노 바이블》을 읽다 보면 실제로 그렇다는 사실을 알 수 있을 것이다.

여러 권의 책을 쓰면서도 답을 얻지 못한 문제 중 하나가 아두이노에 미래가 있을까 하는 것이다. 세상은 변하고 있고 그에 맞춰 아두이노 역시 발 빠르게 대처하고 있지만, 아두이노의 태생적 한계가 한 번쯤은 아두이노의 발목을 잡으리라는 비판 또한 흘려버릴 수 없는 것이 사실이다. 하지만 아두이노가 쉽고 빠른 플랫폼에서 다양하게 사용될 수 있는 플랫폼으로 변화한 것처럼 미래를 위한 새로운 플랫폼으로 등장할 것임을 의심하지 않는다. 누구보다 아두이노에서 아두이노의 미래에 대한 고민이 깊겠지만, 아두이노의 미래를 위해 더해졌으면 하고 개인적으로 바라는 것은 '효율적인' 문제 해결이다. 교육 현장에서 아두이노는 더할 나위 없지만, 산업 현장에서 아두이노는 아쉬운 점이 있는 것이 사실이다. 어디에 내놓아도 효율적으로 문제를 해결할 수 있는 아두이노가 DIY와 메이커 운동을 넘어 'Arduino Inside'로 나타나는 것이 개인적인 바람이며 아두이노의 행보를 눈여겨보는 이유이기도 하다.

책을 쓰는 동안 말없이 응원해 준 아내와 아빠의 등을 궁금해하던 두 아들, 여러 면에서 당혹스러운 책을 지지해 주신 제이펍 출판사가 있어 《아두이노 바이블》을 세상에 내놓을 수 있었음에 고마움을 전하고 싶다. 아두이노의 속도를 따라잡는다는 것은 욕심이었음을 이제야 알게 되었지만, 《아두이노 바이블》이 작으나마 오래도록 도움이 되는 책으로 아두이노의 미래를 그리는 거친 밑그림이 되기를 감히 소망한다.

허경용 드림

장별
주요 내용

vol.1 아두이노 기초 편

CHAPTER 1 아두이노란 무엇인가?

아두이노는 비전공자를 위한 마이크로컨트롤러 플랫폼으로, 쉽고 간단한 사용 방법으로 다양한 사용자층을 끌어들임으로써 마이크로컨트롤러 관련 프로젝트 중 가장 주목받는 프로젝트로 자리 잡고 있다. 이 장에서는 아두이노가 만들어진 배경과 아두이노의 하드웨어 및 소프트웨어 특징을 통해 아두이노가 무엇인지 알아본다.

CHAPTER 2 마이크로컨트롤러란 무엇인가?

마이크로컨트롤러는 마이크로프로세서의 일종으로, 간단한 제어 장치를 만드는 데 사용되는 사양이 낮은 컴퓨터를 말한다. 이 장에서는 아두이노 보드의 핵심이라 할 수 있는 마이크로컨트롤러의 구조와 동작 방식, 마이크로컨트롤러를 위한 프로그램을 작성하는 방법 등 마이크로컨트롤러를 이해하는 데 필요한 기본적인 내용을 살펴본다.

CHAPTER 3 마이크로컨트롤러를 위한 메모리

메모리는 컴퓨터에서 데이터를 저장하고 프로그램을 실행하는 데 핵심적인 요소 중 하나다. 데스크톱 컴퓨터의 경우 메인 메모리라 불리는 한 종류의 메모리가 사용되지만, 마이크로컨트롤러에서는 여러 종류의 메모리가 서로 다른 목적으로 사용되고 있다. 이 장에서는 마이크로컨트롤러에서 사용되는 메모리를 중심으로 다양한 메모리의 종류와 용도를 알아본다.

CHAPTER 4 아두이노 우노

아두이노 우노는 아두이노를 대표하는 보드로 아두이노의 목적과 사용 방법이 잘 반영된 보드다. 이 장에서는 아두이노 우노를 구성하는 다양한 부품들을 통해 아두이노 보드의 구성과 특징을 살펴보고, 이들 부품이 아두이노 우노의 ATmega328 마이크로컨트롤러와 어떻게 연결되어 있는지 알아본다.

CHAPTER 5 아두이노 개발환경 설정

아두이노는 하드웨어인 아두이노 보드와 소프트웨어 개발환경인 아두이노 프로그램으로 구성된다. 이 중 소프트웨어인 아두이노 프로그램은 프로세싱의 영향을 받아 비전공자들도 쉽게 사용할 수 있도록 직관적이고 간단한 사용자 인터페이스를 제공하고 있다. 이 장에서는 아두이노 프로그램의 설치 및 사용 방법과 온라인에서 아두이노 스케치를 작성할 수 있는 웹 데이터 사용 방법을 알아본다.

CHAPTER 6 디지털 데이터 출력

아두이노의 스케치는 C/C++ 언어를 사용하므로 프로그램의 시작점인 `main` 함수가 반드시 존재해야 하지만, 아두이노에서 `main` 함수는 숨겨져 있고 `setup`과 `loop` 함수를 기반으로 스케치를 작성한다. 이 장에서는 마이크로컨트롤러를 위한 일반적인 C/C++ 프로그램의 구조를 살펴보고, 이를 좀 더 직관적으로 이해할 수 있도록 만들어진 스케치의 구조와 비교해 본다.

CHAPTER 7 부트로더와 스케치 업로드

스케치를 업로드하는 방법에는 시리얼 방식과 ISP 방식의 두 가지가 있고, 이 중 아두이노에서는 시리얼 방식을 기본으로 한다. 하지만 시리얼 방식 업로드를 사용하기 위해서는 부트로더가 구워진 상태여야 하며, 부트로더는 ISP 방식으로만 구울 수 있다. 이 장에서는 아두이노 보드에 스케치를 업로드하는 방법과 스케치 업로드 과정에서 부트로더의 역할을 알아본다.

CHAPTER 8 아두이노 기본 클래스

아두이노 스케치 작성을 쉽게 해주는 요소 중 하나인 아두이노 라이브러리는 주변장치에 따른 저수준의 제어 작업, 마이크로컨트롤러의 특정 기능, 또는 흔히 사용되는 데이터 타입의 처리 등을 추상화한 클래스 라이브러리로 만들어져 있다. 특히 컴퓨터는 물론 주변장치와의 UART 시리얼 통신을 담당하는 `Serial` 클래스와 문자열을 다루기 위한 `String` 클래스는 대부분의 스케치에서 사용할 정도로 흔히 사용된다. 이 장에서는 헤더 파일을 포함하지 않고 사용할 수 있는 아두이노의 기본 클래스인 `Serial` 클래스와 `String` 클래스의 사용 방법을 알아본다.

CHAPTER 9 아두이노를 위한 C/C++ 언어

아두이노의 스케치를 작성하기가 쉽다고 생각하게 된 데에는 마이크로컨트롤러의 기본 기능을 추상화한 아두이노 함수와 주변장치 제어 기능을 추상화한 아두이노 라이브러리가 큰 역할을 했다. 이때 아두이노 함수가 C 언어의 함수로 만들어진다면, 아두이노 라이브러리는 C++ 언어의 클래스로 만들어진다. 따라서 스케치를 작성하려면 C 언어에 대한 이해는 물론 C++ 언어의 클래스 사용 방법을 알고 있어야 한다. 이 장에서는 스케치를 작성하는 데 필요한 C 언어의 기본 문법과 C++ 언어의 클래스에 대해 알아본다.

CHAPTER 10 아두이노를 위한 전자공학

아두이노는 비전공자를 위한 마이크로컨트롤러 플랫폼으로, 주변 환경과 상호 작용할 수 있는 간단한 제어 장치를 만들기 위한 목적으로 시작되었다. 마이크로컨트롤러가 어렵게 느껴지는 이유 중 하나는 하드웨어와 소프트웨어에 대한 이해가 모두 필요하기 때문이다. 이 중 소프트웨어는 C/C++ 언어를 사용하여 스케치한다면, 하드웨어는 주변 환경과의 상호 작용을 위해 다양한 전자 부품이 사용된다. 이 장에서는 아두이노와 함께 사용되는 전자 부품을 이해하는 데 필요한 전자공학의 기본 원리와 제어 장치를 구성하기 위한 전자 부품의 활용 방법을 알아본다.

CHAPTER 11 하드웨어 시리얼과 소프트웨어 시리얼

아두이노 우노에 사용된 ATmega328 마이크로컨트롤러는 하나의 UART 시리얼 포트만을 제공하고 있지만, 이 포트는 스케치 업로드를 위해 사용되므로 UART 통신을 사용하는 주변장치를 연결하여 사용하기는 쉽지 않다. 이런 경우 디지털 입출력 핀을 통해 하드웨어 지원 없이 소프트웨어만으로 UART 통신을 사용할 수 있게 해주는 클래스가 SoftwareSerial이다. 이 장에서는 하드웨어와 소프트웨어로 지원되는 UART 통신을 비교해 보고, UART 통신을 사용하여 상호 작용이 가능한 스케치를 작성하는 방법을 살펴본다.

CHAPTER 12 디지털 데이터 출력

마이크로컨트롤러는 디지털 컴퓨터의 한 종류이므로 디지털 데이터를 처리하는 것이 기본이다. 그중에서도 마이크로컨트롤러의 데이터 핀으로 출력되는 데이터는 비트 단위의 데이터로, 마이크로컨트롤러가 주변장치와 데이터를 주고받는 기본 단위가 된다. 이 장에서는 아두이노의 데이터 핀으로 1비트 데이터를 출력하는 방법을 LED를 사용하여 알아본다.

CHAPTER 13 디지털 데이터 입력

마이크로컨트롤러는 비트 단위의 디지털 데이터 입출력을 기본으로 하고 있으므로, 디지털 데이터 입력은 디지털 데이터 출력과 함께 마이크로컨트롤러의 가장 기본적이면서도 중요한 기능이다. 이 장에서는 비트 단위의 디지털 데이터 입력을 위해 사용할 수 있는 가장 간단한 입력 장치인 푸시 버튼을 통해 디지털 데이터를 입력하는 방법과 디지털 데이터 입력에서 주의할 점을 알아본다.

CHAPTER 14 아날로그 데이터 입력

마이크로컨트롤러는 디지털 데이터 입출력을 기본으로 하지만, 아날로그-디지털 변환기(ADC)를 통해 아날로그 데이터를 디지털로 변환하여 입력받고 처리할 수 있다. 아두이노 우노에 사용된 ATmega328에는 10비트 해상도를 갖는 6채널의 ADC가 포함되어 있으므로 최대 6개의 아날로그 신호를 출력하는 장치를 연결하여 사용할 수 있고 아날로그값은 0에서 1023 사이의 디지털값으로 변환되어 입력된다. 이 장에서는 아날로그 데이터를 디지털 데이터로 변환하여 입력하고 이를 활용하는 방법을 알아본다.

CHAPTER 15 아날로그 데이터 출력

마이크로컨트롤러에서 처리를 거친 디지털 데이터는 다시 아날로그값으로 바꾸어야 처리 결과를 주변 환경으로 돌려줄 수 있다. 하지만 아두이노 보드에 사용된 AVR 시리즈 마이크로컨트롤러는 아날로그 데이터를 디지털 데이터로 바꿀 수는 있지만, 디지털 데이터를 아날로그 데이터로 바꿀 수는 없다. 대신 아날로그 신호와 유사한 효과를 내는 디지털 신호인 펄스 폭 변조(PWM) 신호를 사용할 수 있다. 이 장에서는 PWM 신호 출력 방법과 이를 통해 아날로그 신호와 비슷한 효과를 얻는 방법을 알아본다.

CHAPTER 16 아두이노 라이브러리

아두이노에서 스케치를 쉽게 작성할 수 있는 것은 아두이노 함수와 아두이노 라이브러리가 있기 때문에 가능하다. 이 중 아두이노 함수가 마이크로컨트롤러의 기본 기능을 추상화한 것이라면, 아두이노 라이브러리는 아두이노 함수를 사용하여 마이크로컨트롤러의 특정 기능이나 주변장치 제어 기능 등을 클래스를 사용하여 추상화한 것이다. 이 장에서는 아두이노 라이브러리의 구조와 사용 방법을 알아본다.

CHAPTER 17 멀티 태스킹: 다중 작업 처리 구조

낮은 사양의 마이크로컨트롤러를 사용하는 아두이노는 여러 가지 작업을 동시에 진행하는 데 한계가 있다. 하지만 마이크로컨트롤러에서 처리하는 작업은 적은 연산을 짧은 시간 동안만 수행하는 경우가 많으며, 이런 작업은 제한적이지만 여러 가지를 동시에 진행할 수 있다. 이 장에서는 아두이노에서 여러 가지 작업을 동시에 처리하는 방법들을 알아본다.

장별 부품 목록

vol.1 아두이노 기초 편

아두이노 우노 × 1

CH. 4~9, 11~17

USB-UART 변환 장치 × 1
➡ USB2SERIAL

CH. 11

ISP 방식 프로그래머 × 1
➡ USBISP

CH. 7

220Ω 저항 × 8

CH. 12~15, 17

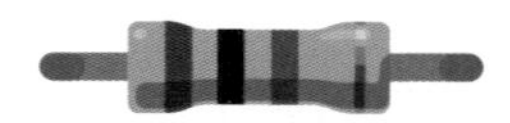

1kΩ 저항 × 4

CH. 13, 17

가변저항 × 1

CH. 14, 15

LED × 8

CH. 12~15, 17

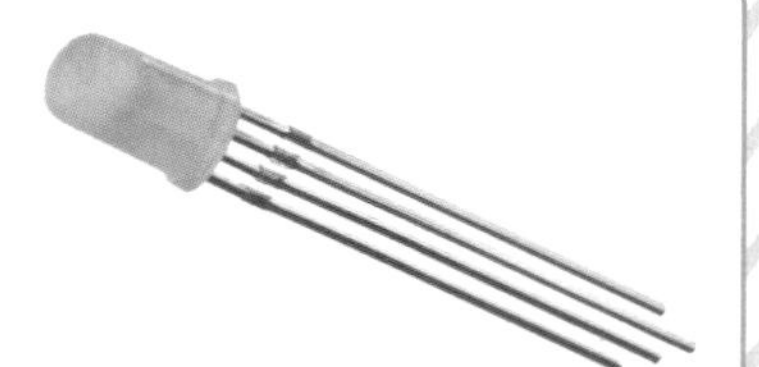

RGB LED × 1 ➡ 공통 양극 방식

CH. 15

푸시 버튼 × 4

CH. 13, 17

조이스틱 × 1

CH. 14

vol.1 아두이노 기초 편

오동준(인하공업전문대학)

이 책은 단순히 아두이노 보드를 이용한 실습만 하는 것이 아니라 마이크로프로세서, 기본 소자, 다양한 프로그램 예제, 깊이 있는 설명까지 아두이노에 관한 거의 모든 것이 들어가 있습니다. 아두이노를 처음 접하는 초보자, 무작정 따라 하다 보니 뭔가 부족함을 느끼는 개발자, 아두이노를 이용한 실무 또는 AVR을 사용한 실무에 적용하고자 하는 사람 등 책 제목대로 아두이노에 있어 바이블이라고 할 수 있는 책입니다. 개인적으로는 재미있는 경험이었습니다.

이충녕(서강대학교)

'아두이노의 A to Z를 알고 싶다면 이 책으로 시작하면 좋겠다'라는 생각이 들었습니다. 아두이노를 전혀 모른다면 이해하기 어려울 수도 있습니다. 하지만 배우기를 마음먹었다면 어떻게 나아가야 할지 감을 잡을 수 있을 것입니다. 아두이노의 유래부터 전자공학 지식까지 아두이노의 모든 것이 꾹꾹 눌러 담겨 있는 바이블이라는 느낌을 베타리딩 내내 받았습니다. 비전공자부터 전문가까지 아두이노를 접하는 모든 이의 충실한 길잡이가 될 것 같습니다.

전직상(메이커큽협동조합)

책 제목에서 알 수 있듯이, 아두이노에 대한 모든 것을 다루고 있으나 딱딱하지 않고 쉽게 풀어내고 있습니다. 아두이노 기초부터 고급까지, 전자, 전기, AVR 기초 지식, C 및 C++ 프로그래밍, 그리고 실제 스케치 작성에 필요한 내용도 있어 좋았습니다. 언젠가는 또 누군가는 꼭 한 번은 해야 할 작업을 저자이신 허경용 교수님이 그동안 축적하신 자료들을 체계적으로 정리한 책으로, 아두이노와 사물인터넷을 공부하실 분들뿐만 아니라 이미 다루고 계신 분들께도 권합니다. 책 전반에 걸쳐 초보자들을 위해 쉽게 설명하려고 노력한 흔적이 많이 보입니다.

조현석

쉬운 책일 것이라는 당초 예상과는 달리 생각보다 책 내용에 깊이가 있었습니다. 아두이노가 초보자에게는 쉬우면서도 전문적인 작품을 만들 수 있는 것처럼, 이 책도 읽기 쉽고 재밌지만 아두이노에 대한 모든 것을 알고 싶은 사람에게 전자공학적인 지식을 바탕으로 동작 원리를 잘 설명해 줍니다. 단순히 아두이노를 가지고 노는 것 이상으로 다루어보고 싶거나 물건을 뜯어보는 데 재미를 느끼는 사람에게 적극 추천합니다.

한홍근(엑셈)

쉽게만 생각했던 아두이노에 대해 이렇게 깊이 있게 설명한 책은 처음이라 놀랐습니다. '바이블'이라는 이름에 걸맞게 아두이노에 관해 낱낱이 분석하고 설명하고 있었습니다. 아두이노를 사용하면서 무심코 지나쳤던 동작 원리를 백과사전처럼 알려주기 때문에 다소 겁먹을 수 있습니다. 하지만 부담스럽지 않은 분량으로 챕터 구성이 되어 있어서 완독한다면 아두이노에 대한 깊이 있는 지식을 얻을 수 있다고 생각합니다.

제이펍
베타리더스

제이펍은 책에 대한 애정과 기술에 대한 열정이 뜨거운 베타리더의 도움으로
출간되는 모든 IT 전문서에 사전 검증을 시행하고 있습니다.

CHAPTER

1

아두이노란 무엇인가?

아두이노는 비전공자를 위한 마이크로컨트롤러 플랫폼으로, 쉽고 간단한 사용 방법으로 다양한 사용자층을 끌어들임으로써 마이크로컨트롤러 관련 프로젝트 중 가장 주목받는 프로젝트로 자리 잡고 있다. 이 장에서는 아두이노가 만들어진 배경과 아두이노의 하드웨어 및 소프트웨어 특징을 통해 아두이노가 무엇인지 알아본다.

마이크로컨트롤러는 하나의 칩으로 만들어진 낮은 성능의 컴퓨터로, 간단한 제어 장치를 만들기 위해 사용된다. 마이크로컨트롤러는 하나의 칩으로 만들어져 다루기가 쉽지 않으므로 사용 편이성을 위해 여러 가지 부품을 추가하여 만든 마이크로컨트롤러 보드가 흔히 사용되며, 대표적인 마이크로컨트롤러 보드 중 하나가 아두이노Arduino다. 아두이노는 최근 마이크로컨트롤러와 관련하여 가장 많이 언급되는 단어 중 하나로, 이탈리아 이브레아Ivrea에서 '예술가와 디자이너가 쉽고 간단하게 주변 환경과 상호 작용할 수 있는 전자 장치를 만들 수 있도록 하자'는 취지의 프로젝트에서 시작되었다. 2005년에 처음 발표된 이후 아두이노는 쉬운 사용법으로 수많은 참여자를 끌어들여 독자적인 생태계 구축에 성공함으로써 오픈 소스 프로젝트 중 가장 많은 참여자를 가진 마이크로컨트롤러 관련 프로젝트가 되었다.

아두이노에 관해 간단히 이야기했지만, 아두이노가 무엇인지 이야기하기란 쉽지 않다. 그 이유는 아두이노가 **마이크로컨트롤러를 이용하여 만들어진 하드웨어와 하드웨어를 동작시키는 데 필요한 소프트웨어 개발환경을 포함하는 플랫폼**을 가리키기 때문이다. 하지만 아두이노 보드를 지칭하기 위해 또는 아두이노 보드에서 실행되는 프로그램을 개발하는 아두이노 프로그램을 지칭하기 위해서도 아두이노라는 단어가 흔히 사용되고 있다.

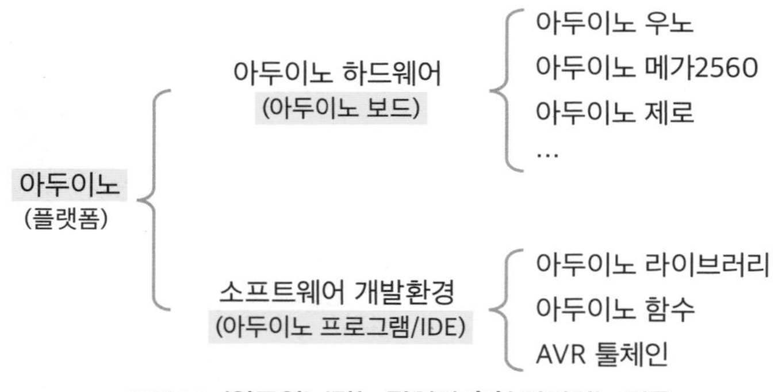

그림 1.1 '아두이노'라는 단어가 흔히 가리키는 것들

1.1 아두이노의 역사

아두이노는 이탈리아의 IDII Interaction Design Institute Ivrea**에서 디자인에 적용할 수 있는 상호 작용이 가능한 전자 장치를 쉽고 간편하게 만들 수 있도록 하자는 목적에서 시작되었다.** IDII는 예술과 IT를 융합해 가르치는 전문 대학원으로, 아두이노가 만들어지기 이전에도 전자 장치를 디자인에 적용한 다양한 시도가 이루어지고 있었다. 아두이노 이전에 인터랙티브 디자인interactive design에서 흔히 사용하던 제품 중의 하나가 패럴랙스Parallax사의 베이직 스탬프BASIC Stamp다. 베이직 스탬프는 마이크로컨트롤러를 위한 베이직 언어 인터프리터를 내장하고 있어 마이크로컨트롤러를 위한 프로그램을 베이직 언어로 간단하게 작성할 수 있도록 해주었다. 베이직 스탬프는 1990년대 초반부터 널리 사용되었지만, $100가 넘는 높은 가격에 성능 역시 그리 좋지 못했고, 윈도우 운영체제만 지원하는 등 여러 제약이 있었다. 이러한 상황에서 2002년 IDII의 교수로 부임한 마시모 반지Massimo Banzi는 베이직 스탬프를 대체할 새로운 마이크로컨트롤러 플랫폼을 구상하기 시작했고 아두이노의 탄생으로 이어졌다.

아두이노 탄생에 큰 영향을 미친 것 중 하나가 프로세싱 Processing**이다***. 프로세싱은 벤 프라이Ben Fry와 케이시 리아스Casey Reas가 MITMassachusetts Institute of Technology 미디어랩의 대학원생이던 2001년에 만들기 시작한 프로그래밍 언어다. 프로세싱은 '첫 번째 프로그래밍 언어'라는 목표로 만들어졌으며, 이는 프로세싱 역시 디자이너를 위한 프로그래밍 언어를 염두에 두고 만들어졌기 때문이다. 아두이노 프로그램은 프로세싱의 영향을 받아 만들어진 만큼 많은 부분을 프로세싱에서 가져왔다. 버전이 바뀌면서 현재 프로그램 외형은 차이가 있지만**, 최소한의 사용자 인터페이스를 통해 꼭 필요한 기능만을 제공한다는 점은 프로세싱 프로그램과 아두이노 프로그램이 같다. 코드 구조에서 프로세싱은 `setup`과 `draw` 함수를 기본으로 사용하는데, 아두이노는 `setup`과 `loop` 함수로 이름이 바뀌었을 뿐 실행 구조와 순서는 같다. 아두이노를 위한 프로그램을 스케치sketch라고 부르는 것 역시 프로세싱에서 가져온 것으로, 그림을 그리듯이 프로그램을 쉽게 작성할 수 있다는 의미에서 붙여진 이름이다.

---

* https://processing.org

** 현재 아두이노 프로그램은 2.x 버전 프로세싱 프로그램의 외형을 유지하고 있지만, 프로세싱 프로그램은 3.x 버전으로 바뀌면서 사용자 인터페이스가 일부 바뀌었다.

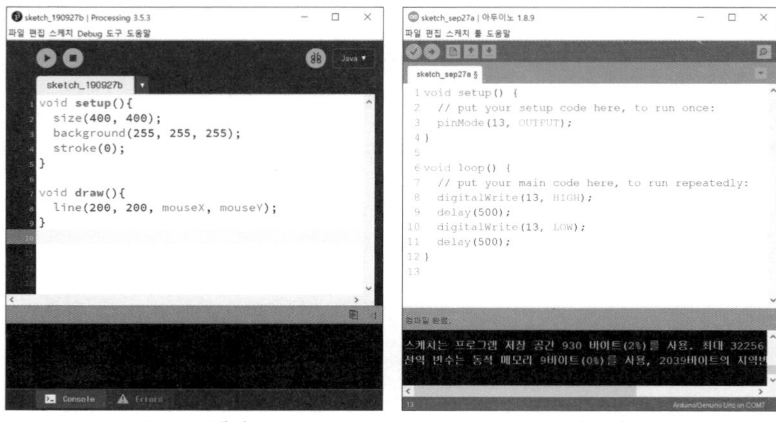

(a) 프로세싱 (b) 아두이노

그림 1.2 프로세싱 프로그램과 아두이노 프로그램

프로세싱의 개발자 중 한 사람인 케이시 리아스와 마시모 반지가 함께 IDII에 재직하고 있던 2003년에 에르난도 바라간Hernando Barragan이 두 사람의 지도를 받으며 석사 학위를 위한 프로젝트로 진행한 것이 **아두이노의 전신인 와이어링**Wiring*이다.

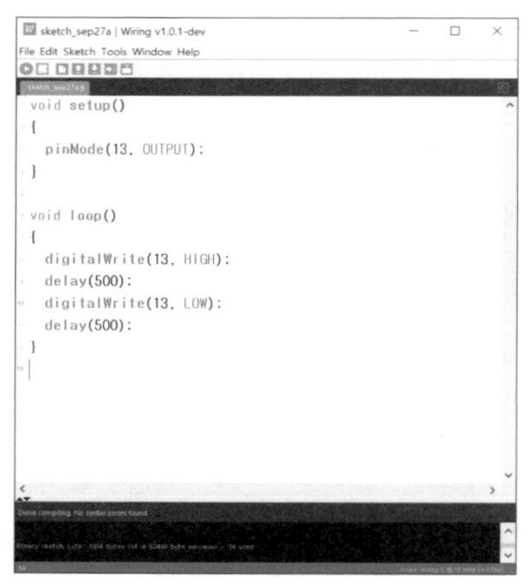

(a) 와이어링 프로그램 (b) 와이어링 보드

그림 1.3 와이어링

와이어링 보드는 마이크로칩Microchip의 ATmega128 마이크로컨트롤러를 사용했으며, 베이직 스탬프와 비교하면 절반 정도의 가격인 $60에 우수한 성능과 쉬운 사용법으로 주목을 받았다. 현재 사용되고 있는 아두이노 프로그램의 외형과 기본 라이브러리 대부분은 와이어링 프로젝트에서

* http://wiring.org.co

완성된 것들이다*.

와이어링의 완성도가 높았음에도 마시모 반지는 와이어링 보드보다 더 저렴하고 간단한 보드를 만들기 위한 새로운 프로젝트를 진행하게 되었고, 이것이 바로 아두이노다. 아두이노의 첫 번째 프로토타입은 와이어링 보드에 사용된 마이크로컨트롤러보다 저렴한 ATmega8을 사용하고 회로 구성 역시 와이어링보다 간단해지면서 와이어링 보드의 절반 수준인 $30에 제작할 수 있었다. 아두이노Arduino라는 이름은 이브레아 출신 이탈리아의 왕 Arduino d'IvreaArduin of Ivrea에서 따왔다고 한다. 발표 이후 아두이노는 쉽고 간단한 사용법으로 마이크로컨트롤러를 활용하여 전자 장치를 만들고자 하는 이들에게 주목을 받기 시작했다. 여기에 아두이노 개발팀이 아두이노를 오픈 소스로 공개하여 자발적인 참여자를 끌어들임으로써 오늘의 아두이노가 있게 했다. 최근에는 아두이노가 지닌 메이커 문화와의 연관성이 4차 산업혁명 및 사물인터넷과 자연스럽게 이어짐으로써 **아두이노는 학생을 위한 교육 도구와 애호가를 위한 DIY 도구를 넘어 전문가를 위한 프로토타이핑 도구로까지 그 영역이 확대되고 있다.**

1.2 아두이노 보드

처음 공개된 이후 아두이노 보드는 몇 차례의 수정과 보완이 이루어져 여러 가지 공식 아두이노 보드가 판매되고 있다**. 아두이노를 사용하기 위해서는 아두이노 보드와 아두이노 보드에서 실행되는 프로그램 작성을 위한 통합개발환경IDE: Integrated Development Environment이 필요하다. 통합개발환경은 아두이노에서 무료로 제공하는 아두이노 프로그램을 사용하는 경우가 대부분이지만, 아두이노 보드는 여러 보드 중에서 사용자의 목적이나 용도에 맞게 선택해서 사용해야 한다.

아두이노를 대표하는 보드이면서 가장 많이 사용되는 보드는 아두이노 우노Arduino UNO다. 아두이노 우노 역시 몇 번의 개정을 거쳐 현재 판매되고 있는 것은 R3 버전이다. 우노는 이탈리아어로 1을 뜻하며, 아두이노 프로그램의 정식 버전인 1.0이 공개되는 시점에 맞추어 공개된 보드이므로 기준이 된다는 의미에서 우노라는 이름이 사용되었다.

* 와이어링과 아두이노는 많은 부분에서 서로 호환된다. 아두이노 우노의 경우 와이어링 프로그램에서 스케치를 컴파일하고 업로드하여 실행하는 것이 가능하다. 하지만 와이어링은 개발이 중단된 상태이므로 최근에 아두이노에 추가되거나 변경된 기능은 와이어링과 호환되지 않을 수 있다.

** https://www.arduino.cc/en/Main/Products

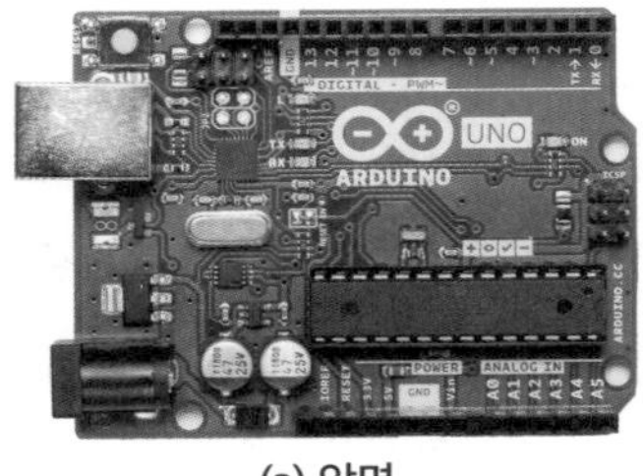
(a) 앞면

(b) 뒷면

그림 1.4 아두이노 우노 R3

아두이노 보드의 특징을 설명하기 전에 한 가지 구분해야 할 것이 '마이크로컨트롤러'와 '마이크로컨트롤러 보드'다. **하드웨어 측면에서 아두이노는 마이크로컨트롤러가 아니라 마이크로컨트롤러 보드에 해당한다.** 마이크로컨트롤러는 싱글 칩 컴퓨터Single Chip Computer라고도 불리는, 컴퓨터의 본체에 해당하는 기능을 하나의 칩으로 집약해 놓은 낮은 성능의 컴퓨터를 말한다. 즉, 마이크로컨트롤러는 하나의 ICIntegrated Circuit 칩을 가리킨다. 컴퓨터의 본체에 전원만 공급되면 컴퓨터로 동작할 수 있는 것처럼, 마이크로컨트롤러 역시 전원만 주어지면 마이크로컨트롤러로 동작할 수 있다. 하지만 **아두이노 보드에는 마이크로컨트롤러 이외에 많은 것들이 포함되어 있다.**

그림 1.5 아두이노 우노

그림 1.5의 아두이노 우노를 살펴보면 아두이노 우노의 핵심이라 할 수 있는 ATmega328 마이크로컨트롤러 이외에도 많은 부품이 자리하고 있음을 알 수 있다. 특히 아두이노에는 주변장치 연결을 위한 핀 헤더, 프로그램 개발 과정에서 컴퓨터와 연결하기 위한 USB 커넥터 및 2개의 ICSP 핀 헤더, 전원 공급을 위한 커넥터 등 다양한 연결 장치를 제공하고 있다. 이 외에도 마이크로컨트롤러의 안정적인 동작을 위한 클록, 동작 테스트를 위한 LED 등이 포함되어 있다. 즉, 아두이노 우노는 마이크로컨트롤러인 ATmega328과 이를 사용할 수 있게 해주는 다양한 부품들이

포함된 마이크로컨트롤러 보드에 해당한다.

마이크로컨트롤러 보드 = 마이크로컨트롤러 + α **아두이노 우노 = ATmega328 + α**

아두이노 보드는 일반적인 마이크로컨트롤러 보드와는 다른 몇 가지 특징이 있으며, 그중 하나가 핀 헤더 배열이다. 언뜻 보기에는 별다른 것이 없어 보이지만, 아두이노 우노와 아두이노 메가2560을 비교해 보면 같은 핀 배열을 사용하고 있음을 알 수 있다. 아두이노 메가2560에 사용된 ATmega2560은 아두이노 우노에 사용된 ATmega328보다 많은 데이터 핀을 갖고 있으며, 아두이노 메가2560에는 이 데이터 핀들을 사용할 수 있도록 아두이노 우노보다 많은 핀 헤더가 존재한다. 하지만 **아두이노 우노에서 제공하는 핀 헤더와 같은 위치 같은 순서로 아두이노 메가2560에서도 그대로 제공하고 있다.**

(a) 아두이노 우노

(b) 아두이노 메가2560

그림 1.6 아두이노 우노와 아두이노 메가2560

핀 헤더 위치가 같다는 것은 아두이노 우노에 연결한 주변장치를 그대로 아두이노 메가2560으로 옮겨서 연결하면 같은 동작을 확인할 수 있다는 뜻이다. 또한 아두이노 우노에서 사용한 프로그램은 아두이노 메가2560에서 거의 그대로 사용할 수 있다.

이처럼 **핀 헤더 위치와 순서가 표준화되어 있으므로 아두이노 보드들이 공통으로 사용하는 확장 보드인 쉴드**shield***를 제작하는 것도 가능하다.** 아두이노 홈페이지에도 여러 종류의 쉴드가 소개되어 있으며, 아두이노는 보드 설계가 오픈 소스로 공개되어 있어 누구나 자유롭게 아두이노에서 사용 가능한 쉴드를 만들 수 있다. 그림 1.7은 아두이노와 서드 파티에서 제작하여 판매하고 있는 쉴드의 예를 보여준다. 그림 1.7에 소개된 쉴드 역시 아두이노 우노의 핀 헤더와 같은 배열의 핀 헤더를 갖고 있으므로 여러 개의 쉴드를 적층하여 사용할 수도 있다. 물론, **같은 핀을 사용하는**

* 쉴드는 마이크로컨트롤러에서 제공하지 않는 특정 기능을 추가하기 위해 사용하는 확장 보드로, 아두이노 보드에 적층하여 사용할 수 있다.

2개 이상의 쉴드를 적층하여 동시에 사용하는 것에는 제한이 있다. 이 외에도 검색을 통해 다양하고 신기한 기능의 쉴드를 쉽게 찾아볼 수 있다.

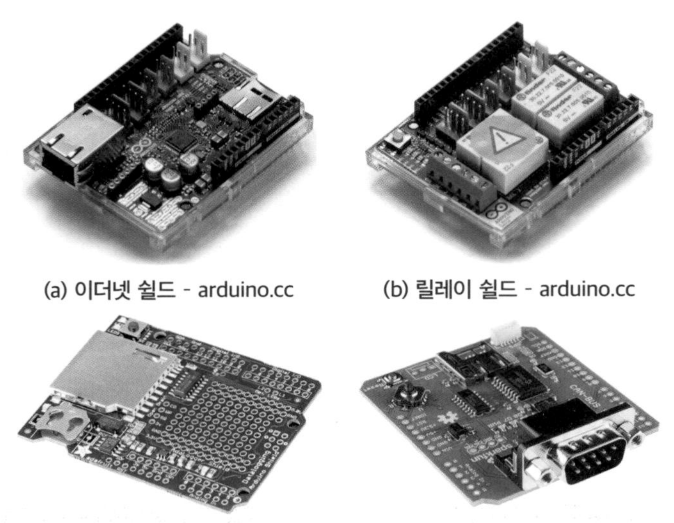

(a) 이더넷 쉴드 - arduino.cc (b) 릴레이 쉴드 - arduino.cc

(c) 데이터 로깅 쉴드 - adafruit.com (d) CAN 버스 쉴드 - sparkfun.com

그림 1.7 아두이노 쉴드

공통의 핀 헤더를 사용하는 것이 아두이노 보드의 특징 중 하나이기는 하지만, 모든 아두이노 보드가 그런 것은 아니다. 아두이노 우노의 핀 헤더는 아두이노 우노에서 사용할 수 있는 데이터 핀을 쉽게 연결할 수 있게 하지만, 그로 인해 보드의 크기가 커진 것도 사실이다. 아두이노 우노에서 핀 헤더만 제거해도 보드 크기를 작게 할 수 있으며, 아두이노 나노가 바로 이런 방법으로 아두이노 우노를 작게 만든 보드다. 아두이노 레오나르도가 ATmega32u4 마이크로컨트롤러를 사용하고 아두이노 우노와 같은 핀 헤더를 가진 보드라면, 아두이노 마이크로는 아두이노 레오나르도의 핀 헤더를 제거하고 작게 만든 보드에 해당한다.

아두이노 우노 : 아두이노 나노 = 아두이노 레오나르도 : 아두이노 마이크로

그림 1.8에서 가장 큰 칩이 아두이노 보드에서 핵심인 마이크로컨트롤러에 해당한다. 아두이노 우노와 아두이노 나노에 사용된 마이크로컨트롤러는 형태만 다를 뿐 같은 마이크로컨트롤러이며*,

* 아두이노 우노에 사용된 마이크로컨트롤러 칩은 DIP(Dual In-line Package) 타입의 ATmega328P-PU이고, 아두이노 나노에 사용된 마이크로컨트롤러 칩은 TQFP(Plastic Quad Flat Package) 타입의 ATmega328P-AU로, 패키지(package)에 따라 이름에 차이가 있다. 또한 DIP 타입 칩은 28핀이지만 TQFP 타입 칩은 32핀으로 DIP 타입 칩에서는 사용할 수 없는 ATmega328 마이크로컨트롤러의 기능을 추가로 사용할 수 있다. 자세한 내용은 74장 '아두이노 나노와 아두이노 나노 에브리'를 참고하면 된다.

아두이노 레오나르도와 마이크로는 같은 형태의 칩을 사용하고 있다. 같은 마이크로컨트롤러를 사용하는 서로 다른 보드가 필요한 이유는 무엇일까? 바로 사용 목적의 차이다. 아두이노 우노는 아두이노의 대표적인 보드로, 쉬운 사용을 위해 다양한 부품이 포함되어 있어 시스템 설계 및 개발의 초기 단계에 적합하다. 반면, 아두이노 나노는 프로토타입을 제작하는 단계에서 쉽게 적용할 수 있도록 아두이노 우노와 같은 기능을 하는 보드를 소형으로 만들어놓은 것이다.

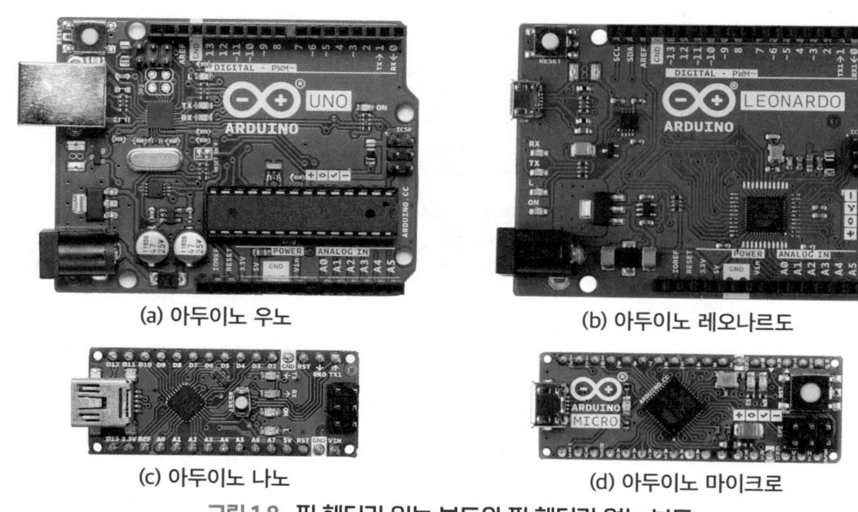

(a) 아두이노 우노 (b) 아두이노 레오나르도

(c) 아두이노 나노 (d) 아두이노 마이크로

그림 1.8 핀 헤더가 있는 보드와 핀 헤더가 없는 보드

아두이노 보드의 또 다른 특징에는 **아두이노 보드에 사용된 마이크로컨트롤러를 마이크로칩에서 생산한다**는 점도 포함된다. 아두이노는 마이크로칩의 AVR 시리즈 마이크로컨트롤러를 사용하여 만들어지기 시작했고, 지금도 AVR 시리즈 마이크로컨트롤러를 사용한 아두이노 보드가 가장 많이 사용되고 있다. AVR 시리즈 마이크로컨트롤러를 사용하는 아두이노 보드에는 아두이노 우노/나노, 아두이노 레오나르도/마이크로, 아두이노 메가2560 등이 포함된다. 이들 보드는 대부분 16MHz의 속도를 기본으로 하므로 성능의 차이는 찾아보기 어렵고 기능에 차이가 있을 뿐이다. 아두이노 레오나르도는 USB 연결을 지원하는 ATmega32u4 마이크로컨트롤러를 사용함으로써 마우스, 키보드 등과 같은 USB 장치를 쉽게 만들 수 있도록 해준다. 이에 비해 아두이노 메가2560에서 사용하는 ATmega2560 마이크로컨트롤러는 아두이노 우노의 ATmega328 마이크로컨트롤러보다 3배 이상 많은 입출력 핀과 8배 큰 프로그램 메모리를 제공하므로 복잡한 시스템을 만들기에 적합하다.

아두이노 보드 중에는 AVR 시리즈 마이크로컨트롤러가 아닌 다른 마이크로컨트롤러를 사용하는 보드도 있다. 애초에 아두이노는 간단한 전자 장치를 만들기 위해 시작되었고, 이러한 목적을 위해서는 16MHz의 AVR 시리즈 마이크로컨트롤러로 충분했다. 하지만 사물인터넷과 메이커 운동에서 아두이노의 역할이 커지면서 높은 사양의 아두이노 보드에 대한 요구가 증가했고, 이에 따라 Cortex-M 시리즈 마이크로컨트롤러를 사용한 32비트 아두이노 보드가 만들어지기 시작했다. Cortex-M 시리즈 마이크로컨트롤러는 여러 회사에서 제작하고 있지만, **아두이노 보드에 사용된 Cortex-M 시리즈 마이크로컨트롤러는 AVR 시리즈와 마찬가지로 마이크로칩에서 생산하고 있다.**

Cortex-M 시리즈 마이크로컨트롤러는 32비트 마이크로컨트롤러로, 8비트인 AVR 시리즈 마이크로컨트롤러와 비교했을 때 데이터 처리 능력이 우수하며, 동작 속도 역시 최초의 32비트 아두이노 보드인 아두이노 듀에가 84MHz로 아두이노 우노보다 5배 이상 빠르다. 아두이노 듀에 이후 이보다 성능이 낮은 아두이노 제로가 만들어졌고, 사물인터넷 환경을 겨냥하여 아두이노 제로를 작게 만든 아두이노 MKR 시리즈도 출시되었다. 아두이노 MKR 시리즈로는 아두이노 MKR 제로를 기본으로 유선이나 무선 통신 기능이 추가된 MKR 보드가 출시되었으며, MKR 보드를 위한 전용 쉴드 역시 다양한 종류가 판매되고 있어 고성능 아두이노 보드의 사용 역시 증가하고 있다. 또 다른 32비트 아두이노 보드로는 아두이노 나노 33 시리즈가 있다. 나노 33 시리즈는 기존 아두이노 나노에 Cortex-M 시리즈 마이크로컨트롤러를 사용한 보드로 블루투스나 와이파이와 같이 사물인터넷 환경에서 흔히 사용되는 무선 통신을 지원한다. 나노 33 시리즈 보드와 같은 기능의 MKR 시리즈 보드 역시 존재하지만, 나노 33 시리즈는 최소한의 부가 기능을 가진 작고 저렴한 보드로, 아두이노 나노와 핀 배치가 호환된다는 점에서 차이가 있다.

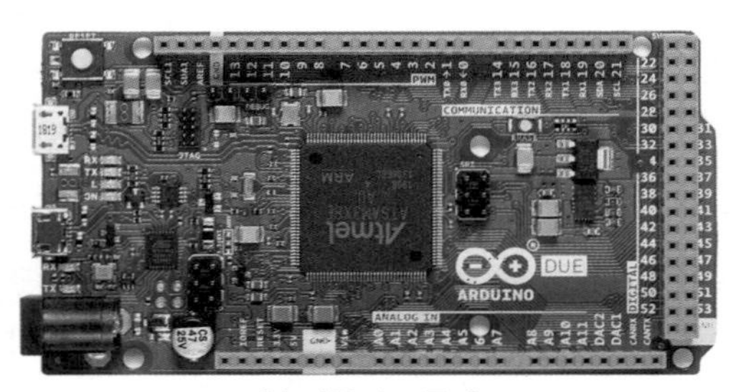

(a) 아두이노 듀에

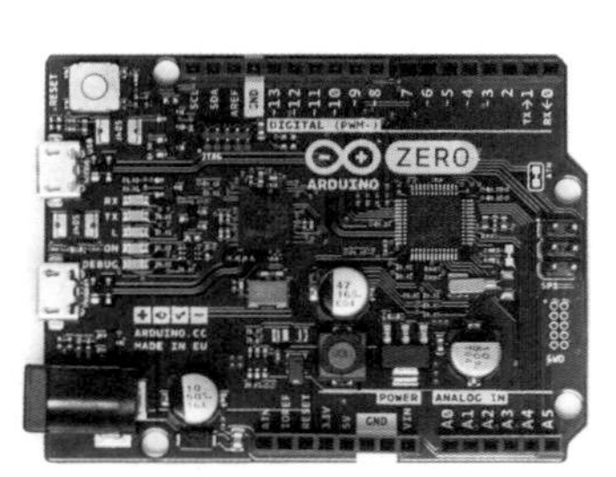

(b) 아두이노 제로

(c) 아두이노 MKR 제로

(d) 아두이노 나노 33 IOT

그림 1.9 32비트 아두이노 보드

표 1.1 아두이노 보드별 마이크로컨트롤러

<table>
<tr><th>아두이노</th><th>마이크로컨트롤러</th><th>아키텍처</th><th>클록</th><th>CPU 비트</th></tr>
<tr><td>우노</td><td rowspan="2">ATmega328</td><td rowspan="4">AVR</td><td rowspan="4">16MHz</td><td rowspan="4">8비트</td></tr>
<tr><td>나노</td></tr>
<tr><td>레오나르도</td><td>ATmega32u4</td></tr>
<tr><td>메가2560</td><td>ATmega2560</td></tr>
<tr><td>듀에</td><td>SAM3X8E</td><td>Cortex M3</td><td>84MHz</td><td rowspan="4">32비트</td></tr>
<tr><td>제로</td><td rowspan="3">SAMD21</td><td rowspan="3">Cortex M0+</td><td rowspan="3">48MHz</td></tr>
<tr><td>MKR 시리즈</td></tr>
<tr><td>나노 33 시리즈</td></tr>
</table>

표 1.1은 앞에서 언급한 아두이노 보드를 간략히 비교한 것이다. 이 외에도 다양한 보드가 존재하지만, 흔히 사용되는 보드들은 ① AVR 시리즈 마이크로컨트롤러를 사용하는 8비트 아두이노 보드, ② Cortex-M 시리즈 마이크로컨트롤러를 사용하는 MKR 시리즈 보드, ③ 작은 크기에 다양한 마이크로컨트롤러가 사용된 나노 시리즈 보드 등이다. 그중에서도 8비트 아두이노 보드는 아두이노가 처음 소개된 이후 지금까지 가장 많이 사용되는 아두이노 보드로 자리하고 있다. 따라서 **어떤 아두이노 보드를 사용해야 할지 선택하기 어렵다면 아두이노가 시작된 8비트 아두이노 보드를 선택하면 되고, 그중에서도 아두이노 우노로 시작하면 된다.** 아두이노 우노는 아두이노를 대표하는 보드로 대부분의 자료들이 아두이노 우노를 기준으로 하고 있으며, 이 책 역시 아두이노 우노를 기준으로 한다. 아두이노 우노만으로도 마이크로컨트롤러가 사용된 다양한 시스템을 구성하기에 충분하다는 점이 아두이노 우노를 선택하는 또 다른 이유가 될 것이며, 만약 아두이노 우노로 부족함을 느낀다면 이미 아두이노의 많은 부분을 이해한 것이라 믿어도 좋다.

1.3 소프트웨어 개발환경

아두이노의 장점 중 하나는 공통의 핀 헤더와 이를 통해 기능을 추가할 수 있게 해주는 쉴드를 사용할 수 있다는 하드웨어 측면에 있다. 하지만 아두이노에 다양한 보드가 존재한다는 것은 아두이노가 사용하기 쉽다는 점과는 다른 이야기로 보일 수 있다. 다양한 보드가 존재함에도 아두이노가 쉽다고 인식될 수 있는 이유는 **서로 다른 아두이노 보드를 위한 프로그램을 같은 방법으로**

작성할 수 있다는 소프트웨어 측면에서 찾아야 하며, 이를 가능하게 하는 것이 바로 아두이노 함수와 라이브러리다.

서로 다른 마이크로컨트롤러를 위한 프로그램은 서로 다른 것이 당연하다. 이는 같은 AVR 시리즈에 속하는 마이크로컨트롤러들 사이에서도 마찬가지이며, 서로 다른 회사에서 제작한 마이크로컨트롤러를 사용하는 경우에는 전혀 다른 형태의 코드를 사용해야 할 수 있다. 아두이노 우노에 사용된 ATmega328 마이크러컨트롤러의 예를 살펴보자. 아두이노 우노 보드의 13번 핀에는 LED가 연결되어 있어 테스트 용도로 사용할 수 있다. 전통적으로 AVR 시리즈 마이크로컨트롤러를 위한 프로그램은 레지스터를 조작하는 과정이 필요하며, 아두이노 우노의 13번 핀에 연결된 LED를 켜기 위해서는 DDRB와 PORTB 레지스터를 조작해야 한다.

```
DDRB  |= 0x20;                           // 포트 B의 6번째 핀을 출력으로 설정
PORTB  |= 0x20;                          // 포트 B의 6번째 핀으로 HIGH를 출력, LED를 켬
```

같은 기능을 아두이노에서는 레지스터의 조작을 대신해 주는 함수를 통해 다음과 같이 구현할 수 있다.

```
pinMode(13, OUTPUT);                     // 13번 핀을 출력으로 설정
digitalWrite(13, HIGH);                  // 13번 핀으로 HIGH를 출력, LED를 켬
```

레지스터를 직접 조작하는 것보다 함수를 사용하는 편이 프로그램을 작성하고 이해하기 쉬운데, 이는 생소한 레지스터 이름과 이해하기 어려운 비트 연산자가 아닌 영어 단어로 이루어진 함수를 사용할 수 있기 때문이며, 이를 추상화abstraction라고 한다. LED를 켜는 경우는 1비트 데이터만 사용하는 간단한 작업이지만, 많은 데이터를 사용하여 복잡한 작업을 수행하는 경우라면 아두이노 함수를 사용하는 장점이 더욱 잘 나타날 것이다. 위의 예에서 장점을 정확히 알 수 없다면 표 1.2에서 ATmega328과 ATmega2560을 위한 코드를 비교해 보면 장점이 잘 나타날 것이다.

표 1.2 하드웨어 제어 코드를 추상화한 함수

	ATmega328	ATmega2560
레지스터 사용	DDRB |= 0x20; PORTB |= 0x20;	DDRB |= 0x80; PORTB |= 0x80;
아두이노 함수 사용	pinMode(13, OUTPUT); digitalWrite(13, HIGH);	

표 1.2에서 볼 수 있듯이 ATmega328과 ATmega2560은 같은 AVR 시리즈 마이크로컨트롤러이므로 같은 종류의 레지스터를 사용하여 LED를 제어하지만, 레지스터 내에서 비트 번호와 같은 세부 사항에 약간의 차이가 있다. 아두이노 함수를 사용하는 경우에는 마이크로컨트롤러의 특정 핀을 13번 핀으로 추상화하고, 13번 핀을 제어하는 작업 역시 함수로 추상화함으로써 같은 코드를 아두이노 우노와 메가2560 모두에 사용할 수 있다. 아두이노에서 마이크로컨트롤러의 모든 기능을 추상화하여 함수로 제공하는 것은 아니지만 기본적인 기능들에 대한 함수는 제공하고 있으므로 짧은 시간에 프로토타입을 만들어볼 수 있으며, 그것도 여러 아두이노 보드에서 같은 코드로 같은 기능을 테스트해 볼 수 있다.

마이크로컨트롤러의 기본 기능을 추상화하여 제공하는 것이 아두이노 함수라면, 주변장치를 제어하는 기능을 추상화하여 C++의 클래스 라이브러리로 제공하는 것이 아두이노 라이브러리다*. 아두이노 라이브러리는 아두이노 프로그램과 함께 제공되는 기본 라이브러리와 온라인을 통해 공개되고 무료로 내려받아 사용할 수 있는 확장 라이브러리로 나눌 수 있다. 이는 확장 하드웨어인 쉴드를 아두이노는 물론 서드 파티에서 제작하여 판매하는 것과 같다. ATmega328에 내장된 EEPROM을 제어하기 위해 아두이노에서는 EEPROM 라이브러리를 제공하고 있다. EEPROM 라이브러리를 사용하여 EEPROM의 100번지에 10의 값을 기록하고 싶다면 다음 한 문장이면 된다.

```
EEPROM.write(100, 10);                    // (값을 저장할 번지, 메모리에 저장할 1바이트값)
```

간단하지 않은가? 물론 스케치 첫머리에 EEPROM 라이브러리 헤더를 포함해야 하며, EEPROM 라이브러리의 내부에서는 많은 일이 벌어지고 있다. 하지만 아두이노는 모든 번거로운 작업을 함수와 라이브러리를 통해 대신해 주고 있으므로 사용자가 신경 써야 할 부분은 그리 많지 않다. 더 반가운 소식은 지금도 아두이노의 라이브러리가 늘어나고 있다는 점이다.

이러한 아두이노의 함수와 라이브러리는 오픈 소스인 AVR 툴체인toolchain을 기반으로 하고 있다. **툴체인이란, 목적 시스템에서 실행되는 프로그램을 작성하기 위해 개발 시스템에서 필요로 하는 프로그래밍 도구의 집합을 말한다.** 아두이노의 경우를 들어 이야기하자면, **아두이노 보드에서 실행되는 프로그램을 작성하기 위해 컴퓨터에서 필요로 하는 프로그램들이 툴체인이다.** 툴체인에는 컴파일러, 링커, 라이브러리, 디버거 등이 포함되며, 하나의 프로그래밍 툴 출력은 다른 프로그래밍 툴의 입력으로 사용되는 경우가 많으므로 '체인'이라는 단어를 사용한다. 툴체인은 아두이노 프로그램을 설치할

* 모든 아두이노 라이브러리가 C++ 스타일의 클래스 라이브러리 형태로 제공되는 것은 아니며, 모든 아두이노 라이브러리가 주변장치 제어와 관련된 것도 아니다. 하지만 많은 라이브러리가 주변장치 제어를 목적으로 하고 있으며, 라이브러리 대부분이 클래스 라이브러리 형태로 제공된다.

때 자동으로 설치되므로 신경 쓸 필요는 없다. AVR 툴체인의 AVR 라이브러리를 바탕으로 아두이노 함수와 라이브러리가 만들어지며, 사용자는 이를 통해 쉽고 간단하게 아두이노 보드를 위한 프로그램을 작성할 수 있다.

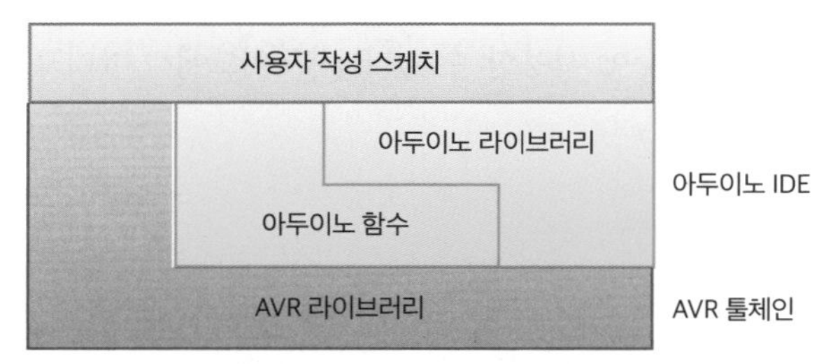

그림 1.10 아두이노의 소프트웨어 개발환경

아두이노 함수와 라이브러리를 사용하여 아두이노 보드를 위한 프로그램을 작성하기 위해서는 흔히 통합개발환경IDE: Integrated Development Environment이라 불리는 개발 프로그램이 필요하다. 아두이노를 위한 스케치를 작성할 수 있는 통합개발환경 중의 하나인 아두이노 프로그램은 아두이노 홈페이지*에서 무료로 내려받을 수 있다. 아두이노 홈페이지는 아두이노와 관련된 최신 내용은 물론 활발한 사용자 커뮤니티를 통해 아두이노와 관련된 가장 빠르고 정확한 정보를 얻을 수 있는 곳이다.

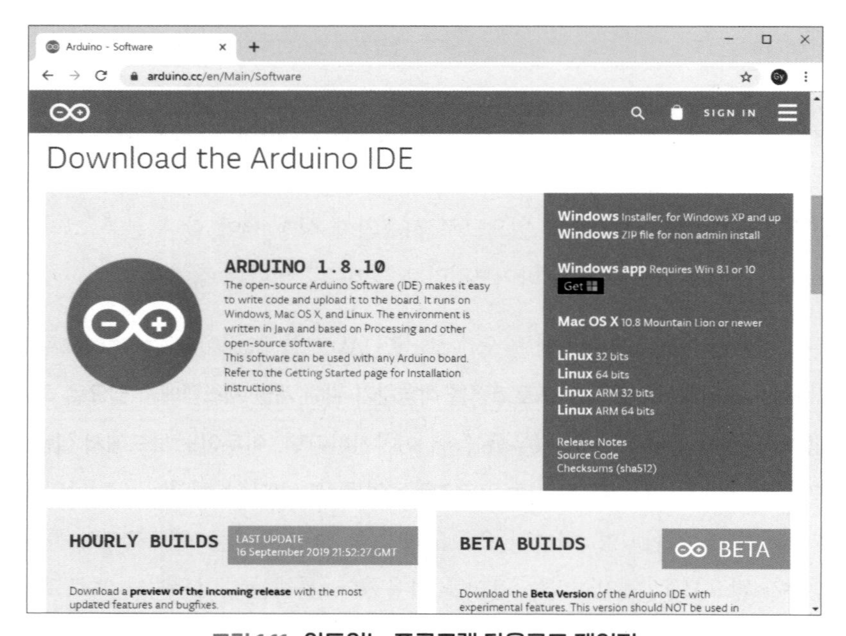

그림 1.11 아두이노 프로그램 다운로드 페이지

* https://www.arduino.cc/en/Main/Software

아두이노 프로그램은 아두이노 보드와 마찬가지로 오픈 소스로 공개되어 있으며, 자바Java로 만들어져 윈도우는 물론 macOS X, 리눅스 등 다양한 운영체제를 지원한다. 그림 1.12는 아두이노를 위한 프로그램을 '스케치'하는 아두이노 프로그램을 보여준다.

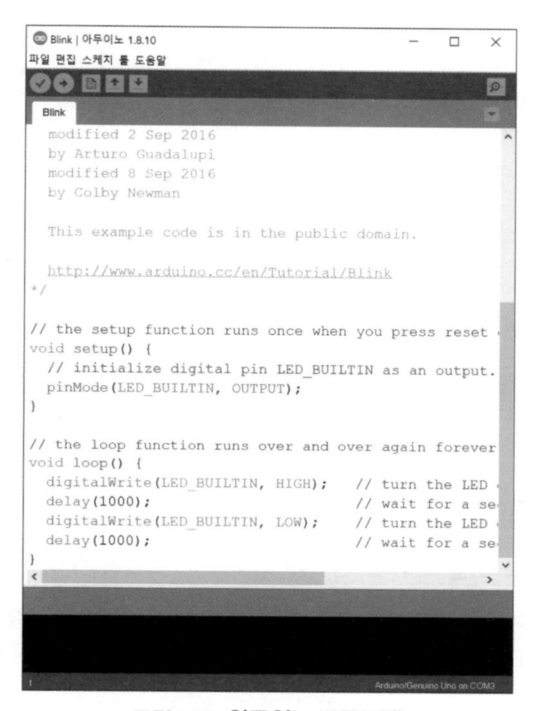

그림 1.12 아두이노 프로그램

아두이노 프로그램은 비전공자들도 쉽게 사용할 수 있도록 간단하고 직관적인 인터페이스로 구성되어 있다. 프로그래밍 경험이 있는 독자라면 그림 1.12의 아두이노 프로그램이 어딘지 허전하다는 생각이 들 수 있고, 아두이노 프로그램에는 다른 통합개발환경에서 찾아볼 수 있는 많은 기능이 생략된 것이 사실이다. 아두이노 보드에 사용된 마이크로컨트롤러의 기능을 모두 이용하기 위해 선택할 수 있는 통합개발환경 중 대표적인 것으로는 마이크로칩 스튜디오Microchip Studio*가 있으며, 마이크로칩 스튜디오에서는 아두이노 스케치를 읽어 컴파일하는 것도 가능하다. 그림 1.13은 마이크로칩 스튜디오에서 아두이노 스케치를 작성하는 예를 보여준다.

* https://www.microchip.com/en-us/development-tools-tools-and-software/microchip-studio-for-avr-and-sam-devices

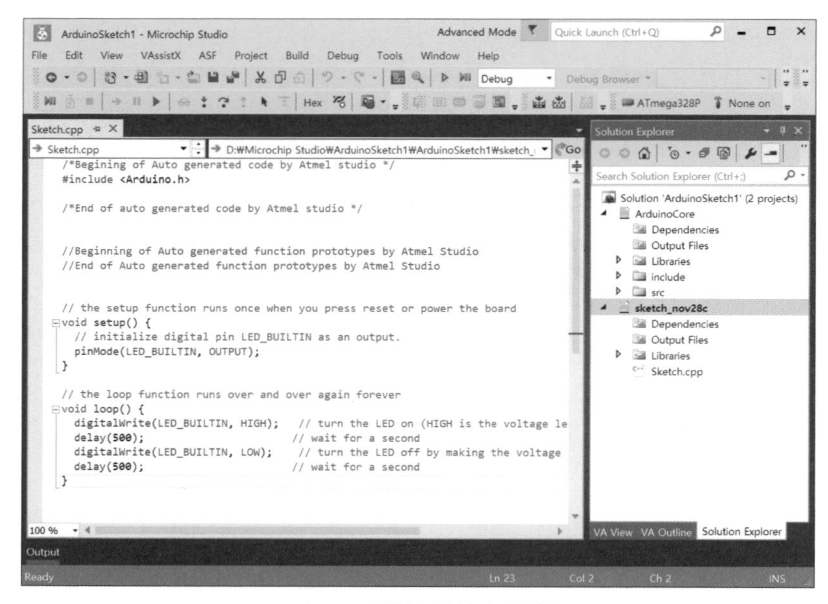

그림 1.13 마이크로칩 스튜디오

마이크로칩 스튜디오와 비교했을 때 아두이노 프로그램에서 제공하지 않는 기능 중 하나는 디버깅 기능이다. 하지만 **마이크로칩 스튜디오는 AVR 마이크로컨트롤러 자체를 사용하기 위한 전문가용 프로그램**이라면, **아두이노 프로그램은 마이크로컨트롤러를 도구로 사용하기 위한 비전공자용 프로그램**이라는 점을 기억해야 한다. 또한 디버깅 기능은 아두이노 프로그램에서만 제공한다고 해서 사용할 수 있는 것은 아니다. 디버깅 기능을 사용하기 위해서는 전용 장비가 필요하지만, 전용 장비는 고가이면서 사용하기가 쉽지 않다. 즉, 아두이노는 애초 디버깅을 염두에 두지 않았다고 보는 것이 옳다. 하지만 마이크로칩 스튜디오와 전용 장비를 사용하면 불편하기는 하지만 디버깅이 불가능하지는 않다.

스케치를 작성하기 위해 사용할 수 있는 프로그램에는 아두이노 프로그램과 마이크로칩 스튜디오 이외에도 아두이노에서 제공하는 웹 에디터*, 서드 파티의 프로그램 등 여러 가지가 있다. 하지만 웹 에디터와 달리 항상 인터넷에 연결되어 있지 않아도 되고 간단하게 사용할 수 있는 아두이노 프로그램을 대부분 선택할 것이고, 이 책에서도 아두이노 프로그램을 기본으로 한다. 하지만 마이크로컨트롤러의 내부를 들여다보고 더 많은 재미있는 것들을 발견할 수 있는 마이크로칩 스튜디오를 사용해 보는 것도 추천하며, 이 책에서도 아두이노 프로그램에서 지원하지 않는 일부 기능을 사용하기 위해 마이크로칩 스튜디오를 사용하고 있다.

* https://create.arduino.cc

1.4 아두이노의 미래

아두이노가 처음 소개된 후 15년이란 시간이 지나면서 아두이노는 대체할 수 없는 플랫폼 중 하나로 자리를 잡고 있다. 이처럼 아두이노가 성공할 수 있었던 이유에는 여러 가지가 있지만, 저렴한 가격에 쉽고 빠르게 전자 장치를 만들 수 있도록 해주는 플랫폼이라는 점과 하드웨어 및 소프트웨어를 모두 오픈 소스로 공개하여 손쉽게 확장이 가능하다는 점이 가장 큰 이유라 하겠다. 아두이노는 마이크로컨트롤러에 대한 경험이 없는 사용자라 하더라도 5분이면 내장된 LED를 깜빡여 볼 수 있을 정도로 쉽다. 마이크로컨트롤러를 사용할 때 어렵고 귀찮은 부분들을 함수와 라이브러리를 통해 아두이노가 대신 처리해 줌으로써 아두이노를 즐길 수 있는 길을 열어준 것이다. 게다가 이를 오픈 소스로 공개함으로써 다양한 기능의 하드웨어와 이를 지원하는 라이브러리가 기하급수적으로 증가하고 그에 따라 아두이노가 할 수 있는 일도 점점 늘어나고 있다. 이러한 아두이노 영토의 확대는 아두이노를 사물인터넷을 위한 플랫폼으로 확대하려는 움직임으로 이어지고 있으며, MKR 시리즈가 이러한 움직임 중의 하나다. 애초에 아두이노의 목표였던 비전공자를 위한 쉬운 플랫폼과 사물인터넷을 위한 플랫폼 사이에 공통점이 없다는 지적이 존재하는 것도 사실이지만, 아두이노는 훌륭한 플랫폼이며 다양한 방향으로 발전할 가능성이 충분하다는 점 또한 부정할 수 없다.

아두이노가 훌륭한 플랫폼이기는 하지만 한계도 분명 존재한다. Cortex-M 시리즈 마이크로컨트롤러를 사용하는 아두이노 보드도 존재하지만, 여전히 주로 사용되는 보드는 8비트의 AVR 시리즈 마이크로컨트롤러를 사용한 보드다. 아두이노 우노의 16MHz 속도와 32KB 크기의 플래시 메모리로 크고 복잡한 프로그램을 빨리 실행하는 것은 불가능하다. 아두이노를 사용하여 구현하고 싶지만 구현할 수 없는 시스템 중 하나가 카메라를 이용하는 시스템이다. 320×240 해상도의 영상을 사용하는 경우 한 장의 영상을 저장하기 위해서는 75KB의 메모리가 필요하지만, 아두이노 우노는 2KB의 SRAM만을 갖고 있어 처리가 불가능하다. 아두이노는 간단한 전자 장치를 만드는 데 적합하며, **예술가와 디자이너가 쉽고 간단하게 주변 환경과 상호 작용할 수 있는 장치를 만들 수 있도록 하기 위한 목적으로 시작되었다**는 점을 잊지 말아야 한다. 이처럼 비전공자를 위해 만들어진 아두이노이지만, 전공자를 위해서는 아이디어를 구체화하고 실제 시스템으로 구현하기에 앞서 가능성을 검토할 수 있게 해주는 프로토타이핑 시스템으로서, 그리고 마이크로컨트롤러 학습을 위한 출발점으로서 충분한 가치를 지닌다. 전문가들과 산업 현장에서도 아두이노를 사용한 프로토타이핑의 예가 늘어나고 있는 만큼 어디까지 아두이노의 적용 범위가 넓어질 것인지는 기대해 볼 일이다.

아두이노에 대한 관심과 사용이 증가하면서 온라인에서도 아두이노와 관련된 정보를 쉽게 찾아볼 수 있다. 그중 자주 방문해서 확인해야 하고 가장 많이 들르게 될 곳은 아두이노의 공식 홈페이지다. 특히 아두이노 포럼*은 아두이노 관련 궁금증에 가장 빠르고 정확한 답을 얻을 수 있는 곳 중 하나다. 국내 사이트로는 아두이노 관련 최대의 커뮤니티인 아두이노 스토리에서 아두이노와 관련된 다양한 정보를 얻을 수 있다(표 1.3 아두이노 관련 참고 사이트). 아두이노를 사용하기 위해서는 여러 전자 부품이 필요하므로 전자 부품을 구입할 수 있는 온라인 쇼핑몰을 알아두는 것이 부품 구입은 물론 다양한 부품을 둘러보고 비교할 수 있어 유용하다. 국내에서는 엘레파츠, 디바이스마트, ICbanQ 등이 가장 규모가 큰 온라인 쇼핑몰에 속한다. 해외 사이트 중에서는 SparkFun, Adafruit, seeedstudio 등에서 다양한 아두이노 관련 제품을 판매하고 있다. 특히 SparkFun과 Adafruit 사이트에서는 제품 판매 이외에도 아두이노와 관련된 다양한 튜토리얼을 제공하고 있으므로 방문해 보기를 추천한다. 게다가 Instructables, Hackster.io 등에서 아두이노를 사용한 프로젝트의 구현 과정은 물론 결과물까지도 공유하고 있으므로 아두이노를 활용한 프로젝트에 대한 아이디어가 필요하다면 방문해 보기를 추천한다. 그 밖에도 아두이노와 전자 장치 제작과 관련하여 참고할 수 있는 수많은 사이트가 존재하지만, 마지막으로 추천하고 싶은 곳은 유튜브다. 유튜브에서는 실제 동작하는 모습까지도 확인할 수 있으므로 페이지를 넘기면서 읽는 것과는 다른 정보를 얻을 수 있다. 지금 바로 유튜브 사이트에 접속하여 아두이노를 검색해 보자.

표 1.3 아두이노 관련 참고 사이트

사이트	주소	설명
아두이노	https://www.arduino.cc	아두이노 공식 홈페이지
아두이노 스토리	https://cafe.naver.com/arduinostory	국내 최대 아두이노 커뮤니티
엘레파츠	http://www.eleparts.co.kr	국내 전자 부품 쇼핑몰
디바이스마트	http://www.devicemart.co.kr	
ICbanQ	https://www.icbanq.com	
SparkFun	https://www.sparkfun.com	해외 아두이노 관련 제품 쇼핑몰
Adafruit	https://www.adafruit.com	
seeedstudio	http://www.seeedstudio.com	
Instructables	https://www.instructables.com	아두이노 관련 프로젝트 공유
Hackster.io	https://www.hackster.io	
OpenElectronics	https://www.open-electronics.org	

* https://forum.arduino.cc

1.5 맺는말

아두이노는 비전공자들이 쉽게 전자 장치를 만들 수 있도록 해주는 플랫폼으로 시작하여 전공자는 물론 산업 현장에서도 사용하는 마이크로컨트롤러 플랫폼으로 확고히 자리 잡고 있다. 아두이노는 복잡하고 어려운 부분을 추상화를 통해 감춤으로써 쉽게 마이크로컨트롤러를 시작할 수 있도록 해준다는 점이 장점이며, 이를 오픈 소스로 공개함으로써 수많은 참여자로 이루어지는 생태계를 구축하고 자율적인 선순환 구조를 만들 수 있었다는 점이 지금까지도 아두이노의 인기가 식지 않는 이유라 하겠다. 이 장에서는 아두이노가 어떻게 시작되었는지, 그리고 하드웨어와 소프트웨어 측면에서의 특징은 무엇인지 살펴봤다. 여전히 아두이노가 무엇인지를 정확하게 이해하지 못했다고 하더라도 실망할 필요는 없다. 이후 장들에서는 아두이노로 할 수 있는 일들이 무엇인지 알아볼 것이며, 이를 통해 아두이노가 무엇인지 이해하게 될 것이다. 잊지 말아야 할 것은 아두이노가 '마이크로컨트롤러를 위한 쉬운 플랫폼'이라는 점이다. 다음 장에서는 마이크로컨트롤러에 대해 알아볼 것이다. 아두이노가 전통적으로 마이크로컨트롤러를 배우기 위해 알아야 할 것들을 숨김으로써 성공한 것이 사실이지만, 마이크로컨트롤러를 이해하는 것은 아두이노를 좀 더 다양하게 활용할 수 있는 밑거름이 되어줄 것이다.

1. 아두이노는 다른 마이크로컨트롤러 보드에 비해 쉽게 사용할 수 있다는 점이 가장 큰 장점이다. 하지만 아두이노 역시 완벽하지는 않다. 아두이노를 활용하기 위해서는 아두이노의 한계를 명확히 이해하고 아두이노로 할 수 있는 일과 할 수 없는 일을 구분하는 것이 중요하다. 아두이노의 단점과 한계가 무엇인지 알아보자.

2. 아두이노 프로그램은 또 다른 오픈 소스 프로젝트인 프로세싱 프로그램을 바탕으로 만들어졌다. 프로세싱은 컴퓨터에서 실행되는 프로그램을 개발하는 것이 주목적이라면 아두이노는 마이크로컨트롤러에서 실행되는 프로그램을 개발하는 것이 주목적이다. 이처럼 아두이노와 프로세싱은 공통점이 많으면서도 근본적인 차이가 있다. 아두이노와 프로세싱의 공통점과 차이점을 알아보자.

3. 아두이노 이후 하드웨어를 오픈 소스로 공개하는 예는 컴퓨터나 마이크로컨트롤러 관련 프로젝트 이외에도 다양한 분야에서 시도되고 있다. 오픈 소스 하드웨어 중 임베디드 시스템에 사용될 수 있는 프로젝트를 찾아 아두이노와 비교해 보자.

CHAPTER

2

마이크로컨트롤러란 무엇인가?

마이크로컨트롤러는 마이크로프로세서의 일종으로 간단한 제어 장치를 만드는 데 사용되는 사양이 낮은 컴퓨터를 말한다. 이 장에서는 아두이노 보드의 핵심이라 할 수 있는 마이크로컨트롤러의 구조와 동작 방식, 마이크로컨트롤러를 위한 프로그램을 작성하는 방법 등 마이크로컨트롤러를 이해하는 데 필요한 기본적인 내용을 살펴본다.

아두이노는 주변 환경과 상호 작용이 가능한 전자 장치를 쉽고 빠르게 만들 수 있도록 해주는 마이크로컨트롤러 플랫폼 중 하나다. 아두이노라는 단어에는 많은 것이 포함되어 있지만, 이 장에서는 하드웨어 측면에서의 아두이노 보드, 그중에서도 아두이노 보드의 핵심이라 할 수 있는 마이크로컨트롤러에 관해 이야기한다. 그림 2.1은 아두이노 우노와 그 안에 포함된 ATmega328 마이크로컨트롤러를 나타낸 것이다.

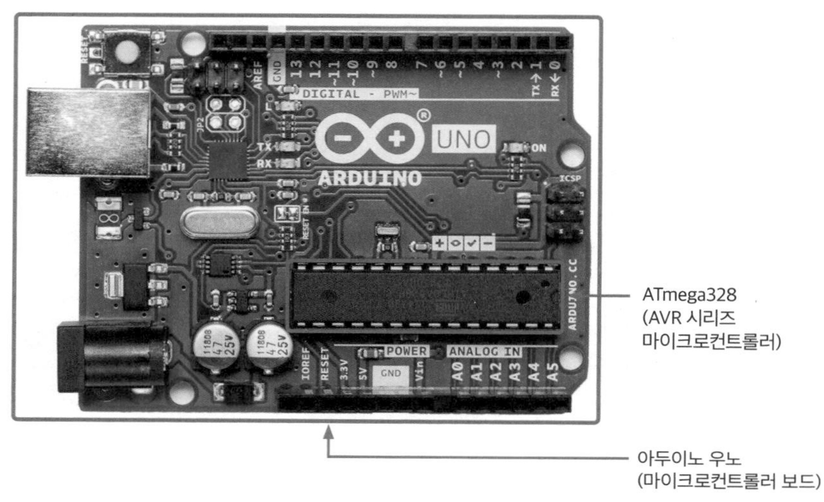

그림 2.1 아두이노 우노와 마이크로컨트롤러

아두이노에서 마이크로컨트롤러는 중요한 부분이지만, 아두이노를 이야기할 때 마이크로컨트롤러에 관해 이야기하지 않는 이유는 아두이노가 비전공자를 위한 플랫폼이기 때문이다. 아두이노는 마이크로컨트롤러에 관한 내용을 추상화를 통해 숨기고, 마이크로컨트롤러 보드에 관한 이야기로 마이크로컨트롤러 플랫폼을 이야기하는 데 성공했다. 그런데도 이 장에서 마이크로컨트롤러에 관해 이야기하는 까닭은 마이크로컨트롤러 보드에서 마이크로컨트롤러가 빠질 수 없는 것이 당연하기 때문이며, ATmega328 마이크로컨트롤러를 이해한다면 아두이노 우노를 더욱 잘 이해할 수 있기 때문이다.

2.1 마이크로컨트롤러란 무엇인가?

그림 2.1에서 볼 수 있는 것처럼 마이크로컨트롤러는 마이크로컨트롤러 보드에서 핵심적인 기능을 담당하는 칩이다. 아두이노 우노를 마이크로컨트롤러라고 부르는 경우가 있지만 이는 잘못된 표현이다. 마이크로컨트롤러를 한마디로 표현하자면 '칩 위의 컴퓨터'로, 하나의 칩 위에 컴퓨터가 갖는 기능 대부분을 구현해 놓은 것이다. **마이크로컨트롤러는 컴퓨터와 같은 구성으로 컴퓨터와 같은 동작을 한다.** 먼저 친숙한 컴퓨터부터 살펴보자. 어디서나 쉽게 컴퓨터를 찾아볼 수 있다는 이유도 있겠지만 컴퓨터에는 컴퓨터와 대화할 수 있도록 키보드, 마우스, 모니터 등이 연결되어 있고 멋진 케이스도 있어 생소한 전자 부품이 눈에 띄지 않아 편안하게 느껴질 수 있다. 컴퓨터에서 키보드와 마우스 그리고 모니터를 제거해 보자. 컴퓨터로 무엇을 할 수 있을까? 전원을 넣으면 컴퓨터가 켜지는 것은 전원 LED로 알 수 있지만, 컴퓨터 내부에서 무슨 일이 벌어지고 있는지는 짐작하기 어렵다. 케이스도 벗겨보자. 컴퓨터 내부에는 어떤 것들이 들어 있는가? 메인 보드가 보일 것이고 그 위에 장착된 CPU와 메모리가 보일 것이다. 다른 쪽에는 하드디스크와 DVD 드라이브가 고정되어 있다. 이 외에도 전원 공급 장치, 비디오 카드 등이 눈에 들어온다.

마이크로컨트롤러에 케이스는 없다. 원한다면 멋진 케이스를 만들어줄 수도 있겠지만 마이크로컨트롤러는 대부분 다른 큰 시스템의 일부로 포함되기 때문에(다른 시스템의 일부로 포함되는 것을 임베디드embedded되었다고 이야기한다.) 별도로 케이스를 만드는 경우는 흔치 않다. 마이크로컨트롤러에는 모니터도, 마우스도, 키보드도 없으므로 내부에서 무슨 일이 벌어지고 있는지 알기 어렵다. 즉, **마이크로컨트롤러는 주변장치를 떼어내고 케이스를 벗겨버린 컴퓨터와 같다.** 마이크로컨트롤러 내부에서 무슨 일이 벌어지고 있는지 알아내기 위해서는 (키보드, 마우스에 해당하는) 입력 장치와 (모니터에 해당하는) 출력 장치를 연결해 주어야 한다. 컴퓨터에는 이미 입출력 장치가 포함되어 있지만, 마이크로컨트롤러는 직접 입출력 장치를 선택하여 연결해 주어야 하고 필요에 따라서는 새로운 입출력 장치를 만들어야 할 수도 있다.

컴퓨터와 비교해 마이크로컨트롤러가 어렵고 복잡해 보이는 또 다른 이유는 마이크로컨트롤러에는 윈도우와 같은 친절한 운영체제operating system가 없기 때문이다. 마우스를 USB 커넥터에 연결해서 간단히 사용할 수 있는 이유는 USB라는 연결 방식을 지원하는 하드웨어인 마우스가 있기 때문이기도 하지만, 연결된 마우스가 동작하도록 데이터 송수신을 맡아서 처리하고 있는 운영체제의 역할도 무시할 수 없다. 마이크로컨트롤러에서는 이 모든 작업을 사용자가 직접 처리해야 한다.

마이크로컨트롤러는 컴퓨터다. 컴퓨터와 비교하면 복잡하고 귀찮아 보이기는 하지만, 입출력 장치를 연결함으로써 마이크로컨트롤러는 컴퓨터와 같은 동작을 수행할 수 있으며, 입출력 장치들을 연결함으로써 컴퓨터보다 더 쉽게 작은 컴퓨터로 기능할 수 있다.

2.2 마이크로프로세서와 마이크로컨트롤러의 차이는 무엇인가?

마이크로컨트롤러는 주변장치를 제거하고 케이스를 벗긴 컴퓨터와 같으므로, 컴퓨터를 이해하면 마이크로컨트롤러를 이해하는 데 도움이 된다. 먼저 컴퓨터의 구조를 살펴보자. 컴퓨터는 연산의 핵심이 되는 중앙처리장치CPU: Central Processing Unit, 데이터 입출력을 위한 입출력 장치, 데이터 저장을 위한 주기억장치 및 보조기억장치 등으로 구성된다.

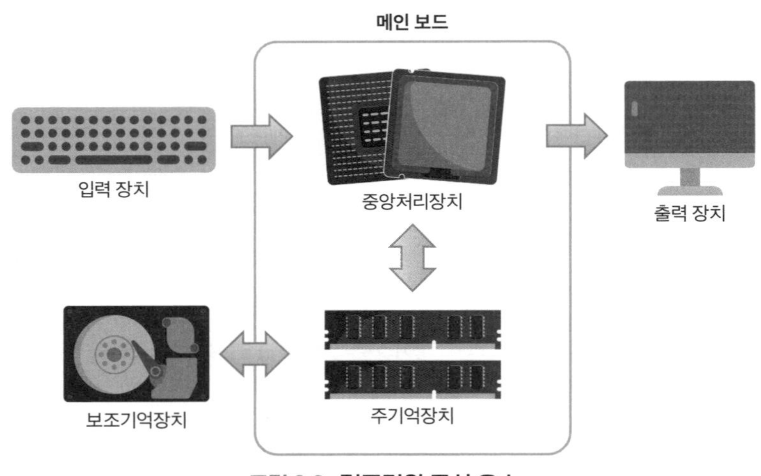

그림 2.2 컴퓨터의 구성 요소

집적회로 기술의 발달에 힘입어 컴퓨터의 소형화 및 경량화가 이루어졌고, 특히 중앙처리장치는 하나의 칩으로 구현이 가능해졌다. 이처럼 컴퓨터의 **중앙처리장치를 하나의 IC**Integrated Circuit **칩으로 집적하여 만든 반도체 소자를 마이크로프로세서**microprocessor**라고 한다.** 마이크로프로세서는 1969년 인텔Intel에서 발표한 4비트 마이크로프로세서인 4004에서부터 시작되어 이후 비약적인 성능 개선이 이루어졌다. 마이크로프로세서를 만드는 데 사용된 트랜지스터의 개수를 비교해 보면 4004에는 약 2,300개의 트랜지스터가 사용되었다면 2011년 발표된 인텔의 Sandy Bridge-E 마이크로프로세서는 약 22.7억 개의 트랜지스터가 사용되어 4004에 비해 약 100만 배 많은 트랜지스터가 사용되고 있다*. 현재 사용되는 중앙처리장치 대부분은 마이크로프로세서로 만들어져 있다. 하지만 마이크로프로세서는 중앙처리장치의 여러 형태 중 한 가지라는 점도 기억해야 한다.

마이크로컨트롤러는 하나의 칩에 중앙처리장치뿐만 아니라 일정 용량의 메모리와 입출력 인터페이스까지 내장한 특수 목적용 마이크로프로세서를 말한다. 마이크로컨트롤러는 그림 2.2에서 메인 보드에 해당하는 기능과 프로그램 설치를 위한 보조기억장치의 기능을 하나의 칩으로 구현한 것으로 볼 수 있다. 마이크로컨트롤러는 컴퓨터가 갖춰야 할 기능 대부분을 하나의 칩 안에 포함하고 있으므로 '단일 칩 컴퓨터' 또는 '마이크로컴퓨터'라고도 부른다. 마이크로컨트롤러가 컴퓨터로 동작하기 위해서는 무엇이 더 필요할까? (키보드와 마우스 같은) 입력 장치와 (모니터 같은) 출력 장치만 있다면 컴퓨터로 동작하기에 아무런 문제가 없다. 하지만 마이크로컨트롤러에 키보드나 모니터를 연결하여 사용하지는 않는다. 불가능하지는 않지만, 굳이 연결하지 않는 이유는 마이크로컨트롤러가 컴퓨터와는 사용 목적이 다르기 때문이다. 키보드와 마우스 그리고 모니터를 사용하고 싶다면 마이크로프로세서를 사용하면 된다. '마이크로컨트롤러'라는 단어는 '마이크로 + 컨트롤러'로 이루어져 있다. '마이크로'는 작다는 의미로, 하나의 칩으로 만들어져 있어 작고 가벼움을 의미한다. '컨트롤러'는 제어기를 뜻하며, 마이크로컨트롤러가 제어 장치를 만들기 위한 핵심 부품으로 사용된다는 의미다. **마이크로컨트롤러는 작고 간단한 제어 장치를 만들기 위한 마이크로프로세서의 한 종류다.**

이 책에서 사용하는 아두이노 보드는 AVR 시리즈 마이크로컨트롤러를 사용하고 있으며, AVR 시리즈 마이크로컨트롤러에는 변형된 RISC 구조와 하버드Harvard 구조를 사용하는 8비트 CPU가 포함되어 있다. 반면, 데스크톱 컴퓨터에 사용되는 최신 마이크로프로세서는 CISC 구조와 폰 노이만von Neumann 구조를 사용하는 경우가 많다. 최신 마이크로프로세서가 64비트인 점을 제외하더라도 CISC와 폰 노이만 구조를 채택하고 있는 마이크로프로세서와 달리 마이크로컨트롤러는 RISC와 하버드 구조를 채택하고 있다는 점에서 차이가 있다. 따라서 이들의 차이를 이해하는 것은 마이크로컨트롤러뿐만 아니라 마이크로프로세서에 대한 이해를 높이기 위해서도 필요하다. 하지만 시장에서 흔히 접할 수 있는 마이크로프로세서와 마이크로컨트롤러가 채택하고 있는 구조에 차이가 있다는 뜻이지, 마이크로프로세서는 CISC와 폰 노이만 구조를, 마이크로컨트롤러는 RISC와 하버드 구조를 사용해야 한다는 뜻은 아니라는 점도 기억해야 한다.

---

* 2011년 모델 이후 마이크로프로세서에 사용된 트랜지스터의 개수는 정확하게 알려져 있지 않다.
https://en.wikipedia.org/wiki/List_of_Intel_processors

2.2.1 CISC와 RISC

아두이노 보드에 사용된 마이크로컨트롤러의 CPU는 대부분 RISCReduced Instruction Set Computer 구조를 사용하며, 데스크톱 컴퓨터에 흔히 사용되는 인텔의 CPU는 CISCComplex Instruction Set Computer 구조를 사용한다. 물론 모든 마이크로컨트롤러가 RISC 구조를 사용하는 것은 아니며, 모든 마이크로프로세서가 CISC 구조를 사용하는 것도 아니다. 또한 CISC와 RISC는 서로의 장점을 받아들여 성능을 개선하고 있으므로 명확하게 CISC와 RISC를 구분하는 것이 불가능할 수도 있다.

CISC와 RISC의 가장 큰 차이는 CPU에서 지원하는 명령어 개수에 있다. CPU에서 지원하는 명령이란 어셈블리어assembly language **수준의 명령으로, 전용 하드웨어로 처리되는 명령을 말한다.** 하드웨어로 처리되는 명령에는 사칙 연산, 논리 연산, 분기, 메모리 읽기와 쓰기 등이 포함된다. CPU의 발전과 더불어 CPU에서 처리할 수 있는 명령의 개수는 점차 증가했다. 명령 개수의 증가는 명령 처리를 위한 하드웨어의 추가로 이어지고 이에 따라 CPU는 점차 복잡해졌다. 게다가 명령 추가 과정에서 하위 호환성을 유지하기 위해서는 이전의 명령을 그대로 유지해야 하므로, 새롭게 추가되는 복잡한 명령과 이전의 간단한 명령을 처리하는 시간이 서로 다른 경우가 생기게 되었다. 이처럼 복잡한 하드웨어와 다양한 명령 처리 시간은 CPU의 성능 향상에도 걸림돌로 작용하게 되었다. 이러한 문제점을 해결하려는 시도 중 하나가 CPU에서 지원하는 명령의 개수를 줄이는 것으로, CISC 구조에서 사용하는 명령 중 자주 사용되는 간단한 명령만으로 만들어진 것이 바로 RISC 구조다. RISC 구조는 IBM 연구소의 존 코크John Cocke가 CPU에서 지원하는 명령 중 20% 정도가 프로그램에서 80% 이상의 일을 처리한다는 사실을 증명함으로써 1970년대부터 연구되기 시작했다.

명령의 개수를 줄이면 CPU 구조는 단순해지고 처리 속도를 높일 수 있다. 복잡한 명령을 처리하기 위해서는 많은 수의 간단한 명령을 실행해야 하지만, 80%의 일을 더 빨리 처리한다면 나머지 20% 처리에 더 많은 시간이 소요된다고 해도 전체적으로는 비슷하거나 더 빠른 속도로 명령을 처리할 수 있다. 한 가지 문제점은 CISC 구조에서는 하나의 명령으로 가능한 작업을 RISC 구조에서는 여러 개의 명령으로 처리해야 하는 경우가 있으므로 복잡한 명령을 간단한 명령의 집합으로 나누는 작업이 필요하다는 점이다. RISC 구조에서는 이러한 명령 분해 작업을 컴파일러가 처리하게 한다. 즉, **CISC 구조가 복잡한 명령의 처리를 하드웨어가 담당한다면 RISC 구조는 소프트웨어가 일부분을 담당하게 함으로써 소프트웨어의 비중을 높였다는 차이가 있다.**

CISC 구조와 RISC 구조에서 연산 'X = (A + B) * (C + D)'를 수행하는 경우를 생각해 보자. CISC 구조를 사용하는 CPU를 위한 어셈블리 명령은 다음과 같이 표현될 수 있다. 어셈블리 코드에서 'M'은 메모리를, 'R'은 레지스터를 나타낸다.

```
ADD R1, A, B        ; R1 ← M[A] + M[B]
ADD R2, C, D        ; R2 ← M[C] + M[D]
MUL X, R1, R2       ; M[X] ← R1 * R2
```

반면, 같은 연산을 RISC 구조를 사용하는 CPU에서 실행하는 어셈블리어 명령은 다음과 같이 표현될 수 있다.

```
LOAD R1, A          ; R1 ← M[A]
LOAD R2, B          ; R2 ← M[B]
LOAD R3, C          ; R3 ← M[C]
LOAD R4, D          ; R4 ← M[D]
ADD R1, R2          ; R1 ← R1 + R2
ADD R3, R4          ; R3 ← R3 + R4
MUL R1, R3          ; R1 ← R1 * R3
STORE X, R1         ; M[X] ← R1
```

두 코드를 비교했을 때 눈에 띄는 차이점은 RISC 구조에서 더 많은 명령을 실행해야 CISC 구조에서와 같은 결과를 얻을 수 있다는 점이다. 그렇다면 CISC 구조가 더 좋지 않을까 하는 의문이 들 수도 있으며, 이는 흔한 오해 중 하나이기도 하다. CISC 구조에서 하나의 명령은 복잡한 작업을 수행할 수 있으므로 명령의 개수는 줄어들지만, 하나의 명령을 실행하기 위해서는 많은 시간이 필요하다. 반면, RISC 구조에서 하나의 명령은 단순한 작업만을 수행할 수 있어 명령의 개수는 늘어나지만, 하나의 명령을 실행하는 시간은 CISC 구조에 비해 짧다. 즉, 단순히 **코드의 길이만으로 실행 속도 차이를 이야기할 수는 없으며 CISC와 RISC 구조에서 실행 속도는 거의 같다**고 봐도 무방하다.

CISC 구조에서는 메모리를 읽는 명령이 연산 명령에 포함되어 있다는 점도 RISC 구조와의 차이점 중 하나다. CISC 구조에서 더하기(ADD) 명령에는 메모리에서 데이터를 읽어오는(M[A]) 동작까지 포함되어 있다. 반면, **RISC 구조에서는 메모리를 읽고(LOAD) 쓰는(STORE) 명령이 별도로 존재한다.** 메모리는 CPU와 비교할 때 상대적으로 속도가 느리다. 따라서 명령을 실행할 때 메모리를 읽거나 쓰는 횟수에 따라 명령이 실행되는 속도는 달라지며, 이것이 바로 CISC 구조에서 명령들의 실행 시간이 서로 다른 이유 중 하나다. 반면, RISC 구조에서는 메모리를 읽거나 쓰는 명령이 연산 명령과 분리되어 있으므로 같은 속도로 명령을 실행할 수 있다.

CPU에서 명령을 실행하는 과정은 명령을 읽고fetch, 해석하고decode, 연산을 수행한 후execute, 결과를 쓰는write-back 4개 단계로 나누어볼 수 있다. RISC 구조에서 명령이 실행되는 각 단계가 같은 시간에 실행된다면 여러 명령의 실행 단계가 중첩되도록 실행할 수 있어 명령 처리 효율을 높일 수 있다. 즉, 첫 번째 명령을 읽어 해석하는 동안 두 번째 명령을 읽어 들이는 것이 가능하며 이러한 기법 중 하나가 파이프라인pipeline이다. 하지만 CISC 구조에서 명령들은 서로 실행 시간이 달라 명령을 중첩하여 실행하기가 쉽지 않다.

그림 2.3에서 명령의 각 처리 단계에 한 클록이 필요하다고 가정하면, 파이프라인이 동작하지 않을 때는 하나의 명령을 실행하기 위해 4개의 클록이 필요하다. 파이프라인이 동작하는 경우 여러 명령을 연속적으로 실행하면 하나의 클록마다 실행 결과를 얻을 수 있으므로, 많은 수의 명령을 처리하는 경우 한 클록에 하나의 명령이 실행된다고 이야기한다. 물론, RISC 구조라고 해서 모든 명령을 파이프라인을 통해 처리할 수 있는 것은 아니다. 파이프라인이 동작하기 위해서는 다음번에 실행할 명령이 무엇인지 알아야 하지만, 조건 분기 명령과 같이 특정 명령이 실행된 후에라야 다음번에 실행할 명령을 알 수 있는 경우에는 이전 명령의 실행 결과를 얻을 때까지 파이프라인은 동작할 수 없다.

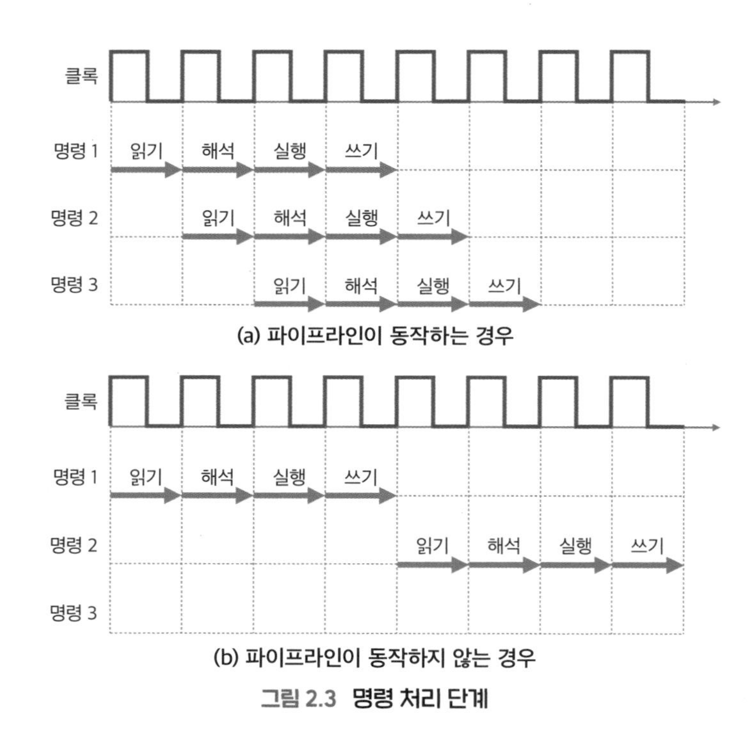

그림 2.3 명령 처리 단계

표 2.1은 CISC와 RISC 구조의 특징을 비교한 것이다. 최근에 출시되는 CPU는 순수하게 CISC 구조나 RISC 구조만을 사용하는 경우는 없으며 서로의 장점을 채택하고 있으므로 CISC 구조와 RISC 구조의 구분이 모호해지고 있다는 점도 잊지 말아야 한다.

표 2.1 CISC와 RISC 구조의 특징

	CISC	RISC
명령어의 개수	많음	적음
프로그램 크기	작음	큼
하드웨어 복잡도	높음	낮음
소프트웨어(컴파일러) 복잡도	낮음	높음
명령당 클록 수	가변	고정
전력 소모	많음	적음
호환성	높음	낮음
대표적인 CPU 회사	인텔	ARM

2.2.2 폰 노이만 구조와 하버드 구조

마이크로컨트롤러와 마이크로프로세서의 차이점 중 또 다른 한 가지는 마이크로컨트롤러가 하버드 구조를 채택하고 있다면 마이크로프로세서는 폰 노이만 구조를 채택하고 있다는 점이다. 폰 노이만 구조는 존 폰 노이만John von Neumann이 제창한 '내장 메모리 순차 처리 방식'을 적용한 구조를 말한다. **폰 노이만 구조는 연산을 수행하는 CPU와 CPU에서 처리할 명령을 저장하는 메모리를 기본으로 한다.** 컴퓨터에서 프로그램은 하드디스크에 설치된다. 설치된 프로그램은 먼저 컴퓨터의 메인 메모리에 저장되고 메인 메모리에 저장된 프로그램은 CPU 내로 옮겨진 후 CPU에서 실제 연산을 담당하는 산술논리 연산장치ALU: Arithmetic Logic Unit에서 실행된다. 이처럼 프로그램은 먼저 메모리에 저장된 후 실행되므로 '내장 메모리 방식'이며, 메모리에 저장된 프로그램은 한 번에 하나씩 CPU로 옮겨져 실행되므로 '순차 처리 방식'이다.

폰 노이만 구조는 간단하다. **폰 노이만 구조는 프로그램 실행에 필요한 모든 내용을 유일한 메모리인 메인 메모리에 저장한다.** 프로그램 실행에 필요한 내용에는 명령의 집합이 당연히 포함되지만, 프로그램이 실행되는 동안 만들어지고 사라지는 변수들도 고려해야 한다. 두 정수의 합을 구하는 '`int a = a + b;`'라는 명령을 실행한다고 가정해 보자. 더하기 동작을 실행하는 명령(ADD)을 저장하기 위해 메모리가 필요하지만, 변수 a와 b의 값을 저장하는 데도 메모리가 필요하다. 명령이 저장되는 메모리와 변숫값이 저장되는 메모리에 어떤 차이가 있을까? 가장 큰 차이점은 명령이 저장되는 메모리의 내용은 프로그램이 실행 중인 동안 바뀌지 않지만 변숫값이 저장된 메모리의 내용은 바뀔 수 있다는 점이다. 이처럼 **프로그램 실행에 필요한 내용은 '명령'과 '데이터'의 서로 다른 특징을 갖는 두 종류의 내용이 필요하며, 폰 노이만 구조는 이들을 모두 메인 메모리라 불리는 하나의 메모리에 저장한다.**

명령과 데이터를 한 종류의 메모리에 저장하는 것이 문제가 될 것으로 보이지는 않겠지만 프로그램이 실행되는 동안 메모리의 내용을 읽고 써야 한다는 점에서, 그리고 메모리의 내용을 읽고 쓰는 시간은 CPU 내에서 연산이 이루어지는 시간에 비해 오래 걸린다는 점에서 문제가 발생한다. 명령을 실행하는 과정에서 빈번한 메모리 읽기 또는 쓰기가 필요하다면 CPU와 메모리 사이의 정보 교환 시간이 길어지고, 메모리와 정보를 교환하는 시간 동안 CPU는 연산을 수행하지 못하는 유휴idle 상태에 놓이게 된다. 긴 유휴 상태는 CPU를 충분히 활용하지 못해 시스템의 성능이 저하되는 결과를 가져온다. 이처럼 **시스템의 성능이 상대적으로 속도가 느린 메모리 속도에 의해 제한되는 현상을 병목bottleneck 현상이라고 한다.**

병목 현상을 개선하기 위해 제안된 방법 중 하나가 프로그램 실행에 필요한 명령과 데이터를 분리해서 저장하는 방법으로 이를 하버드 구조라고 한다. 폰 노이만 구조에서는 하나의 메모리에 명령과 데이터를 함께 저장하므로 명령을 실행하기 위해 여러 번에 걸쳐 메모리 읽기를 수행해야 하며 이는 하버드 구조에서도 같다. 하지만 **하버드 구조에서는 명령과 데이터가 서로 다른 메모리에 분리되어 저장되므로 동시에 명령과 데이터를 읽어올 수 있어 메모리를 읽기 위한 시간을 줄일 수 있다.** 물론, 2개의 메모리를 제어해야 하는 만큼 CPU의 구조는 복잡해진다. 하버드 구조에서 명령이 저장되는 메모리는 프로그램 메모리program memory 또는 명령 메모리instruction memory라고 하며, 데이터가 저장되는 메모리는 데이터 메모리data memory라고 한다. 마이크로프로세서에서 메모리는 일반적으로 DRAM을 사용하지만, 마이크로컨트롤러에서는 프로그램 메모리로 플래시 메모리를, 데이터 메모리로 SRAM을 사용한다는 점에서도 차이가 있다.

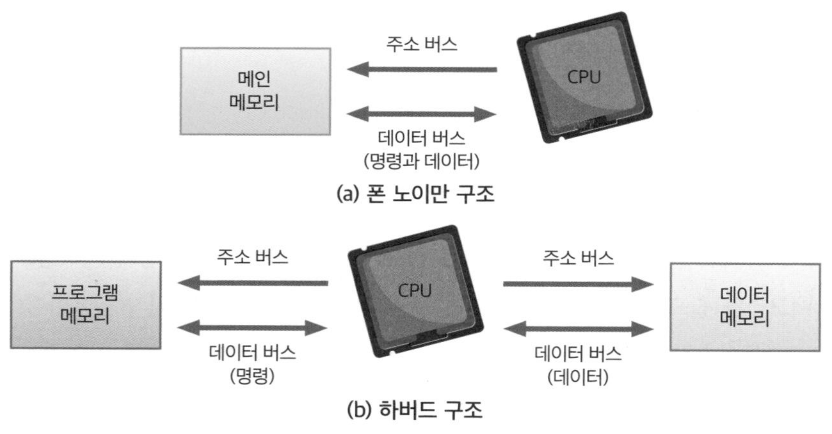

(a) 폰 노이만 구조

(b) 하버드 구조

그림 2.4 폰 노이만 구조와 하버드 구조

2.3 마이크로컨트롤러는 어디에 사용할 수 있는가?

컴퓨터로 무엇을 할 수 있는가? 웹 브라우저를 실행하여 온라인 뉴스를 읽고, 음악을 듣고, 문서를 작성하고, 가끔은 게임도 한다. 이러한 작업을 위해 필요한 입출력 장치들이 바로 키보드, 마우스, 모니터다. 마이크로컨트롤러는 컴퓨터이기는 하지만 우리가 일상적으로 사용하는 컴퓨터를 대체하기 위해 만들어진 것은 아니다. 컴퓨터로 처리하는 작업에 사용하기에 마이크로컨트롤러는 너무 느리고 메모리도 충분하지 않다. 아두이노 우노에 사용된 마이크로컨트롤러인 ATmega328과 이 글을 쓰고 있는 컴퓨터를 비교해 보면 클록은 약 100분의 1이지만 CPU의 비트 수와 코어 개수까지 생각하면 성능은 그보다 더 큰 차이가 난다. 또한 주기억장치의 크기는 2^{23}분의 1, 보조기억장치는 2^{24}분의 1에 지나지 않으므로 실행할 수 있는 프로그램의 크기에서 차이가 있다.

표 2.2 ATmega328과 데스크톱 컴퓨터 비교

항목	마이크로컨트롤러	데스크톱 컴퓨터
CPU	ATmega328	Intel Core i7
비트	8	64
주기억장치	2KB(SRAM)	16GB(DRAM)
보조기억장치	32KB(플래시 메모리)	512GB(SSD)
클록	16MHz(단일 코어)	1.8GHz(4 코어)

마이크로컨트롤러는 일상생활에서 흔히 사용하는 환경이 아닌, 특수한 환경에서 사용할 목적으로 만들어진 작고 간단한 컴퓨터다. 컴퓨터와 비교했을 때 마이크로컨트롤러의 장점 중 하나는 저렴한 가격에 있다. 인텔의 최신 CPU와 비교했을 때 ATmega328은 100분의 1 이하 가격이면 살 수 있다. 현관에 사람이 들어오면 자동으로 불이 켜지는 전등을 만들기 위해 100만 원에 달하는 컴퓨터를 사용할 필요는 없지 않은가? 작고 값싼 마이크로컨트롤러로도 자동으로 현관에 불을 켜기에 충분하다.

마이크로컨트롤러의 성능이 낮다고 이야기했지만, 이는 데스크톱 컴퓨터와 비교했을 때의 이야기이지 결코 성능이 나쁜 것은 아니다. 아두이노 우노에 사용된 ATmega328은 16MHz의 클록을 사용한다. 데스크톱을 위한 최신 CPU와 비교한다면 느린 것이 사실이지만 하드디스크가 대중화되기 시작한 시점에서 소개된, 흔히 '286 컴퓨터'라고 불리던 AT_{Advanced Technology} 컴퓨터에 사용된 80286 CPU의 클록 주파수가 6~25MHz임을 생각하면 ATmega328의 16MHz 속도는 컴퓨터라고 불러도 손색이 없을 정도임을 알 수 있다. ATmega328로도 자동으로 불이 켜지는 전등을 만들기에 충분하다. 오히려 자동으로 켜지는 전등을 만들기에 ATmega328은 지나치게 성능이 좋으며, 더 낮은 성능의 마이크로컨트롤러를 사용해서도 충분히 가능하다.

마이크로컨트롤러는 작고 간단하고 저렴한 컴퓨터다. 물론, 마이크로컨트롤러 중에는 다양한 기능과 기가헤르츠에 달하는 클록 주파수를 가진 마이크로컨트롤러도 존재한다. 이러한 고성능의 마이크로컨트롤러는 여전히 최신의 데스크톱용 마이크로프로세서보다는 저렴하지만, ATmega328처럼 몇천 원으로 살 수는 없다. 또한 아무리 고성능 마이크로컨트롤러라도 키보드와 모니터를 연결하여 슈팅 게임을 즐기기는 어렵다. **마이크로컨트롤러는 마이크로프로세서를 대체하기 위한 것이 아니다.**

마이크로컨트롤러를 어디에 사용할 수 있을까? **마이크로컨트롤러는 '작고 간단한 제어 장치'를 만드는 데 사용할 수 있다.** 마이크로컨트롤러에 케이스를 만들지 않는 이유는 다른 시스템의 일부로 포함되는 경우가 대부분이기 때문이라고 이야기했다. 자동 점등 조명 장치에 사용되는 마이크로컨트롤러 역시 조명 장치의 일부분으로 포함되어 있다. 이처럼 다른 시스템의 일부로 포함되는 것을 '임베디드embedded'되었다고 이야기하며, 마이크로컨트롤러는 임베디드 시스템 영역에서 중요한 한 부분을 차지하고 있다. 임베디드 시스템에서 또 다른 한 부분을 차지하는 것은 마이크로프로세서로, 일반적으로 임베디드 시스템에서 사용되는 마이크로프로세서의 성능이 데스크톱 컴퓨터에 사용되는 마이크로프로세서의 성능보다 낮은 것은 사실이지만, 데스크톱 컴퓨터와 같은 구조와 동작을 보여준다.

마이크로컨트롤러의 또 다른 장점 중 하나는 다양한 제품이 존재한다는 점이다. 마이크로컨트롤러 중에는 몇백 원이면 살 수 있는 제품이 있는가 하면 그 수백 배 가격에 달하는 마이크로컨트롤러도 존재한다. 이처럼 다양한 제품군은 사용하고자 하는 목적에 맞게 필요한 기능과 성능을 선택할 수 있는 유연성을 제공해 준다.

애초에 서로 다른 목적으로 만들어진 만큼 마이크로컨트롤러를 마이크로프로세서와 비교하는 것은 무의미하다. 하지만 마이크로컨트롤러와 마이크로프로세서가 차지하고 있는 자리를 이해할 필요는 있다. 마이크로컨트롤러는 마이크로프로세서와 비교할 때 다음과 같은 장점이 있다.

- **제품의 소형화 및 경량화** 마이크로컨트롤러는 마이크로프로세서를 사용하는 컴퓨터의 메인보드에 포함된 기능 대부분을 하나의 칩으로 구현하고 있으므로 작고 가벼운 제어 장치를 만드는 데 적합하다.

- **저렴한 가격** 마이크로컨트롤러는 집적도가 낮아 설계가 간단하므로 마이크로프로세서와 비교할 때 가격이 저렴하다. 또한 마이크로컨트롤러는 제어 목적에 필요한 기능 대부분을 칩 내에 포함하고 있으므로 제어 장치 설계 및 제작 과정이 단순해지고, 개발에 필요한 비용 및 시간을 줄일 수 있어 완성된 제품의 가격 경쟁력을 높일 수 있다.
- **융통성** 전통적으로 제어 장치에서 제어를 위해 필요한 기능들을 하드웨어로 구현하는 것과 달리 마이크로컨트롤러는 제어 기능의 일부를 소프트웨어로 구현하므로 기능의 변경이나 확장에 유연하게 대응할 수 있다.

하지만 마이크로프로세서와 비교했을 때 마이크로컨트롤러의 단점도 분명 존재한다.

- **처리 능력** 마이크로컨트롤러는 낮은 사양의 마이크로프로세서에 주변장치를 통합한 형태로 만들어지므로 처리 능력은 마이크로프로세서와 비교할 수 없는 것이 사실이다. 많은 데이터를 빨리 처리해야 한다면 마이크로컨트롤러가 아니라 마이크로프로세서를 사용해야 한다.
- **범용성** 마이크로프로세서의 경우 일반적으로 운영체제를 통해 여러 개의 프로그램을 설치하고 실행할 수 있다. 하지만 마이크로컨트롤러는 특정 작업을 위한 하나의 프로그램만을 설치하고 실행할 수 있다는 한계가 있다.

마이크로컨트롤러는 특정한 기능을 갖는 간단한 제어 장치를 만드는 데 사용할 수 있다. 몇천 원짜리 마이크로컨트롤러에서 100만 원짜리 컴퓨터의 성능을 기대하지 않는다면 마이크로컨트롤러를 사용할 수 있는 곳은 많으며, 실제로 마이크로컨트롤러가 사용된 예를 어렵지 않게 찾아볼 수 있다. 앞에서도 이야기했지만, 마이크로컨트롤러는 큰 시스템의 일부로 '임베디드'되어 있어 눈에 띄지 않아 사용되고 있다는 사실을 알아차리지 못하고 있을 뿐이다. 표 2.3은 마이크로컨트롤러가 실생활에서 사용되고 있는 예를 나타낸 것으로, 이보다 훨씬 많은 예를 어렵지 않게 찾아볼 수 있다.

표 2.3 마이크로컨트롤러 사용 예

분야	예	분야	예
의료	혈압계, 혈당계, 자동 심박계	음향	DVD 플레이어, MP3 플레이어
교통	신호등 제어, 주차장 관리, 교통 정보 게시	사무	복사기, 유무선 전화기, 프린터
감시	출입자/침입자 감시, 산불 감시	자동차	엔진 제어, 변속기 제어, 충돌 방지
가전	에어컨, 세탁기, 전자레인지	기타	게임기, 전자시계, 차고 개폐 장치

2.4 프로그램은 어떻게 만들어지는가?

마이크로컨트롤러는 컴퓨터의 한 종류다. 데스크톱 컴퓨터로 원하는 작업을 수행하기 위해서는 목적에 맞는 프로그램이 필요하듯이 마이크로컨트롤러로 어떤 작업을 수행하기 위해서도 그에 맞는 프로그램이 필요하다. 데스크톱 컴퓨터에서 실행되는 프로그램을 작성하는 경우를 생각해 보자. 먼저 프로그램 작성을 위해 통합개발환경을 설치한 후 코드를 입력하고 컴파일하여 실행 파일을 만들어내야 한다. 물론, 코드 작성과 디버깅을 위해서는 모니터도 필요할 것이다. 마이크로컨트롤러의 경우는 키보드와 모니터가 없다는 사실을 이미 알고 있다. 통합개발환경의 경우는 어떤가? ATmega328 마이크로컨트롤러에 프로그램을 저장할 수 있는 플래시 메모리는 32KB에 불과하다. 윈도우에서 가장 간단한 프로그램 중 하나인 메모장만 하더라도 그 크기가 수백 킬로바이트에 달하므로 ATmega328에 설치하는 것은 불가능하다. 하물며 C/C++ 프로그램 개발에 사용되는 비주얼 스튜디오와 같은 통합개발환경은 수백 메가바이트의 공간이 필요하다. 한마디로, 데스크톱 컴퓨터에서와 같은 방식으로 ATmega328에서 프로그램을 개발하는 것은 불가능하다. 따라서 마이크로컨트롤러를 위한 프로그램은 데스크톱 컴퓨터에서 개발하고 실행 파일만을 마이크로컨트롤러로 업로드하여 설치하는 과정을 거친다. 이처럼 **프로그램이 개발되는 환경(개발 시스템, 데스크톱 컴퓨터)과 프로그램이 실행되는 환경(목적 시스템, 마이크로컨트롤러)이 서로 다른 경우를 교차개발환경**cross development environment**이라고 한다.**

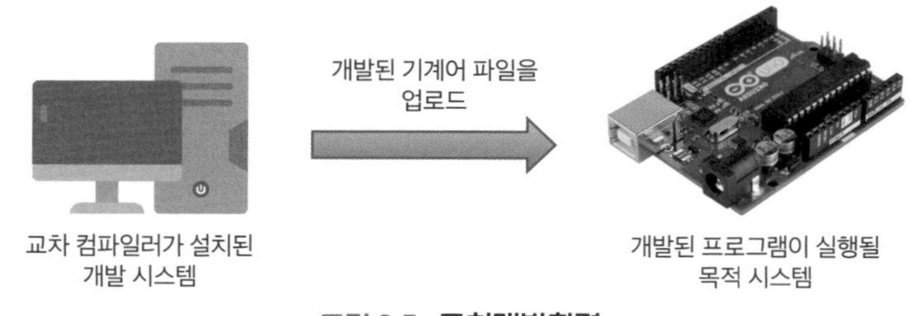

그림 2.5 교차개발환경

교차 개발이 가능하기 위해서는 **개발 시스템에서 동작하면서 목적 시스템에서 실행 가능한 기계어 파일(또는 실행 파일)을 생성할 수 있는 교차 컴파일러**cross compiler가 필요하며, 생성된 기계어 파일을 목적 시스템에 설치하는 방법이 필요하다. ATmega328을 위한 교차 컴파일러에는 여러 가지가 있지만, 그중 하나가 아두이노 프로그램의 일부분으로 설치되는 AVR 툴체인에 포함된 컴파일러다. 교차 컴파일러는 ATmega328 마이크로컨트롤러에서 실행 가능한 파일, 즉 기계어 파일을 생성해 준다.

윈도우에서 실행 가능한 기계어 파일이 EXE 또는 DLL의 확장자를 갖는다면 교차 컴파일러에서 생성되는 ATmega328을 위한 기계어 파일은 HEX 확장자를 갖는다.

기계어 파일이 생성되면 이를 마이크로컨트롤러로 옮겨 설치하는 과정이 필요하며, 이는 **시리얼 통신을 사용하여 개발 시스템에서 목적 시스템으로 기계어 파일을 전송**함으로써 이루어진다. 이처럼 기계어 파일을 개발 시스템에서 목적 시스템으로 전송하여 설치하는 과정을 흔히 업로드라고 한다. 프로그램 업로드 방법은 마이크로컨트롤러에 따라 약간씩 차이가 있지만, 아두이노에서는 UART 시리얼 통신을 사용하는 방법이 주로 사용되며 간단히 시리얼 방식이라고 한다. 이 외에도 AVR 시리즈 마이크로컨트롤러에서는 SPI(Serial Peripheral Interface) 통신을 사용하는 ISP(In System Programming) 방식 역시 사용할 수 있다.

프로그램 업로드를 위해서는 전용 장치가 필요하다. 아두이노 보드는 USB 연결을 통해 컴퓨터와 연결되지만, 마이크로컨트롤러는 UART 또는 SPI 통신을 통해 기계어 파일을 받아들인다. 따라서 USB를 통해 전달되는 기계어 파일 데이터는 UART 또는 SPI 통신 방식에 맞게 변환해야 한다. 여기에 일반적인 데이터 교환과 실행 파일 전송을 구별하기 위해 주로 사용되는 리셋(reset) 신호에 대한 처리를 추가한 것을 흔히 업로더(uploader) 또는 프로그래머(programmer)라고 한다. **아두이노는 UART 시리얼 통신을 사용하는 시리얼 방식 업로드를 기본으로 하며, 시리얼 방식 프로그래머가 아두이노 보드에 포함되어 있다.** 반면, ISP 방식 프로그래머는 포함되어 있지 않으며, 프로그래머를 연결할 수 있는 ICSP(In Circuit Serial Programming) 핀 헤더만 준비되어 있다.

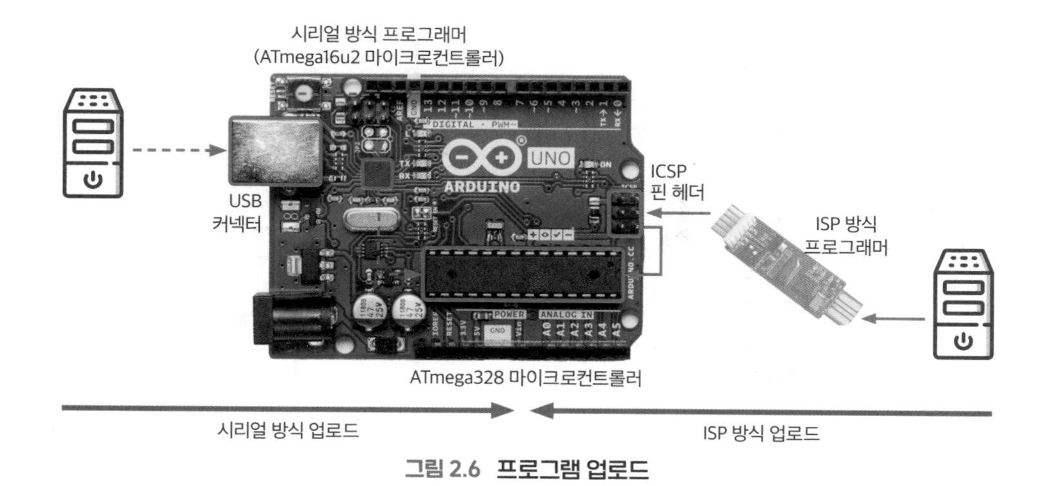

그림 2.6 프로그램 업로드

마이크로컨트롤러에 업로드된 기계어 파일은 마이크로컨트롤러의 메모리에 설치된다. 마이크로컨트롤러에는 일반적으로 하나의 프로그램만 설치될 수 있으며, 마이크로컨트롤러에 전원을 넣으면 간단한 부팅 과정을 거쳐 현재 설치된 프로그램이 자동으로 실행된다.

교차개발환경은 스마트폰을 위한 애플리케이션 개발에서도 찾아볼 수 있다. 스마트폰은 마이크로프로세서(또는 애플리케이션 프로세서)를 사용하지만, 스마트폰용 운영체제에서는 안드로이드 스튜디오Android Studio와 같은 개발 도구를 제공하지 않으므로 컴퓨터에서 애플리케이션을 개발한 후 개발 컴퓨터나 플레이 스토어에서 설치 파일을 내려받아 스마트폰에 설치한다. 마이크로컨트롤러의 경우와 같지 않은가? 물론, 스마트폰은 마이크로프로세서를 사용하고 안드로이드나 iOS 같은 운영체제를 사용하므로 여러 개의 프로그램을 설치하고 실행할 수 있다는 점에서 마이크로컨트롤러와는 차이가 있다.

2.5 마이크로컨트롤러가 꼭 필요한가?

어두워지면 자동으로 불이 켜지는 전등을 만들고 싶다고 가정해 보자. 마이크로컨트롤러가 필요할까? 요구 사항에 따라 달라지겠지만 단순히 어두워지면 불이 켜지는 동작은 마이크로컨트롤러 없이도 가능하다. 빛의 양에 따라 저항값이 변하는 조도 센서를 이용하여 그림 2.7과 같이 회로를 구성하면 간단하게 어두워졌을 때 자동으로 불이 켜지게 할 수 있다. 왼쪽에 있는 저항의 값을 조절하면 불이 켜지는 시점의 광량도 조절할 수 있다.

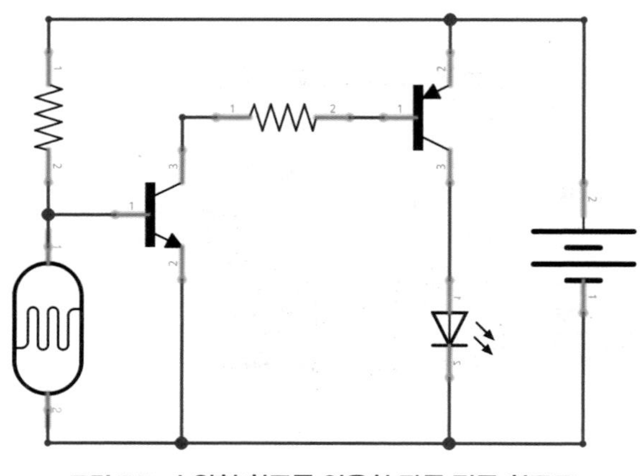

그림 2.7 스위칭 회로를 이용한 자동 점등 회로도

마이크로컨트롤러를 이용해서 같은 동작을 수행하게 하려면 그림 2.8과 같이 회로를 구성해야 한다.

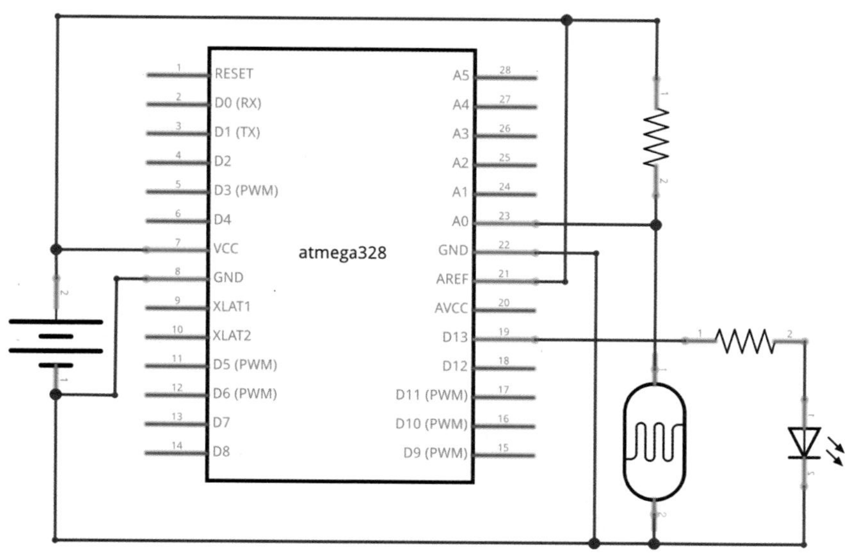

그림 2.8 마이크로컨트롤러를 이용한 자동 점등 회로도

트랜지스터와 저항을 사용한 그림 2.7의 회로도와 비교했을 때 그림 2.8의 회로도는 마이크로컨트롤러를 사용하므로 가격이 비싸고 배선도 복잡해 보인다. 게다가 프로그램을 작성해서 업로드해야 하는 등 마이크로컨트롤러를 사용하지 않을 때와 비교해서 아무런 장점이 없어 보인다. 실제로 광량에 따라 불이 켜지는 장치를 만드는 경우 마이크로컨트롤러 사용으로 인한 장점을 찾아보기 어렵다. 그렇다면 마이크로컨트롤러를 사용할 필요가 없지 않은가? 어두워지면 불이 켜지는 간단한 동작의 경우 마이크로컨트롤러를 사용해서 얻을 수 있는 장점은 없지만, 기능을 변경하거나 추가하고 싶다면 마이크로컨트롤러 사용으로 인한 장점을 발견할 수 있다.

그림 2.7의 회로도에서 불이 켜지는 시점의 기준 광량을 바꾸고 싶다면 저항을 다른 크기로 교체하면 된다. 이를 위해서는 저항을 떼어내고 다른 크기의 저항으로 교체하는 등의 작업이 필요하다. 마이크로컨트롤러를 사용한 경우는 어떨까? 소스 코드에서 임계치를 조절하고 다시 업로드하면 된다. 마이크로컨트롤러를 사용하는 경우가 훨씬 간단하지 않은가?

기능을 추가하는 경우라면 마이크로컨트롤러 사용으로 인한 장점을 더욱 확실하게 알 수 있다. 그림 2.7의 회로도에 불이 한 번 켜지면 최소한 10초는 불이 켜져 있도록 하는 기능을 추가하고 싶다면 어떻게 해야 할까? 불이 켜진 시간을 알아내기 위해서는 시간을 알려주는 부품이 필요하고, 불이 켜진 시간을 저장해 놓기 위해 메모리가 필요하며, 현재 시간과 저장된 시간을 비교하기 위해 비교기가 필요하다. 이들 부품을 모두 그림 2.7의 회로도에 추가할 수는 있지만, 이 경우 회로도를 완전히 다시 그려야 할지도 모르며 완성된 회로도는 그림 2.8보다 복잡해질 수 있다. 이에 비해 마이크로컨트롤러를 사용한 경우에는 회로도의 변경이 필요하지 않으며 불이 켜지는 기준 광량을 바꾸는 경우와 마찬가지로 프로그램 수정만으로 기능을 추가할 수 있다. 바로 여기에 마이크로컨트롤러 사용의 장점이 있다. **마이크로컨트롤러를 사용하면 같은 입력(조도 센서)과 같은 출력 LED를 갖는 장치에서 프로그램 수정만으로 서로 다른 동작(① 광량에 따라 점멸하는 동작과 ② 광량에 따라 점멸하면서 불이 켜졌을 때 최소 10초 동안 켜져 있는 동작)을 구현할 수가 있다.**

마이크로컨트롤러가 주목을 받는 이유에는 간단하게 기능을 수정하거나 추가할 수 있다는 점이 큰 몫을 했다. 하지만 잊지 말아야 할 것이 바로 마이크로컨트롤러를 저렴한 가격에 제작할 수 있게 해준 하드웨어의 발전이다. 전통적으로 제어 장치는 그림 2.7과 같이 하드웨어를 사용하여 구성되었다. 이에 반해 **마이크로컨트롤러는 하드웨어로 수행할 작업 일부를 소프트웨어로 대체할 수 있게 해준다.** 물론 마이크로컨트롤러에는 이미 많은 기능을 가진 하드웨어가 포함되어 있어 가능한 일이며, 포함된 기능을 모두 사용하지 않는다면 마이크로컨트롤러를 사용하는 것이 낭비로 느껴질 수 있다. 하지만 개발 과정에서 필요한 시간과 비용 그리고 만들어진 제어 장치의 신뢰성을 고려한다면 마이크로컨트롤러를 사용함으로써 늘어나는 비용을 치를 만한 가치가 충분하다.

마이크로컨트롤러를 사용해야 하는 이유를 한 가지 더 들자면 최근 똑똑한 가전제품과 같이 지능형 시스템에 대한 요구가 증가하고 있다는 점이다. 지능형 시스템의 모든 기능을 하드웨어만으로 구현하기는 어려우므로 계산 능력을 갖춘 '두뇌'가 필요하고, 마이크로컨트롤러가 바로 두뇌 역할을 할 수 있는 부품 중 하나다. 마이크로컨트롤러의 가격은 낮아지고 성능은 높아지고 있으므로 선택의 폭이 더 다양해질 것이며, 마이크로컨트롤러의 사용은 더욱 증가하리라 예상된다. 이처럼 마이크로컨트롤러에 대한 요구가 증가하는 시점에서 쉽고 빠르게 프로토타입을 만들 수 있도록 해주는 아두이노가 마이크로컨트롤러 플랫폼으로서 그 가치를 인정받고 있는 것이다.

2.6 맺는말

마이크로컨트롤러는 컴퓨터의 한 종류로, 간단한 제어 장치를 구성하기 위한 목적으로 특화된 컴퓨터다. 컴퓨터에 프로그램을 설치하여 다양한 작업을 수행할 수 있는 것과 마찬가지로 마이크로컨트롤러에도 프로그램을 설치하여 다양한 작업을 수행할 수 있다. 마이크로컨트롤러가 컴퓨터이기는 하지만 흔히 접하는 데스크톱 컴퓨터와는 차이가 있다. 마이크로컨트롤러는 애초에 데스크톱 컴퓨터와는 사용 목적이 다르다는 점을 잊지 말아야 한다. 마이크로컨트롤러와 마이크로프로세서의 차이를 이해하고, 마이크로컨트롤러로 할 수 있는 일과 할 수 없는 일을 구분할 수 있다면, 다양한 종류의 마이크로컨트롤러 중 목적에 맞는 마이크로컨트롤러를 어렵지 않게 선택할 수 있을 것이다. 마이크로컨트롤러는 큰 시스템의 일부로 임베디드된 경우가 많아 실제 눈에 띄는 마이크로컨트롤러보다 숨어 있는 마이크로컨트롤러가 훨씬 더 많다. 관심을 가지고 주위를 둘러본다면 숨어 있는 마이크로컨트롤러를 어렵지 않게 발견할 수 있을 것이다.

1 마이크로컨트롤러가 사용된 예는 표 2.3에서 나열한 경우 이외에도 많으며, 실제 사용되고 있는 마이크로컨트롤러는 마이크로프로세서보다 최소 10배 이상 많은 것으로 알려져 있다. 일상생활에서 마이크로컨트롤러가 사용된 예를 찾아보자.

2 아두이노 보드에 사용된 마이크로컨트롤러는 크게 8비트의 AVR 시리즈와 32비트의 Cortex-M 시리즈로 나눌 수 있다. 최근 마이크로컨트롤러의 사용 범위가 넓어지면서 고성능 마이크로컨트롤러의 사용 역시 증가하고 있으며, 아두이노에서도 이를 반영하여 Cortex-M 시리즈 마이크로컨트롤러를 사용하기 시작했다. 하지만 여전히 8비트 마이크로컨트롤러도 널리 사용되고 있다. 아두이노 보드에 사용된 8비트 마이크로컨트롤러와 32비트 마이크로컨트롤러의 장단점을 비교해 보자.

3 임베디드 시스템 분야에서 아두이노와 함께 많은 관심을 받고 있는 것이 싱글 보드 컴퓨터single board computer인 라즈베리 파이Raspberry Pi*다. 라즈베리 파이는 라즈베리 파이 재단에서 기초 컴퓨터 교육을 지원하기 위한 목적으로 만든 신용카드 크기의 컴퓨터다. 라즈베리 파이는 마우스와 키보드 연결을 위한 USB 커넥터, 모니터 연결을 위한 HDMI 커넥터 등을 제공하므로 데스크톱 컴퓨터에서 사용하는 주변장치를 그대로 연결하여 컴퓨터로 사용할 수 있다. 싱글 '칩' 컴퓨터인 아두이노와 싱글 '보드' 컴퓨터인 라즈베리 파이의 공통점과 차이점을 알아보자.

* https://www.raspberrypi.org

CHAPTER

3

마이크로컨트롤러를 위한 메모리

메모리는 컴퓨터에서 데이터를 저장하고 프로그램을 실행하는 데 핵심적인 요소 중 하나다. 데스크톱 컴퓨터의 경우 메인 메모리라 불리는 한 종류의 메모리가 사용되지만, 마이크로컨트롤러에서는 여러 종류의 메모리가 서로 다른 목적으로 사용되고 있다. 이 장에서는 마이크로컨트롤러에서 사용되는 메모리를 중심으로 다양한 메모리의 종류와 용도를 알아본다.

3.1 마이크로컨트롤러의 메모리

데스크톱 컴퓨터에서 이야기하는 메모리는 흔히 메인 메모리라고 이야기하는 주기억장치를 가리킨다. 하지만 메인 메모리만으로 데스크톱 컴퓨터가 동작할 수 없는 이유는 메인 메모리가 휘발성이어서 전원 공급이 중단되면 저장된 내용이 모두 사라지기 때문이다. 따라서 프로그램을 설치하고 데이터를 저장하기 위한 보조기억장치인 하드디스크가 필요하다. 마이크로컨트롤러 역시 컴퓨터의 일종이므로 프로그램을 실행하기 위해서는 주기억장치와 보조기억장치의 역할을 할 수 있는 메모리가 필요하며, 이를 위해 **AVR 시리즈 마이크로컨트롤러에서는 SRAM, 플래시 메모리, EEPROM의 세 종류 메모리가 사용되고, Cortex-M 시리즈 마이크로컨트롤러에서는 SRAM과 플래시 메모리의 두 종류 메모리가 사용된다.** EEPROMElectrically Erasable Programmable Read Only Memory 프로그램 실행 도중에 임의로 값을 바꿀 수 있는 유일한 메모리로, 여러 가지 용도로 사용할 수 있으므로 Cortex-M 시리즈 마이크로컨트롤러에서도 플래시 메모리 일부를 EEPROM처럼 사용할 수 있는 방법을 제공하고 있다. 이 장에서는 AVR 시리즈 마이크로컨트롤러를 기준으로 세 종류의 메모리가 마이크로컨트롤러에 포함된 것으로 가정한다.

데스크톱 컴퓨터의 메인 메모리와 하드디스크 기능을 마이크로컨트롤러에서는 세 종류 메모리가 담당하는 것에서 알 수 있듯이, 컴퓨터의 메모리와 마이크로컨트롤러의 메모리는 일대일로 대응하지 않는다. 이러한 차이는 데스크톱 컴퓨터의 CPU가 폰 노이만 구조를, 마이크로컨트롤러의 CPU가 하버드 구조를 사용하는 것에서 출발한다.

컴퓨터에서 프로그램이 실행되는 과정을 생각해 보자. 아두이노 프로그램을 실행하기 위해서는 먼저 아두이노 프로그램을 설치해야 하며, 아두이노 프로그램은 하드디스크에 설치된다. 설치가 끝나면 아이콘을 더블클릭하여 프로그램을 실행할 수 있다. 프로그램이 실행되면 하드디스크에 설치된 프로그램은 메인 메모리에 적재되고 메인 메모리에 적재된 프로그램은 다시 CPU 내의 레지스터로 옮겨진 후 실행되는 순서를 거친다.

마이크로컨트롤러에서 프로그램이 실행되는 과정은 데스크톱 컴퓨터와 기본적으로 같지만, 세부 사항에서 차이가 있다. 프로그램을 실행하기 이전에 프로그램을 설치해야 하는 것은 데스크톱 컴퓨터와 같다. 하지만 마이크로컨트롤러에 하드디스크는 없다. 그렇다면 어디에 프로그램이 설치될까? **하버드 구조에서는 두 종류의 메모리가 사용되고 이 중에서 프로그램이 설치되는 메모리를 프로그램 메모리라고 한다. 마이크로컨트롤러의 프로그램 메모리는 비휘발성의 플래시 메모리로 만들어져 있으므**

로 데스크톱 컴퓨터의 하드디스크 역할을 할 수 있다.

프로그램이 설치된 후 프로그램이 실행되기 위해서는 프로그램을 메인 메모리로 옮겨 와야 하지만, 마이크로컨트롤러의 경우 이미 프로그램이 메모리에 설치(또는 적재)되어 있으므로 메모리로 옮기는 과정 없이 바로 실행할 수 있다. 프로그램이 실행되는 동안 바뀌는 변숫값 역시 데스크톱 컴퓨터에서는 메인 메모리에 저장한다. 데스크톱 컴퓨터의 경우 하드디스크에서 읽어온 프로그램과 프로그램 실행 중 바뀌는 변숫값 모두 메인 메모리에 저장되는 이유는 폰 노이만 구조를 사용하기 때문이다. 하지만 **마이크로컨트롤러에서 변숫값이 저장되는 곳은 데이터 메모리이며, 데이터 메모리는 휘발성의 SRAM**Static RAM**으로 만들어진다.** 플래시 메모리에 변숫값을 저장할 수 없는 이유는 플래시 메모리에 저장된 값은 프로그램이 실행 중인 동안에는 변경할 수 없기 때문이며, 변경할 수 있다고 하더라도 플래시 메모리에 값을 쓰는 것은 시간이 오래 걸리므로 시스템 성능이 저하되기 때문이다. 물론, 근본적인 이유는 마이크로컨트롤러가 하버드 구조를 사용한다는 데서 찾아야 한다.

혼동하지 말아야 할 점은 프로그램 메모리와 플래시 메모리, 데이터 메모리와 SRAM의 관계다. 하버드 구조에서는 프로그램과 데이터를 저장하기 위해 별개의 메모리를 사용하며, 여기서 프로그램 메모리와 데이터 메모리라는 용어가 등장한다. 즉, 이들 두 용어는 하버드 구조를 설명하기 위한 개념적인 메모리를 가리키는 말이다. 반면, 플래시 메모리와 SRAM은 프로그램 메모리와 데이터 메모리를 구현한 구체적인 메모리를 가리킨다. 따라서 '**프로그램 메모리를 플래시 메모리로 만들고 데이터 메모리를 SRAM으로 만든다**'라고 하는 것이 정확한 표현이다. 하지만 마이크로컨트롤러에 관한 문서에서는 흔히 프로그램 메모리와 플래시 메모리, 데이터 메모리와 SRAM을 같은 의미로 사용하고 있으며 프로그램 메모리와 데이터 메모리라는 추상적인 용어보다는 플래시 메모리와 SRAM이라는 구체적인 용어를 더 많이 사용한다.

컴퓨터에서 프로그램을 실행하면서 실행 결과를 하드디스크에 기록하여 다음번 실행 시에 이전 실행 결과를 참조하는 경우가 종종 있다. 워드프로세서를 사용하면서 이전에 열어본 문서 목록이 메뉴에 추가되는 경우를 본 적이 있을 것이다. 하드디스크의 어딘가에 이전에 편집한 문서의 목록이 저장되어 있어 워드프로세서 프로그램에서 이를 읽어 사용하는 것이다. 마이크로컨트롤러에서 이와 유사하게 현재 상태를 기록한다고 생각해 보자. 어디에 기록해야 할까? SRAM은 휘발성이므로 데이터를 저장해 놓을 수 없다. 플래시 메모리는 비휘발성이기는 하지만 ROMRead Only Memory이므로 프로그램이 실행 중인 동안 데이터를 기록할 수 없다. 프로그램을 업로드할 때 플래시 메모리에 쓰기가 가능하지만, **플래시 메모리에 쓰기가 가능한 경우는 프로그램을 업로드하여 설치할 때가 유일하다.** 제3의 메모리인 EEPROM이 필요한 이유가 바로 여기에 있다.

EEPROM은 플래시 메모리와 같이 비휘발성이면서도 읽고 쓰기가 자유로운 메모리로, 프로그램이 실행 중인 동안에도 자유롭게 읽고 쓸 수 있어 전원 공급이 중단된 후에도 유지해야 하는 데이터를 기록해 두기에 적합하다. 한 가지 의문이 생기지 않는가? 플래시 메모리를 EEPROM으로 대체하면 프로그램이 실행 중인 동안에도 데이터를 자유롭게 읽고 쓸 수 있지 않을까? 프로그램 메모리는 프로그램을 저장하기 위한 메모리다. 만약 실행 중에 프로그램 메모리에 쓰기가 가능하다면 프로그램 실행 중에 프로그램 자체를 바꾸는 일도 가능해질 것이며 이는 예상치 못한 결과로 이어질 수 있다. 즉, **프로그램 실행 중 플래시 메모리에 쓰기가 금지된 이유는 플래시 메모리이기 때문이 아니라 프로그램 메모리이기 때문이다.** EEPROM이 기능적인 면에서 흠잡을 데 없긴 하지만 쓰기 속도가 느리다는 단점이 있어 프로그램과 같은 많은 데이터를 기록하기에는 적합하지 않다. 따라서 EEPROM은 반드시 보존해야 하는 작은 크기의 데이터를 기록하는 용도로만 사용하기를 추천한다.

그림 3.1은 컴퓨터와 마이크로컨트롤러에서 프로그램이 실행되는 과정을 비교한 것이다. 데스크톱 컴퓨터의 메인 메모리 기능을 담당하는 마이크로컨트롤러의 메모리는 플래시 메모리와 SRAM의 두 가지로, 데스크톱 컴퓨터의 폰 노이만 구조와 마이크로컨트롤러의 하버드 구조의 차이에 의한 것이다. 반면, 데스크톱 컴퓨터의 하드디스크 기능을 담당하는 마이크로컨트롤러의 메모리는 플래시 메모리와 EEPROM으로 프로그램 실행 중 쓰기가 가능한지에 따라 두 가지 메모리가 사용된다.

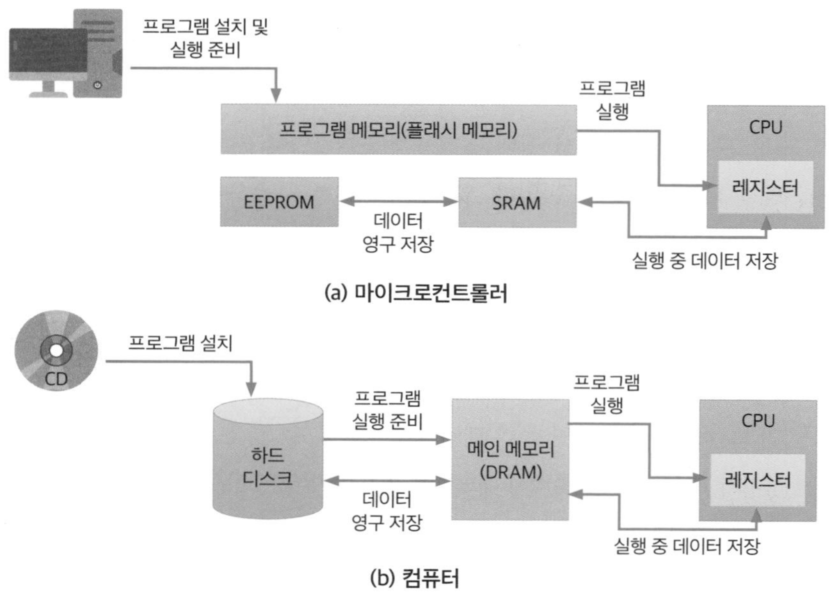

그림 3.1 프로그램 실행 과정과 메모리 구조

표 3.1은 아두이노 보드에 사용된 AVR 시리즈 마이크로컨트롤러와 Cortex-M 시리즈 마이크로컨트롤러에 포함된 메모리 종류와 크기를 비교한 것이다. Cortex-M 시리즈 마이크로컨트롤러는 AVR 시리즈 마이크로컨트롤러와 비교했을 때 동작 속도가 빠르고, 데이터 메모리인 SRAM의 크기가 커서 복잡한 계산을 빨리 수행할 필요가 있을 때 선택할 수 있다. 반면, 아두이노 우노는 데이터 메모리와 프로그램 메모리가 모두 적어 간단한 제어 장치를 구현하는 데 사용할 수 있다.

표 3.1 아두이노 보드에 사용된 마이크로컨트롤러 비교

항목	아두이노 우노	아두이노 메가2560	아두이노 제로	아두이노 듀에
마이크로컨트롤러	ATmega328	ATmega2560	SAMD21	SAM3X8E
클록(MHz)	16	16	48	84
플래시 메모리(KB)	32	256	256	512
SRAM(KB)	2	8	32	96
EEPROM(KB)	1	4	-	-

3.2 ROM과 RAM

메모리는 크게 ROM과 RAM의 두 종류로 나눌 수 있다. ROM은 'Read Only Memory'의 약어로, 기록된 내용을 읽기만 할 수 있고 쓸 수는 없는 메모리를 말한다. 데스크톱 컴퓨터에서 부팅 정보를 저장하고 있는 BIOS 칩이 ROM에 해당한다. BIOS는 기본 입출력 시스템Basic Input/Output System의 약어로, 컴퓨터의 하드웨어 요소를 검사하고 운영체제를 시작하는 역할을 한다. BIOS의 내용은 컴퓨터 생산 과정에서 결정되며 제조사에서 ROM의 형태로 만들어 메인 보드에 장착한다. 하지만 쓰기가 불가능하다는 정의와 달리 BIOS의 정보는 변경할 수 있다. 이는 최근 BIOS를 위해 사용되는 메모리가 제한된 횟수의 쓰기 기능을 지원하기 때문이다. 이 외에 스마트 TV 등에서도 기기의 초기 구동 과정과 동작을 담당하는 프로그램을 ROM으로 만들고 '펌웨어 업그레이드'를 통해 ROM의 내용을 수정하거나 기능을 개선하는 경우를 쉽게 볼 수 있다. 이처럼 현재 사용되는 ROM은 읽을 수만 있는 메모리가 아니며, **ROM이 RAM과 다른 점은 전원 공급이 중단되어도 내용이 사라지지 않는 비휘발성 메모리라는 점에서 찾아야 한다.** ROM의 내용을 지우고 다시 쓰는 것이 가능하기는 하지만, RAM에 비해 많은 시간과 비용이 소요되며 쓸 수 있는 횟수에 제한이 있다는 점은 기억해야 한다.

RAM은 'Random Access Memory'의 약어로, 단어를 그대로 번역하면 '임의 접근 방식 메모리' 정도가 되겠지만 실제로는 자유롭게 읽고 쓸 수 있는 메모리를 말한다. 임의 접근 방식은 순차 접근 방식sequential access과 비교되는 방법으로, 카세트 테이프와 같이 기록된 순서로만 데이터를 읽을 수 있는 메모리와 비교하기 위해 처음 사용된 용어다. 하지만 현재는 RAM이 고유명사로 정착되어 ROM과 대비되는 메모리를 지칭하는 단어로 사용되고 있다. 앞서도 언급한 바와 같이 RAM이 ROM과 다른 점은 휘발성에서 찾아야 한다. 전원 공급이 중단되면 RAM에 저장된 내용은 사라진다. 하지만 RAM은 읽고 쓰는 횟수에 제한이 없고 읽고 쓰는 속도가 빨라 컴퓨터가 동작하고 있는 동안 변하는 값들을 임시로 저장하기 위한 메모리로 사용된다. 데스크톱 컴퓨터의 메인 메모리, 마이크로컨트롤러의 데이터 메모리는 물론 CPU 내의 임시 기억장치인 레지스터 역시 RAM으로 만들어지는 메모리의 예다. 표 3.2는 ROM과 RAM의 특징을 비교한 것이다.

표 3.2 ROM과 RAM 비교

	(쓰기 가능한) ROM	RAM
읽기 속도	빠름	빠름
쓰기 속도	느림	빠름
휘발성	×	○
수명	제한된 수명	반영구적 수명

3.3 ROM의 종류

3.3.1 EEPROM

초기 ROM은 제조사에서 미리 내용을 기록하고 그 내용을 변경할 수 없도록 만든, 말 그대로 읽기 전용 메모리로 이를 마스크 롬Mask ROM이라고 한다. 마스크 롬에 사용된 데이터에 오류가 있는 경우 오류 수정을 위해서는 칩 자체를 교환해야 하므로 많은 시간과 비용이 소요된다. 이러한 단점으로 인해 마스크 ROM은 더는 사용되지 않으며, 읽고 쓸 수 있는 ROM으로 대체되었다. 내용을 쓸 수 있다면 ROM의 정의와는 달라지지만, 전원 공급이 중단되어도 내용이 사라지지 않는 비휘발성 메모리라는 특성을 유지하고 있어 아직도 ROM이라고 불리고 있다.

ROM의 특징 중 하나는 쓰기 횟수에 제한이 있다는 점이다. 전원이 공급되지 않아도 ROM에 저장된 내용을 유지하기 위해서는 메모리 자체에 물리적인 변형을 가해야 하며 이러한 변형은 기록된 내용을 지운다고 해서 복구되지 않는다. 따라서 일정 횟수 이상 ROM의 내용을 지우고 다시 쓰면 ROM은 수명을 다해 사용할 수 없게 된다.

내용을 기록할 수 있는 ROM 중 처음 소개된 ROM은 PROM Programmable ROM이다. PROM은 내용이 기록되지 않은 상태로 생산되고, 전용 장치인 롬 라이터 ROM Writer를 통해 한 번만 내용을 기록할 수 있다. PROM을 개선하여 여러 번 쓰기가 가능하도록 만든 ROM이 EPROM Erasable PROM이다. 하지만 EPROM은 여전히 데이터를 지우고 기록하기 위해 전용 장치가 필요했으므로 이를 개선하여 만들어진 것이 EEPROM Electrically EPROM이다. EEPROM은 전용 장치 없이 전기 신호를 이용하여 간단하게 내용을 쓸 수 있도록 만들어졌다. EEPROM의 읽기 속도는 메모리 중 가장 빠른 속도를 보이는 SRAM과 거의 비슷하지만, 쓰기 속도는 밀리초 단위의 시간이 필요해서 빈번한 쓰기 동작이 필요한 경우에는 적합하지 않다. 따라서 **EEPROM은 한 번 내용을 기록하고 자주 참조하는 값을 기록하는 용도로 주로 사용된다.** 플래시 메모리가 출시된 이후 사용 빈도가 줄어들고 있지만, 플래시 메모리와 비교하면 적은 용량의 메모리는 가격이 싸고 제어가 간단하여 가전제품이나 컴퓨터의 BIOS 칩 등에 아직도 사용되고 있다. AVR 시리즈 마이크로컨트롤러에도 EEPROM이 포함되어 있으며 바이트 단위로 데이터를 읽거나 쓸 수 있다. AVR 시리즈 마이크로컨트롤러에 포함된 EEPROM의 크기는 수 KB 정도이므로 프로그램 실행에 필요한 파라미터 저장 등의 용도로 사용된다.

3.3.2 플래시 메모리

플래시 메모리는 1984년 도시바에서 만든 EEPROM의 변형이다. **EEPROM은 바이트 단위로 데이터를 읽거나 쓸 수 있다.** 플래시 메모리 역시 바이트 단위 읽기가 가능하다는 점에서는 EEPROM과 같지만, **플래시 메모리에는 블록 단위의 쓰기만 가능하다**는 점에서 EEPROM과 차이가 있다. 블록의 크기는 제조사나 메모리 용량에 따라 다르지만, 일반적으로 64바이트에서 128KB 사이의 크기가 사용된다. 플래시 메모리에 블록 단위의 쓰기만 가능하다는 건 단점이지만, EEPROM과 비교했을 때 구조가 간단하므로 대용량 메모리를 만들기에 적합하고, 블록 전체를 쓰는 시간은 EEPROM에 한 바이트를 쓰는 시간과 유사한 수 밀리초이므로 많은 데이터를 기록할 때는 EEPROM보다 빠르다는 장점이 있다. 이러한 장점으로 1988년 상업용 플래시 메모리가 처음 소개된 이후 사용량이 증가하여 USB 메모리를 포함하여 대부분의 휴대용 장치에서 플래시 메모리를 사용하고 있다. 하지만 **플래시 메모리는 블록 단위의 쓰기를 실행하므로 불필요한 쓰기가 발생할 수 있어 EEPROM에 비해 쓰기 가능한 횟수가 적다.** ATmega328에 포함된 EEPROM의 경우 100,000회 쓰기를 보장하지만, 플래시 메모리는 그 1/10인 10,000회 쓰기만을 보장한다.

플래시 메모리는 내부 구조에 따라 크게 NOR형과 NAND형의 두 가지가 있다. NOR형 플래시 메모리는 메모리에서 직접 코드를 실행하는 애플리케이션을 위해 설계되어 읽기 시간을 최소화하는 구조로 만들어졌다. 반면, NAND형 플래시 메모리는 대용량의 데이터 저장을 위해 설계되어 읽기 속도는 NOR형에 비해 느리지만 지우고 쓰기 속도는 NOR형보다 빠르다. 또한 NAND형 플래시 메모리는 NOR형 플래시 메모리와 비교하면 약 40% 가격이 저렴하여 대용량 저장장치에 많이 사용된다. 최근 하드디스크의 대안으로 떠오르고 있는 SSDSolid State Disk 역시 NAND형 플래시 메모리로 만들어진다.

3.3.3 SD 카드

SDSecure Digital 카드는 플래시 메모리를 사용하여 만들어진 외부 저장장치 표준의 하나다. SD 카드는 NAND 플래시 메모리와 메모리에 데이터를 읽고 쓰는 과정을 제어하는 컨트롤러로 구성되며 스마트폰, 디지털 카메라, 태블릿 컴퓨터 등 휴대용 장치의 외부 저장장치로 널리 사용되고 있다. 2005년 발표된 SD 카드는 1997년 발표된 MMCMulti Media Card의 데이터 핀 수와 동작 클록을 보완하여 만들어졌다. SD 카드로 인해 시장에서 사라질 위기였던 MMC는 규격 개정을 통해 플래시 메모리와 컨트롤러를 하나의 칩 형태로 만든 eMMCembedded MMC로 살아남았다. SD 카드가 외부 저장장치로 사용된다면, eMMC는 내부 저장장치로 사용되고 있다. MMC와 SD 카드가 NAND형 플래시 메모리를 기반으로 만들어진 저장장치 표준이라면, CFCompact Flash는 NOR형 플래시 메모리를 기반으로 만들어진 저장장치 표준의 하나로 일부 디지털 카메라에서 사용되고 있다.

SD 카드는 최대 128테라바이트의 용량을 가질 수 있으며 2기가바이트 이하의 용량을 표준 SD 또는 SDSCStandard Capacity, 32기가바이트 이하의 용량을 SDHCHigh Capacity, 2테라바이트 이하의 용량을 SDXCeXtended Capacity, 128테라바이트 이하의 용량을 SDUCUltra Capacity 등으로 구별하여 부른다. SD 카드는 그 크기에도 세 가지 종류가 있는데 각각 SD, 미니mini SD, 마이크로micro SD라고 부르며, 휴대용 기기에서는 마이크로 SD 카드가 주로 사용된다.

(a) SD (b) 미니 SD (c) 마이크로 SD

그림 3.2 SD 카드 출처 http://en.wikipedia.org/wiki/Secure_Digital

SD 카드와 MMC가 상대적으로 적은 용량의 저장장치라면, SSDSolid State Disk는 대용량의 고속 저장장치로 하드디스크를 대체하기 위해 사용된다. 기계적인 장치가 필요한 하드디스크와 달리 SSD는 기계적인 장치 없이 동작하므로 속도가 빠르고 안정성이 높으며 소음, 발열, 전력 소모 등이 적고 소형화, 경량화가 가능하다는 등 여러 면에서 장점이 있다. SSD는 크게 데이터 저장을 위한 플래시 메모리, 데이터 교환을 제어하는 컨트롤러, 캐시 메모리 역할을 하는 DRAM의 세 부분으로 구성된다. SSD 역시 SD 카드와 마찬가지로 플래시 메모리를 바탕으로 하므로 쓰기 횟수에 제한이 있다. 일반적으로 SSD는 일상적인 사용에서 10년 이상의 수명을 보장하는 것으로 알려져 있으므로 빈번한 쓰기 작업이 발생하는 환경이 아닌 한 수명 걱정은 하지 않아도 된다. 또한 같은 위치에 반복적인 쓰기를 방지하는 균등 분배 기술wear leveling 사용, 비트 오류의 복구가 가능한 오류 정정 알고리즘의 채택 등으로 수명은 더 늘어나고 있다.

대부분의 아두이노 보드에는 SD 카드를 사용할 수 있는 슬롯이 포함되어 있지 않다. 하지만 SD 카드 슬롯이 포함된 여러 가지 쉴드를 쉽게 찾아볼 수 있고, SD 카드를 위한 라이브러리가 아두이노의 기본 라이브러리 중 하나로 제공되고 있으므로 대용량의 데이터 저장이 필요한 경우라면 SD 카드를 고려할 수 있다. **SD 라이브러리는 FAT16과 FAT32 파일 시스템을 지원하며, 사용할 수 있는 카드의 용량은 최대 32기가바이트로 표준 SD 카드와 SDHC 카드를 사용할 수 있다.**

3.4 RAM의 종류

비휘발성 메모리인 ROM은 쓰기에 많은 시간이 걸리고 쓰는 횟수가 제한되어 있으므로 쓰기에 비해 읽기가 빈번한 경우에 적합하다. 하지만 CPU에서 연산이 수행되는 경우 잦은 쓰기는 피할 수 없으며 이때 사용되는 메모리가 RAM이다. RAM은 크게 동적 RAMDRAM: Dynamic RAM과 정적 RAMSRAM: Static RAM의 두 가지로 나눌 수 있다. **동적 RAM과 정적 RAM은 전원이 공급되는 동안 기록된 데이터의 보존 여부에서 차이에 있다.** SRAM은 플립플롭flip-flop을 바탕으로 만들어진 메모리로 한 번 기록된 데이터는 전원이 공급되는 동안 계속 남아 있다. 반면, DRAM은 커패시터capacitor에 전하를 저장하는 방식으로 데이터를 기록하므로 전원이 공급되는 동안에도 일정 시간이 지나면 방전으로 인해 데이터가 사라진다. 따라서 DRAM은 일정 시간 간격으로 커패시터를 재충전해야 하며 이를 리프레시refresh라고 한다. SRAM은 DRAM에 비해 최대 20배 이상의 속도로 동작할 수 있지만, 집적도가 낮고 가격이 비싸 대용량의 메모리를 만들기에는 적합하지 않다. 따라서

SRAM은 CPU 내의 레지스터나 캐시 메모리 등 작은 크기의 고속 메모리에 주로 사용된다. 반면, DRAM은 구조가 간단하여 집적도를 높이기가 쉽고 소비 전력이 적어 데스크톱 컴퓨터의 메인 메모리로 사용된다. 표 3.3은 SRAM과 DRAM을 비교한 것이다.

표 3.3 SRAM과 DRAM 비교

	SRAM	DRAM
읽기/쓰기 속도	빠름	느림
리프레시	×	○
집적도	낮음	높음
가격	고가	저가

3.5 맺는말

폰 노이만이 제안한 메모리 저장 방식의 범용 컴퓨터가 현대 컴퓨터의 기본 구조로 자리 잡으면서 메모리는 중앙처리장치CPU와 더불어 컴퓨터의 동작에서 핵심적인 요소로 자리 잡았다. 메모리는 데이터를 기록하고 보존하는 방식에 따라 ROM과 RAM으로 나눌 수 있으며, 이 중 ROM은 기술의 발전에 따라 쓰기가 가능해짐으로써 다양한 형태의 저장장치가 ROM을 사용하여 만들어지고 있다. 그림 3.3은 대표적인 메모리의 종류와 AVR 시리즈 마이크로컨트롤러에 포함된 메모리를 나타낸 것이다.

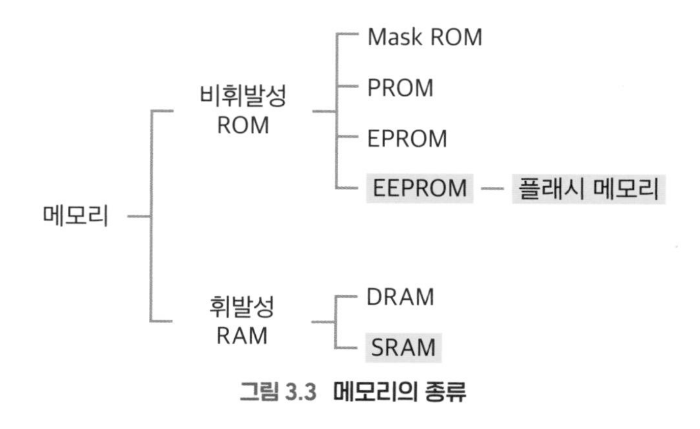

그림 3.3 메모리의 종류

AVR 시리즈 마이크로컨트롤러는 하버드 구조를 사용하므로 플래시 메모리로 만든 프로그램 메모리와 SRAM으로 만든 데이터 메모리를 사용한다. 여기에 프로그램 실행 중에 임의로 값을 읽고 쓸 수 있는 EEPROM까지 AVR 시리즈 마이크로컨트롤러에는 세 종류의 메모리가 포함되어 있다. 이들 메모리는 데스크톱 컴퓨터에서 메인 메모리와 하드디스크 기능을 담당함으로써 마이크로컨트롤러가 컴퓨터로서 동작할 수 있게 해준다. 표 3.1에서 알 수 있듯이 아두이노 보드에 사용된 마이크로컨트롤러가 포함하고 있는 메모리는 크기가 다양하다. 따라서 마이크로컨트롤러는 동작 주파수와 함께 메모리의 크기도 사용 목적을 고려하여 선택해야 한다는 점을 기억해 두자.

1. SRAM은 DRAM과 비교했을 때 속도는 빠르지만 큰 용량을 만들기가 어렵고, 가격이 비싸다는 등의 단점이 있다. 하지만 AVR 시리즈 마이크로컨트롤러의 데이터 메모리는 SRAM으로 만들어져 있다. 데이터 메모리를 DRAM이 아닌 SRAM으로 만든 이유가 무엇인지 알아보자.

2. AVR 시리즈 마이크로컨트롤러에는 EEPROM과 플래시 메모리라는 두 종류의 ROM이 프로그램과 데이터를 저장하기 위해 사용된다. EEPROM을 변형하여 만들어진 것이 플래시 메모리인 만큼 두 메모리는 공통점이 많지만, 차이점도 있다. EEPROM에는 바이트 단위로 데이터를 기록한다면 플래시 메모리에는 블록 단위로 데이터를 기록하는 것이 대표적인 차이점 중 하나다. 이를 포함하여 EEPROM과 플래시 메모리의 차이점을 알아보고 이에 따른 두 메모리의 용도를 비교해 보자.

3. 현재 세계 메모리 시장은 DRAM과 플래시 메모리가 주류를 이루고 있지만, 미세화 공정의 한계에 따라 동작 속도를 높이거나 용량을 늘리는 데 어려움을 겪고 있다. 이에 따라 DRAM과 플래시 메모리를 대체할 새로운 기술 개발이 진행되고 있으며 세 가지 이상의 상태를 하나의 셀에 저장하는 기술, 셀을 3차원으로 쌓는 기술 등이 대표적인 예에 속한다. 이를 포함하여 미래 메모리 기술의 발전 방향을 알아보자.

CHAPTER

4

아두이노 우노

아두이노 우노는 아두이노를 대표하는 보드로 아두이노의 목적과 사용 방법이 잘 반영된 보드다. 이 장에서는 아두이노 우노를 구성하는 다양한 부품들을 통해 아두이노 보드의 구성과 특징을 살펴보고, 이들 부품이 아두이노 우노의 ATmega328 마이크로컨트롤러와 어떻게 연결되어 있는지 알아본다.

이 장에서 사용할 부품

아두이노 우노 × 1 ➡ 아두이노 우노에 포함된 부품 확인

아두이노 우노는 아두이노 보드 중에서 가장 낮은 성능과 적은 기능을 제공하는 보드다. 즉, 아두이노의 비전공자를 위한 마이크로컨트롤러 플랫폼이라는 목적에 가장 적합한 보드로, 다양한 아두이노 보드 중 아두이노를 대표하는 보드로 자리 잡고 있다. 아두이노 우노에서 제공하는 기능 대부분을 다른 아두이노 보드에서도 제공하고 있으므로 아두이노 우노에서 제공하는 기능을 이해하는 것은 아두이노 하드웨어를 이해하는 밑거름이 된다.

4.1 전원 공급

아두이노 우노를 동작시키기 위해 전원을 공급하는 방법부터 살펴보자. 아두이노 우노에는 5V로 동작하는 ATmega328 마이크로컨트롤러가 포함되어 있다. 따라서 아두이노 우노를 동작시키기 위해서는 5V 전원이 공급되어야 하며 다양한 방법으로 전원을 공급할 수 있다. 그림 4.1은 아두이노 우노에서 전원 공급과 관련된 부품을 나타낸 것이다.

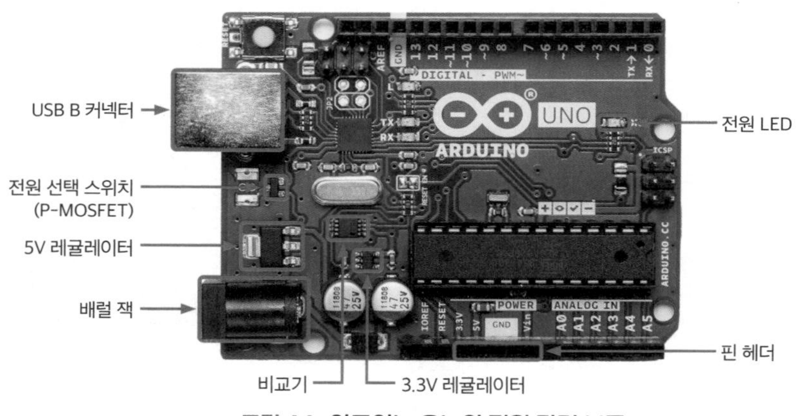

그림 4.1 아두이노 우노의 전원 관련 부품

아두이노 우노에 전원을 공급하는 가장 간단한 방법은 USB 케이블로 컴퓨터와 연결하는 것이다. 아두이노 우노를 USB 케이블로 컴퓨터와 연결하면 장치 관리자에 COM 포트로 나타나며, 이 포트를 통해 프로그램을 업로드하고 컴퓨터와 UART 시리얼 통신을 수행할 수 있다. **컴퓨터와 USB 케이블로 연결된 경우 데이터 전송 이외에 5V, 최대 500mA의 전류를 아두이노 우노에 공급**할 수 있으며, 전원이 공급된 것은 전원 LED를 통해 확인할 수 있다.

전원을 공급하는 두 번째 방법은 배럴barrel 잭을 통해 직류 전원을 연결하는 것이다. 추천되는 입력 전압의 범위는 6~12V이며, 5V 레귤레이터를 거쳐 5V의 동작 전압이 만들어진다. 레귤레이터를 거쳐 5V로 만들어진 전압은 다시 3.3V 레귤레이터 입력으로 주어져 3.3V 전압이 만들어진다. 레귤레이터를 거쳐 만들어진 5V와 3.3V 전압은 마이크로컨트롤러의 동작에 사용되는 것은 물론 GND와 함께 핀 헤더를 통해 다른 주변장치로 공급하기 위해 사용할 수 있으며, 이는 USB 케이블로 연결한 경우도 마찬가지다.

USB와 배럴 잭은 아두이노 우노에 전원을 공급하는 대표적인 방법이다. 만약 USB 케이블로 컴퓨터와 연결된 상태에서 배럴 잭에 전원을 연결하면 어떻게 될까? 이런 경우를 위해 추가된 부품이 전원 선택 스위치와 비교기다. 비교기로는 레귤레이터를 거친 3.3V 전압과 배럴 잭 전압의 절반이 입력된다. 만약 배럴 잭 입력이 6.6V(3.3V의 2배) 이하이면 USB 전원이, 그 이상이면 배럴 잭 연결 전원이 P-MOSFET에 의해 선택되어 아두이노 우노에 공급된다.

USB와 배럴 잭을 통해 전원을 공급하는 방법 이외에도 아두이노 우노의 핀 헤더를 통해 전원을 공급하는 것도 가능하다. 전원을 공급하는 세 번째 방법은 핀 헤더 중 Vin과 GND를 사용하는 것이다. Vin 핀 헤더를 통해 연결하는 전원은 배럴 잭을 통해 연결하는 전원과 마찬가지로 6~12V의 전압을 가할 수 있고 레귤레이터를 거쳐 동작 전압이 만들어진다. 한 가지 차이라면 배럴 잭을 통한 연결에서는 잘못된 전원 연결을 방지하기 위해 다이오드를 거치는 반면, Vin 핀 헤더를 통한 연결은 다이오드를 거치지 않으므로 연결 시 전원 극성에 주의해야 한다. **배럴 잭이나 Vin 핀 헤더를 통해 전원을 공급하는 경우 아두이노 우노에는 최대 1A의 전류가 공급될 수 있다.**

마지막 방법은 핀 헤더 중 VCC와 GND를 사용하는 것이다. 핀 헤더의 VCC는 일반적으로 아두이노 보드의 5V 전원을 주변장치에 공급하는 목적으로 사용되지만, 다른 장치로부터 동작 전원을 공급받는 목적으로도 사용할 수 있다. 한 가지 주의해야 할 점은 Vin 핀 헤더를 통해 연결된 전원은 레귤레이터를 거쳐 동작 전압이 만들어지므로 연결할 수 있는 전압의 범위가 넓지만, VCC 핀 헤더를 통해 연결된 전원은 레귤레이터를 거치지 않으므로 반드시 5V 전원을 연결해야 한다는 점이다.

표 4.1 아두이노 우노에 전원을 공급하는 방법

전원 공급 방법	입력 전압(V)	공급 가능 전류(mA)	비고
컴퓨터와 USB 연결	5	500	
배럴 잭 연결	6~12	1,000	레귤레이터에 의한 전류 제한
Vin 핀 헤더 연결	6~12	1,000	• 레귤레이터에 의한 전류 제한 • 역전압 방지 다이오드를 거치지 않음
VCC 연결	5	제한 없음	

4.2 핀 헤더

아두이노는 마이크로컨트롤러 보드로 입력 장치를 통해 주변 환경으로부터 데이터를 수집하고 이를 처리하여 출력 장치를 통해 내보낸다. 아두이노를 사용하여 시스템을 구성할 때 입출력 장치를 연결할 수 있도록 아두이노 우노는 32개의 피메일female 핀 헤더를 제공하고 있다. 32핀 중 14핀은 디지털 데이터 입출력을 위해, 6핀은 아날로그 데이터 입력을 위해 사용할 수 있는 등 **주변장치 연결에 사용할 수 있는 핀은 모두 20개**다. 나머지 12핀 중 6핀은 전원 관련 핀이고 나머지는 RESET, IOREF, AREF, SCL, SDA, NC* 등이다.

그림 4.2는 아두이노 우노의 핀 헤더를 나타낸 것으로, 각 핀에는 몇 가지 이름이 붙어 있다는 점을 유의해서 살펴볼 필요가 있다. 'ATmega328 핀 번호'는 핀 헤더와 연결된 ATmega328 마이크로컨트롤러 칩의 핀 번호를 나타낸다. ATmega328은 28핀의 마이크로컨트롤러로, 모든 데이터 핀이 아두이노 우노의 핀 헤더로 연결되어 있다.

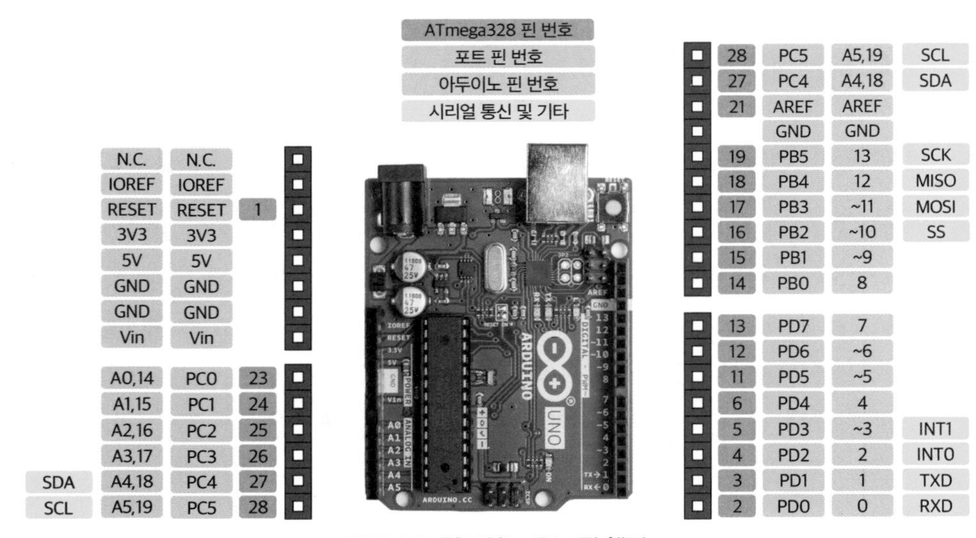

그림 4.2 아두이노 우노 핀 헤더

각 데이터 핀으로는 1비트의 데이터를 교환할 수 있지만, CPU 내에서는 워드word 단위, 즉 8비트 단위로 계산이 이루어진다. 워드는 CPU에서 한 번에 처리할 수 있는 데이트 크기를 나타내는 단위로,

* NC 핀은 32핀 중 아무런 설명이 없는 유일한 핀으로, '연결되어 있지 않은(Not Connected)' 핀을 의미한다.

ATmega328의 CPU에서 워드는 1바이트 크기를 갖는다. 따라서 ATmega328의 CPU 내에서 1비트 단위의 계산은 불가능하다. 따라서 8개 데이터 핀을 묶어서 관리하는 것이 데이터 입출력에서도 편리하므로 데이터 핀 8개를 포트port라는 이름으로 관리하고 0에서 7까지 번호를 할당하고 있다. 예를 들어, ATmega328 칩의 28번 핀에 해당하는 '포트 핀 번호' PC5는 포트 C에 포함된 0~7번까지의 8개 핀 중 5번 핀을 나타낸다. **ATmega328 마이크로컨트롤러에는 B, C, D의 3개 포트가 있다.**

'아두이노 핀 번호'는 아두이노에서 사용하는 데이터 핀의 이름을 나타낸다. AVR 시리즈 마이크로컨트롤러에서는 워드 단위로 연산이 이루어지고 데이터 교환 역시 워드 단위로 이루어지는 것이 기본이다. 하지만 실제 데이터 교환은 워드(또는 포트) 단위보다는 데이터 핀을 통한 비트 단위로 이루어지는 경우가 더 많다. 이는 마이크로컨트롤러에서 사용할 수 있는 데이터 핀의 수가 한정되어 있으므로 시리얼 통신을 사용하여 하나의 핀으로 바이트 이상의 데이터를 주고받는 경우가 대부분이기 때문이다. 따라서 **아두이노에서는 데이터 핀을 통한 비트 단위의 데이터 교환에 사용할 수 있도록 각 데이터 핀에 별도의 번호를 붙여 사용한다.**

아두이노에서 사용하는 데이터 핀 번호는 정수로 지정하는 번호와 정수 앞에 아날로그를 의미하는 'A'를 붙여 나타내는 두 종류가 있다. 그림 4.2에서 정수로 지정된 번호를 갖는 **0번에서 13번까지 14개 핀은 디지털 데이터 입출력에 사용**할 수 있는 핀이다. 반면, **A0에서 A5까지 6개 핀은 아날로그 데이터 입력에 사용**할 수 있다. 아날로그 입력 핀이 아날로그 입력을 위해서도 사용되지만, 마이크로컨트롤러는 디지털 컴퓨터로 모든 데이터 핀은 디지털 데이터 입출력에 사용할 수 있다. 즉, **6개 아날로그 입력 핀은 아날로그 데이터 입력 이외에 디지털 데이터 입출력으로도 사용할 수 있으며 이 경우 A0~A5 대신 14~19번을 사용할 수 있다***.

아날로그 데이터 출력을 위해서는 디지털-아날로그 변환기DAC: Digital-Analog Converter가 필요하지만, ATmega328에는 포함되어 있지 않아 아날로그 데이터 출력 기능은 사용할 수 없다. 대신 아날로그 신호와 비슷한 효과를 얻을 수 있는 PWMPulse Width Modulation 신호 출력을 지원하며, **PWM 신호 출력이 가능한 핀은 핀 번호 앞에 물결무늬(~)를 붙여 구별**하고 있다**. PWM 신호 출력 핀 역시 아날로그 데이터 입력 핀과 마찬가지로 디지털 데이터 입출력 핀의 일부에 해당한다는 점도 주의해야 한다. 표 4.2는 디지털 및 아날로그 신호를 입출력할 수 있는 데이터 핀을 요약한 것이다.

---

* 흔히 아두이노 우노의 디지털 입출력 핀 수는 14개라고 이야기하지만, 20개라고 이야기하기도 한다. 이는 아날로그 입력 핀을 디지털 입출력 핀으로 사용할 수 있으므로 최대 20개의 핀을 디지털 입출력 핀으로 사용할 수 있기 때문이다.

** PWM 신호는 아날로그 신호가 아닌 디지털 신호의 일종이다. 하지만 PWM 신호를 통해 LED의 밝기 조절이나 모터의 속도 조절과 같이 아날로그 신호로 가능한 작업을 수행할 수 있으므로 아두이노에서는 PWM 신호를 아날로그 신호로 취급하는 경우가 많다. 예를 들어 PWM 신호를 출력하는 함수의 이름은 analogWrite로, 'analog'가 함수 이름에 붙어 있다.

표 4.2 아날로그 및 디지털 데이터 입출력 핀

디지털 핀 번호	아날로그 핀 번호	디지털 데이터 입출력	아날로그 데이터 입력	아날로그 데이터 출력(PWM)	비고
0	-	○	×	×	UART(RX)
1	-	○	×	×	UART(TX)
2	-	○	×	×	INT0
3	-	○	×	○	INT1
4	-	○	×	×	
5	-	○	×	○	
6	-	○	×	○	
7	-	○	×	×	
8	-	○	×	×	
9	-	○	×	○	
10	-	○	×	○	
11	-	○	×	○	SPI(MOSI)
12	-	○	×	×	SPI(MISO)
13	-	○	×	×	SPI(SCK)
14	A0	○	○	×	
15	A1	○	○	×	
16	A2	○	○	×	
17	A3	○	○	×	
18	A4	○	○	×	I2C(SDA)
19	A5	○	○	×	I2C(SCL)
핀 수		20개	6개	6개	

데이터 핀을 사용할 때 주의할 점 중 한 가지는 데이터 핀을 통해 공급할 수 있는 전류가 그리 많지 않다는 점이다. **데이터 핀 하나에서 공급할 수 있는 최대 전류는 40mA이며, 20개 데이터 핀 전체를 통해 공급할 수 있는 전류의 합은 200mA를 넘을 수 없다. 마이크로컨트롤러의 데이터 핀으로 출력되는 신호는 제어 신호**라는 점을 기억해야 한다. 따라서 많은 전류를 사용하는 주변장치를 연결할 때는 별도의 전용 전원을 사용해야 한다. 주변장치의 전원은 흔히 아두이노 보드의 VCC와 GND를 통해 공급하지만, USB 전원을 사용하는 경우 최대 500mA, 외부 전원을 사용하는 경우 최대 1A의 전류만 VCC와 GND를 통해 제공할 수 있으므로 더 많은 전류가 필요하다면 반드시 전용 전원을 사용해야 한다. 대표적인 예가 모터로, 모터는 많은 전류가 필요하므로 모터 전용 전원을 사용하는 경우가 대부분이다. 이처럼 아두이노를 위한 전원과 주변장치를 위한 전원이 별도로 사용된 경우에는 두 전원 장치의 GND를 연결해야 한다는 것을 주의해야 한다.

핀의 추가 기능은 디지털 및 아날로그 데이터 입출력 이외에 사용할 수 있는 시리얼 통신과 외부 인터럽트 기능을 나타낸다. **ATmega328 마이크로컨트롤러는 UART, SPI, I2C의 세 가지 시리얼 통신을 하드웨어로 지원**하며 시리얼 통신을 위해서는 대부분 하드웨어로 지원되는 전용 핀을 사용한다. 표 4.3은 ATmega328 마이크로컨트롤러에서 지원하는 시리얼 통신을 나타낸 것이다.

표 4.3 ATmega328 지원 시리얼 통신*

시리얼 통신	사용 핀	특징
UART	• 0(RXD: Receive Data) • 1(TXD: Transmit Data)	• 비동기식, 전이중 방식, 1:1 통신 • 가장 오래된 시리얼 통신 방법
SPI	• 10(SS: Slave Select) • 11(MOSI: Master Out Slave In) • 12(MISO: Master In Slave Out) • 13(SCK: Serial Clock)	• 동기식, 전이중 방식, 1:n 통신 • 고속 데이터 전송에 적합
I2C	• A4(SCL: Serial Clock) • A5(SDA: Serial Data)	• 동기식, 반이중 방식, 1:n 통신 • 많은 장치 연결이 쉬움

인터럽트의 경우 ATmega328에 정의된 인터럽트 중 우선순위가 RESET을 제외하면 가장 높은 외부 인터럽트$_{\text{external interrupt}}$를 지원한다. **외부 인터럽트는 전용 핀인 2번과 3번을 통해서만 사용할 수 있다.** 표 4.4는 핀 헤더에서 데이터 핀을 제외한 나머지 핀의 기능을 설명한 것이다.

표 4.4 데이터 핀 이외의 핀 헤더

핀 이름	설명	비고
3V3	3.3V 전압	
5V	5V 전압	
GND	그라운드	
Vin	외부 전원 공급	7~12V 입력이 추천되며, 배럴 잭에 연결된 전원의 출력으로도 사용될 수 있다.
IOREF	데이터 핀의 입출력 기준 전압	쉴드에서 사용하기 위한 목적이며 아두이노 우노는 5V에 연결되어 있다.
RESET	마이크로컨트롤러 리셋	GND에 연결하면 마이크로컨트롤러가 리셋된다(active low).
AREF	아날로그-디지털 변환을 위한 기준 전압	analogReference 함수 참조

표 4.4의 핀 중 IOREF는 데이터 핀에서 사용하는 입출력 기준 전압을 쉴드로 알려주기 위해 사용한다. 아두이노 보드 중에서 AVR 시리즈 마이크로컨트롤러를 사용하는 보드는 5V 동작 전압을,

* 표 4.3에서 동기식과 비동기식은 전송되는 데이터의 동기화를 위한 별도의 클록 사용 여부로 구분하며, 전이중(full duplex)과 반이중(half duplex)은 송수신이 동시에 진행될 수 있는지로 구분한다. 자세한 내용은 해당 장을 참고하면 된다.

Cortex-M 시리즈 마이크로컨트롤러를 사용하는 보드는 3.3V 동작 전압을 사용하며, 데이터 핀의 입출력 기준 전압은 마이크로컨트롤러의 동작 전압과 같다. Cortex-M 시리즈 마이크로컨트롤러를 사용하는 아두이노 제로의 경우 아두이노 우노와 같은 배열의 핀 헤더를 갖고 있으므로 쉴드를 공통으로 사용할 수 있다. 다만 사용하는 입출력 기준 전압이 다르므로 이를 구별하기 위해 IOREF 핀이 사용된다.

4.3 마이크로컨트롤러

아두이노 우노에는 2개의 마이크로컨트롤러가 포함되어 있으며, 그중 하나가 아두이노 우노의 핵심인 ATmega328 마이크로컨트롤러다. 다른 하나의 마이크로컨트롤러인 ATmega16u2는 스케치 업로드 및 컴퓨터와의 UART 시리얼 통신을 위해 사용되는 USB-UART 변환 전용 마이크로컨트롤러다. 그림 4.3은 아두이노 우노에서 마이크로컨트롤러의 동작과 관련된 부품을 나타낸 것이다.

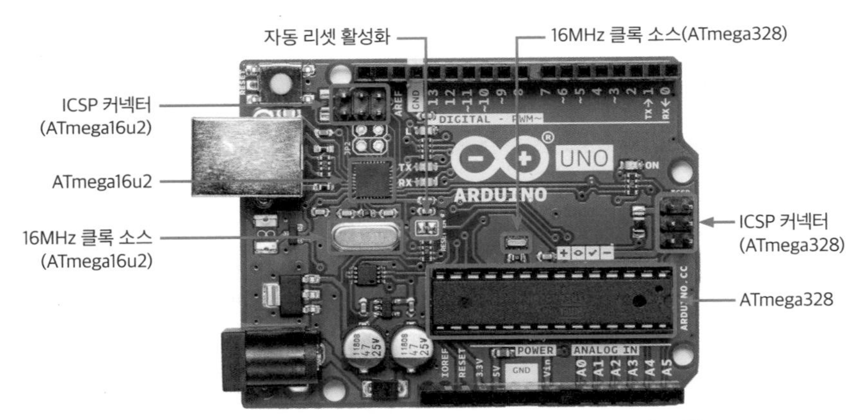

그림 4.3 아두이노 우노의 마이크로컨트롤러 관련 부품

표 4.5는 두 마이크로컨트롤러의 사양을 비교한 것이다. ATmega16u2는 ATmega328에 비해 적은 메모리를 갖는 마이크로컨트롤러이지만, USB 연결을 지원한다는 점에서 ATmega328과 차이가 있다. ATmega328은 USB 연결을 지원하지 않으므로 컴퓨터와 USB로 직접 연결될 수 없으므로 컴퓨터에서 직접 프로그램을 업로드할 수 없다. 따라서 **컴퓨터와의 USB 연결을 중개하기 위해 USB 연결을 지원하는 ATmega16u2 마이크로컨트롤러가 사용된다.**

표 4.5 아두이노 우노에 사용된 마이크로컨트롤러

	ATmega328	ATmega16u2
클록(MHz)	16	16
플래시 메모리(KB)	32	16
SRAM(KB)	2	0.5
EEPROM(KB)	1	0.5
USB 지원	×	○
핀 수	28	32
패키지	DIP	TQFP
용도	메인 컨트롤러	USB-UART 변환

ATmega328에는 두 가지 방법으로 프로그램을 업로드하여 설치할 수 있다. 첫 번째는 ATmega16u2를 통해 UART 시리얼 통신으로 프로그램을 업로드하는 시리얼 방식이며, 두 번째는 SPI 통신을 사용하는 ISP In System Programming 방식이다. 두 방법 모두 전용 장치가 필요하며 **시리얼 방식 업로드를 위한 전용 장치로 ATmega16u2 마이크로컨트롤러가 사용된다.** ISP 방식은 AVR 시리즈 마이크로컨트롤러에서 주로 사용되는 업로드 방식이다. ATmega328은 물론 ATmega16u2 마이크로컨트롤러 역시 ICSP In Circuit Serial Programming 핀 헤더를 통해 전용 장치를 연결하면 ISP 방식으로 프로그램을 업로드할 수 있다. 하지만 ATmega16u2에는 메인 마이크로컨트롤러인 ATmega328을 지원하기 위한 프로그램이 설치되어 있으므로 다른 프로그램을 설치하는 경우는 흔치 않다. 그림 4.4는 두 마이크로컨트롤러를 위한 ICSP 핀 헤더의 배치를 나타낸 것이다. 아두이노 보드에는 ICSP라고 표시되어 있지만, ICSP는 ISP와 같은 의미로 사용되는 다른 단어다.

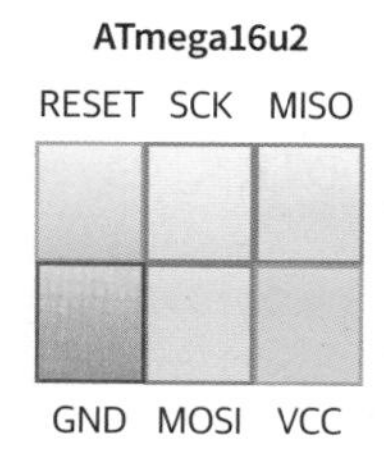

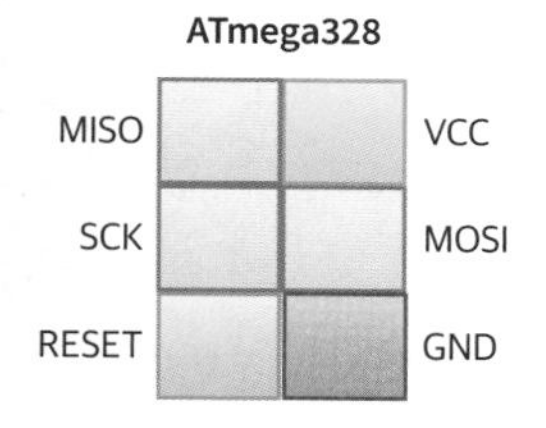

그림 4.4 ICSP 핀 헤더

두 마이크로컨트롤러는 모두 16MHz의 외부 클록 소스를 사용한다. 그림 4.3에서 알 수 있듯이 ATmega328을 위한 클록 소스는 세라믹 레조네이터ceramic resonator가 사용되고, ATmega16u2를 위한 클록 소스는 크리스털이 사용되고 있다. 세라믹 레조네이터와 크리스털은 모두 자체적으로 클록을 생성하지는 못하며, 마이크로컨트롤러 내부 회로와 함께 동작하여 클록을 만들어낸다. 크리스털은 수정(크리스털)을 얇게 자르고 전기 신호를 가하면 수정편의 두께와 잘린 각도 등에 의해 일정한 주파수로 진동하는 성질을 이용하고, 세라믹 레조네이터는 압전 효과를 이용하여 클록을 만들어낸다. 크리스털은 세라믹 레조네이터보다 안정성이 높지만, 세라믹 레조네이터보다 가격이 높은 것은 단점이다. 메인 컨트롤러인 ATmega328이 아니라 ATmega16u2에 높은 안정성을 가진 클록 소스가 사용된 이유는 USB 관련 동작에서 높은 안정성을 요구하기 때문이다. ATmega328에 사용된 세라믹 레조네이터의 정확도가 높지 않아 아두이노 우노로 긴 시간을 측정하는 경우 많은 오차가 발생할 수 있다는 점, 따라서 정확한 시간 계산이 필요하다면 RTC(Real Time Clock)와 같은 전용 장치를 사용해야 한다는 점도 기억해야 한다.

ATmega328과 ATmega16u2의 두 마이크로컨트롤러는 전원 이외에 3개의 연결선으로 연결되어 있다. ATmega16u2 마이크로컨트롤러가 USB를 통해 전달된 데이터를 UART 형식으로 변환하여 ATmega328 마이크로컨트롤러로 전달하므로 UART 통신을 위해 RXD와 TXD, 2개의 연결선이 사용되는 것은 당연하다. ATmega328 마이크로컨트롤러에서 UART 통신을 담당하는 핀은 0번(PD0)과 1번(PD1) 핀으로, 유일한 하드웨어 UART 포트이자 ATmega16u2 마이크로컨트롤러와 연결된 핀이기도 하다. **아두이노 우노의 0번과 1번 핀은 ATmega16u2 마이크로컨트롤러를 거쳐 컴퓨터와 연결되므로 다른 주변장치를 연결하지 않는 것이 좋다.**

두 마이크로컨트롤러를 연결하는 나머지 하나의 연결선은 ATmega16u2의 13번 핀과 ATmega328의 RESET 핀을 연결한 것이다. 이 연결선을 통해 **ATmega16u2는 DTR(Data Terminal Ready) 신호를 전송하여 프로그램 업로드가 시작되는 시점에서 ATmega328을 리셋하는 역할을 한다.** DTR 신호는 단어 의미 그대로 통신을 위한 포트가 준비되었음을 나타내므로, 아두이노 우노가 컴퓨터와 연결되어 업로드가 시작될 때 LOW로 바뀌고 업로드가 끝나면 HIGH로 바뀐다. 만약 DTR 신호를 직접 ATmega328의 RESET 핀으로 연결하면 프로그램을 업로드하는 동안 계속 리셋 상태에 있게 되어 프로그램을 업로드할 수 없다. 따라서 DTR 신호가 LOW로 바뀌는 짧은 시간 동안만 ATmega328에 입력되는 리셋 신호 역시 LOW가 되고 이후 HIGH로 복귀하도록 DTR 신호선에 직렬로 커패시터가 연결되어 있다. 그림 4.5는 ATmega16u2의 DTR 신호 출력과 ATmega328의 RESET 신호 입력을 나타낸 것이다.

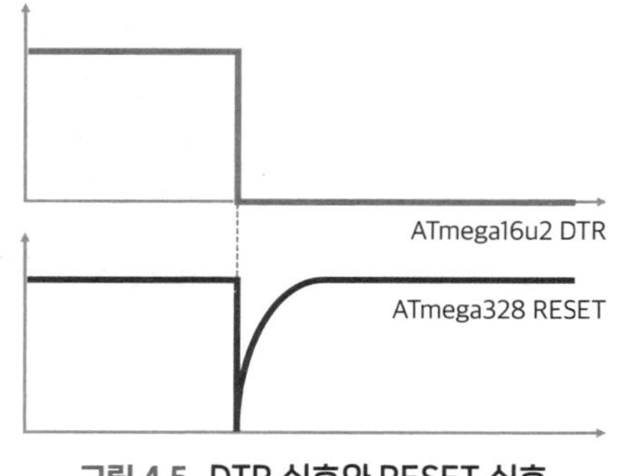

그림 4.5 DTR 신호와 RESET 신호

이처럼 ATmega16u2 마이크로컨트롤러가 컴퓨터와의 통신을 시작할 때 DTR 신호는 LOW가 되고, 따라서 ATmega328 마이크로컨트롤러는 리셋된다. 이를 자동 리셋auto reset이라고 한다. 아두이노 우노에는 자동 리셋을 사용할 수 있도록 패드가 존재하며(그림 4.3) 디폴트로 연결된 상태에 있다. 자동 리셋 기능을 사용하고 싶지 않다면 패드 연결을 잘라주면 된다. 하지만 자동 리셋 기능이 동작하지 않는다면 업로드가 자동으로 진행되지 않으므로 업로드가 시작되는 시점에서 아두이노 보드의 리셋 버튼을 눌러 ATmega328 마이크로컨트롤러가 리셋되게 해주어야 한다. 자동 리셋 기능을 다시 사용하고 싶다면 자동 리셋 활성화 패드를 다시 연결하면 된다.

자동 리셋은 아두이노 프로그램에서 시리얼 모니터를 실행할 때도 발생한다. 아두이노 프로그램에서 시리얼 모니터를 실행하면 컴퓨터와 아두이노 보드 사이에 시리얼 통신을 위한 포트가 연결된다. 즉, 프로그램을 업로드하는 경우와 마찬가지로 DTR 신호가 LOW가 되면서 ATmega328 마이크로컨트롤러가 리셋된다. 따라서 시리얼 모니터를 사용하는 경우라면 프로그램을 업로드하기 전에 시리얼 모니터를 실행해 두는 것이 좋다.

4.4 ATmega328

아두이노 우노에 포함된 2개의 마이크로컨트롤러 중 ATmega16u2는 메인 마이크로컨트롤러인 ATmega328이 컴퓨터와 연결될 수 있도록 USB 통신을 지원하는 목적으로 사용된다. 즉, ATmega328과 컴퓨터를 USB로 연결해 줄 다른 장치가 있다면 ATmega16u2를 사용하지 않아도 된다. 실제로 아두이노 우노의 호환 제품 중에는 ATmega16u2 대신 CH340, CH341 칩 등이 사용된 예를 볼 수 있다. 또한 아두이노 우노 이전의 아두이노 보드에서는 FTDI사*의 USB-UART 변환 칩을 사용했다. FTDI사 칩에서 ATmega16u2로 바뀐 이유는 가격이 저렴해서이기도 하지만, ATmega16u2의 펌웨어를 교체함으로써 다른 기능을 쉽게 추가할 수 있기 때문이다. 아두이노 우노의 경우 ATmega16u2의 펌웨어를 교체함으로써 아두이노 우노를 USB 키보드나 마우스 등으로 동작하게 할 수 있다. 그림 4.6은 아두이노 우노 이전에 발표된 아두이노 데시밀라Diecimila로, USB-UART 변환을 위해 FTDI사 칩이 사용된 것을 확인할 수 있다.

* https://www.ftdichip.com

그림 4.6 아두이노 데시밀라

ATmega328은 교체 가능한 ATmega16u2와는 다르다. 아두이노 우노는 ATmega328 마이크로컨트롤러를 기반으로 만든 마이크로컨트롤러 보드이므로 다른 부품으로 교체될 수 없다. ATmega328 칩에는 여러 가지 종류가 있지만, **아두이노 우노는 28핀의 DIP 타입 칩을 사용한다.** 그림 4.7은 ATmega328 마이크로컨트롤러의 핀 배치를 나타낸다. ATmega328 칩의 28개 핀 중 디지털 전원 관련 핀 2개(VCC, GND), 아날로그 전원 관련 핀 3개(AVCC, AREF, GND)를 제외한 23개의 핀은 주변장치와 데이터 교환을 위한 데이터 핀으로 사용할 수 있다. 하지만 23개의 핀 중 아두이노 우노에서는 9번(XTAL1)과 10번(XTAL2) 핀을 외부 클록 소스 연결을 위해 사용하고 1번 핀은 리셋RESET 용도로 사용하므로, 나머지 20개 핀만 데이터 입출력 핀으로 사용할 수 있다.

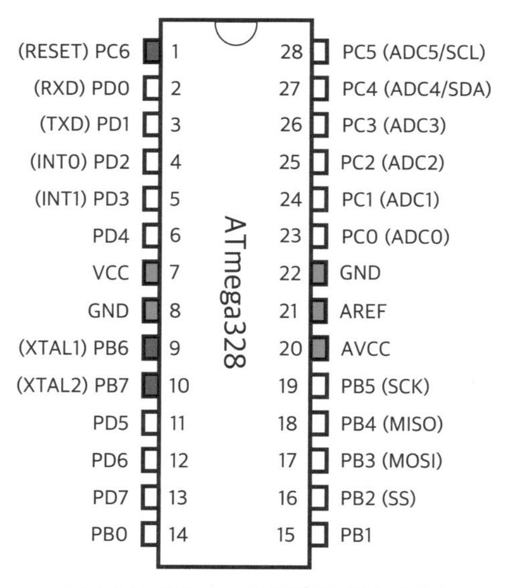

그림 4.7 ATmega328 칩의 핀 배치도

표 4.6은 ATmega328 핀의 이름을 기능에 따라 분류한 것이다. 그림 4.7의 이름은 그림 4.2의 핀 헤더 이름과 약간의 차이는 있지만, ATmega328의 20개 데이터 핀이 아두이노 우노의 핀 헤더로 연결되어 있다는 사실은 확인할 수 있다.

표 4.6 ATmega328의 핀 기능 설명

약어	설명	ATmega328 핀 번호	비고
PBn	포트 B	14, 15, 16, 17, 18, 19, (9), (10)	n = 0, … , 7
PCn	포트 C	23, 24, 25, 26, 27, 28, (1)	n = 0, … , 6
PDn	포트 D	2, 3, 4, 5, 6, 11, 12, 13	n = 0, … , 7
INTn	외부 인터럽트	4, 5	n = 0, 1
ADCn	아날로그-디지털 변환 채널	23, 24, 25, 26, 27, 28	n = 0, … , 5
AREF	아날로그-디지털 변환 기준 전압	21	Analog Reference
XTALn	외부 발진자 연결	9, 10	n = 1, 2
RESET	리셋	1	
RXD	Receive Data	2	UART 통신
TXD	Transmit Data	3	
SCL	Serial Clock	28	I2C 통신
SDA	Serial Data	27	
SCK	Serial Clock	19	SPI 통신
MISO	Master In Slave Out	18	
MOSI	Master Out Slave In	17	
SS	Slave Select	16	
VCC	VCC	7	아날로그 및 디지털 전원
AVCC	Analog VCC	20	
GND	Ground	8, 22	

ATmega328 칩에 대해 마지막으로 한 가지 언급하고 싶은 점은 ATmega328 칩이 한 종류가 아니라는 점이다. 실제 아두이노에 사용되는 칩 이름은 ATmega328P-PU 칩이다. 첫 번째 'P'는 저전력pico power이라는 의미로, 이전 버전인 ATmega328보다 ATmega328P의 전력 소모가 적다. 이 점을 제외하면 ATmega328과 ATmega328P는 구조와 기능이 같은 칩으로, 서로 호환된다. 하지만 **ATmega328과 ATmega328P는 서로 다른 칩 식별기호chip signature를 갖고 있는 서로 다른 마이크로컨트롤러라는 점에 주의해야 한다***. 아두이노 프로그램에서도 칩 식별기호를 통해 아두이노 보드

* 칩 식별기호는 3바이트의 값으로, ATmega328의 칩 식별기호는 0x1E9514이고 ATmega328P의 칩 식별기호는 0x1E950F로 각기 다르다.

의 종류를 확인하므로 ATmega328 칩을 ATmega328P 칩 대신 사용하면 아두이노 우노로 인식하지 못한다. 마지막 'PU'는 브레드보드에 꽂아 사용할 수 있는 PDIPPlastic Dual In-line Package 형태임을 의미한다. 아두이노 우노 중에는 ATmega328P-PU 칩이 아닌 TQFPThin Quad Flat Pack 형태의 ATmega328P-AU 칩을 사용한 아두이노 우노 SMD도 있다.

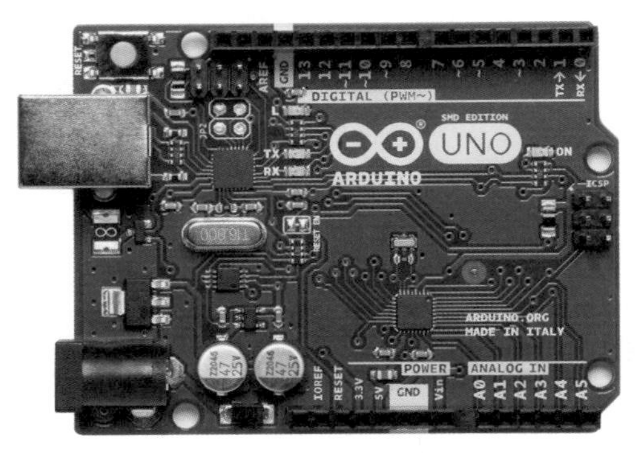

그림 4.8 아두이노 우노 SMD

ATmega328P-AU 칩은 ATmega328P-PU 칩보다 핀이 4개 더 많은 32핀 칩이다. 추가된 4개의 핀 중 두 핀은 VCC와 GND이고 나머지 두 핀은 아날로그-디지털 변환 채널 6번과 7번에 해당한다. 아두이노 우노 SMD에서 추가된 아날로그-디지털 변환 채널은 사용하지 않지만, ATmega328P-AU 칩을 사용하는 다른 아두이노 보드인 아두이노 나노에서는 6번과 7번 아날로그-디지털 변환 채널을 사용할 수 있다. 자세한 내용은 74장 '아두이노 나노와 아두이노 나노 에브리' 장을 참고하면 된다. 핀 수의 차이가 있지만 ATmega328P-PU와 ATmega328P-AU는 식별기호가 같다는 점은 기억해야 한다.

4.5 LED

아두이노 우노에는 보드의 동작 상태를 나타내기 위한 몇 개의 LED가 포함되어 있다. 대표적으로 전원이 공급되고 있음을 나타내는 전원 LED가 그중 하나다. 이 외에도 시리얼 통신 상태를 나타내기 위한 TX LED와 RX LED가 있다. TX LED는 ATmega328에서 시리얼 통신을 통해 데이터를 보내는 경우, RX LED는 시리얼 통신을 통해 ATmega328이 데이터를 받는 경우를 나타낸다. 또 다른 LED는 13번 핀에 연결된 LED다. 13번 핀의 LED는 아두이노의 'Hello World' 프로그램인 'Blink'에서 테스트용으로 사용하는 LED다. 또한 마이크로컨트롤러의 부팅 과정과 프로그램 업로드 시작 시에 13번 핀의 LED가 점멸하는 등 마이크로컨트롤러의 상태를 나타내기 위해서도 사용되고 있다. 그림 4.9는 아두이노 우노에 포함된 LED 위치와 기능을 나타낸 것이다.

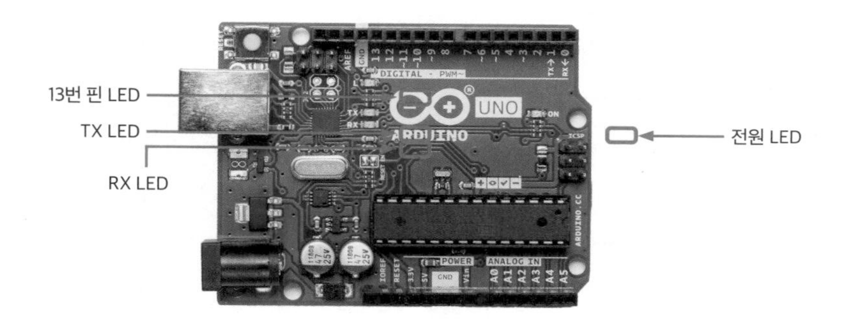

그림 4.9 아두이노 우노의 LED

4.6 맺는말

아두이노 우노는 아두이노의 대표 보드로 가장 많이 사용되는 보드이자 가장 기능이 적은 보드이기도 하다. 기능이 적다는 것은 단점으로 보일 수도 있지만, 그만큼 쉽게 사용할 수 있고 응용하기가 쉽다는 의미이기도 하다. 실제 판매되고 있는 다양한 아두이노 호환 보드들은 아두이노 우노와 호환되는 경우가 대부분이다. 물론, 아두이노 우노가 DIP 타입의 ATmega328 마이크로컨트롤러를 사용하고 있으므로 DIY가 쉽다는 점도 한몫을 했다.

아두이노 우노는 이전 보드들을 계승하기도 했지만, 세 번째 버전인 R3까지 바뀌면서 비전공자들이 사용하기 쉬운 보드라는 목적에 맞게 사용 과정에서 안정성을 확보하고 사용 편이성을 높이기 위한 기능들이 곳곳에 자리 잡고 있다. 이 장에서는 아두이노 우노의 하드웨어 측면에서의 특징을 보드에 사용된 부품을 통해 살펴봤다. 아두이노 우노에는 이 장에서 언급하지 않은 부품들이 더 포함되어 있지만, 아두이노 우노를 이해하는 데는 이 장의 내용으로 충분하리라 생각된다. 이제 아두이노 우노가 준비되었다면 아두이노 우노를 위한 프로그램을 작성할 수 있는 소프트웨어인 아두이노 프로그램에 대해 알아보자.

1 아두이노 우노 이전에도 아두이노 우노와 같은 모양의 아두이노 NG New Generation, 아두이노 데시밀라 Diecimila, 아두이노 듀에밀라노브 Duemilanove 등의 보드가 ATmega8, ATmega168, ATmega328 등의 마이크로컨트롤러를 사용하여 만들어졌다. 아두이노 프로그램에서는 지금도 ATmega8과 ATmega168 마이크로컨트롤러를 사용한 아두이노 보드를 지원하고 있다. 하지만 새로운 아두이노 보드에서 ATmega8이나 ATmega168 마이크로컨트롤러를 사용하는 경우는 없다. 아두이노 보드에 사용된 마이크로컨트롤러가 ATmega328로 바뀐 이유와, ATmega328이 이전에 사용된 마이크로컨트롤러와 다른 점을 알아보자.

2 아두이노 우노에 포함된 2개의 마이크로컨트롤러에 클록을 공급하기 위해 세라믹 레조네이터와 크리스털이 사용되고 있다. 이 외에도 최대 8MHz로 제한되기는 하지만 마이크로컨트롤러 내부의 RC 오실레이터 역시 클록 소스로 사용할 수 있다. 이들 클록 소스를 포함하여 AVR 시리즈 마이크로컨트롤러에서 사용할 수 있는 다양한 클록 소스를 비교해 보자.

CHAPTER

5

아두이노 개발환경 설정

아두이노는 하드웨어인 아두이노 보드와 소프트웨어 개발환경인 아두이노 프로그램으로 구성된다. 이 중 소프트웨어인 아두이노 프로그램은 프로세싱의 영향을 받아 비전공자들도 쉽게 사용할 수 있도록 직관적이고 간단한 사용자 인터페이스를 제공하고 있다. 이 장에서는 아두이노 프로그램의 설치 및 사용 방법과 온라인에서 아두이노 스케치를 작성할 수 있는 웹 데이터 사용 방법을 알아본다.

아두이노 우노 × 1 ➡ 아두이노 통합개발환경 사용법 테스트

이 장에서 사용할 부품

아두이노는 마이크로컨트롤러 플랫폼이다. 즉, 마이크로컨트롤러를 사용하여 시스템을 구현하려고 할 때 필요한 하드웨어와 소프트웨어 모두를 포함하고 있다. **하드웨어 측면에서 아두이노는 아두이노 보드를 의미**하며, 이 책에서는 아두이노의 표준 보드인 아두이노 우노를 기준으로 한다. **소프트웨어 측면에서 아두이노는 아두이노 보드를 위한 프로그램을 개발할 수 있는 통합개발환경**IDE: Integrated Development Environment**을 의미**한다. 아두이노에서는 아두이노 프로그램을 무료로 배포하고 있으므로 이를 내려받아 사용하는 것이 가장 간단한 방법이다. 하지만 아두이노 프로그램은 비전공자들이 사용하는 것을 염두에 두고 만들어진 프로그램으로, 다른 프로그램에서 볼 수 있는 많은 기능이 생략되어 있으므로 경험이 있는 개발자라면 아두이노 프로그램에 불만이 있을 수 있다. 이런 경우라면 마이크로칩사에서 역시 무료로 제공하는 마이크로칩 스튜디오Microchip Studio의 사용을 고려해 볼 수 있다. 마이크로칩 스튜디오는 마이크로소프트 비주얼 스튜디오Visual Studio의 사용자 인터페이스를 바탕으로 만들어져 친숙한 느낌을 주고, 아두이노 보드에 사용된 마이크로컨트롤러를 제작한 회사에서 제공하는 프로그램이므로 마이크로컨트롤러의 모든 기능을 사용할 수 있다는 장점이 있다. 마이크로칩 스튜디오에서도 아두이노 스케치를 작성할 수 있지만, 마이크로칩 스튜디오를 사용하는 것 자체가 쉽지 않으므로 아두이노의 목적인 비전공자를 위한 사용 도구로는 어렵고 복잡한 것이 사실이다. 따라서 이 책에서도 아두이노 프로그램을 기본으로 한다. 이 외에 이클립스Elicpse*, 플랫폼IOPlatformIO** 등도 확장 프로그램을 설치하면 아두이노를 위한 프로그램 개발용으로 사용할 수 있다.

아두이노에서는 아두이노 프로그램 이외에도 온라인 통합개발환경인 웹 에디터*를 제공하고 있다.** 아두이노 프로그램은 버전이 바뀔 때마다 매번 다시 내려받아 설치해야 하는 불편함이 있지만, 웹 에디터는 온라인으로 프로그램을 작성하고 아두이노 보드에 업로드할 수 있는 것은 물론, 작성한 프로그램을 온라인상에서 공유하는 것도 가능하다. 하지만 항상 인터넷에 연결된 상태여야 한다는 점은 단점이 될 수 있다.

이 장에서는 아두이노 프로그램을 사용하는 방법을 중심으로 설명한다. 입력해야 하는 코드는 가능한 한 직관적으로 이해할 수 있는 코드를 사용하고자 했지만, 그 의미를 이해할 수 없다고 해도 걱정할 필요는 없다. 이 장의 목적은 아두이노 프로그램의 사용 방법을 배우는 것이며, 코드의 의미와 활용 방법은 이후의 장에서 설명할 것이다.

---

* https://www.eclipse.org

** https://platformio.org

*** https://create.arduino.cc

5.1 아두이노 프로그램 설치

아두이노 프로그램은 아두이노에서 제공하는 아두이노를 위한 통합개발환경을 말한다. 아두이노가 비전공자를 위한 플랫폼인 만큼 아두이노 프로그램은 직관적이고 간단한 인터페이스를 통해 쉽게 사용할 수 있도록 만들어져 있다. 아두이노 프로그램에서 작성하는 아두이노를 위한 프로그램을 스케치sketch라고 하는 것은, **쉽고 간단하게 그림을 그리듯이 프로그램을 만들 수 있다는 의미에서 붙여진 이름**으로 아두이노 프로그램의 전신인 프로세싱에서 따온 말이다.

다운로드 페이지를 방문하여 아두이노 프로그램의 최신 버전을 내려받자*. 아두이노 프로그램은 자바 언어로 만들어져 윈도우는 물론 리눅스와 macOS X 등 다양한 운영체제를 지원하므로 사용하고자 하는 운영체제에 맞는 프로그램을 내려받으면 된다. 윈도우 운영체제를 위한 파일은 설치 파일 이외에도 설치할 필요 없이 압축을 해제하는 것만으로 사용할 수 있는 압축 파일도 제공하고 있다. 하지만 설치 과정에는 확장자 등록과 드라이버 설치 등도 포함되므로 윈도우 사용자라면 설치 파일을 내려받는 것을 추천한다. 아두이노 프로그램을 설치해 보자.

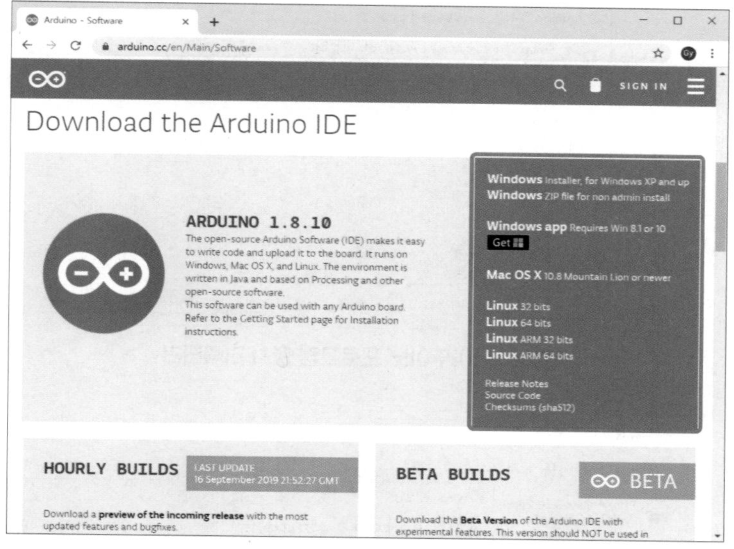

그림 5.1 아두이노 프로그램 다운로드 페이지

* https://www.arduino.cc/en/Main/Software

설치 과정에서는 아두이노 프로그램의 설치 이외에도 USB 드라이버 설치, 아이콘 생성, 아두이노 스케치 파일의 확장자인 INO와 아두이노 프로그램 연결 등의 작업이 함께 진행된다.

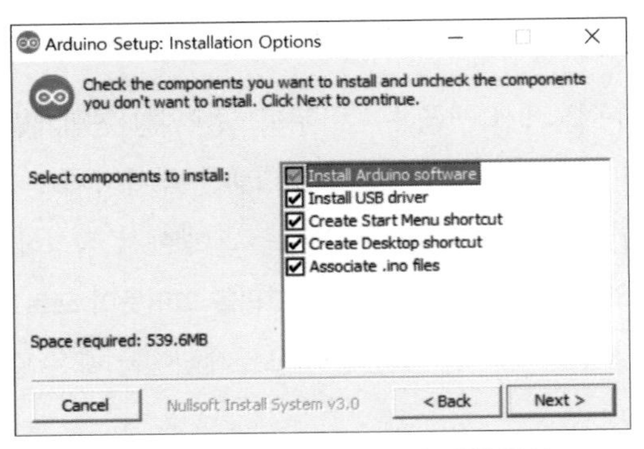

그림 5.2 아두이노 프로그램 설치 옵션

아두이노 프로그램의 설치 디렉터리는 기본적으로 설정되어 있는 경로를 사용하면 된다. 아두이노 프로그램을 설치할 때는 여러 종류의 아두이노 보드를 위한 드라이버 역시 함께 설치된다. 드라이버를 설치할 때 보안 경고창에서 '설치'를 선택하는 것 이외의 아두이노 프로그램 설치 과정은 자동으로 진행된다.

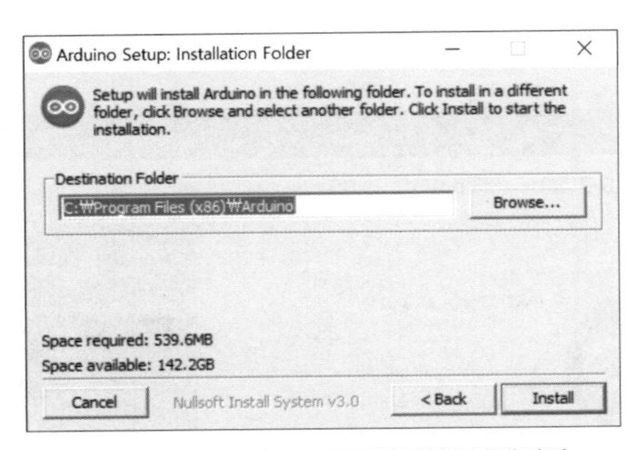

그림 5.3 아두이노 프로그램 설치 디렉터리

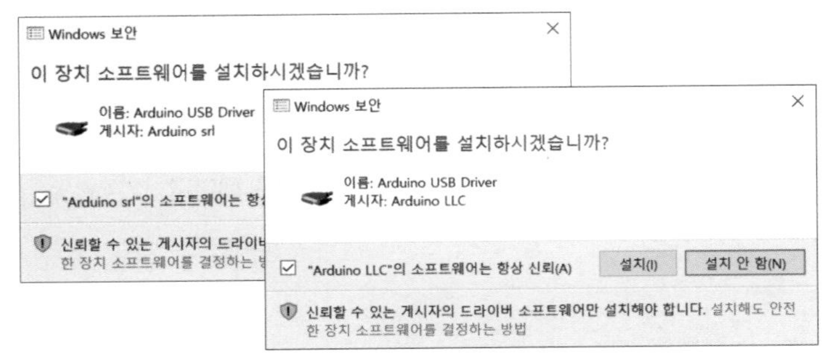

그림 5.4 아두이노 보드를 위한 USB 드라이버 설치

설치가 끝났으면 아두이노 우노를 USB 케이블로 컴퓨터에 연결해 보자. 아두이노 우노는 컴퓨터에서 자동으로 인식되어 장치 관리자에 COM 포트로 나타난다. 포트 이름으로 'Arduino Uno'가 표시되므로 쉽게 확인할 수 있다.

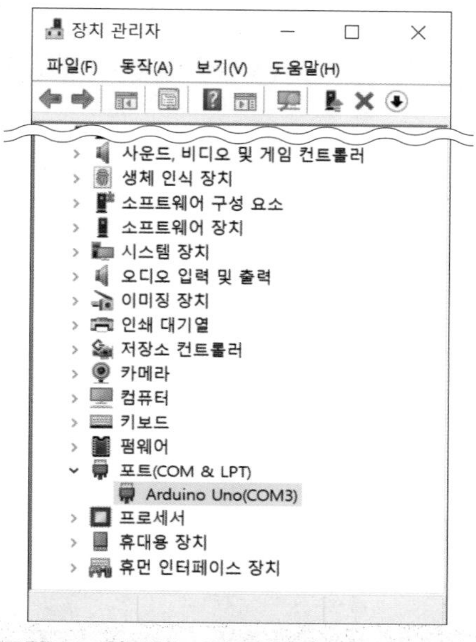

그림 5.5 아두이노 우노 연결 후 장치 관리자*

장치 관리자에서 아두이노 우노에 해당하는 COM 포트를 확인할 수 있다면 아두이노 프로그램 설치는 끝난 것이다. 간단하지 않은가? 설치된 아두이노 프로그램을 실행하면 그림 5.6과 같은 간단한 사용자 인터페이스를 확인할 수 있다. 아두이노 프로그램은 스케치 작성과 업로드에 꼭 필요한 기능들로 구성된 직관적이고 간단한 인터페이스를 제공하고 있다. 비주얼 스튜디오와 비교한다면 허전해 보이겠지만 아두이노 프로그램은 스케치를 작성하기 위한 훌륭한 도구라는 점을 기억하자.

한 가지 주의해서 볼 점은 아두이노 프로그램에서 '새 파일'을 선택했을 때 생성되는 스케치 파일은 `setup`과 `loop`라는 2개의 함수를 갖고 있다는 점이다. 아두이노는 C/C++ 언어를 사용하며 C/C++ 언어에서는 반드시 `main` 함수가 필요하다. 하지만 아두이노에서는 `main` 함수 대신 프로그램이 시작될 때 초기화 작업을 담당하는 `setup` 함수와 반복해서 실행되는 `loop` 함수를 사용하여 프로그램의 실행 순서를 쉽게 이해할 수 있도록 했다. 그렇다고 `main` 함수가 없어진 것은 아

* 여기서 아두이노 우노는 가상의 시리얼 포트인 COM3 포트에 연결된 것으로 가정한다.

니며 사용자가 신경 쓰지 않아도 되도록 숨겨져 있고 아두이노 프로그램에서 자동으로 처리해 준다. **setup과 loop 함수는 함수 내에서 처리하는 작업이 없을 때도 반드시 정의해야 하는 스케치의 기본 함수에 해당한다.**

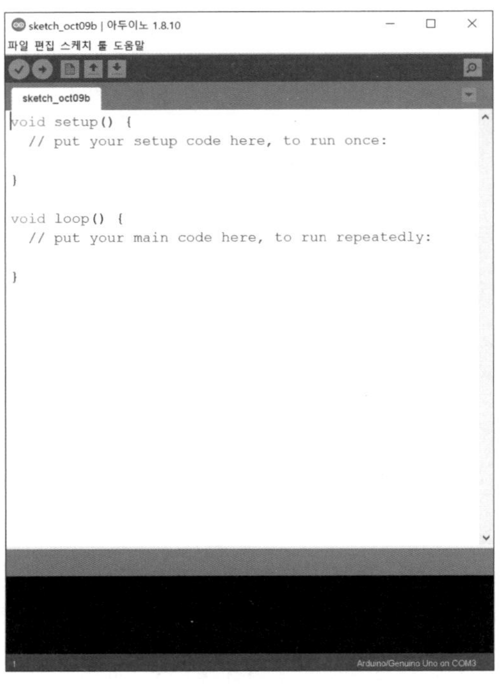

그림 5.6 아두이노 프로그램

그림 5.6의 아두이노 프로그램에서 간단한 사용자 인터페이스가 눈에 보이는 부분이라면, **서로 다른 마이크로컨트롤러를 같은 방법으로 프로그래밍할 수 있게 해주는 것은 눈에 보이지 않는 아두이노 함수와 아두이노 라이브러리 덕분이다.** 아두이노 함수에 대한 정의는 그림 5.7과 같이 설치 디렉터리 아래 'hardware\arduino\avr\cores\arduino' 디렉터리에서 찾아볼 수 있다. 이 디렉터리에는 마이크로컨트롤러의 UART 통신을 담당하는 `HardwareSerial` 클래스와 문자열을 다루는 `String` 클래스에 대한 클래스 라이브러리 역시 포함되어 있으며, 이들은 스케치에서 헤더 파일을 포함하지 않고 사용할 수 있는 아두이노의 기본 클래스들이다. 아두이노 함수를 정의한 파일에서 눈여겨볼 점 중 한 가지는 파일 중에 'wiring'이라는 단어가 포함된 파일이 많다는 점이다. 와이어링은 아두이노의 전신으로, **아두이노의 기본 함수들은 많은 부분 와이어링에서 만들어진 것을 사용하고 있다.** 따라서 와이어링과 아두이노는 많은 부분 호환된다.

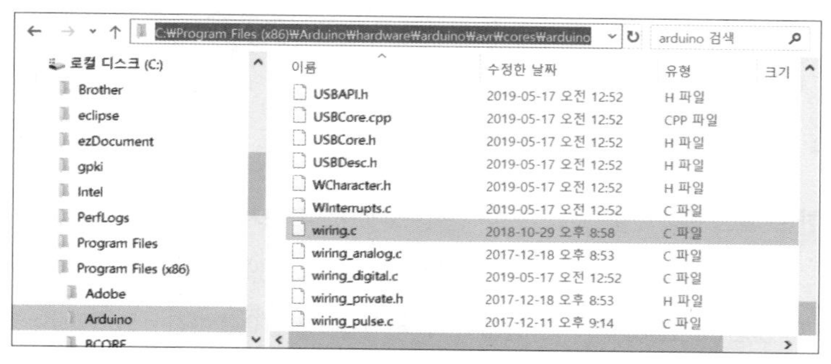

그림 5.7 아두이노 함수 디렉터리

그림 5.7이 아두이노 함수가 정의된 디렉터리라면 주변장치 제어를 위한 클래스 라이브러리는 아두이노 설치 디렉터리 아래 'libraries' 디렉터리에 포함되어 있다. 이 디렉터리에는 제어하고자 하는 주변장치에 따라 별도로 하위 디렉터리가 만들어져 있고 그 안에 주변장치 제어를 위한 클래스와 예제가 포함되어 있다. 이 외에 다른 디렉터리에도 일부 클래스 라이브러리가 포함되어 있다. 아두이노 설치 디렉터리 아래 'libraries' 디렉터리에 있는 라이브러리가 모든 아두이노 보드에서 공통으로 사용할 수 있는 라이브러리라면, 다른 디렉터리에 있는 라이브러리는 사용하는 아두이노 보드에 따라 구현 방법이 다른 라이브러리다. AVR 시리즈 마이크로컨트롤러를 사용한 아두이노 보드에서 사용할 수 있는 라이브러리는 그림 5.8과 같이 아두이노 설치 디렉터리 아래 'hardware\arduino\avr\libraries' 디렉터리에서 찾아볼 수 있으며, 디렉터리 구조는 공통 라이브러리의 경우와 같다.

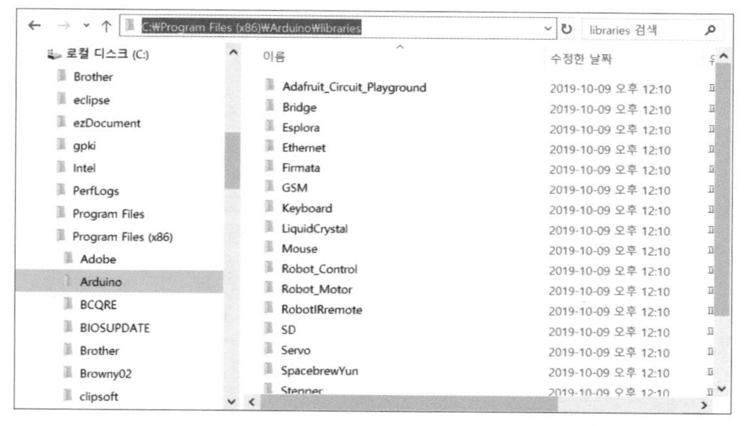

그림 5.8 아두이노 라이브러리 디렉터리

아두이노 설치 디렉터리 아래 존재하는 라이브러리는 기본 라이브러리라고 불리며 아두이노에서 공식적으로 제공하는 라이브러리들이다. 하지만 하드웨어의 기능을 확장하기 위해 쉴드를 제작하여 사용하는 것처럼, 기본 라이브러리에서 제공하지 않는 주변장치를 제어하기 위해서는 라이브러리를 만들어 사용할 수 있으며 이를 확장 라이브러리라고 한다. **확장 라이브러리는 스케치북 디렉터리의 libraries 디렉터리 아래에 설치하는 것이 일반적이다.**

아두이노를 위한 프로그램을 스케치라고 한다면, **스케치를 모아서 관리하는 디렉터리는 '스케치북 디렉터리'라고 한다.** 스케치북 디렉터리는 '파일 → 환경설정' 메뉴 항목을 선택하거나 'Ctrl + ,(comma)' 단축키를 눌러 환경설정 다이얼로그를 실행하여 확인할 수 있다. 여기서는 'D:\Arduino'로 스케치북 디렉터리가 설정된 것으로 가정한다.

> 환경설정 다이얼로그에서 몇 가지 유용한 설정을 살펴보자.
>
> - **줄 번호 표시**: 스케치 앞에 줄 번호가 표시되게 해주는 옵션이다.
> - **다음 동작 중 자세한 출력 보이기**: 컴파일이나 업로드 과정에서 상세 메시지를 출력하도록 하는 옵션으로, 스케치 컴파일이나 업로드 과정에서 발생하는 오류를 찾기 위해 사용할 수 있다.
> - **코드 폴딩 사용하기**: 중괄호 쌍 내에 놓이는 코드를 접을 수 있도록 하는 옵션으로, 스케치 길이가 긴 경우 사용할 수 있다.
> - **추가적인 보드 매니저 URLs**: 공식 아두이노 보드가 아닌 보드를 아두이노 환경에서 사용하고자 할 때 필요한 파일을 내려받을 주소를 지정하는 곳이다.

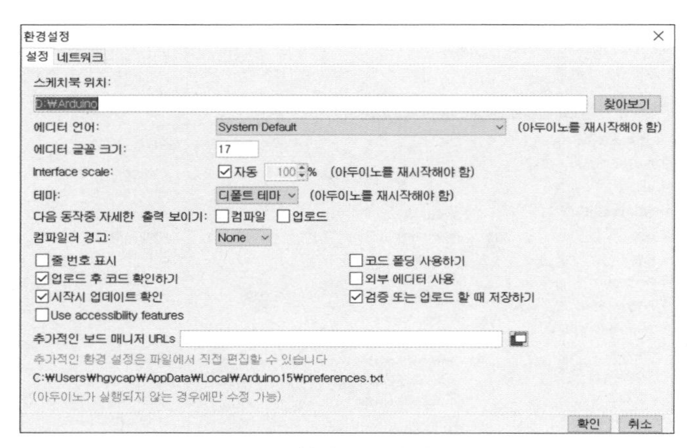

그림 5.9 환경설정 다이얼로그

스케치북 디렉터리는 작성한 스케치를 저장할 때 디폴트로 선택되는 디렉터리로, 지정된 스케치 이름의 디렉터리가 만들어지고 그 아래에 같은 이름과 확장자 INO를 갖는 스케치 파일이 만들어진다. 스케치북 디렉터리에는 'libraries' 디렉터리 역시 자동으로 생성되며, 기본 라이브러리와 같은 구조로 확장 라이브러리가 설치된다. 그림 5.10은 2개의 확장 라이브러리 test_library1, test_ library2를 설치하고 2개의 스케치 test_sketch1, test_sketch2를 저장했을 때 스케치북 디렉터리의 구조를 나타낸 것이다.

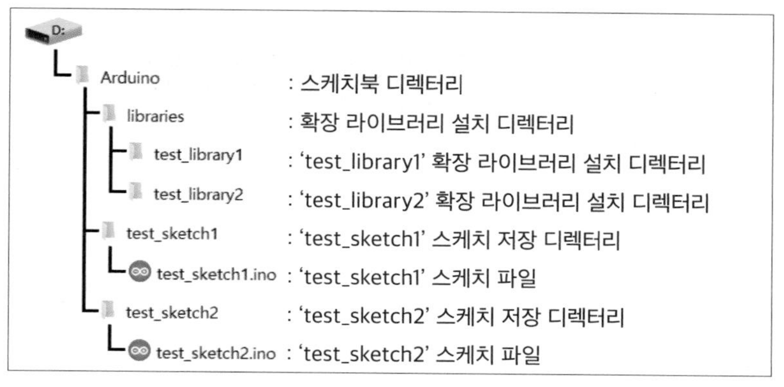

그림 5.10 **스케치북 디렉터리**

아두이노는 애초에 비전공자를 위한 마이크로컨트롤러 플랫폼으로 만들어졌다. 간단한 하드웨어와 간단한 프로그램을 통해 쉽고 빠르게 프로그램을 작성해 볼 수 있다는 점은 비전공자들을 위한 배려일 뿐만 아니라 경험이 있는 프로그래머들도 손쉽게 프로토타입을 만들어볼 수 있도록 해준다는 면에서 장점이 아닐 수 없다. 또한 간과할 수 없는 부분이 바로 확장 라이브러리로 아두이노에서 공식적으로 제공하지는 않지만 수많은 참여자에 의해 만들어지고 무료로 공개된 확장 라이브러리는 아두이노라는 생태계를 구축하고 지금과 같은 아두이노의 성공을 이끈 주역의 하나라 해도 과언이 아니다.

5.2 아두이노 프로그램 사용

아두이노 프로그램을 설치하고 아두이노 우노를 USB 연결선으로 컴퓨터와 연결하는 것으로 아두이노를 시작할 준비는 끝난다. 아두이노 프로그램에는 다양한 예제가 포함되어 있으며 아두이노 설치 디렉터리 아래 'examples' 디렉터리에 있는 예제들이 아두이노의 기본 예제들이다. 이들 예제는 아두이노 프로그램에서 '파일 → 예제' 메뉴를 통해 사용할 수 있다.

아두이노 프로그램을 실행하고 '파일 → 예제 → 01.Basics → Blink' 메뉴 항목을 선택하자. C/C++ 프로그래밍에 'Hello World'가 있다면 아두이노에는 'Blink'가 있다. 블링크 예제는 아두이노 보드에 내장된 LED를 1초 간격으로 점멸하는 스케치로, 아두이노 우노의 경우 13번 핀에 연결된 LED가 포함되어 있다.

```
Blink | 아두이노 1.8.10
파일 편집 스케치 툴 도움말
Blink
16   by Arturo Guadalupi
17   modified 8 Sep 2016
18   by Colby Newman
19
20   This example code is in the public domain.
21
22   http://www.arduino.cc/en/Tutorial/Blink
23 */
24
25 // the setup function runs once when you press rese
26 void setup() {
27   // initialize digital pin LED_BUILTIN as an outpu
28   pinMode(LED_BUILTIN, OUTPUT);
29 }
30
31 // the loop function runs over and over again forev
32 void loop() {
33   digitalWrite(LED_BUILTIN, HIGH);   // turn the LE
34   delay(1000);                       // wait for a
35   digitalWrite(LED_BUILTIN, LOW);    // turn the LE
36   delay(1000);                       // wait for a
37 }
```

그림 5.11 블링크 예제

스케치를 컴파일하고 아두이노 우노로 업로드하는 방법은 간단하다. 다만 업로드 이전에 확인해야 할 점이 몇 가지 있다. 먼저 '툴 → 보드' 메뉴에서 사용하고자 하는 아두이노 보드가 선택되었는지 확인한다. 아두이노 우노의 경우 'Arduino/Genuino Uno'를 선택하면 된다.

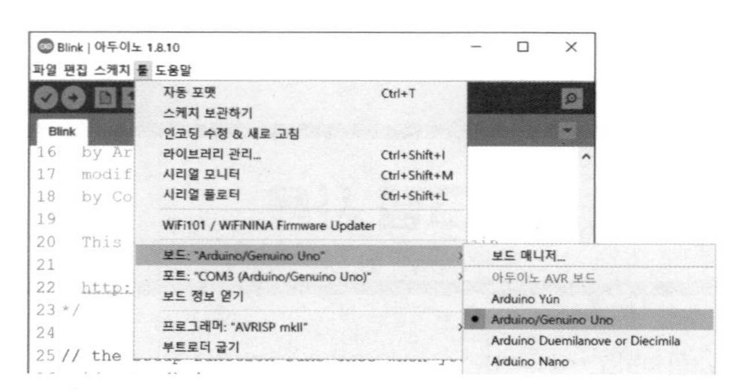

그림 5.12 보드 선택

다음은 '툴 → 포트' 메뉴에서 아두이노 보드에 할당된 시리얼 포트를 선택한다. 아두이노 보드에 할당된 포트 번호는 그림 5.5에서처럼 장치 관리자에서 확인할 수도 있지만, 아두이노 프로그램에서 포트 번호 옆에 'Arduino/Genuino Uno'와 같이 연결된 보드 종류가 표시되므로 쉽게 확인할 수 있다.

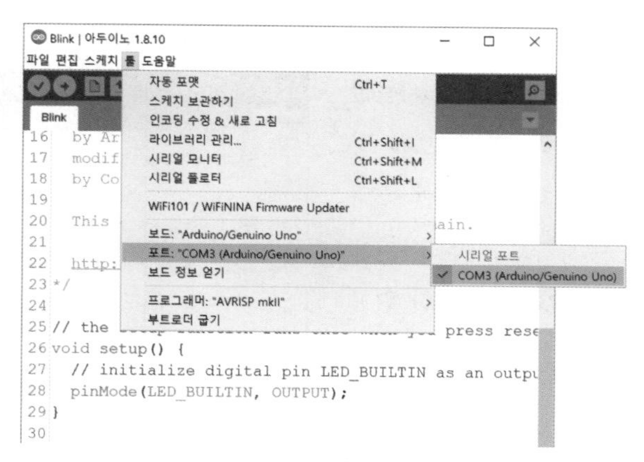

그림 5.13 포트 선택

보드 종류와 포트 선택이 끝났으면 이제 스케치를 컴파일하고 업로드해 보자. 스케치 작성 과정에서 필요한 기본적인 기능들은 아두이노 프로그램의 툴바 버튼을 통해 사용할 수 있다.

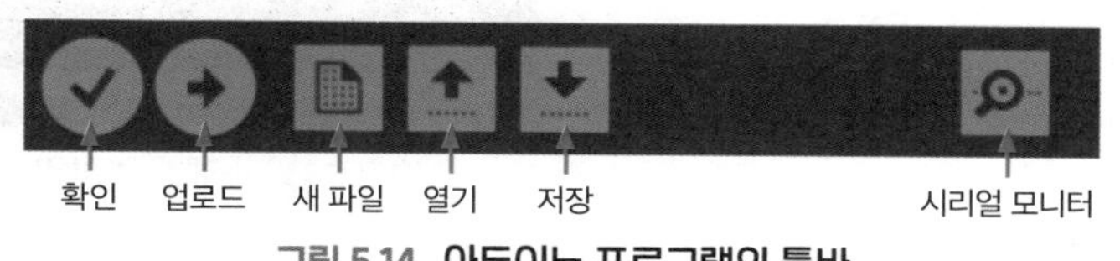

그림 5.14 아두이노 프로그램의 툴바

툴바의 버튼에 마우스를 가져가면 버튼에 대한 설명을 확인할 수 있다. 표 5.1은 아두이노 프로그램의 툴바 버튼 기능을 요약한 것이다.

표 5.1 아두이노 프로그램의 툴바 버튼

아이콘	이름	설명
	확인	스케치를 컴파일하고 오류가 있으면 이를 메시지 출력창에 표시한다.
	업로드	스케치를 컴파일하여 실행 파일을 생성하고, 선택한 보드에 선택한 포트를 통해 실행 파일을 업로드한다.
	새 파일	새로운 스케치를 생성한다.
	열기	스케치 파일을 선택할 수 있는 파일 다이얼로그를 보여주는 메뉴와 스케치북 디렉터리에 저장된 스케치 및 아두이노 설치 디렉터리 아래 'examples' 디렉터리 내의 예제를 선택할 수 있는 메뉴를 함께 보여준다. 즉, '파일 → 열기', '파일 → 스케치북', 그리고 '파일 → 예제' 중 내장된 예제 부분이 합해진 메뉴가 나타난다.
	저장	스케치를 저장한다. 스케치를 저장하는 디폴트 위치는 스케치북 디렉터리다.
	시리얼 모니터	시리얼 모니터를 연다.

툴바의 버튼 중 가장 왼쪽에 있는 **'확인' 버튼은 스케치의 문법적인 오류를 검사하기 위해 사용한다.** 오류가 있다면 메시지 출력창으로 오류 정보를 보여준다. 블링크 스케치에서 28번 줄의 'OUTPUT'을 'output'으로 수정하고 '확인' 버튼을 누르면 오류 메시지와 함께 오류가 발생한 위치를 알려준다.

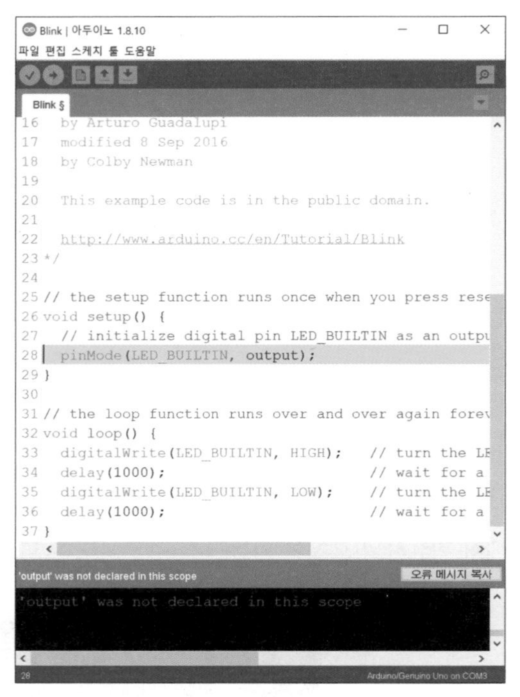

그림 5.15 스케치 컴파일 시 오류 발생

28번 줄을 다시 'OUTPUT'으로 수정한 후 '확인' 버튼을 누르면 오류 없이 컴파일된다. 오류 없이 스케치가 컴파일되면 업로드할 실행 파일의 크기와 스케치 실행에 필요한 SRAM의 크기를 알려주는 메시지를 확인할 수 있다.

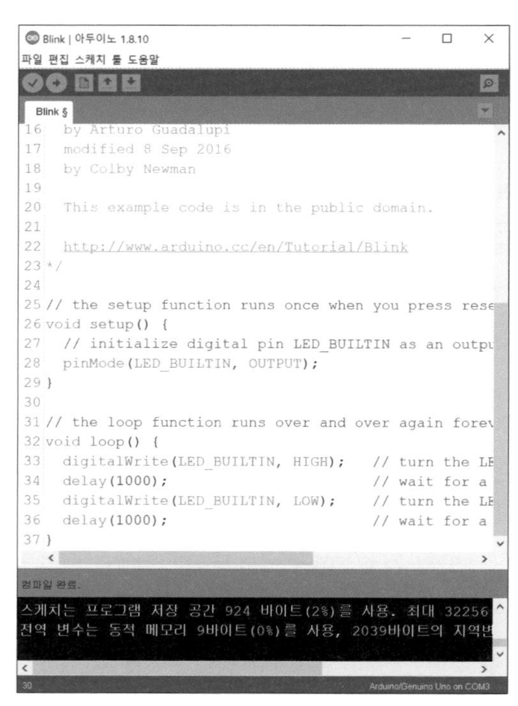

그림 5.16 스케치 컴파일 성공

블링크 스케치의 컴파일에 성공했을 때 출력창에 표시된 메시지를 자세히 살펴보자.

```
스케치는 프로그램 저장 공간 924바이트(2%)를 사용. 최대 32256바이트.
전역 변수는 동적 메모리 9바이트(0%)를 사용, 2039바이트의 지역 변수가 남음.
최대는 2048바이트.
```

ATmega328의 플래시 메모리는 32KB이지만 그중에서 0.5KB는 부트로더bootloader가 사용하고 있다. **부트로더란 UART 시리얼 통신으로 스케치를 업로드할 수 있게 해주는 특수 목적 프로그램이다.** 따라서 업로드할 수 있는 스케치의 최대 크기는 부트로더 영역을 제외한 32,256(= 31.5 × 1,024)바이트가 된다. SRAM은 2KB이므로 2,048(= 2 × 1,024)바이트를 사용할 수 있다.

오류가 없다면 아두이노 우노로 Blink 스케치를 업로드해 보자. '확인(✔)' 버튼 옆에 있는 '업로드(➔)' 버튼으로 실행 파일을 생성하고, 아두이노 우노에 할당된 시리얼 포트를 통해 아두이노 우노에 컴파일된 스케치를 업로드할 수 있다. 업로드에 성공하면 업로드된 파일이 자동으로 실행되고 13번 핀에 연결된 LED가 1초 간격으로 깜빡거리는 모습을 확인할 수 있다.

표 5.2 스케치 업로드 순서

순서	과정	메뉴 항목	툴바 버튼	비고
1	설정 확인	툴 → 보드 → Arduino/Genuino Uno	-	
2		툴 → 포트 → COM3	-	포트 번호는 컴퓨터에 따라 다름
3	컴파일 및 업로드	스케치 → 확인/컴파일	확인(✔)	
4		스케치 → 업로드	업로드(➔)	컴파일 과정이 포함되어 있음

스케치가 업로드되는 포트는 장치 관리자에서 확인할 수 있는 포트이자 아두이노 프로그램의 '툴 → 포트' 메뉴에 나열되는 포트로, 이 포트는 컴퓨터와의 시리얼 통신을 위해서도 사용된다. 시리얼 통신을 통해 **컴퓨터와 아두이노 우노 사이에 주고받는 데이터는 '터미널terminal 프로그램'을 통해 확인할 수 있으며, 아두이노 프로그램에는 시리얼 모니터라는 터미널 프로그램이 포함되어 있다.** 툴바의 가장 오른쪽에 있는 '시리얼 모니터' 버튼을 눌러보자. 시리얼 모니터의 왼쪽 위에는 현재 컴퓨터와 연결된 포트 번호가 표시된다.

시리얼 모니터는 크게 위쪽의 입력 부분과 아래쪽의 출력 부분으로 나눌 수 있으며, 이 외에 몇 가지 옵션을 설정할 수 있는 콤보박스가 포함되어 있다. 입력 부분은 컴퓨터에서 아두이노 보드로 보낼 데이터를 입력하는 부분이며, 출력 부분은 아두이노 보드에서 컴퓨터로 보낸 데이터를 표시하는 부분이다. 옵션 중에서 가장 중요한 부분은 통신 속도인 보율baud rate을 선택하는 부분으로 스케치에서 지정한 속도와 시리얼 모니터에서 선택한 속도가 같은 경우에만 정상적으로 데이터 송수신이 가능하다.

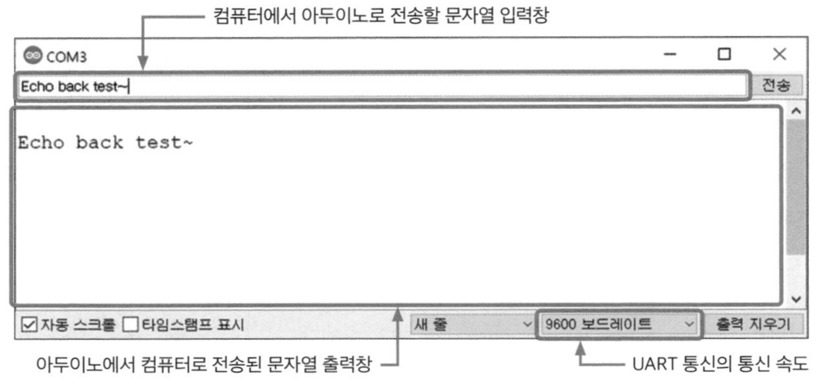

그림 5.17 시리얼 모니터

아두이노 프로그램이 간단하고 편리하긴 하지만, 고급 기능, 특히 디버깅 기능을 제공하지 않는 것이 가장 큰 불편한 점이 아닐까 싶다. 하지만 간단한 디버깅이 필요하다면 시리얼 모니터로 실행 과정 및 결과를 출력하여 디버깅에 사용할 수 있다. 이 방법이 디버깅이 지원되지 않는 아두이노 프로그램에서 유일한 디버깅 방법이라 하겠다.

시리얼 모니터로 데이터를 출력하는 예를 살펴보자. '파일 → 예제 → 04.Communication → ASCIITable' 메뉴 항목을 선택한다. ASCIITable 예제는 아스키코드 문자들을 다양한 형식으로 시리얼 모니터로 출력하는 스케치의 예다. 스케치가 열리면 툴바의 '업로드' 버튼, '스케치 → 업로드' 메뉴 항목 또는 'Ctrl + U' 단축키를 눌러 스케치를 업로드한 후, 시리얼 모니터를 실행하여 아두이노에서 컴퓨터로 보내는 데이터를 확인해 보자.

그림 5.18 ASCIITable 스케치 실행 결과

ASCIITable 예제가 아두이노에서 컴퓨터로 단방향으로 데이터를 보내는 예라면, 스케치 5.1은 컴퓨터에서 데이터를 아두이노로 보내고 이를 수신한 아두이노는 같은 내용을 다시 컴퓨터로 전송하여 시리얼 모니터에 표시하는 양방향 데이터 전송의 예다.

스케치 5.1 에코 백(Echo Back)

```
void setup() {
    Serial.begin(9600);                    // 시리얼 통신 초기화, 9600보율
}

void loop() {
    while (Serial.available()) {           // 컴퓨터에서 전송한 데이터가 있는 경우
        char ch = Serial.read();           // 데이터를 읽음
        Serial.write(ch);                  // 컴퓨터로 같은 내용을 전송
    }
}
```

스케치 5.1을 아두이노 프로그램에 입력하고 아두이노 우노에 업로드한 후 시리얼 모니터를 실행하자. 입력창에 임의의 문자열을 입력하고 엔터 키나 '전송' 버튼을 누르면 그 내용이 그대로 출력창에 표시되는 것을 확인할 수 있다.

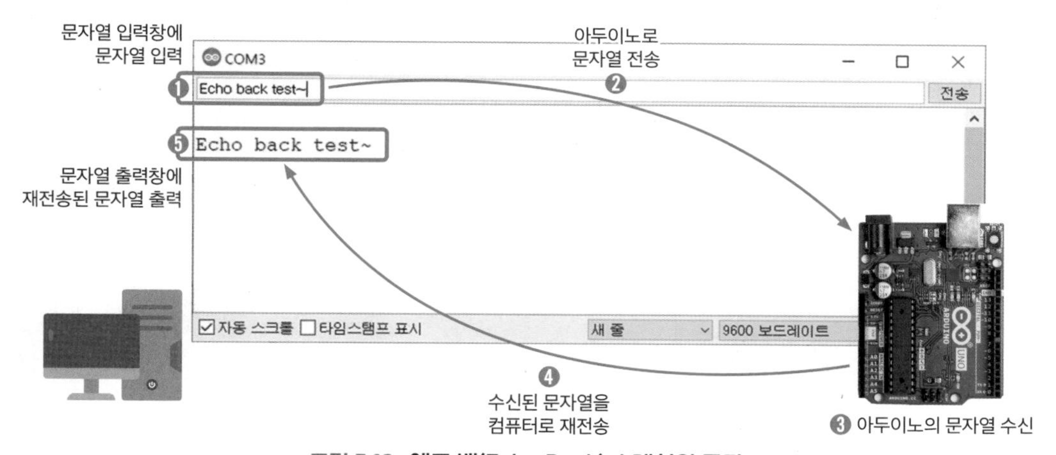

그림 5.19 에코 백(Echo Back) 스케치의 동작

시리얼 모니터는 아두이노와 컴퓨터 사이의 시리얼 통신 데이터를 확인할 수 있게 해준다. 하지만 시리얼 모니터의 한계는 문자를 기반으로 한다는 점이다. 그래서 1초 간격으로 측정한 실내 온도의 변화 추이를 그래프로 보고 싶다면 시리얼 모니터에 문자열로 온도를 출력한 후 이를 다시 다른 프로그램을 써서 그래프로 나타내는 방법을 사용할 수 있지만, 아두이노 프로그램에 포함된 시리얼 플로터serial plotter를 사용해서도 가능하다. **시리얼 플로터는 시리얼 통신으로 보내진 값들을 XY 그래프로**

나타내주는 터미널 프로그램의 한 종류다. XY 그래프에서 X축은 500 샘플로 고정되어 있고 그보다 많은 샘플을 수신하면 자동으로 최근 500 샘플만 표시한다. Y축은 수신한 값에 따라 자동으로 스케일이 조정된다. 시리얼 플로터로 값을 보낼 때는 그래프로 표시할 값들을 공백문자(스페이스나 탭 등)로 분리해서 보내면 된다. 이때 숫자가 아닌 문자나 문자열 등은 보내지 않도록 주의해야 하며, 마지막 값 이후에는 개행문자를 보내야 한다. 스케치 5.2는 3개의 그래프를 그리는 예다. 스케치 5.2를 업로드한 후 '툴 → 시리얼 플로터' 메뉴 항목이나 'Ctrl + Shift + L' 단축키를 선택해서 시리얼 플로터를 실행하여 그래프가 그려지는 것을 확인해 보자.

</> 스케치 5.2 시리얼 플로터

```
void setup() {
    Serial.begin(9600);                            // 시리얼 통신 초기화, 9600보율
}

void loop() {
    for (float v = 0; v < 2 * PI; v += 0.1) {
        Serial.print(3 * sin(v));                  // 첫 번째 값
        Serial.print(" ");                         // 공백문자(스페이스)로 분리
        Serial.print(3 * cos(v));                  // 두 번째 값
        Serial.print("\t");                        // 공백문자(탭)로 분리
        Serial.println(sin(v) > 0);                // 세 번째 값, 이후 개행문자(println)로 행 분리

        delay(10);                                 // 10밀리초 대기
    }
}
```

그림 5.20 스케치 5.2 실행 결과 – 시리얼 모니터

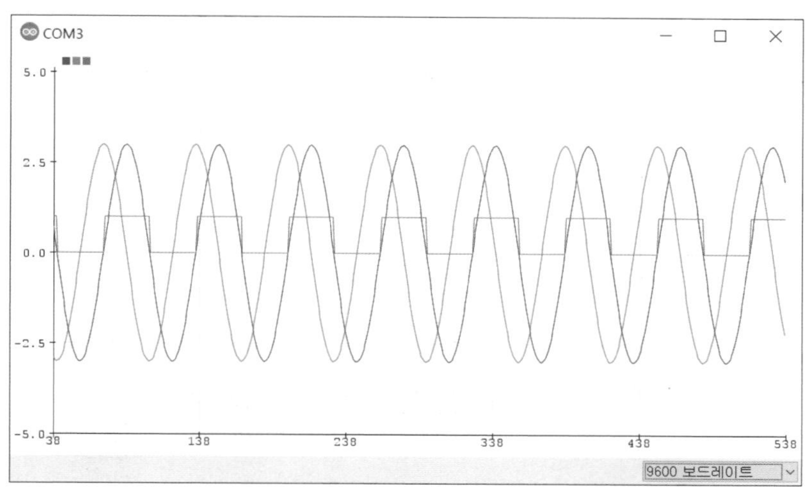

그림 5.21 스케치 5.2 실행 결과 – 시리얼 플로터

5.3 아두이노 프로그램의 소스 관리

아두이노 프로그램에서 '파일 → 새 파일' 메뉴 항목, 'Ctrl+N' 단축키 또는 툴바의 '새 파일' 버튼을 눌러 새로운 스케치를 만들어보자. 새로운 스케치가 만들어질 때 스케치 파일의 이름은 'sketch_'로 시작하고 '현재 날짜'와 'a'부터 시작되는 일련번호가 연결되어 만들어진다. 아두이노 프로그램의 왼쪽 아래에 표시되는 숫자는 현재 커서가 위치한 줄 번호를 나타내고, 오른쪽 아래에는 현재 선택된 아두이노 보드의 종류와 아두이노 보드가 연결된 포트 번호가 표시된다.

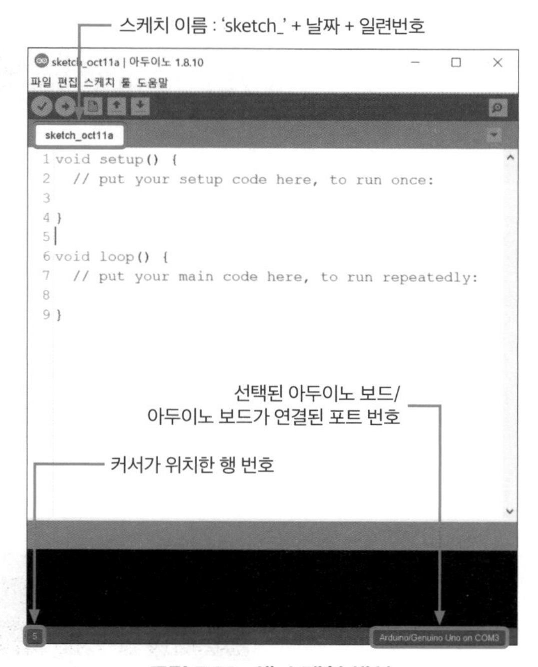

그림 5.22 새 스케치 생성

스케치의 길이가 길어지면 스케치를 여러 개의 파일로 나누어서 관리하는 것이 편리하며, C/C++ 프로그래밍의 프로젝트에서 흔히 사용하는 방법이다. 아두이노에서 프로젝트라는 용어를 사용하지는 않지만, 스케치별로 디렉터리가 만들어지고 그 아래에 스케치 파일이 위치하는 것은 C/C++의 프로젝트와 비슷한 구조라 할 수 있다. 현재 스케치를 'ProjectTest'라는 이름으로 저장해 보자. 다음은 소스 코드 탭 오른쪽에 있는 버튼을 눌러 '새 탭' 메뉴 항목을 선택하거나 'Ctrl+Shift+N' 단축키를 눌러보자.

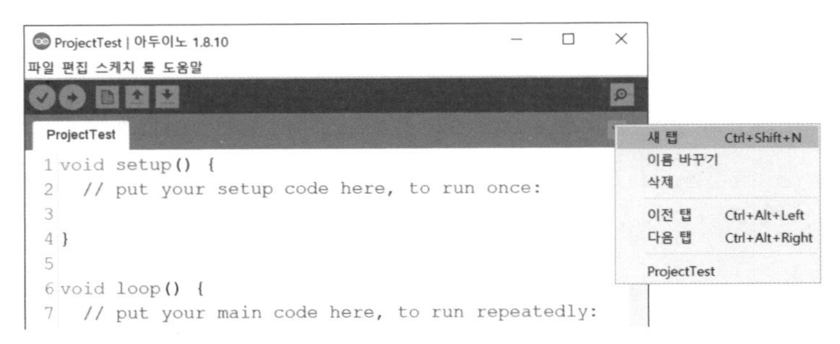

그림 5.23 새 탭 생성

새 탭 생성을 선택하면 새 탭에 표시할 스케치 이름을 지정하기 위한 상자가 그림 5.24와 같이 아두이노 프로그램의 아래쪽에 나타난다.

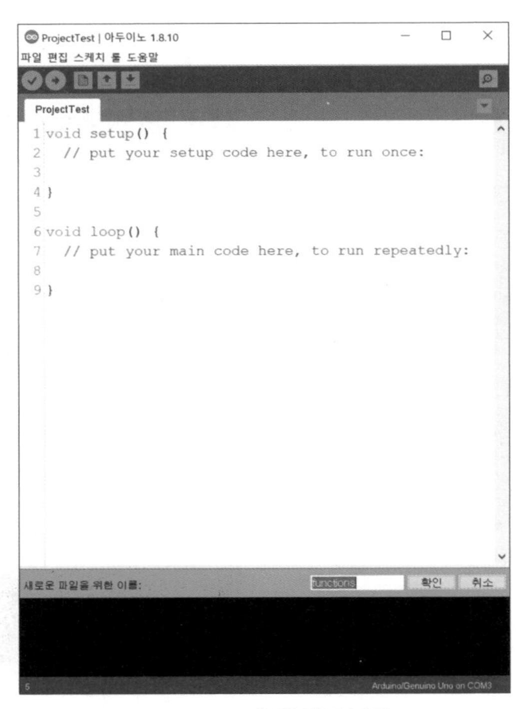

그림 5.24 새 탭 이름 지정

새로운 스케치 파일 이름으로 'functions'를 입력하고 엔터 키나 '확인' 버튼을 누르면 지정한 이름으로 새 탭이 만들어진다.

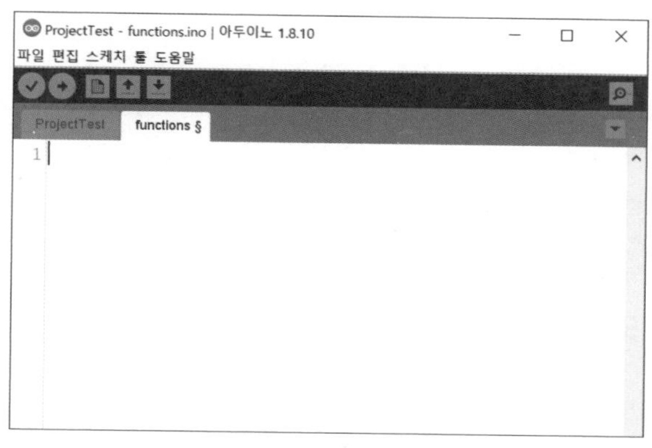

그림 5.25 새 탭 생성 완료

변경 사항을 저장한 후 탐색기를 열어 ProjectTest 스케치의 디렉터리 구조를 확인해 보자. 먼저 스케치북 디렉터리 아래에 있는 'ProjectTest'라는 이름의 디렉터리를 확인할 수 있다. 그 아래에 ProjectTest.ino 파일이 만들어진 것까지는 이전과 같다. 여기에 새로 추가된 탭에 해당하는 functions.ino 파일이 새로 만들어진다.

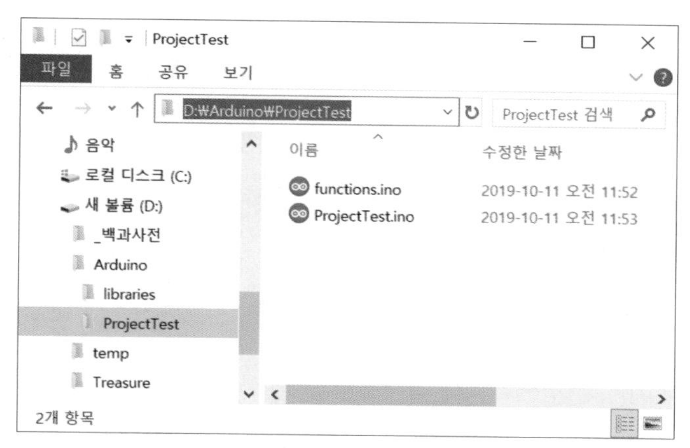

그림 5.26 ProjectTest 스케치의 디렉터리 구조

'ProjectTest.ino' 탭에는 스케치 5.3을 입력하고, 'functions.ino' 탭에는 스케치 5.4를 입력한다.

스케치 5.3 시리얼 모니터 출력 – ProjectTest.ino

```
int count = 0;                             // 전역 카운터 변수

void setup() {
    Serial.begin(9600);                    // 시리얼 통신 초기화, 9600보율
}

void loop() {
    plus_two();                            // 전역 카운터 변수 2 증가
    Serial.println(count);                 // 전역 카운터 변숫값 출력
    delay(1000);                           // 1초 대기

    minus_one();                           // 전역 카운터 변수 1 감소
    Serial.println(count);                 // 전역 카운터 변숫값 출력
    delay(1000);                           // 1초 대기
}
```

스케치 5.4 카운터값 변경 – functions.ino

```
void plus_two() {
    count += 2;                            // 전역 카운터 변수 2 증가
}

void minus_one() {
    count -= 1;                            // 전역 카운터 변수 1 감소
}
```

스케치를 컴파일하고 아두이노 우노에 업로드해 보자. 1초 간격으로 카운터값이 2 증가하고 1 감소하는 것을 확인할 수 있는가?

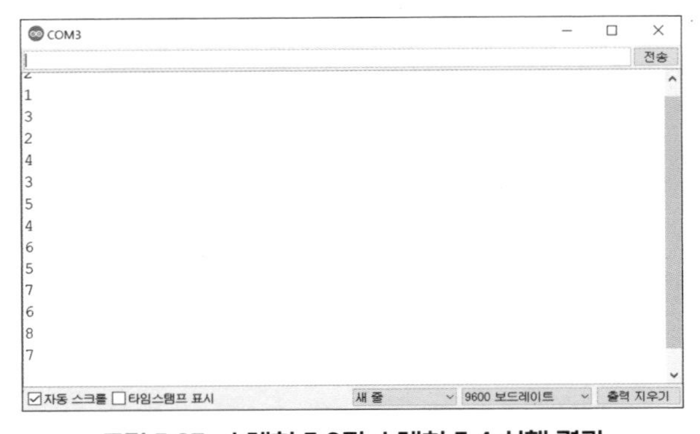

그림 5.27 스케치 5.3과 스케치 5.4 실행 결과

스케치 5.3과 스케치 5.4를 살펴보면 C/C++ 프로그래밍에서의 프로젝트와 달리 ProjectTest.ino 파일에서 functions.ino 파일에 있는 함수를 사용하기 위해 functions.ino 파일에 있는 함수의

원형을 선언하지 않는다. C/C++ 프로그래밍에서는 흔히 헤더 파일을 포함하여 다른 파일에 정의된 함수를 참조하지만, 스케치 5.3에서는 헤더 파일 역시 포함하지 않았다. 즉, ProjectTest 스케치는 2개의 파일로 구성되지만 두 파일의 내용은 하나의 파일 내에 있는 경우와 같이 처리된다. 2개의 파일로 이루어지는 스케치는 2개의 소스 파일 중 한 파일을 임의로 선택하여 열 수 있고, 하나의 파일을 선택하면 자동으로 두 파일이 모두 열린다.

5.4 웹 에디터

웹 에디터는 아두이노 크리에이트Arduino Create의 일부로 제공되는 온라인 통합개발환경이다. 아두이노 크리에이트는 웹 에디터 이외에도 온라인 튜토리얼, 프로젝트 공유 등의 다양한 기능을 제공함으로써 한 곳에서 프로젝트의 시작부터 끝까지 진행하는 것을 목적으로 하고 있다. 아두이노 크리에이트는 온라인 플랫폼으로 구글 크롬을 통해 사용하는 것을 추천하고 있다.

아두이노 크리에이트는 로그인 후 사용할 수 있다. 그림 5.28에서 '아두이노 웹 에디터Arduino Web Editor'를 눌러보자. 웹 에디터는 오프라인의 아두이노 프로그램에서 제공하는 기능 대부분을 제공하고 있다.

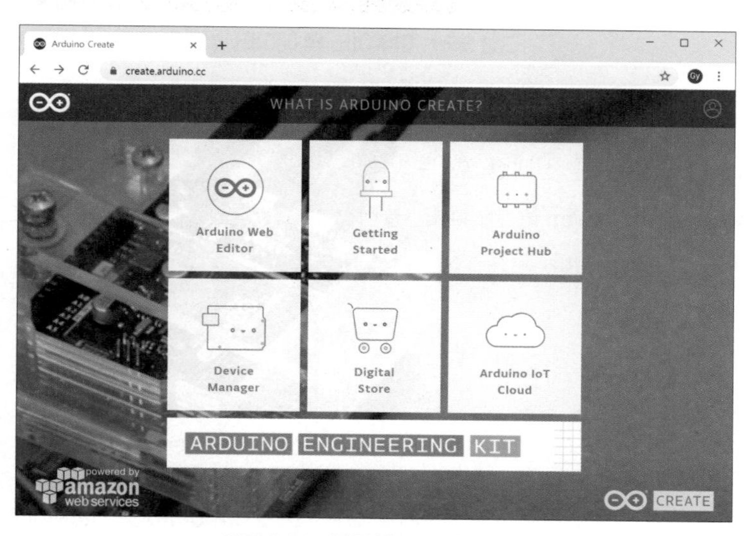

그림 5.28 아두이노 크리에이트

웹 에디터는 3개의 컬럼으로 나누어져 있다. 첫 번째 컬럼은 메뉴로, 온라인에서 작성한 스케치를 저장하는 스케치북, 예제, 라이브러리, 시리얼 모니터 등의 메뉴가 포함되어 있다. 메뉴 중 하나를 선택하면 두 번째 컬럼에 선택한 메뉴에 대한 세부 내용이 나타난다. 세 번째 컬럼은 코드를 입력하여 컴파일하고 업로드할 수 있는 편집기와 출력창으로 이루어져 있다. 웹 에디터를 열면 디폴트로 스케치북이 선택된 상태가 된다.

웹 에디터를 사용하기 위해서는 브라우저에서 아두이노 보드의 동작 상태를 파악하고 아두이노 보드로 스케치를 업로드하는 등 브라우저와 아두이노 사이에 연결이 필요한데, 이를 위해 브라우저 플러그인을 설치해야 한다. 플러그인이 설치되지 않은 상태에서 웹 에디터를 열면 그림 5.29와 같이 오류 창이 나타난다. 오류 창에서 'HELP'를 누르면 플러그인 관련 정보를 확인할 수 있다.

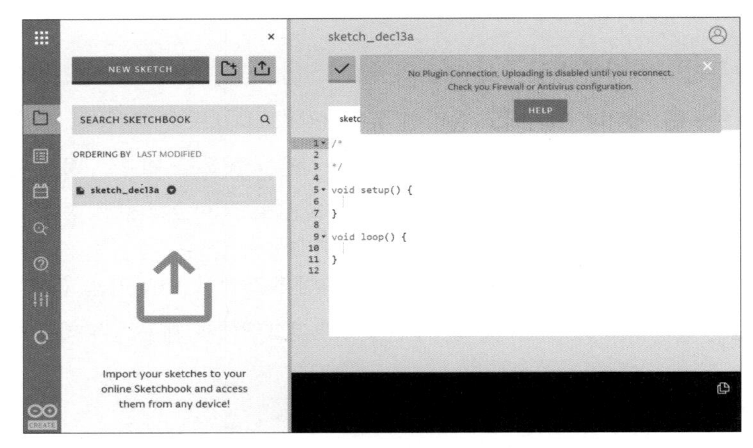

그림 5.29 아두이노 웹 에디터

플러그인 정보 화면에서 'INSTALL THE PLUGIN'을 클릭하거나, 'Help' 메뉴를 선택한 후 두 번째 컬럼에서 'Download the plugin'을 클릭하면 플러그인을 내려받아 설치할 수 있다.

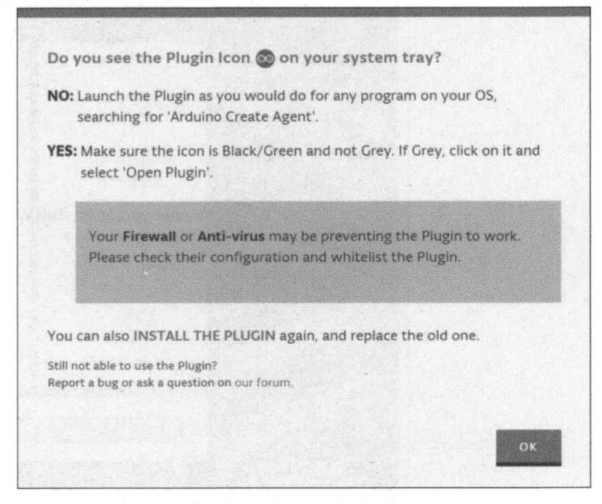

그림 5.30 아두이노 크리에이트 플러그인 정보

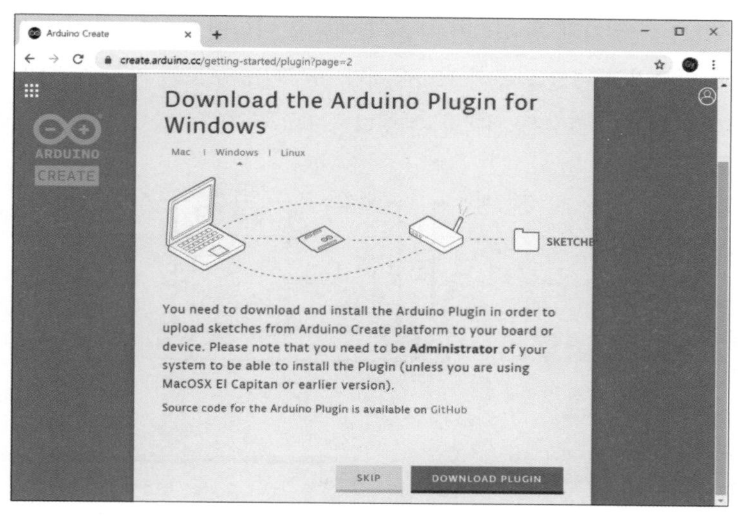

그림 5.31 플러그인 다운로드 페이지

사용하고 있는 운영체제를 확인하고 'DOWNLOAD PLUGIN' 버튼을 눌러 플러그인을 내려받아 설치한다. 이때 아두이노 크리에이트 에이전트가 방화벽을 통해 통신할 수 있도록 예외로 등록해야 아두이노 보드와 브라우저 사이에 정상적으로 통신이 이루어질 수 있다.

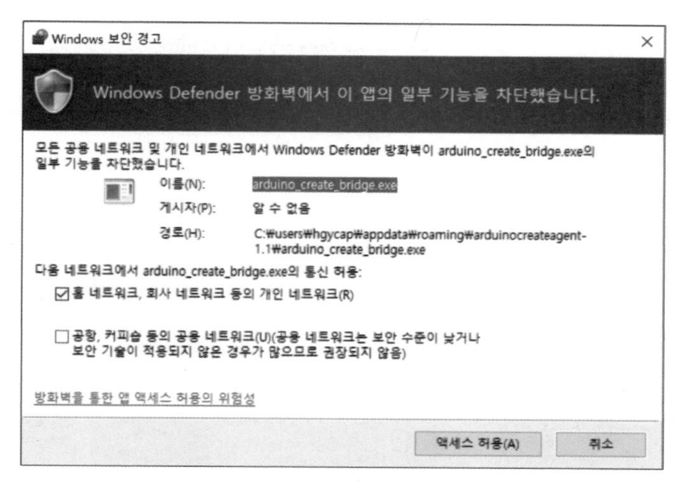

그림 5.32 아두이노 크리에이트 에이전트의 방화벽 예외 허용

플러그인을 설치한 후 플러그인이 동작하고 있는지 여부는 시스템 트레이에 아두이노 크리에이트 에이전트Arduino Create Agent 아이콘이 표시되는 것으로 확인할 수 있다. 플러그인이 설치된 후에도 아이콘이 표시되지 않으면 설치된 아두이노 크리에이트 에이전트를 실행하거나 플러그인을 다시 설치하면 된다.

그림 5.33은 플러그인이 설치된 후 편집기 부분의 메뉴를 나타낸 것이다. 플러그인이 설치되면 아두이노 보드와 브라우저의 통신을 통해 브라우저가 아두이노 보드를 자동으로 인식하고, 메뉴에서 연결된 아두이노 보드와 포트를 선택할 수 있다.

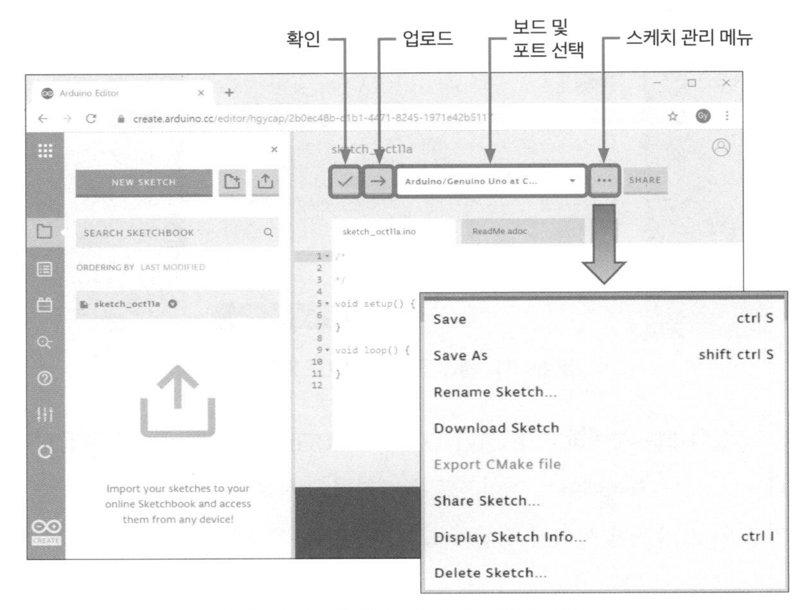

그림 5.33 플러그인 설치 후 편집기 메뉴

메뉴에서 'Examples'를 선택하고 '01.BASICS → Blink'를 선택하자.

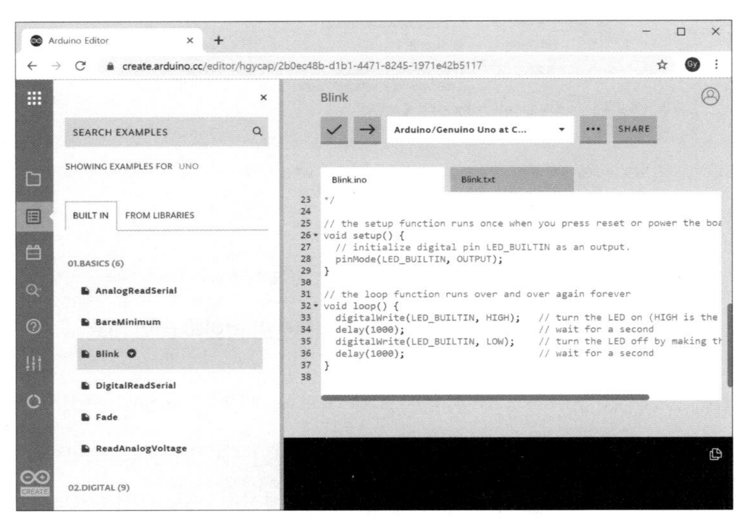

그림 5.34 블링크 예제 선택

보드 및 포트가 제대로 선택되었는지* 확인한 후 '업로드' 버튼을 눌러 아두이노 우노에 블링크 스케치를 업로드하자. 13번 핀에 연결된 내장 LED가 1초 간격으로 점멸하는가? 다음은 'Examples → 04.COMMUNICATION → ASCIITable'을 선택하자. 블링크 예제와 같이 아두이노 우노에 업로드한 후, 메뉴에서 'Monitor'를 선택하면 아두이노 우노가 연결된 COM3 포트로 수신되는 데이터를 브라우저에서 확인할 수 있다.

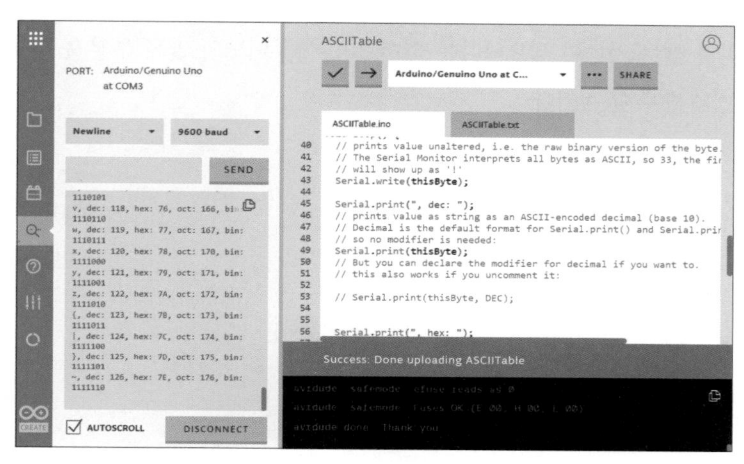

그림 5.35 ASCIITable 예제 실행 결과

아두이노의 웹 에디터는 항상 인터넷에 연결되어 있어야 하는 불편함이 있어 스케치 작성 과정에서 사용하기는 쉽지 않다. 하지만 단순히 스케치를 작성하는 것을 넘어 작성한 스케치를 체계적으로 관리하고 온라인을 통해 공유하고자 한다면 웹 에디터 사용을 추천한다.

5.5 맺는말

아두이노는 비전공자를 위한 마이크로컨트롤러 플랫폼으로, 아두이노 보드라는 하드웨어는 물론 통합개발환경인 아두이노 프로그램까지 오픈 소스로 공개하고 있다. 아두이노 프로그램은 직관적이고 간단한 사용자 인터페이스를 바탕으로 꼭 필요한 기능들로만 구성되어 있어 비전공자를 위한 아두이노 개발환경은 물론, 전공자를 위한 작고 가벼운 개발환경으로서도 가치가 있다.

* 여기서는 아두이노 우노가 COM3 포트에 연결된 것으로 가정한다.

이 장에서는 아두이노 프로그램과 아두이노 크리에이트의 일부로 제공되고 있는 온라인 개발환경인 웹 에디터의 사용 방법을 살펴봤다. 아두이노에서 공식적으로 제공하는 프로그램 이외에도 아두이노 프로그램을 대체할 수 있는 다양한 개발환경이 존재하며 이들은 아두이노 프로그램보다 많은 기능을 제공하는 것이 사실이지만, 아두이노는 '비전공자를 위한' 플랫폼임을 잊지 말자. 처음 아두이노를 접할 때는 아두이노 프로그램으로 충분하다. 경험이 쌓이면 아두이노 프로그램에 이런저런 불만이 생길 수 있다. 아두이노 프로그램으로 불가능한 일을 발견한다는 것은 아두이노에서 제공하지 않는 기능이 필요하다는 의미이며, 아두이노의 많은 부분을 알고 있다는 뜻이므로 오히려 즐거워해야 할 것이다.

1 아두이노의 스케치 작성에 사용할 수 있는 통합개발환경은 여러 가지가 있다. 그중 마이크로칩 스튜디오의 최신 버전은 아두이노의 스케치를 작성할 수 있는 기능을 제공하며 실행 파일을 아두이노 보드로 업로드하는 것도 가능하다. 하지만 마이크로칩 스튜디오는 너무 많은 기능을 하나로 모아놓은 개발환경으로, 비전공자를 위한 프로그램으로는 복잡하고 어려운 것이 사실이다. 아두이노 프로그램과 비교해서 마이크로칩 스튜디오의 장단점은 무엇인지 알아보자.

2 이클립스Eclipse*는 이클립스 재단에서 무료로 배포하고 있는 범용 응용 소프트웨어 개발 플랫폼이다. 이클립스는 C/C++, 자바 등을 위한 통합개발환경으로 사용할 수 있는 것은 물론 아두이노를 위한 스케치 등 임베디드 시스템을 위한 통합개발환경으로도 사용할 수 있다. 또한 이클립스는 자바를 기반으로 만들어져 윈도우 이외에 리눅스, macOS X에서도 사용할 수 있어 거의 모든 환경에서 거의 모든 애플리케이션 개발을 위해 사용할 수 있다고 해도 과언이 아니다. 하지만 이클립스는 다양한 환경과 다양한 프로그래밍 언어를 지원하기 위한 많은 기능을 포함하고 있어 비전공자가 사용하기에는 쉽지 않은 것이 사실이다. 이클립스로 개발할 수 있는 다양한 종류의 프로그램을 알아보고, 다양한 개발환경으로 사용할 수 있게 해주는 이클립스의 특징을 알아보자.

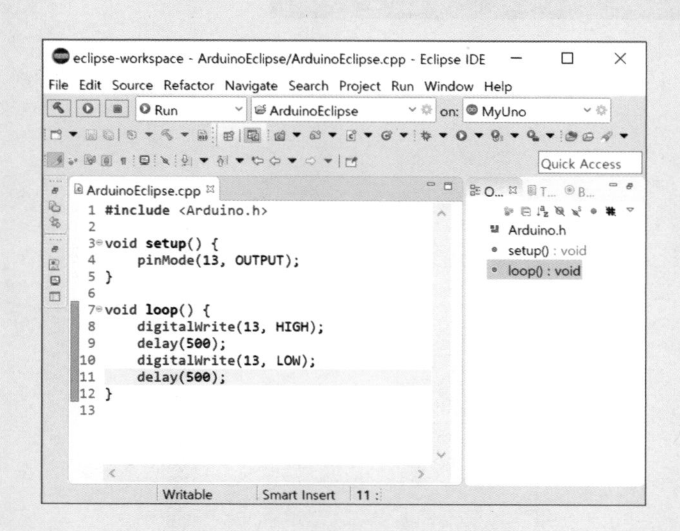

* https://www.eclipse.org

3 플랫폼IO PlatformIO*는 사물인터넷을 위한 소프트웨어 개발 플랫폼의 하나로, 서로 다른 마이크로컨트롤러를 위한 프로그램을 같은 환경에서 개발하는 것을 목적으로 만들어진 오픈 소스 플랫폼이다. 이클립스가 범용 소프트웨어 개발 플랫폼이라면, 플랫폼IO는 마이크로컨트롤러에 특화된 플랫폼이라고 할 수 있다. 이클립스와 비교했을 때 아두이노 스케치 개발 시 플랫폼IO의 장단점을 알아보자.

```
#include <Arduino.h>

void setup() {
  pinMode(13, OUTPUT);
}

void loop() {
  digitalWrite(13, HIGH);
  delay(500);
  digitalWrite(13, LOW);
  delay(500);
}
```

* https://platformio.org

CHAPTER

6

디지털 데이터 출력

아두이노의 스케치는 C/C++ 언어를 사용하므로 프로그램의 시작점인 main 함수가 반드시 존재해야 하지만, 아두이노에서 main 함수는 숨겨져 있고 setup과 loop 함수를 기반으로 스케치를 작성한다. 이 장에서는 마이크로컨트롤러를 위한 일반적인 C/C++ 프로그램의 구조를 살펴보고, 이를 좀 더 직관적으로 이해할 수 있도록 만들어진 스케치의 구조와 비교해 본다.

이 장에서 사용할 부품

아두이노 우노 × 1 ➡ 스케치 동작 테스트

6.1 마이크로컨트롤러를 위한 프로그램

마이크로컨트롤러를 위한 프로그램으로는 C 언어가 많이 사용된다. 다른 프로그래밍 언어를 사용하여 마이크로컨트롤러를 위한 프로그램을 작성하는 것이 불가능하지는 않지만, 적은 메모리 사용과 빠른 실행 속도를 요구하는 마이크로컨트롤러 환경에서는 코드 생성 효율이 높고 저수준의 하드웨어 제어가 가능한 C 언어가 자연스러운 선택이다. 여기에 고성능 마이크로컨트롤러의 보급에 따라 소프트웨어의 복잡도가 증가하면서 C++ 언어를 사용하는 경우 역시 증가하고 있다. 아두이노 역시 **스케치 작성을 위해 C 스타일의 아두이노 함수와 C++ 스타일의 아두이노 라이브러리를 사용**하고 있다.

C/C++ 언어를 사용한다고는 하지만 마이크로컨트롤러를 위한 프로그램은 일반적인 C/C++ 프로그램과는 여러 가지 면에서 차이가 있다. 그중 하나가 **마이크로컨트롤러를 위한 프로그램은 전원이 주어지는 동안은 종료하지 않는다**는 점이다. 종료하지 않는 프로그램이 이상하게 들릴 수도 있겠지만, TV에 설치된 '리모컨 데이터 처리 프로그램'을 생각해 보자. 리모컨 프로그램은 리모컨으로부터 수신된 채널과 볼륨 조정 정보를 받고, 이를 바탕으로 실제로 TV의 채널과 볼륨을 조정하는 프로그램이다. 리모컨 프로그램은 TV가 켜질 때 시작된다. 그렇다면 리모컨 프로그램은 언제 종료될까? 전원이 끊어질 때, 즉 TV가 꺼질 때 리모컨 프로그램도 종료된다*. TV가 켜져 있는 동안 리모컨 프로그램은 수신되는 리모컨 데이터를 검사하고, 채널이나 볼륨 조정 신호가 수신된 경우 그에 맞는 제어 신호를 생성하여 실제로 TV에서 채널이나 볼륨이 바뀌게 한다. 리모컨 데이터 처리 프로그램을 C 언어로 표현하면 스케치 6.1과 같이 나타낼 수 있다.

스케치 6.1은 `main` 함수 하나로 이루어져 있으며 `main` 함수는 `while` 문을 중심으로 `while` 문 이전의 초기화 부분, `while` 문 그리고 `while` 문 이후 `return`의 세 부분으로 나눌 수 있다. C 언어에서 가장 먼저 실행되는 함수는 `main` 함수이며, 스케치 6.1에서 프로그램이 실행될 때 가장 먼저 실행되는 부분은 초기화 부분이다. 초기화 부분은 단어 의미 그대로 연결된 주변장치를 초기화하고 프로그램 실행을 시작할 준비를 하는 곳으로, 스케치 6.1에서는 리모컨 수신기를 초기화한다.

* TV가 꺼진 동안에도 리모컨으로 TV를 켜는 것이 가능한 것처럼 보이지만, 이는 TV가 꺼진 것이 아니라 TV의 화면만 꺼진 상태이기 때문이다. 여기서는 화면이 켜진 상태에서 채널과 볼륨을 조정하는 것만을 고려한다.

스케치 6.1 리모컨 데이터 처리 프로그램

```
int main(void) {
    init_remote_controller_receiver();              // 리모컨 수신기 초기화

    // 데이터 읽기 → 처리 → 제어 신호 생성 과정을 무한 반복
    while (1) {
        if(remote_controller_data_available()) { // 리모컨 데이터 수신 확인
            read_remote_controller_data();         // 리모컨 데이터 읽기
            parse_remote_controller_data();        // 리모컨 데이터 처리
            generate_TV_control_data();            // 채널과 볼륨 제어 신호 생성
        }
    }

    return 0;
}
```

while 문의 조건 부분에는 '1'이 들어 있다. while 문은 괄호 안의 조건이 참인 경우 실행되는데, C 언어에서 0이 아닌 모든 정수는 참으로 간주하므로 while(1) 문장은 무한 루프를 형성한다. 마이크로컨트롤러를 위한 프로그램에서 이 무한 루프는 '메인 루프' 또는 '이벤트 루프'라고 한다. 무한 루프 내에서는 수신된 리모컨 데이터가 있는지 확인하고, 데이터가 수신되었다면 이를 읽고 처리하여 TV의 채널과 볼륨을 제어하는 신호를 생성한다. 이러한 처리 과정은 무한 루프 내에 위치하므로 마이크로컨트롤러에 전원이 주어지는 동안 계속 진행되며, 말 그대로 무한히 반복된다.

무한 루프가 존재한다면 마지막 return 문은 언제 실행될까? return 문장은 절대 실행되지 않는다. 절대 실행되지 않는 문장이 추가된 이유는 C/C++ 언어의 필요에 의한 것이지 리모컨 데이터 처리와는 관계가 없다. main 함수에서 반환하는 값은 프로그램이 종료할 때 main 함수를 시작(또는 호출)한 곳으로 실행 결과를 알려주기 위해 사용된다. 컴퓨터에서 동작하는 프로그램의 경우 main 함수는 운영체제가 호출하며 main 함수가 반환하는 값 역시 운영체제로 보내진다. 하지만 마이크로컨트롤러에는 운영체제가 없을 뿐만 아니라 종료하지 않는 단 하나의 프로그램만 설치될 수 있으므로 값을 반환할 필요가 없다. 다만 C/C++ 언어에서 main 함수는 정수를 반환해야 하고 return 문장이 없는 경우 오류가 발생하는 경우가 있으므로 C/C++ 언어의 필요에 의해 추가된 것일 뿐이다.

그림 6.1에서 볼 수 있듯이 **C/C++ 언어로 작성한 마이크로컨트롤러를 위한 프로그램은 전처리, 초기화, 데이터 처리의 세 부분으로 구성된다.** 초기화 부분은 프로그램이 처음 시작할 때 한 번만 실행된다. 반면, 데이터 처리 부분은 무한 루프 내에 있으므로 반복해서 계속 실행된다. 스케치 6.1의 경우 전처리 부분이 비어 있지만, 헤더 파일을 포함하거나 전역 변수를 선언하는 등의 작업이 전처리 부분에 포함될 수 있다.

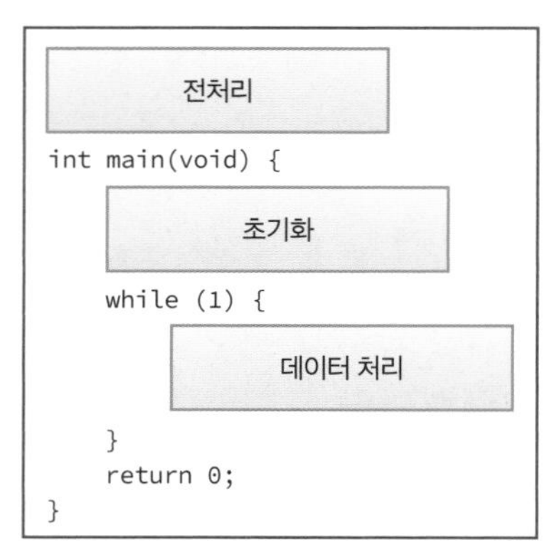

그림 6.1 C/C++ 언어로 작성한 마이크로컨트롤러를 위한 프로그램 구조

아두이노의 'Hello World'에 해당하는 블링크 스케치 역시 마찬가지다. 블링크 스케치는 13번 핀에 연결된 LED를 1초 간격으로 켜거나 끄는 동작을 반복한다. 블링크를 위해 필요한 초기화에는 무엇이 있을까? 바로 LED가 연결된 핀을 출력으로 설정하는 일이다. 디지털 데이터 핀은 버튼의 상태를 읽어오는 입력 또는 LED 상태를 표시하는 출력으로 모두 사용될 수 있으므로 디지털 데이터 '입출력' 핀이라고 한다. 하지만 입력과 출력으로 동시에 사용할 수는 없으므로 프로그램이 시작될 때 입력으로 사용할 것인지 출력으로 사용할 것이지 결정해야 한다. 입출력 핀의 사용 방법은 `pinMode` 함수를 통해 지정할 수 있다. 반면, 데이터 처리 부분에는 반복해서 실행되어야 하는 작업, 즉 1초 간격으로 LED를 켜거나 끄는 작업이 포함될 수 있으며, `digitalWrite` 함수를 사용하여 LED 상태를 나타내는 HIGH 또는 LOW 값을 출력하면 된다. 스케치 6.2는 블링크 스케치를 그림 6.1의 구조에 따라 작성한 예다. 스케치 6.2에는 아두이노 함수를 사용할 수 있도록 Arduino.h 파일을 포함하는 전처리 문장이 포함되었고, 초기화 부분에도 아두이노 환경을 초기화하기 위해 `init()` 함수가 사용되었다.

스케치 6.2 main 함수를 사용한 블링크

```
#include <Arduino.h>                       // 아두이노 헤더 파일 포함

int main(void) {
    init();                                // 아두이노 환경 초기화

    pinMode(13, OUTPUT);                   // LED 연결 핀을 출력으로 설정

    while (1) {
        digitalWrite(13, HIGH);            // LED 연결 핀으로 HIGH 출력
        delay(1000);                       // 1초 대기
        digitalWrite(13, LOW);             // LED 연결 핀으로 LOW 출력
        delay(1000);                       // 1초 대기
    }

    return 0;
}
```

'스케치 → 업로드' 메뉴 항목, 'Ctrl + U' 단축키 또는 툴바의 '업로드' 버튼을 눌러 스케치 6.2를 아두이노 우노에 업로드하고 13번 핀에 연결된 내장 LED가 1초 간격으로 깜빡이는지 확인해 보자. 그 전에 '툴 → 보드' 메뉴에서 아두이노 보드의 종류를 선택하고, '툴 → 포트' 메뉴에서 아두이노 보드가 연결된 COM 포트를 선택하는 것을 잊지 말아야 한다.

6.2 스케치의 구조

아두이노는 C/C++ 언어를 사용하므로 스케치에서는 프로그램의 시작점으로 `main` 함수가 필요하다. 하지만 지금까지의 스케치에는 `main` 함수 없이 `setup`과 `loop` 함수만 존재했다. `main` 함수는 어디에 있을까? 결론부터 이야기하자면 아두이노에도 `main` 함수는 있다. 하지만 **아두이노는 스케치의 구조를 직관적으로 만들기 위해 `main` 함수를 숨겨놓았다.** 아두이노는 비전공자들이 쉽고 빠르게 스케치를 작성할 수 있도록 작성해야 하는 코드를 최소로 하고 있으며, `main` 함수를 숨겨놓은 것 역시 스케치를 직관적으로 작성할 수 있게 하는 방법의 하나다. 대신 아두이노에서는 그림 6.1의 프로그램 구조에서 초기화 부분과 반복적인 데이터 처리 부분을 별도의 함수인 `setup`과 `loop`로 만들어놓았다. 전처리 부분은 `main` 함수 바깥에서 이루어지므로 함수로 작성할 수 없으므로 위치가 바뀌지 않는다. 그림 6.2는 아두이노 스케치의 기본 구조를 나타낸 것이다. 그림 6.2의 구조를 그림 6.1의 구조와 비교해 보면, 내용이 바뀐 것이 아니라 위치만 바뀌었음을 알 수 있다.

그림 6.1의 구조에 따라 작성된 스케치 6.2를 그림 6.2의 구조에 맞게 변경한 것이 스케치 6.3으로, '파일 → 예제 → 01.Basics → Blink' 예제와 구조가 같다. 스케치 6.3을 업로드하고 내장 LED가 1초 간격을 점멸하는지 확인해 보자. 스케치 6.3을 스케치 6.2와 비교해 보면 Arduino.h 파일을 포함하는 전처리 문장과 아두이노 환경을 초기화하는 `init` 함수 호출이 생략된 것을 볼 수 있다. 이들 역시 `main` 함수와 마찬가지로 아두이노에서 자동으로 처리해 주므로 숨겨진 것이다.

그림 6.2 아두이노의 스케치 구조

스케치 6.3 setup, loop 함수를 사용한 블링크

```
void setup() {
    pinMode(13, OUTPUT);                    // LED 연결 핀을 출력으로 설정
}

void loop() {
    digitalWrite(13, HIGH);                 // LED 연결 핀으로 HIGH 출력
    delay(1000);                            // 1초 대기
    digitalWrite(13, LOW);                  // LED 연결 핀으로 LOW 출력
    delay(1000);                            // 1초 대기
}
```

스케치 6.3의 구조를 흐름도로 나타내면, 그림 6.3과 같이 시작만 있고 끝이 없는 흐름도로 나타낼 수 있다.

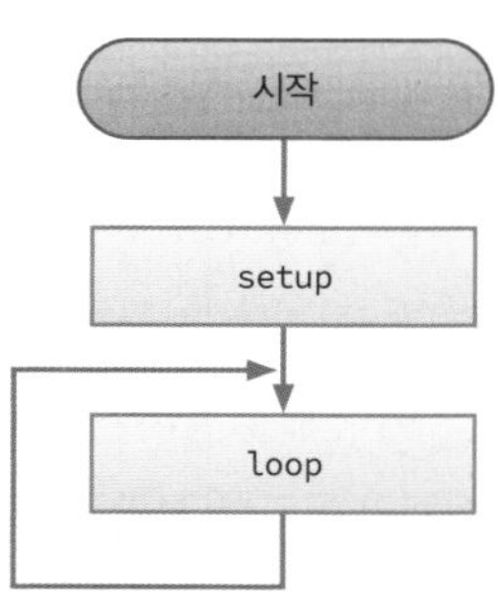

그림 6.3 스케치 흐름도

setup 함수는 스케치가 시작될 때 호출되는 함수이므로 변수 초기화, 데이터 핀의 입출력 설정, 라이브러리 초기화 등의 작업을 수행하기에 적합하다. 반면, **loop 함수는 스케치가 실행되는 동안 계속해서 호출되는 함수이므로 스케치가 수행되는 과정에서 프로그램 상태를 바꾸거나 입력에 따라 특정 작업을 수행**하는 역할을 한다.

스케치에서 main 함수는 숨겨져 있다고 이야기했다. 그렇다면 어디에 숨겨져 있을까? 아두이노가 설치된 디렉터리 아래 'hardware\arduino\avr\cores\arduino' 디렉터리를 살펴보면 main.cpp 파일을 발견할 수 있다. 스케치 6.4는 main.cpp 파일의 내용을 간단하게 정리한 것이다.

스케치 6.4 main.cpp

```
#include <Arduino.h>                            // 아두이노 헤더 파일 포함

int main(void) {
    init();                                     // 아두이노 환경 초기화

#if defined(USBCON)
    USBDevice.attach();                         // USB 장치 연결 설정
#endif

    setup();                                    // 사용자 초기화 함수

    for( ; ; ){
        loop();                                 // 사용자 반복 처리 함수
        if (serialEventRun) serialEventRun();   // 시리얼 데이터 처리
    }

    return 0;
}
```

스케치 6.2를 setup과 loop 함수를 사용하여 정의하면 스케치 6.5와 같이 나타낼 수 있다.

스케치 6.5 main, setup, loop 함수를 사용한 블링크

```
#include <Arduino.h>                         // 아두이노 헤더 파일 포함

int main(void) {
    init();                                   // 아두이노 환경 초기화

    setup();                                  // 사용자 초기화 함수

    while (1) {
        loop();                               // 사용자 반복 처리 함수
    }

    return 0;
}

void setup() {
    pinMode(13, OUTPUT);                      // LED 연결 핀을 출력으로 설정
}

void loop() {
    digitalWrite(13, HIGH);                   // LED 연결 핀으로 HIGH 출력
    delay(1000);                              // 1초 대기
    digitalWrite(13, LOW);                    // LED 연결 핀으로 LOW 출력
    delay(1000);                              // 1초 대기
}
```

스케치 6.3과 스케치 6.4를 묶으면 스케치 6.5가 된다는 사실을 발견했는가? 스케치 6.4는 아두이노에서 제공하는 main.cpp 파일이고, 스케치 6.3은 setup과 loop 함수로 이루어지는 스케치 파일로 사용자가 작성하는 소스 파일이다. 아두이노 프로그램은 스케치 6.3과 스케치 6.4를 묶어 컴파일한다. 몇 가지 차이가 눈에 띄기는 하지만 블링크 스케치는 USB나 시리얼 통신을 사용하지 않으므로 무한 루프를 만들기 위해 while(1)이 아닌 for(; ;)를 사용했다는 점 이외에 실질적인 차이는 없다. **setup과 loop 함수는 매개변수와 반환값이 없는 함수로, Arduino.h 파일에 선언되어 있다.**

```
void setup(void)
void loop(void)
```

setup과 loop 함수는 아두이노 프로그램에서 자동으로 추가하는 main.cpp 파일에서 호출하고 있으므로 setup이나 loop 함수 내에서 처리하는 문장이 없다고 하더라도 반드시 정의해야 하며, 정의하지 않으면 컴파일 오류가 발생한다.

6.3 스케치 컴파일

스케치 6.3을 입력하고 'MyBlink'라는 이름으로 저장하자. 아두이노 프로그램에서는 '파일 → 환경설정' 메뉴 항목을 선택한 후 컴파일과 업로드 시 자세한 출력이 보이도록 옵션을 선택한다.

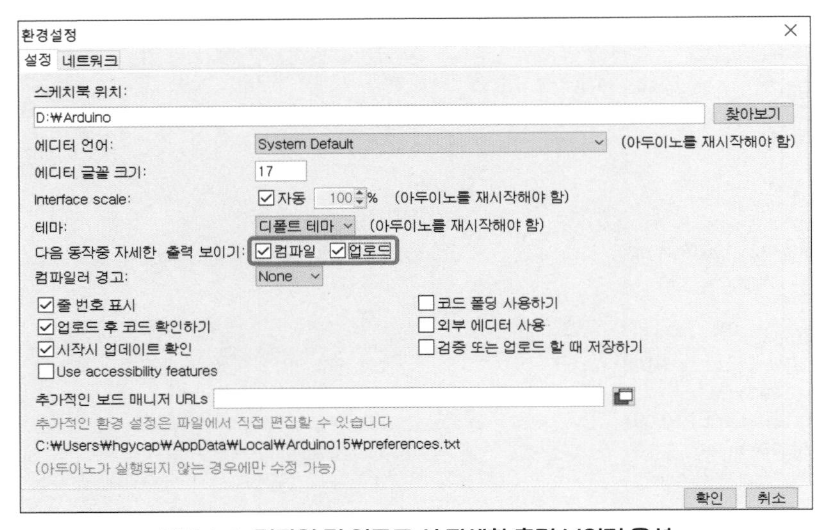

그림 6.4 컴파일 및 업로드 시 자세한 출력 보이기 옵션

'확인' 버튼을 눌러 MyBlink 스케치를 컴파일하면 컴파일러는 main.cpp 파일을 포함하여 몇 가지 파일을 추가한 후 컴파일을 시도한다. 컴파일러가 생성하는 파일에는 중간 단계에 해당하는 목적 파일(*.o)과 마이크로컨트롤러에 업로드할 실행 파일(*.hex)이 포함된다. 컴파일의 결과물인 이들 파일은 모두 임시 디렉터리에 저장된다. 자세한 출력 보이기 옵션이 선택되어 있으면 출력되는 메시지에서 임시 파일이 저장되는 디렉터리를 확인할 수 있다. 임시 파일은 프로그램이 종료될 때 자동으로 삭제되며 프로그래밍 과정에서는 신경을 쓰지 않아도 되므로 평소에는 '다음 동작 중 자세한 출력 보이기' 옵션은 선택하지 않고 사용하면 된다.

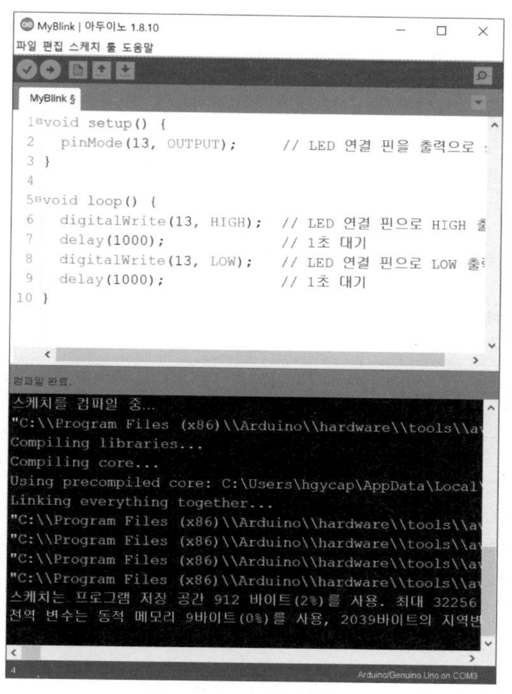

그림 6.5 컴파일 상세 메시지

그림 6.5의 출력 메시지에서 확인할 수 있는 임시 디렉터리에서 전처리 및 컴파일 과정에서 생성되는 파일들을 확인할 수 있다. 임시 파일이 저장된 디렉터리를 살펴보자.

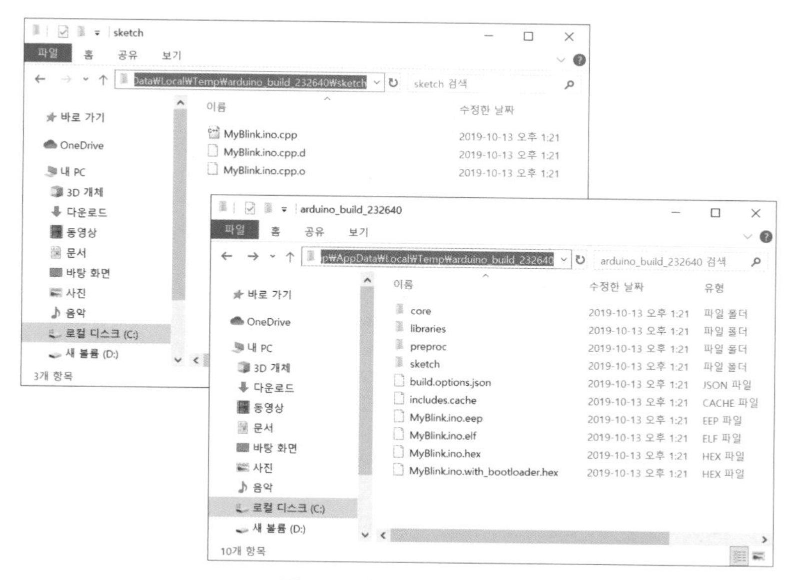

그림 6.6 임시 파일 디렉터리

먼저 그림 6.6에서 'sketch' 디렉터리 아래에 있는 MyBlink.ino.cpp 파일을 확인해 보자.

MyBlink.ino.cpp

```
#include <Arduino.h>
#line 1 "D:\\Arduino\\MyBlink\\MyBlink.ino"
#line 1 "D:\\Arduino\\MyBlink\\MyBlink.ino"
void setup();
#line 5 "D:\\Arduino\\MyBlink\\MyBlink.ino"
void loop();
#line 1 "D:\\Arduino\\MyBlink\\MyBlink.ino"
void setup() {
    pinMode(13, OUTPUT);                        // LED 연결 핀을 출력으로 설정
}

void loop() {
    digitalWrite(13, HIGH);                     // LED 연결 핀으로 HIGH 출력
    delay(1000);                                // 1초 대기
    digitalWrite(13, LOW);                      // LED 연결 핀으로 LOW 출력
    delay(1000);                                // 1초 대기
}
```

MyBlink.ino.cpp 파일은 파일 변환 과정을 통해 main.cpp 파일 등과 함께 컴파일할 수 있도록 만들어진 C++ 소스 파일로, MyBlink.ino 파일과 내용이 크게 다르지 않다. MyBlink.ino.cpp.d 파일은 연관성$_{\text{dependency}}$을 나타내는 파일로, 실행 파일 생성을 위해 필요한 헤더 파일이 나열되어 있다. 파일 내용에서 알 수 있듯이 아두이노 함수와 아두이노 라이브러리 파일이 MyBlink.ino 파일과 함께 컴파일에 사용된다.

MyBlink.ino.cpp.d

```
C:\Users\hgycap\AppData\Local\Temp\arduino_build_232640\sketch\MyBlink.ino.cpp.o: \
 C:\Users\hgycap\AppData\Local\Temp\arduino_build_232640\sketch\MyBlink.ino.cpp \
 C:\Program\ Files\ (x86)\Arduino\hardware\arduino\avr\cores\arduino/Arduino.h \
 C:\Program\ Files\ (x86)\Arduino\hardware\arduino\avr\cores\arduino/binary.h \
 C:\Program\ Files\ (x86)\Arduino\hardware\arduino\avr\cores\arduino/WCharacter.h \
 C:\Program\ Files\ (x86)\Arduino\hardware\arduino\avr\cores\arduino/WString.h \
 C:\Program\ Files\ (x86)\Arduino\hardware\arduino\avr\cores\arduino/HardwareSerial.h \
 C:\Program\ Files\ (x86)\Arduino\hardware\arduino\avr\cores\arduino/Stream.h \
 C:\Program\ Files\ (x86)\Arduino\hardware\arduino\avr\cores\arduino/Print.h \
 C:\Program\ Files\ (x86)\Arduino\hardware\arduino\avr\cores\arduino/Printable.h \
 C:\Program\ Files\ (x86)\Arduino\hardware\arduino\avr\cores\arduino/USBAPI.h \
 C:\Program\ Files\ (x86)\Arduino\hardware\arduino\avr\cores\arduino/Arduino.h \
 C:\Program\ Files\ (x86)\Arduino\hardware\arduino\avr\variants\standard/pins_arduino.h
```

마지막 MyBlink.ino.cpp.o 파일은 목적 파일object file로, 소스 파일을 컴파일하여 만든 이진 파일이다. 여기에 main.cpp 파일을 포함하여 다른 파일의 목적 파일을 연결해서 아두이노 보드에 업로드할 실행 파일이 만들어진다.

실행 파일 역시 MyBlink.ino.elf와 MyBlink.ino.hex의 두 종류가 있다. ELF는 'Executable and Linking Format'의 약어로 아두이노에서 사용하는 AVR 툴체인의 일부인 avr-gcc에서 컴파일의 결과로 만들어지는 파일 형식이다. 역시 AVR 툴체인의 일부인 avr-objcopy 프로그램은 생성된 ELF 파일을 읽어 최종 HEX 파일로 변환한다. 실행 파일이 생성된 디렉터리를 살펴보면 ELF 파일은 HEX 파일에 비해 크기가 크다는 사실을 발견할 수 있다. **ELF 파일에는 디버깅 정보를 포함하여 여러 부가 정보들이 포함되어 있으므로 HEX 파일보다 크기가 크다.** 아두이노 우노에 사용된 ATmega328 마이크로컨트롤러에는 ELF와 HEX 파일 모두를 사용할 수 있지만, **아두이노 프로그램에서 아두이노 보드에 업로드하는 파일은 HEX 파일이다.**

HEX 파일은 인텔(Intel)이 제안한 파일 형식으로, 실제로는 실행 파일이 아니라 **실행 파일 정보를 포함하고 있는 텍스트 파일이다.** HEX 파일의 정확한 이름은 'Intel Hexadecimal Object File Format'이다. HEX 파일은 1행으로 이루어지는 레코드(record) 집합으로 구성되며 각 레코드는 6개 필드(field)로 이루어진다. 레코드를 구별하기 위해서는 캐리지 리턴(CR)과 라인 피드(LF) 문자가 각 행의 끝에 추가된다.

표 6.1 HEX 파일의 필드 구조

필드 이름	Start code	Byte count	Address	Record type	Data	Checksum
크기(바이트)	1	1	2	1	n	1

HEX 파일을 구성하는 레코드의 각 필드는 다음과 같다.

- **Start code**: 레코드의 시작을 나타내며 콜론(:)으로 시작한다.
- **Byte count**: 레코드에 포함된 데이터의 바이트 수를 나타낸다. 바이트 수는 1바이트로 나타내므로 레코드에는 최대 255바이트 데이터가 포함될 수 있다.
- **Address**: 레코드에 포함된 데이터를 로드할 메모리의 시작 주소를 나타낸다. 메모리 주소는 16비트 형식으로 지정한다.
- **Record type**: 레코드의 형식을 나타내며 '00'은 데이터 레코드를, '01'은 파일의 마지막 레코드(end-of-file record)를 의미한다.
- **Data**: Byte count에서 지정한 바이트 수만큼의 데이터가 포함된다.
- **Checksum**: Start code를 제외한 4개 필드를 바이트 단위로 더한 후 2의 보수를 취한 값이다. 덧셈에서 자리 올림은 버린다.

다음은 MyBlink 스케치를 컴파일하여 생성된 MyBlink.ino.hex 파일 일부를 나타낸 것이다.

표 6.2 MyBlink.ino.hex 파일 구조

Start code	Byte count	Address	Record type	Data	Checksum
:	10	0000	00	0C 94 5C 00 0C 94 6E 00 0C 94 6E 00 0C 94 6E 00	CA
:	10	0010	00	0C 94 6E 00 0C 94 6E 00 0C 94 6E 00 0C 94 6E 00	A8
				...	
:	10	0380	00	0E 94 DD 00 80 E0 0E 94 70 00 0E 94 DD 00 20 97	46
:	0C	0390	00	A1 F3 0E 94 00 00 F1 CF F8 94 FF CF	11
:	00	0000	01		FF

HEX 파일을 사용할 때 주의해야 할 점 중 하나는 HEX 파일의 크기와 실제 아두이노 보드의 플래시 메모리에 기록되는 실행 파일의 크기가 다르다는 점이다. MyBlink 스케치를 업로드할 때 아두이노 프로그램에서 출력되는 실행 파일 크기는 924바이트이지만 MyBlink.ino.hex 파일의 크기는 2,615바이트로 2배 이상 크다. 이는 HEX 파일이 텍스트 파일이기 때문이다. 텍스트 파일에 1바이트의 정보를 기록하기 위해서는 16진수 2자리, 즉 2바이트가 필요하다. 또한 주소와 체크섬 등의 부가 정보를 위해 HEX 파일에서는 더 많은 바이트가 필요하므로 실제 **업로드되는 실행 파일의 크기는 HEX 파일 크기의 절반 이하**가 된다.

아두이노 스케치가 컴파일되어 실행 파일이 만들어지는 과정을 요약하면 그림 6.7과 같다.

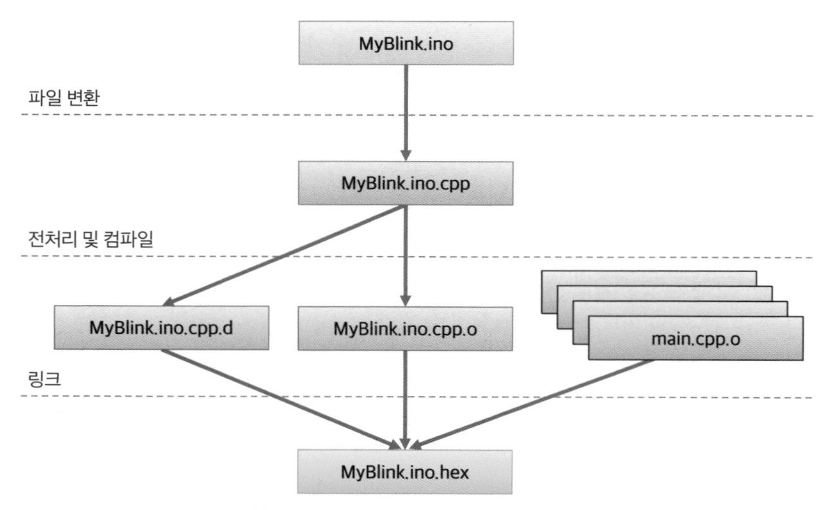

그림 6.7 아두이노 프로그램에서의 실행 파일 생성 과정

먼저 MyBlink.ino 파일은 C/C++ 컴파일러로 컴파일이 가능한 소스 파일인 MyBlink.ino.cpp 파일로 변환된다. 변환된 소스 파일은 전처리 및 컴파일 과정에서 실행 파일 생성에 필요한 연관성을 나타내는 MyBlink.ino.cpp.d 파일과 목적 파일인 MyBlink.ino.cpp.o 파일이 만들어진다.

마지막으로 링크 과정에서는 MyBlink.ino.cpp.o 파일과 아두이노 함수와 라이브러리 파일을 컴파일하여 만든 목적 파일을 연결하면 실행 파일이 만들어진다. 이 과정은 일반적으로 통합개발환경에서 실행 파일을 생성하는 과정과 같지만 *.ino 파일을 *.cpp 파일로 변환하는 소스 파일 변환 과정은 다른 통합개발환경에서는 볼 수 없다.

6.4 맺는말

마이크로컨트롤러를 위한 프로그램은 C/C++ 언어를 사용하는 것이 일반적이다. 이는 아두이노 역시 마찬가지다. 아두이노를 위한 스케치가 C/C++ 언어가 아닌 다른 언어로 만들어진 것처럼 보이는 이유는 C/C++ 언어에 꼭 필요한 main 함수를 찾을 수 없기 때문이며, 컴퓨터를 위한 C/C++ 프로그래밍에서 끝나지 않는 프로그램을 작성하는 경우는 찾아보기 어렵기 때문이기도 하다. main 함수가 보이지 않는 이유는 스케치를 직관적인 구조로 만들기 위해 setup과 loop 함수를 사용하고 main 함수를 숨겨두었기 때문이다. 이는 아두이노 프로그램이 사용자 대신 많은 일을 해주기 때문에 가능한 일이다. setup과 loop라는 함수 이름이 선택된 것은 마이크로컨트롤러를 위한 프로그램이 끝나지 않는 프로그램이라는 점과 관련이 있다. 모든 프로그램에 존재하는 초기화를 위한 setup 함수는 특별할 것이 없지만, loop 함수를 계속 호출하는 무한 반복 프로그램은 마이크로컨트롤러만의 특성이라 할 수 있다. 하지만 스케치를 작성한 후 실행 파일이 만들어지는 과정은 일반적인 C/C++ 언어의 경우와 다르지 않다.

1 마이크로컨트롤러를 위한 프로그램은 C/C++ 언어를 사용하는 경우가 대부분이지만 C/C++ 이외의 언어를 사용하는 예도 증가하고 있다. 마이크로컨트롤러를 위한 프로그램 개발에 사용할 수 있는 프로그래밍 언어를 찾아보고, 이들 언어를 사용하는 경우의 장단점을 비교해 보자.

2 아두이노의 스케치 구조는 프로세싱의 스케치 구조에서 가져온 것으로, 프로세싱의 스케치는 초기화를 위한 `setup` 함수와 반복적인 그리기 작업을 위한 `draw` 함수를 바탕으로 하고 있다. 프로세싱 프로그램을 설치하고 프로세싱 프로그램을 실행하자. '파일 -> 예제...' 메뉴 항목을 선택하거나 'Ctrl + Shift + O' 단축키를 눌러 예제 다이얼로그를 실행하고, 'Basics -> Input -> Mouse1D' 항목을 선택하여 예제를 연 후 툴바의 실행 버튼(▶)을 눌러 예제를 실행하고 마우스 움직임에 따른 사각형의 크기 변화를 확인해 보자. 또한 예제 스케치를 아두이노의 스케치와 비교해 보자.

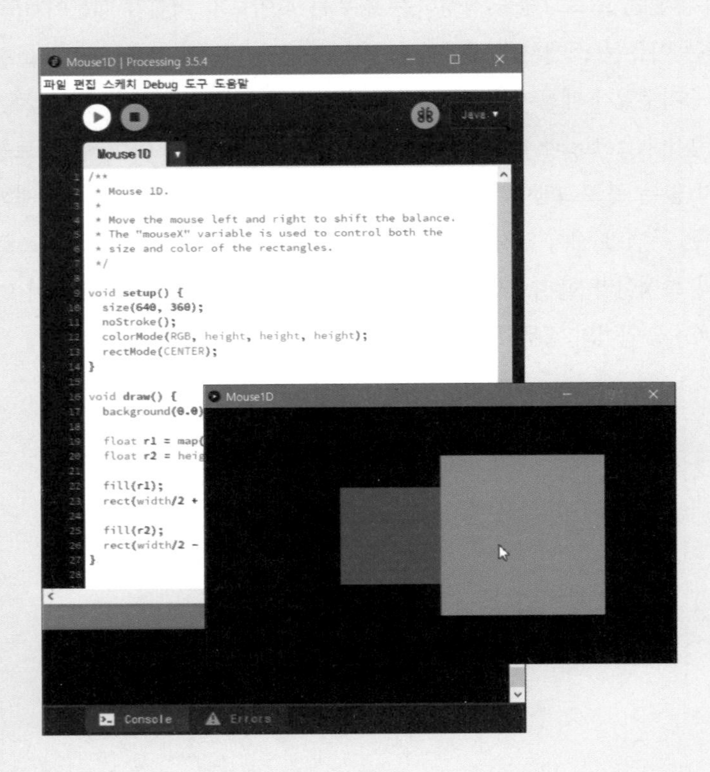

CHAPTER 7

부트로더와 스케치 업로드

스케치를 업로드하는 방법에는 시리얼 방식과 ISP 방식의 두 가지가 있고, 아두이노에서는 시리얼 방식을 기본으로 한다. 하지만 시리얼 방식 업로드를 사용하기 위해서는 부트로더가 구워진 상태여야 하며, 부트로더는 ISP 방식으로만 구울 수 있다. 이 장에서는 아두이노 보드에 스케치를 업로드하는 방법과 스케치 업로드 과정에서 부트로더의 역할을 알아본다.

이 장에서 사용할 부품

- 아두이노 우노 × 1 ➡ 부트로더 굽기 및 스케치 업로드 테스트
- ISP 방식 프로그래머 × 1 ➡ USBISP

7.1 스케치 업로드 방법

아두이노 우노에 사용된 ATmega328 마이크로컨트롤러에는 32KB 크기의 플래시 메모리가 포함되어 있고 스케치가 업로드되어 설치되는 곳이 바로 플래시 메모리다. 마이크로컨트롤러에는 하나의 프로그램만 설치될 수 있으므로 설치되는 프로그램은 플래시 메모리의 0번지부터 설치된다. 아두이노에서 사용할 수 있는 스케치를 설치하는 방법은 두 가지가 있다. 첫 번째는 **UART 시리얼 통신을 사용하는 '시리얼 방식'**이고, 두 번째는 **SPI 시리얼 통신을 사용하는 'ISP 방식'**이다. 두 가지 방법 모두 플래시 메모리에 실행 파일을 설치하는 것은 같지만 설치 과정에는 차이가 있다.

두 가지 업로드 방법을 비교한 것이 그림 7.1이다. 먼저 그림 7.1에서 플래시 메모리의 최대 번지가 0x3FFF로 14비트 주소를 갖고 있음에 주의해야 한다. ATmega328의 기계어 명령은 2바이트 또는 4바이트 길이를 가지므로 프로그램이 저장되는 **플래시 메모리의 주소는 1바이트 단위가 아닌 2바이트 단위로 정해진다.** 따라서 ATmega328의 32KB 플래시 메모리는 16K개 주소(32KB ÷ 2byte)로 접근할 수 있고, 16K개 주소를 표현하기 위해 14비트 주소($16K = 16 \times 2^{10} = 2^4 \times 2^{10}$)가 사용된다.

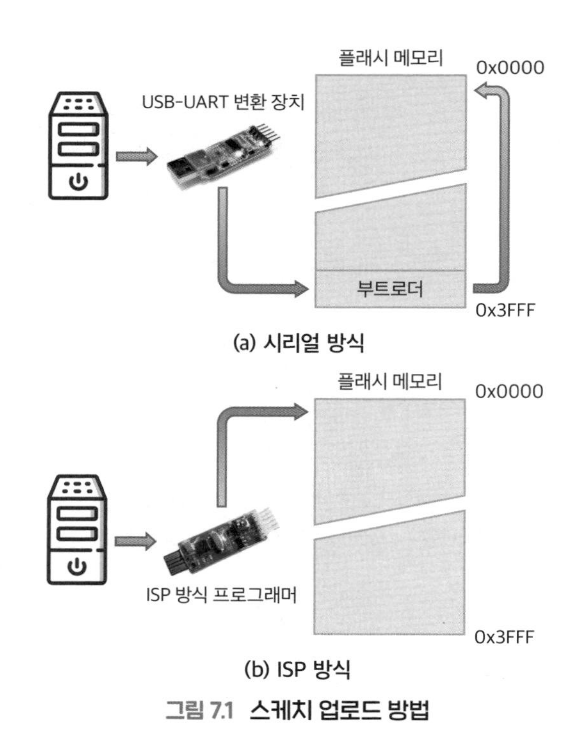

그림 7.1 스케치 업로드 방법

두 가지 스케치 업로드 방식에는 모두 전용 장치가 필요하다. ISP 방식 업로드에서 사용하는 장치는 흔히 프로그래머programmer라고 이야기하며, 아두이노 보드에는 포함되어 있지 않으므로 별도로 준비해야 한다. 시리얼 방식 업로드에서 사용하는 장치는 USB와 UART 통신을 중개하는 USB-UART 변환 장치다. **USB-UART 변환 장치는 프로그래머와 달리 스케치 업로드를 위한 전용 장치는 아니며 컴퓨터와의 시리얼 통신을 위해서도 사용할 수 있다.** USB-UART 변환 장치를 스케치 업로드에 사용할 수 있는 비밀은 부트로더bootloader에 있다. 즉, **USB-UART 변환 장치를 부트로더와 함께 사용하면 스케치 업로드에 사용할 수 있고, USB-UART 변환 장치만 사용하는 경우에는 컴퓨터와의 시리얼 통신에 사용할 수 있다.** 아두이노에서는 시리얼 방식 업로드를 기본으로 하고 있으며 이를 위해 USB-UART 변환 장치를 포함하고 있다. **아두이노 우노에 포함된 USB-UART 변환 장치는 ATmega16u2 마이크로컨트롤러를 사용하여 소프트웨어 방식으로 구현한 것이다.**

전용 장치를 통해 실행 파일이 이동하는 경로 역시 두 가지 업로드 방식에서 차이가 있다. ISP 방식의 경우 실행 파일을 직접 플래시 메모리에 설치한다면, 시리얼 방식은 부트로더를 거쳐 플래시 메모리에 설치한다. 시리얼 방식에서 부트로더가 위치하는 곳은 플래시 메모리의 뒷부분으로 미리 정해져 있다는 점도 주의해야 한다.

7.2 부트로더

시리얼 방식 업로드에서 중요한 역할을 하는 것이 부트로더다. 부트로더 역시 프로그램의 한 종류이지만 'boot + loader'라는 이름에서 알 수 있듯이 마이크로컨트롤러가 '부팅'되는 시점에서 자동으로 프로그램을 '다운로드'하여 설치하는 용도로 흔히 사용된다.

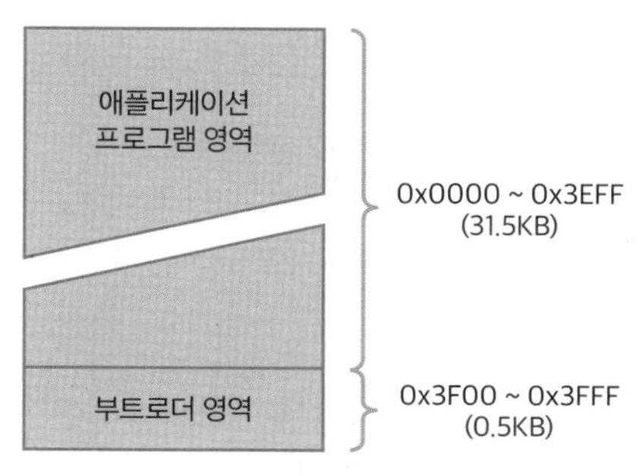

그림 7.2 ATmega328의 플래시 메모리 구조

ATmega328의 플래시 메모리는 그림 7.2와 같이 애플리케이션 프로그램 영역과 부트로더 영역의 두 영역으로 나눌 수 있으며, 부트로더는 플래시 메모리의 가장 뒤쪽에 있는 부트로더 영역에 설치된다. 부트로더 영역의 크기는 최소 0.5KB에서 최대 4KB 크기를 가질 수 있고, **아두이노 우노는** 최소 크기인 **0.5KB를 부트로더 영역으로 사용**한다*.

마이크로컨트롤러에 전원이 인가되면 부팅 과정을 통해 플래시 메모리의 정해진 주소에서부터 프로그램을 읽기 시작한다. **ATmega328에서 플래시 메모리를 읽기 시작하는 주소는 0번지와 부트로더가 설치된 번지의 두 곳 중 하나다****. 아두이노 우노는 리셋 버튼이 눌리면 0번지가 아닌 부트로더가 설치된 0x3F00번지에서 시작하도록 설정되어 있다. 따라서 리셋 버튼이 눌리면 아두이노 우노는 부트로더를 실행하고 약간의 시간 동안 시리얼 포트를 통해 전송되는 새로운 프로그램이 있는지 검사한다. 새로운 프로그램이 없으면 부트로더는 현재 플래시 메모리에 설치된 프로그램을 0번지부터 실행한다. 새로운 프로그램이 있으면 부트로더는 시리얼 통신을 통해 컴퓨터에서 새로운 프로그램을 받아 0번지부터 설치하고, 프로그램 설치가 끝나면 새로 설치된 프로그램을 0번지부터 시작한다. 리셋 버튼이 눌린 후 아두이노 우노가 프로그램을 시작하기까지의 과정을 요약하면 그림 7.3과 같다.

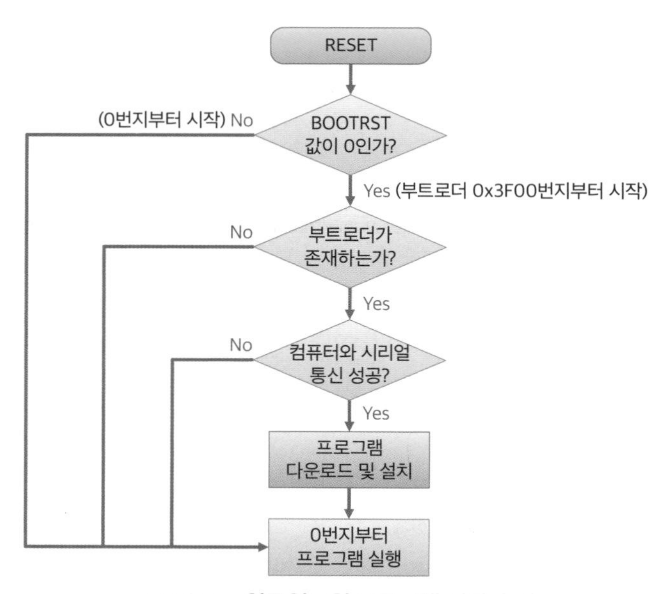

그림 7.3 아두이노의 프로그램 시작 순서

* 부트로더 영역의 크기는 퓨즈 비트 중 하나인 BOOTSZ 비트를 통해 0.5KB, 1KB, 2KB, 4KB 중 하나로 설정할 수 있다. 자세한 내용은 60장 '퓨즈, 락, 시그너처 바이트'를 참고하면 된다.

** 부팅 시 프로그램이 시작되는 메모리 번지는 퓨즈 비트 중 하나인 BOOTRST 비트를 통해 설정할 수 있다. 자세한 내용은 60장 '퓨즈, 락, 시그너처 바이트'를 참고하면 된다.

부트로더는 아두이노의 특징 중 하나이지만 **부트로더 자체가 메모리를 차지하고 초기 구동 시 부트로더의 동작 때문에 프로그램 실행에 지연이 발생한다는 단점이 있다.** ISP 방식을 사용하면 부트로더가 사용하는 플래시 메모리까지 스케치를 위해 사용할 수 있으며, 초기 구동 시 지연이 발생하지 않는다는 장점이 있다. 하지만 아두이노 보드에는 ISP 방식 프로그래머가 포함되어 있지 않아 별도로 준비해야 하며, ISP 방식 프로그래머의 가격은 일반적으로 USB-UART 변환 장치에 비해 비싸고 아두이노 우노 보드보다 비싼 경우도 있다.

7.3 부트로더 굽기

아두이노 우노에 부트로더가 구워진 상태라면 별도의 장치 없이 시리얼 방식으로 스케치를 업로드할 수 있다. 하지만 여러 가지 이유로 부트로더가 손상되거나 ATmega328 칩을 교체했다면 먼저 부르로더를 구워야 시리얼 방식으로 스케치를 업로드할 수 있다. 부트로더를 설치하는 작업을 흔히 부트로더를 '굽는다burn'라고 표현한다. **부트로더를 굽기 위해서는 ISP 방식 프로그래머를 사용해야 하며,** 그림 7.4는 이 책에서 주로 사용하는 ISP 방식 프로그래머인 USBISP로 STK500 프로토콜을 사용한다.

그림 7.4 USBISP – ISP 방식 프로그래머*

그림 7.4의 ISP 방식 프로그래머는 ATmega328을 위한 ICSP 핀 헤더에 연결하여 사용한다**.

* http://newtc.co.kr/dpshop/shop/item.php?it_id=1558430624

** ISP와 ICSP는 같은 의미로 혼용되어 사용되고 있다. 아두이노 우노 보드에는 ICSP로 표시되어 있으므로 핀 헤더를 언급할 때는 ICSP라는 용어를 사용하지만, 그 외의 경우에는 ISP라는 용어를 사용할 것이다.

ISP 또는 ICSP 핀 헤더는 6핀 또는 10핀의 표준 배열이 정의되어 있지만, 이 책에서 사용하는 USBISP는 USB-UART 변환 기능까지 지원하기 위해 표준 배열을 따르지 않으므로 연결에 주의해야 한다.

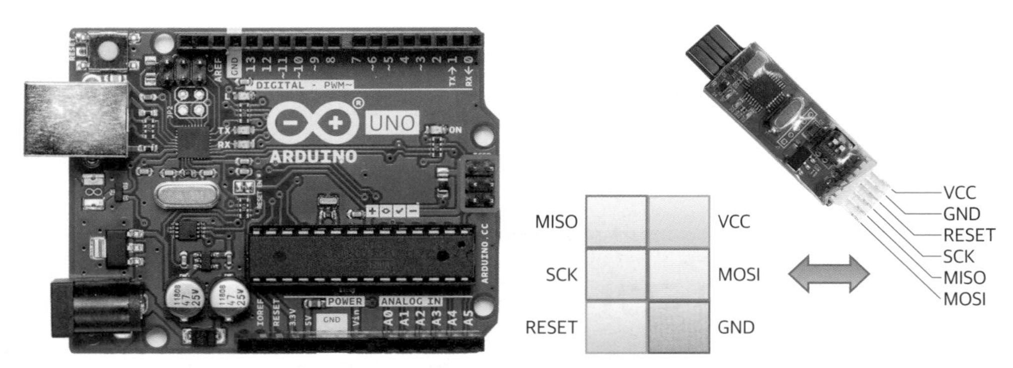

그림 7.5 아두이노 우노의 ICSP 핀 헤더

USBISP와 아두이노 보드를 연결했으면 USBISP를 컴퓨터에 연결해 보자. USBISP를 컴퓨터에 연결하면 장치 관리자의 포트 부분에 시리얼 포트가 생성된다. 윈도우 10의 경우 별도로 드라이버를 설치할 필요가 없지만, 이전 버전의 윈도우라면 드라이버를 내려받아* 설치해야 한다. USBISP에 할당되는 포트 번호는 사용하지 않는 번호가 임의로 할당되므로 컴퓨터에 따라 다를 수 있다. 여기서는 COM4가 할당된 것으로 가정한다.

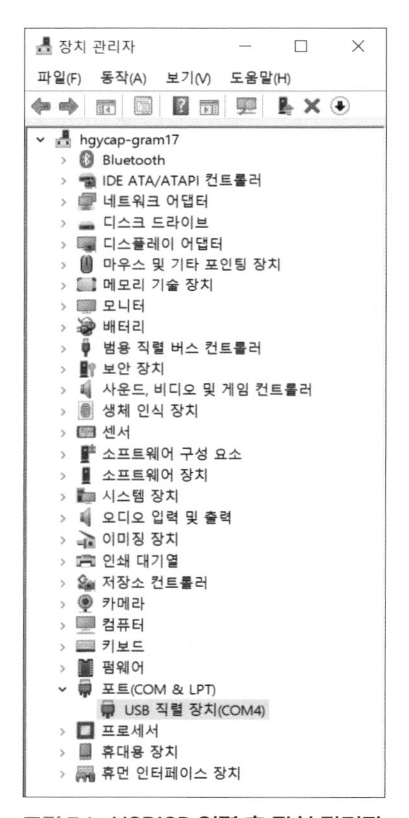

그림 7.6 USBISP 연결 후 장치 관리자

* http://www.newtc.co.kr/dpshop/bbs/board.php?bo_table=m41&pn=4&sn=2

그림 7.4의 USBISP는 USB 연결을 통해 USB 전원을 아두이노 보드에 공급할 수 있다. 만약 USBISP를 통해 아두이노 보드에 전원이 공급되지 않는다면 USBISP의 1번 딥 스위치를 ON으로 설정하면 된다.

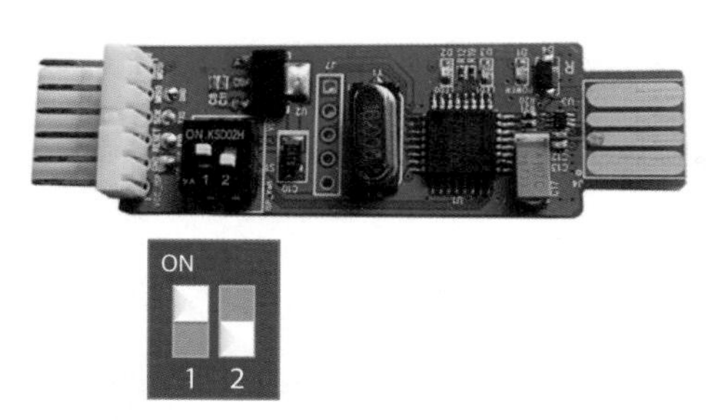

그림 7.7 USB 전원 공급을 위한 USBISP의 딥 스위치 설정

부트로더를 굽기 위한 하드웨어 준비는 끝났다. 하지만 부트로더를 굽기 전에 아두이노 프로그램에 한 가지 설정이 더 필요하다. 아두이노에서 기본적으로 지원하는 프로그래머는 '툴 → 프로그래머' 메뉴에 있는 것들로 USBISP는 포함되어 있지 않다. 따라서 먼저 **사용하고자 하는 ISP 방식 프로그래머를 아두이노 프로그램에 등록해야 한다.** 아두이노 프로그램이 설치된 디렉터리 아래 'hardware\arduino\avr' 디렉터리에 있는 programmers.txt 파일을 열어보자. programmers.txt 파일에는 아두이노에서 사용할 수 있는 프로그래머들의 정보가 기록되어 있다. 파일의 가장 아래쪽에 USBISP 장치의 정보를 다음과 같이 추가하자.

```
USBISP.name=USBISP
USBISP.communication=serial
USBISP.protocol=stk500v2
USBISP.program.protocol=stk500v2
USBISP.program.tool=avrdude
USBISP.program.extra_params=-P{serial.port}
```

아두이노 프로그램을 다시 실행했을 때 '툴 → 프로그래머 → USBISP' 메뉴 항목이 나타나면 USBISP가 정상적으로 등록된 것이다. USBISP를 선택하자.

그림 7.8 프로그래머 선택

'툴 → 보드' 메뉴에서 부트로더를 구울 보드를 선택하는 것은 스케치를 업로드하는 경우와 같다. 'Arduino/Genuino Uno'를 선택하자.

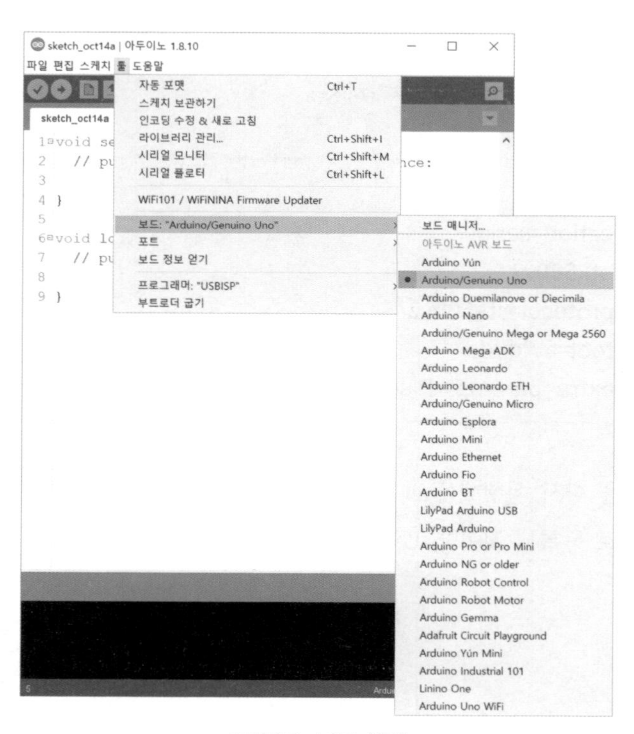

그림 7.9 보드 선택

'툴 → 포트' 메뉴에서는 USBISP에 할당된 포트 번호를 선택한다. 이 책에서는 아두이노 우노를 USB 케이블로 컴퓨터에 연결하면 COM 포트로 인식되고 COM3가 할당된 것으로 가정했다. USBISP를 컴퓨터에 연결했을 때도 이와 비슷하게 COM 포트로 인식되며 COM4가 할당된 것으로 가정했다. 즉, 아두이노 우노와 컴퓨터를 USB-UART 변환 장치를 통해 연결했는지 아니면 ISP 방식 프로그래머를 통해 연결했는지에 따라 컴퓨터에서는 서로 다른 포트로 인식되므로 포트 선택에 주의해야 한다.

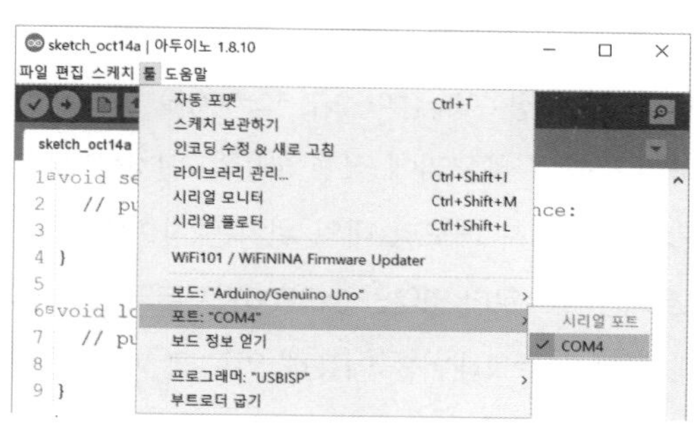

그림 7.10 포트 선택

모든 준비는 끝났다. '툴 → 부트로더 굽기' 메뉴를 선택하여 부트로더를 구워보자. 약간의 시간이 흐르면 부트로더 굽기가 성공적으로 끝났다는 메시지가 나타날 것이다.

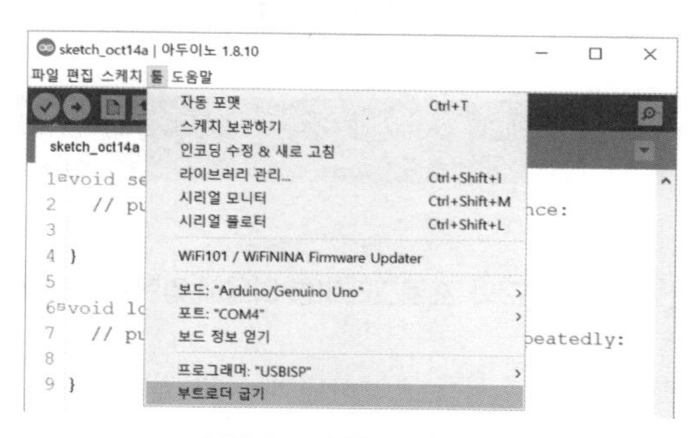

그림 7.11 부트로더 굽기

사용하고자 하는 프로그래머가 아두이노 프로그램에 등록되어 있다고 가정했을 때 부트로더를 굽는 순서는 다음과 같다.

■ 부트로더 굽기

① '툴 → 프로그래머' 메뉴에서 사용할 프로그래머 종류로 'USBISP'를 선택한다.

② '툴 → 보드' 메뉴에서 부트로더를 구울 보드로 'Arduino/Genuino Uno'를 선택한다.

③ '툴 → 포트' 메뉴에서 프로그래머가 연결된 포트로 'COM4'를 선택한다.

④ '툴 → 부트로더 굽기' 메뉴 항목을 선택하여 부트로더를 굽는다.

7.4 ISP 방식 업로드

프로그래머가 연결되어 있으면 프로그래머를 사용하여 ISP 방식으로 스케치를 업로드할 수 있다. 먼저 '툴 → 프로그래머' 메뉴에서 사용할 프로그래머를 선택한다. 다음은 '툴 → 보드' 메뉴에서 스케치를 업로드할 보드를 선택하고, '툴 → 포트' 메뉴에서 프로그래머가 연결된 포트를 선택한다. 여기까지는 부트로더를 굽는 경우와 같다. 즉, 스케치를 업로드하는 것과 부트로더를 굽는 것은 프로그래머를 사용하여 플래시 메모리에 실행 파일을 설치한다는 점에서는 같다. 하지만 스케치와 부트로더가 업로드되는 플래시 메모리 내의 위치는 차이가 있다. **스케치는 플래시 메모리의 0번지부터 설치되지만 부트로더는 부트로더 영역인 0x3F00번지부터 설치된다.** ISP 방식으로 스케치를 업로드하기 위해서는 '스케치 → 프로그래머를 이용해 업로드' 메뉴 항목, 'Ctrl + Shift + U' 단축키 또는 'Shift + 툴바 업로드 버튼'을 선택하면 된다. 마우스를 툴바의 버튼으로 가져가면 버튼에 대한 설명이 툴바에 표시된다. 이때 시프트 키를 누르면 설명이 바뀐 것을 확인할 수 있다.

그림 7.12 '업로드'와 '프로그래머를 이용해 업로드' 툴바 버튼

ISP 방식으로 스케치를 업로드하는 순서를 요약하면 다음과 같다.

■ ISP 방식 스케치 업로드

① '툴 → 프로그래머' 메뉴에서 사용할 프로그래머 종류로 'USBISP'를 선택한다.

② '툴 → 보드' 메뉴에서 스케치를 업로드할 보드로 'Arduino/Genuino Uno'를 선택한다.

③ '툴 → 포트' 메뉴에서 프로그래머가 연결된 포트로 'COM4'를 선택한다.

④ '스케치 → 확인/컴파일' 메뉴 항목, 'Ctrl + R' 단축키 또는 툴바의 '확인' 버튼을 선택하여 스케치에 오류가 없는지 확인한다.

⑤ '스케치 → 프로그래머를 이용해 업로드' 메뉴 항목, 'Ctrl + Shift + U' 단축키 또는 'Shift + 툴바 업로드 버튼'을 선택하여 스케치를 업로드한다.

ISP 방식의 스케치 업로드를 시리얼 방식의 스케치 업로드와 비교해 보자. 시리얼 방식으로 스케치를 업로드하는 순서는 다음과 같다.

■ 시리얼 방식 스케치 업로드

① (업로드에 사용할 USB-UART 변환 장치는 아두이노 보드에 내장되어 있으므로 선택할 필요가 없다.)
② '툴 → 보드' 메뉴에서 스케치를 업로드할 보드로 'Arduino/Genuino Uno'를 선택한다.
③ '툴 → 포트' 메뉴에서 아두이노 우노가 연결된 포트로 'COM3'을 선택한다.
④ '스케치 → 확인/컴파일' 메뉴 항목, 'Ctrl+R' 단축키 또는 툴바의 '확인' 버튼을 선택하여 스케치에 오류가 없는지 확인한다.
⑤ '스케치 → 업로드' 메뉴 항목, 'Ctrl+U' 단축키 또는 툴바 '업로드' 버튼을 선택하여 스케치를 업로드한다.

두 가지 업로드 방식은 서로 다른 전용 장치를 사용하므로 전용 장치를 선택하는 것부터 차이가 있다. 특히 ISP 방식 업로드에서는 여러 가지 종류의 프로그래머 중에서 선택할 수 있지만, 시리얼 방식 업로드에서는 USB-UART 변환 장치만 사용할 수 있으며 이 역시 아두이노 보드에 내장되어 있으므로 선택의 여지는 없다. 스케치를 업로드할 보드를 선택하고, 전용 장치에 할당된 COM 포트를 선택하는 것은 두 방법이 같다. 마지막으로 스케치를 업로드할 때 부트로더의 사용 여부에 따라 해당 명령을 선택하면 된다. 두 가지 업로드 방법이 많이 달라 보일 수 있지만, 전용 장치를 선택한 이후에는 비슷한 순서로 진행되는 것을 알 수 있다.

ISP 방식의 스케치 업로드에서 한 가지 주의할 점은 **ISP 방식으로 스케치를 업로드한 후에는 시리얼 방식으로 프로그램을 업로드할 수 없다**는 점이다. 이는 ISP 방식의 스케치 업로드가 애플리케이션 프로그램 영역의 스케치는 물론 부트로더 영역의 부트로더까지 플래시 메모리의 모든 내용을 지워버리기 때문이다. 따라서 ISP 방식으로 스케치를 업로드한 후 시리얼 방식의 업로드를 다시 사용하기 위해서는 부트로더를 다시 구워야 한다.

아두이노 보드는 판매될 때 부트로더가 구워진 상태로 판매되므로 시리얼 방식 업로드를 사용할 수 있다. 하지만 ATmega328 칩을 사용하여 아두이노 우노 호환 보드를 만들고 시리얼 방식 업로드를 사용하려고 한다면 부트로더를 먼저 구워야 한다. 시리얼 방식 업로드를 사용하기 위해서는 자동 리셋 기능을 구현하는 것이 좋으며, 자동 리셋 기능을 위해서는 USB-UART 변환 장치에서 DTR 신호를 출력하는 기능이 있어야 하고 아두이노 우노 호환 보드에 추가해야 하는 부품이 있다는 점도 기억해야 한다(4장 '아두이노 우노' 참고). 따라서 호환 보드를 만들면서 회로를 최소로 하고 싶다면 ISP 방식 업로드를 사용하는 것을 고려할 수 있다. 표 7.1은 시리얼 방식과 ISP 방식의 스케치 업로드를 비교한 것이다.

표 7.1 시리얼 방식과 ISP 방식

	시리얼 방식	ISP 방식
스케치 업로드	가능	가능
용도	스케치 업로드	• 부트로더 굽기 • 스케치 업로드
부트로더 사용	○	×
부트로더 굽기 가능	×	○
사용 하드웨어	USB-UART 변환 장치	ISP 방식 프로그래머
통신 방식	UART	SPI
기타	• 아두이노에서 기본적으로 사용하는 스케치 업로드 방식 • 컴퓨터와의 시리얼 통신에도 사용 가능	ISP 방식으로 스케치를 업로드하면 부트로더가 지워짐

7.5 맺는말

ATmega328 마이크로컨트롤러에 프로그램을 업로드하기 위해서는 흔히 ISP 방식을 사용하며, 아두이노 우노에도 ISP 방식 업로드를 지원하기 위한 ICSP 핀 헤더가 마련되어 있다. 하지만 아두이노에서는 UART 시리얼 통신을 사용하는 시리얼 방식 업로드를 주로 사용하며, 시리얼 방식 업로드를 지원하기 위한 USB-UART 변환 장치가 아두이노 보드에 포함되어 있어 USB 케이블을 연결하는 것만으로 스케치를 업로드할 수 있다. ISP 방식 프로그래머는 프로그램 업로드 이외에는 사용할 수 없지만, USB-UART 변환 장치는 스케치 업로드에 사용되지 않는 경우 컴퓨터와의 UART 시리얼 통신을 위해 사용될 수 있다는 점도 차이점 중 하나다. 이처럼 USB-UART 변환 장치가 여러 가지 용도로 사용될 수 있다는 것이 아두이노가 시리얼 방식 업로드를 사용하는 이유 중 하나라고 할 수 있다.

시리얼 방식 업로드를 사용하기 위해서는 USB-UART 변환 장치 이외에도 부트로더라는 특별한 프로그램이 필요하다. 부트로더는 마이크로컨트롤러가 시작될 때 가장 먼저 실행되는 프로그램으로 플래시 메모리의 제일 뒤쪽에 설치된다. 부트로더는 ISP 방식으로만 구울 수 있으며, 플래시 메모리에서 차지하는 위치만 제외하면 ISP 방식으로 스케치를 업로드하는 것과 부트로더를 굽는 것은 차이가 거의 없다. 부트로더를 사용하면 USB-UART 변환 장치를 통해 스케치를 업로드할 수 있다는 점은 장점이지만, 마이크로컨트롤러가 시작할 때 새로운 스케치가 있는지 판단하기 위해 약간의 지연이 발생하고 부트로더가 플래시 메모리 일부를 사용한다는 점 등은 단점이 될 수 있다. 스케치를 업로드하는 방법은 아두이노로 동작하는 것과는 무관하므로 시리얼 방식과 ISP 방식의 장단점을 비교해 보고 필요에 따라 선택하여 사용하면 된다.

1) 부트로더는 USB-UART 변환 장치를 사용하여 스케치를 업로드할 수 있게 해준다는 장점이 있지만, 부팅 시 시간 지연과 플래시 메모리 소모 등의 단점도 있다. 이들을 포함하여 부트로더 사용에 따른 장단점을 부트로더를 사용하지 않는 ISP 방식 업로드와 비교해 보자.

2) 부트로더는 마이크로컨트롤러에서도 사용되지만 데스크톱 컴퓨터에서도 사용된다. 데스크톱 컴퓨터에서 가장 먼저 실행되는 프로그램은 BIOS(Basic Input/Output System)이며, BIOS에서 부트로더를 실행하여 운영체제가 부팅되기 위한 준비 작업을 진행한다. 준비 작업이 끝나면 커널을 메모리에 읽어 들이면서 흔히 이야기하는 부팅이 시작된다. 운영체제가 있는 데스크톱 컴퓨터와 운영체제가 없는 마이크로컨트롤러에서 사용하는 부트로더의 공통점과 차이점을 알아보자.

CHAPTER

8

아두이노 기본 클래스

아두이노 스케치 작성을 쉽게 해주는 요소 중 하나인 아두이노 라이브러리는 주변장치에 따른 저수준의 제어 작업, 마이크로컨트롤러의 특정 기능, 또는 흔히 사용되는 데이터 타입의 처리 등을 추상화한 클래스 라이브러리로 만들어져 있다. 특히 컴퓨터는 물론 주변장치와의 UART 시리얼 통신을 담당하는 Serial 클래스와 문자열을 다루기 위한 String 클래스는 대부분의 스케치에서 사용할 정도로 흔히 사용된다. 이 장에서는 헤더 파일을 포함하지 않고 사용할 수 있는 아두이노의 기본 클래스인 Serial 클래스와 String 클래스의 사용 방법을 알아본다.

이 장에서 사용할 부품

아두이노 우노 × 1 ➡ 기본 클래스 테스트

아두이노 스케치는 C/C++ 언어를 사용하여 작성한다. 특히 아두이노의 라이브러리가 C++ 언어의 클래스를 사용하는 이유는 주변장치를 추상화함으로써 저수준의 제어 작업은 숨기고 멤버 함수 호출을 통해 결과를 얻을 수 있도록 하여 스케치를 쉽고 간단하게 작성할 수 있도록 하기 위해서다. 클래스로 만들어진 라이브러리를 사용하기 위해서는 클래스가 정의된 헤더 파일을 포함해야 한다. 하지만 **UART 시리얼 통신을 담당하는 `Serial` 클래스와 문자열을 다루는 `String` 클래스는 헤더 파일을 포함하지 않고도 사용할 수 있다.** 이는 아두이노 프로그램에서 해당 헤더 파일을 자동으로 포함하기 때문으로, 그만큼 두 클래스는 스케치에서 자주 사용되는 클래스라는 의미이기도 하다.

`Serial` 클래스 사용에서 한 가지 주의할 점은 **`Serial` 클래스가 담당하는 UART 통신이 하드웨어에 의해 지원되는 UART 시리얼 통신**이라는 점이다. 아두이노 우노에 사용되는 **ATmega328 마이크로컨트롤러는 하나의 하드웨어 시리얼 포트만을 제공한다.** 즉, UART 시리얼 통신을 담당하는 클래스에서 생성될 수 있는 객체는 오직 하나뿐이므로 클래스와 객체의 구별이 크게 의미가 없다. 실제로 AVR 시리즈 마이크로컨트롤러를 사용하는 아두이노 보드에서 시리얼 통신을 담당하는 클래스 이름은 `HardwareSerial`이며, 아두이노 우노에서는 그 유일한 객체로 `Serial`을 선언하고 있어 `Serial`을 클래스 이름으로 간주하여 설명하는 경우가 대부분이다. 아두이노 메가2560은 아두이노 우노와는 다르다. 아두이노 메가2560에 사용된 ATmega2560 마이크로컨트롤러는 4개의 하드웨어 시리얼 포트를 제공하고 있다. 그중 하나는 아두이노 우노와 같은 `Serial`이고 이 외에 `Serial1`, `Serial2`, `Serial3`라는 3개의 객체가 추가로 선언되어 있다. 하지만 아두이노 메가2560에서도 `HardwareSerial` 클래스의 객체를 임의로 선언하여 사용하는 경우는 없으며, 미리 선언된 객체를 사용하여 시리얼 통신을 수행한다. 시리얼 포트와 달리 문자열을 나타내는 객체는 필요한 만큼 임의로 생성할 수 있으므로 `String` 클래스의 객체는 사용자가 직접 선언하여 사용한다.

8.1 UART 시리얼 통신

`Serial`은 하드웨어 시리얼 포트를 통한 UART Universal Asynchronous Receiver Transmitter **시리얼 통신을 담당하는 클래스다.** UART 시리얼 통신을 위해서는 데이터 송수신을 위한 RXD(receive data 또는 RX)와 TXD(transmit data 또는 TX), 전원을 위한 VCC와 GND 등 최소 4개의 연결선이 필요하다. UART 시리얼 통신을 위해 송신과 수신 핀이 별도로 사용되는 것은 송신과 수신이 동시에 진행될 수 있음을 의미하며, 이를 전이중full duplex 방식이라고 한다.

UART, TTL, RS-232C

UART는 '범용 비동기 송수신기(Universal Asynchronous Receiver Transmitter)'의 약어로 정확하게 이야기하면 데이터를 보내거나 받는 하드웨어를 가리키는 말이지만, 전용 하드웨어를 사용하여 이루어지는 시리얼 통신을 가리키기 위해서도 흔히 사용된다. UART의 중요한 기능 중 하나는 병렬 데이터를 직렬로 변환하여 전송하고, 수신된 직렬 데이터를 병렬 데이터로 변환하는 것이다. 디지털 데이터를 전송할 때 필요한 것 중 하나가 논리 1과 논리 0을 표현하는 전압을 결정하는 것으로, 이를 논리 레벨(logic level)이라고 한다. 마이크로컨트롤러에서는 CPU의 동작 전압인 VCC와 GND를 논리 레벨의 기준으로 사용하는 TTL(Transistor-Transistor Logic) 레벨을 주로 사용하며, UART 역시 마찬가지다. TTL 레벨을 사용할 때의 문제점은 낮은 기준 전압 사용으로 장거리 통신에서 잡음과 간섭 등에 의해 오류가 많이 발생한다는 점으로, 이를 보완한 것이 RS-232C다. RS-232C는 UART와 기본적으로 같은 통신 방법이지만, 논리 레벨에서 차이가 있다. 즉, RS-232C는 UART에 신호 레벨 변환 장치를 추가한 것으로 생각할 수 있다. RS-232C에서 논리 1은 -3~-25V로, 논리 0은 +3~+25V로 나타내는 반전 로직을 사용하며 흔히 ±12V의 레벨이 사용된다.

`Serial` 클래스로 수행하는 통신은 'UART를 이용한 시리얼 통신'이 맞지만 'UART 시리얼 통신' 또는 'UART 통신'이라고 흔히 이야기한다. 또한 **UART 통신은 시리얼 통신 중 한 가지이지만 가장 잘 알려진 방법이므로 '시리얼 통신'이라는 말은 흔히 UART 통신을 나타내기 위해 사용된다.** 아두이노에서 UART 통신을 담당하는 클래스의 이름이 `Serial`인 것도 그 예라 할 수 있다.

그림 8.1은 컴퓨터와 아두이노 보드를 시리얼 통신으로 연결한 예를 나타낸다. 아두이노의 경우 UART 통신을 사용하지만, 컴퓨터에서는 RS-232C 또는 USB 통신을 사용한다. UART, RS-232C, USB 모두 시리얼 통신에 포함되지만 서로 다른 방법이므로 RS-232C와 UART 또는 USB와 UART 사이의 데이터 변환을 위해 전용 변환 장치가 필요하다. 또한 UART로 변환된 이후에는 **송신(RX)과 수신(TX)을 위한 연결선을 서로 교차하여 연결해야 한다**는 점에 주의해야 한다.

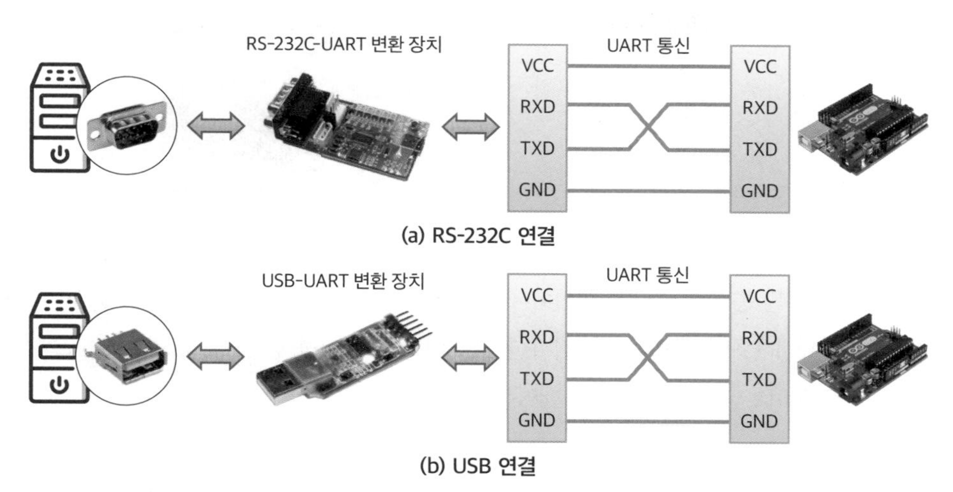

(a) RS-232C 연결

(b) USB 연결

그림 8.1 컴퓨터와 아두이노 보드의 시리얼 연결

Serial 클래스가 지원하는 통신은 하드웨어로 지원되는 UART 시리얼 통신이라는 점을 잊지 말아야 한다*. **아두이노 우노는 하나의 하드웨어 시리얼 포트만을 제공하고 있으며, 0번(RX)과 1번(TX) 핀을 통해 UART 시리얼 통신을 수행한다.** 따라서 시리얼 통신을 사용하는 경우에 0번과 1번 핀은 디지털 입출력 핀으로 사용할 수 없다. 스케치를 컴파일하고 이를 아두이노 보드로 업로드하는 과정 역시 UART 시리얼 통신을 통해, 즉 0번과 1번 핀을 통해 이루어진다. 이처럼 **아두이노 우노의 0번과 1번 핀은 UART 시리얼 통신 및 스케치 업로드를 위해 사용되므로 일반적인 디지털 데이터 입출력을 위해 사용할 수는 있지만 실제 사용하는 경우는 거의 없다.**

만약 별도의 USB-UART 변환 장치가 있다면 변환 장치를 0번과 1번 핀에 연결하여 컴퓨터와 시리얼 통신을 수행할 수 있다. 이 경우 사용된 USB-UART 변환 장치에는 아두이노 우노의 ATmega16u2 마이크로컨트롤러에 할당된 포트 번호와는 다른 포트 번호가 할당되며, 여기서는 COM5로 가정한다. COM5를 통한 시리얼 통신은 시리얼 모니터를 통해서는 확인하기 번거로우므로 별도의 터미널 프로그램을 사용하는 것이 편리하다. COM5를 통해 시리얼 방식의 스케치 업로드 역시 가능하다. 하지만 시리얼 방식의 스케치 업로드를 위해서는 업로드 시작 시점을 알려주는 펄스 형태의 리셋 신호가 필요하므로 스케치가 업로드되기 시작할 때 아두이노 우노 보드의 리셋 버튼을 짧게 눌러주어야 하는 번거로움이 있다.

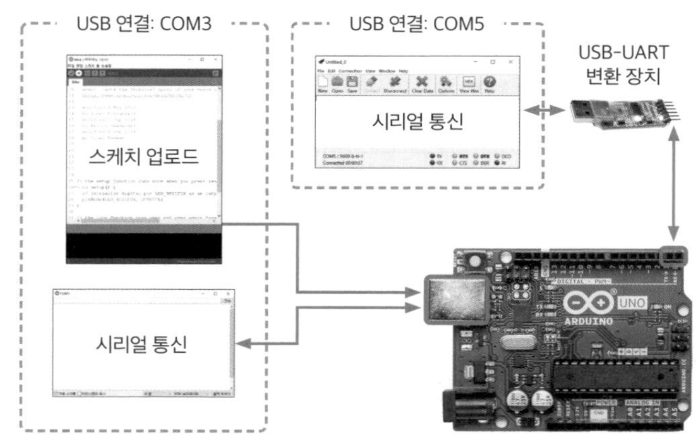

그림 8.2 0번 및 1번 핀의 사용

UART 시리얼 통신을 통해 1초에 한 번 0이나 1의 값을 보낸다고 생각해 보자. '01'의 데이터를 보냈을 때 받는 쪽에서 1초에 한 번 값을 검사한다면 '01'의 데이터를 받을 수 있지만, 0.5초에 한 번 값을 검사한다면 '0011'이라는 전혀 다른 데이터를 받게 된다.

* 이는 AVR 시리즈 마이크로컨트롤러의 경우 Serial이 HardwareSerial 클래스의 객체라는 점에서도 알 수 있다.

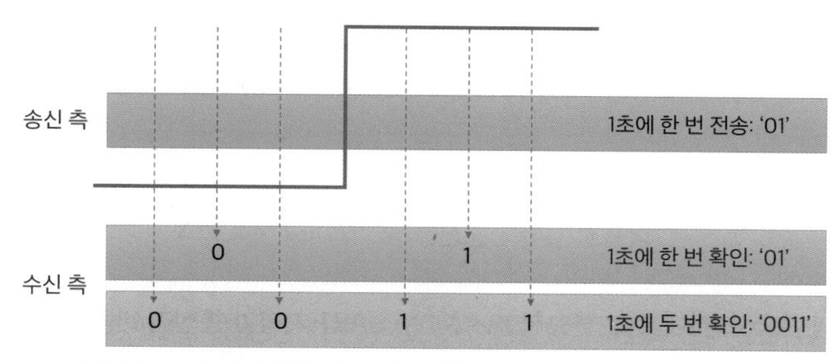

그림 8.3 송신 속도와 수신 속도 차이에 의한 전송 데이터 차이

이처럼 UART 통신에서는 보내는 쪽과 받는 쪽에서 데이터의 송수신 속도를 미리 결정해야 하며 그 속도를 보율baud rate로 나타낸다. 보율은 변조 속도를 나타내는 단위로, 초기 데이터 통신에서 모뎀 등의 데이터 전송 속도를 표시하기 위해 사용되었다. 이 경우 보율은 흔히 사용되는 데이터 전송 속도 단위인 BPSBits Per Second와 같다. 하지만 최근 통신 기술의 발달로 인해 신호가 한 번 변할 때 1비트 이상의 정보를 표현하는 것이 가능해짐에 따라 **BPS는 보율보다 크거나 같은 값을 갖는다.** 그림 8.4는 보율과 BPS를 비교한 그림으로 1초에 신호가 네 번 변하므로 보율은 4이지만, 신호가 한 번 변할 때 2비트의 데이터가 전달되므로 BPS는 8이 된다.

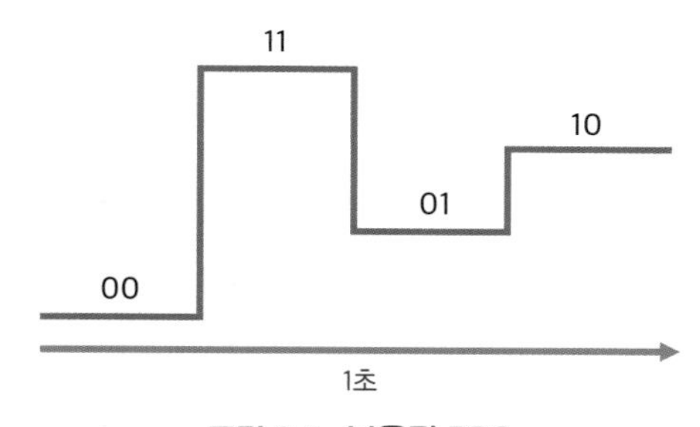

그림 8.4 보율과 BPS

송신 측과 수신 측이 같은 속도로 데이터를 주고받는다고 해서 정확하게 통신이 이루어지는 것은 아니다. 송신 측은 항상 데이터를 보내는 것이 아니며 필요한 경우에만 데이터를 보낸다. 따라서 수신 측은 언제 송신 측이 데이터를 보내는지, 그리고 어디서부터가 송신 측에서 보낸 데이터의 시작인지 알아낼 방법이 필요하다. 이를 위해 UART 통신에서는 '0'의 시작 비트start bit와 '1'의 정지 비트stop bit를 사용한다. **UART 통신은 바이트 단위 통신을 주로 사용하며, 여기에 시작 및 정지 비트가 추가되어 10비트 단위로 데이터가 전송된다.**

데이터를 보내지 않을 때 데이터 핀은 '1'의 상태에 있다. 데이터 전송이 시작되는 시점에서 데이터 핀은 '0'의 상태로 변하게 되고, 이어서 8비트의 실제 데이터가 보내진 후 데이터 전송이 끝났음을 알리는 '1'이 전송된다.

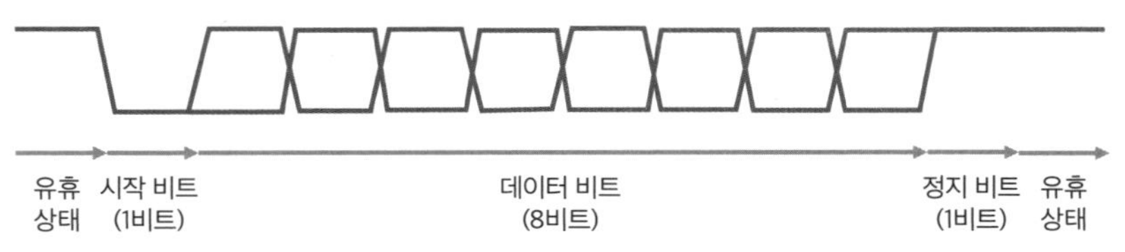

그림 8.5 UART 통신에서의 데이터 전송 형식

이처럼 복잡한 방법으로 데이터를 전송하는 이유는 **UART 시리얼 통신이 비동기식**asynchronous **통신**이기 때문이다. **비동기식이란 전송하는 데이터의 동기화를 위해 별도의 클록을 사용하지 않음을 의미한다.** 데이터 동기화를 위해 별도의 동기화 클록을 사용하고 클록의 상향 에지에서 데이터를 확인한다고 가정하면, 보율의 결정이나 시작 비트와 정지 비트 사용 등은 필요하지 않다. 하지만 동기화 클록을 위해 별도의 연결선이 필요하다는 점은 단점이 될 수 있다.

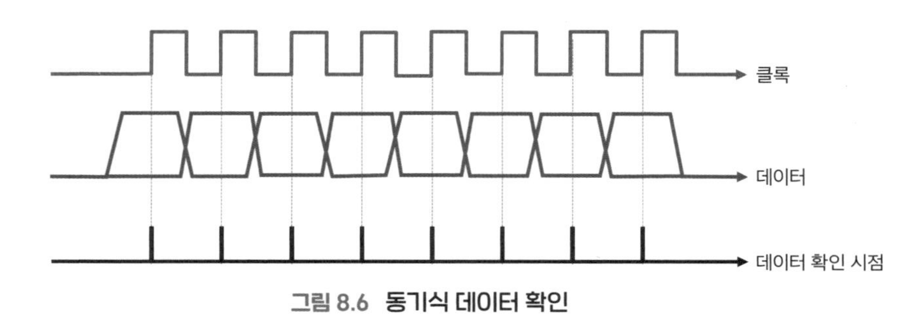

그림 8.6 동기식 데이터 확인

비동기식인 UART Universal Asynchronous Receiver Transmitter**와 대비되는 동기식 USRT**Universal Synchronous Receiver Transmitter **역시 존재하며 이들을 묶어 USART라고 한다.** 하지만 아두이노에서 동기식 통신인 USRT를 사용하는 경우는 흔하지 않으며 이 책에서도 다루지 않는다.

8.2 시리얼 모니터

아두이노 프로그램에는 시리얼 통신을 통해 주고받는 데이터를 확인하기 위한 터미널 프로그램인 '시리얼 모니터'가 포함되어 있다. '파일 → 예제 → 04.Communication → ASCIITable' 메뉴 항목을 선택하여 아스키ASCII 코드값을 다양한 형식으로 시리얼 모니터에 출력하는 예제를 열어보자. 스케치를 업로드한 후 '툴 → 시리얼 모니터' 메뉴 항목, 'Ctrl+Shift+M' 단축키 또는 툴바의 '시리얼 모니터' 버튼을 눌러 시리얼 모니터를 실행하면 아스키 코드표를 확인할 수 있다.

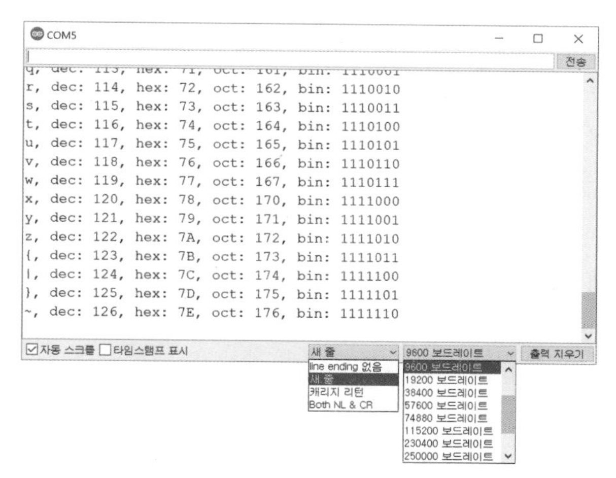

그림 8.7 ASCIITable 스케치 실행 결과

시리얼 모니터는 크게 윗부분의 문자열 입력창과 아랫부분의 문자열 출력창으로 나뉘고, 그 아래 몇 개의 옵션 항목들이 있다. 문자열 입력창에 문자열을 입력하고 엔터 키를 누르거나 '전송' 버튼을 누르면 아두이노 보드로 입력한 문자열이 보내진다. 이때 문자열 끝에 추가할 문자를 첫 번째 콤보박스에서 선택할 수 있다. 추가 문자로 선택할 수 있는 옵션은 다음과 같다.

- **line ending 없음** 문자열 입력창에 입력한 문자열만 전송한다.
- **새 줄** 'New Line' 또는 'Line Feed'라 불리는 아스키 코드값 10의 '\n' 문자를 입력 문자열 끝에 추가하여 전송한다.
- **캐리지 리턴**Carriage Return 아스키 코드값 13의 '\r' 문자를 입력 문자열 끝에 추가하여 전송한다.
- **Both NL & CR** 'New Line'과 'Carriage Return' 문자 모두를 입력 문자열 끝에 추가하여 전송한다.

가변 길이의 문자열을 전송할 때 문자열의 끝을 표시하기 위해 개행문자가 흔히 사용되며, 추가 문자 콤보박스를 통해 문자열의 끝을 표시하는 문자를 선택하여 사용할 수 있다. 두 번째 콤보박스는 데이터 변조 속도를 설정하는 콤보박스다. UART 시리얼 통신의 경우 송신 측과 수신 측이 같은 속도로 설정되어야만 정확한 데이터 전달이 가능하므로 시리얼 모니터에서 선택한 보율과 스케치에서 설정한 보율이 같아야 한다. 기본 예제로 제공되는 ASCIITable 스케치에서 보율은 `Serial.begin(9600)` 문장에서 9600보율로 설정되어 있으며 그림 8.7의 콤보박스에서도 9600보율이 선택되어 있다. '자동스크롤'은 텍스트 출력창의 자동 스크롤을 허용하는 옵션이며, '타임스탬프 표시'는 데이터의 수신 시간을 표시하는 옵션이다.

시리얼 모니터는 텍스트 기반으로 동작한다. 즉, 입력하는 내용과 출력하는 내용 모두 문자열을 기반으로 하고 있다. UART 시리얼 통신을 통해 일반적으로 8비트 단위로 데이터가 전송되며 시리얼 모니터는 이를 아스키 코드값으로 해석하여 아스키 코드값에 해당하는 문자를 출력한다. 이처럼 아스키 코드값을 기준으로, 즉 문자 기반으로 데이터 송수신이 이루어지므로 '65'라는 값을 아두이노로 보내고 싶을 때는 '65'라고 입력하는 것이 아니라 'A'를 입력해야 'A'의 아스키 코드값인 65가 전송된다. 만약 입력창에 '65'라고 입력하면 아두이노로는 문자 '6'과 '5'에 해당하는 아스키 코드값인 54와 53의 2바이트 데이터가 전달된다. 이처럼 문자열 기반으로 데이터를 송수신하는 경우 입력과 출력창에 표시할 수 있는 데이터는 출력 가능한 아스키 문자로 한정된다는 점도 기억해야 한다.

8.3 Serial 클래스

먼저 `Serial` 클래스를 사용하여 컴퓨터로 데이터를 전송하는 방법을 살펴보자. `Serial`은 `HardwareSerial` 클래스의 유일한 객체로 미리 선언되어 있으므로 별도로 객체를 생성할 필요 없이 바로 사용할 수 있다.

■ begin

```
void Serial::begin(unsigned long baud)
void Serial::begin(unsigned long baud, byte config)
  - 매개변수
      baud: 통신 속도, 보율
      config: 데이터 비트 수, 패리티, 정지 비트 설정
  - 반환값: 없음
```

UART 시리얼 통신을 초기화한다. 이때 매개변수인 baud는 통신 속도를 나타내고 config는 추가 옵션 설정을 위해 사용된다. 추가 옵션에서는 데이터 비트 수, 패리티 비트 종류, 정지 비트 수 등을 설정할 수 있다. config에 사용할 수 있는 값의 조합은 상수로 정의되어 있으며 그림 8.8과 같은 형식을 따른다. 디폴트값은 'SERIAL_8N1'로 8비트 데이터 비트, 패리티 비트 없음None, 1비트 정지 비트로 설정되며 일반적으로 사용되는 설정이기도 하다.

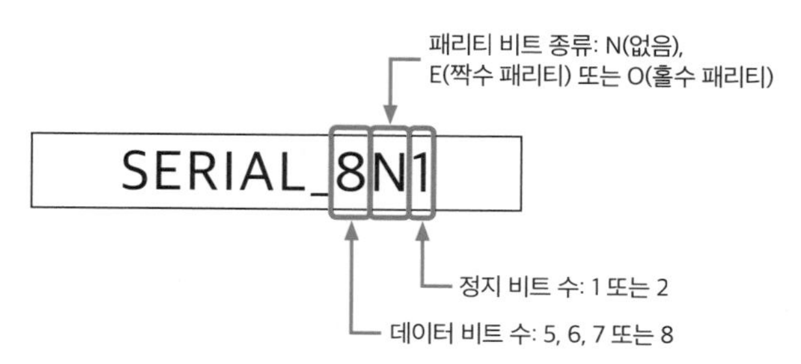

그림 8.8 시리얼 통신 옵션 설정 상수 형식

■ print, write

```
size_t Serial::print(value, format)*
size_t Serial::wirte(uint8_t ch)
  - 매개변수
      value: 출력값(char, char 배열, String, 정수, 실수 등)
      format: 출력 형식
      ch: 출력할 바이트 단위 데이터
  - 반환값: 시리얼 포트로 출력된 바이트 수
```

Serial 객체가 초기화된 후 **데이터 송신을 위해서는 문자열 기반의 print 및 println 함수와 이진 데이터 기반의 write 함수를 사용한다.** println 함수는 전송되는 문자열 끝에 개행문자를 추가한다는 점을 제외하면 print 함수와 같다. 추가되는 개행문자는 '\r\n'의 2바이트다. print 함수는 인자로 주어지는 내용을 문자열로 변환하여 출력하며, 정수와 실수 역시 마찬가지다. 반면, write 함수는 바이트 단위로 출력한다. 정수 65를 print 함수를 사용하여 출력하면 정수 65는 문자열 '65'로 변환되고 변환된 2바이트의 문자열이 전달되므로 시리얼 모니터에는 문자열 '65'가 출력된다. 정수 65를 write 함수로 출력하면 시리얼 모니터에는 65에 해당하는 아스키 문자인 'A'가 출력된다. 시리얼 모니터가 문자 기반으로 동작한다는 점도 이러한 결과에 영향을 미친다.

* print에는 매개변수의 데이터 타입에 따라 10개가 넘는 멤버 함수가 오버로딩(overloading)되어 있으므로 매개변수의 데이터 타입을 표시하지 않았다.

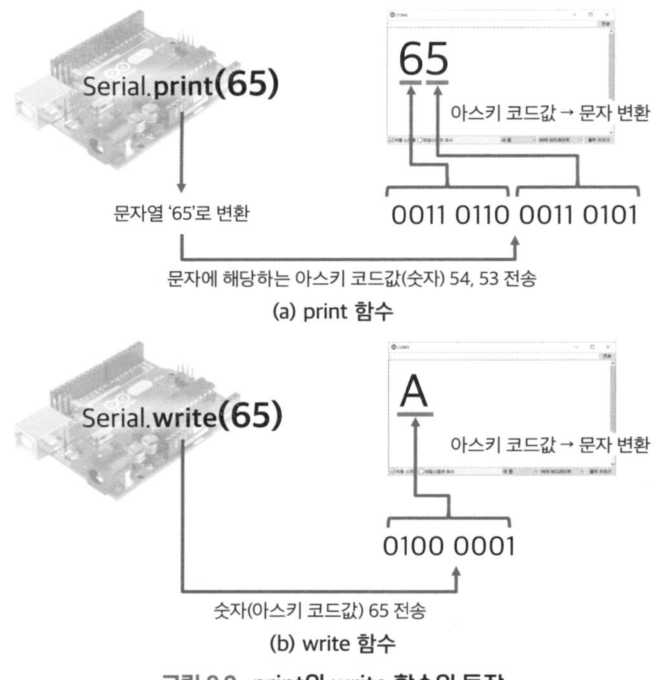

그림 8.9 print와 write 함수의 동작

스케치 8.1은 print 및 write 함수를 사용하여 다양한 종류의 데이터를 시리얼 모니터로 출력하는 예다.

스케치 8.1 print 함수와 write 함수

```
void setup() {
    Serial.begin(9600);                         // 시리얼 포트 초기화

    Serial.print("String  : ");
    Serial.println("Test String");              // 문자열 출력

    Serial.print("Char    : ");
    Serial.println('c');                        // 문자 출력

    Serial.print("Integer : ");
    Serial.println(123);                        // 정수 출력

    Serial.print("Float   : ");
    Serial.println(3.14);                       // 실수 출력

    byte data = 65;
    Serial.println();
    Serial.print("With print : ");
    Serial.println(data);                       // print 함수

    Serial.print("With write : ");
```

```
    Serial.write(data);                              // write 함수
}

void loop() {
}
```

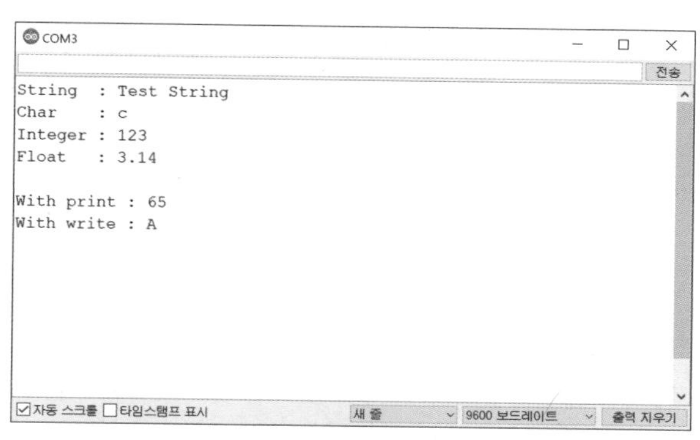

그림 8.10 스케치 8.1 실행 결과

print 함수로 숫자를 출력하는 경우에는 두 번째 매개변수를 사용할 수 있으며 정수를 출력하는 경우에는 진법을, 실수를 출력하는 경우에는 소수점 이하 자릿수를 지정하는 데 사용한다. 정수의 경우 디폴트값은 십진수이며, 실수의 경우 디폴트값은 소수점 이하 두 자리다. 진법 지정을 위해서는 미리 정의된 상수인 BIN_{Binary}, OCT_{Octal}, DEC_{Decimal}, HEX_{Hexadecimal} 중 하나를 사용할 수 있다. 스케치 8.2는 정수를 2진수, 8진수, 10진수, 16진수로 출력하는 방법과 실수의 소수점 이하 자릿수를 지정하는 방법을 보여주는 예다.

스케치 8.2 정수 및 실수의 출력 옵션 설정

```
void setup() {
    Serial.begin(9600);                              // 시리얼 포트 초기화

    int n = 1234;
    float f = 3.14159;

    Serial.println(n, BIN);                          // 2진수
    Serial.println(n, OCT);                          // 8진수
    Serial.println(n, DEC);                          // 10진수. 디폴트값으로 DEC는 생략 가능
    Serial.println(n, HEX);                          // 16진수

    Serial.println();
    for(int i = 1; i < 6; i++) {
        Serial.println(f, i);                        // 소수점 이하 자릿수 지정
    }
}

void loop() {
}
```

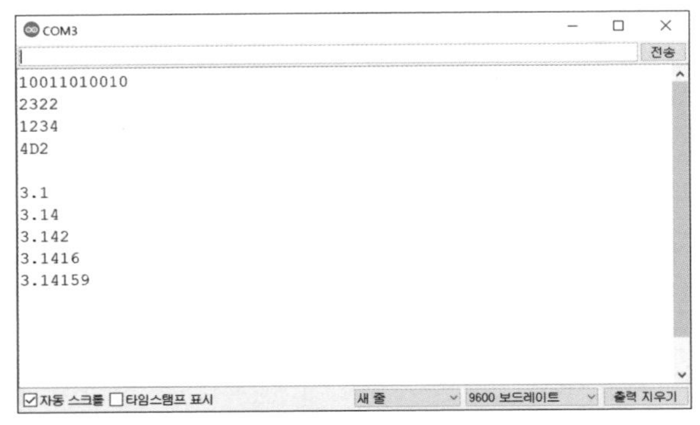

그림 8.11 스케치 8.2 실행 결과

UART 시리얼 통신은 양방향 통신이므로 시리얼 통신으로 연결된 장치로 데이터를 송신하는 함수(print, write)와 더불어 데이터 수신을 위한 함수들도 마련되어 있다.

■ available

```
int Serial::available()
  - 매개변수: 없음
  - 반환값: 시리얼 통신 수신 버퍼에 저장된 데이터의 바이트 수
```

시리얼 통신을 통해 수신하여 수신 버퍼에 저장된 데이터의 바이트 수를 반환한다. **수신 버퍼는 64바이트 크기의 원형 버퍼**circular buffer이므로 수신된 데이터의 유무를 자주 확인하지 않으면 수신된 데이터가 손실될 수 있다.

■ peek

```
int Serial::peek()
  - 매개변수: 없음
  - 반환값: 시리얼 통신 수신 버퍼의 첫 번째 바이트 데이터 또는 -1
```

수신 버퍼에서 1바이트의 데이터를 읽어 반환한다. read 함수와 달리 peek 함수는 수신 버퍼에서 반환한 데이터를 삭제하지 않는다.

■ read

```
int Serial::read()
  - 매개변수: 없음
  - 반환값: 시리얼 통신 수신 버퍼의 첫 번째 바이트 데이터 또는 -1
```

수신 버퍼에서 1바이트의 데이터를 읽어 반환한다. peek 함수와 달리 read 함수는 수신 버퍼에서 반환한 데이터를 삭제한다.

스케치 8.3은 시리얼 모니터에 입력한 문자를 아두이노에서 수신하고 수신된 문자 중 알파벳 대문자는 소문자로, 소문자는 대문자로 바꾸어 컴퓨터로 다시 전송하는 예다. 알파벳 이외의 문자는 그대로 재전송한다. 컴퓨터에서 수신한 문자는 시리얼 모니터에서 확인할 수 있다.

스케치 8.3 시리얼 데이터 송수신

```
void setup() {
    Serial.begin(9600);                             // 시리얼 포트 초기화
}

void loop() {
    if (Serial.available() > 0) {                   // 데이터 수신 여부 확인
        byte readData = Serial.read();              // 바이트 단위로 읽기
        byte writeData;

        if (readData >= 'a' && readData <= 'z') {
            writeData = readData - 'a' + 'A';       // 소문자를 대문자로 변환
        }
        else if (readData >= 'A' && readData <= 'Z') {
            writeData = readData - 'A' + 'a';       // 대문자를 소문자로 변환
        }
        else {
            writeData = readData;                   // 알파벳 문자 이외에는 그대로 둠
        }

        Serial.write(writeData);                    // 변환된 문자를 컴퓨터로 재전송
    }
}
```

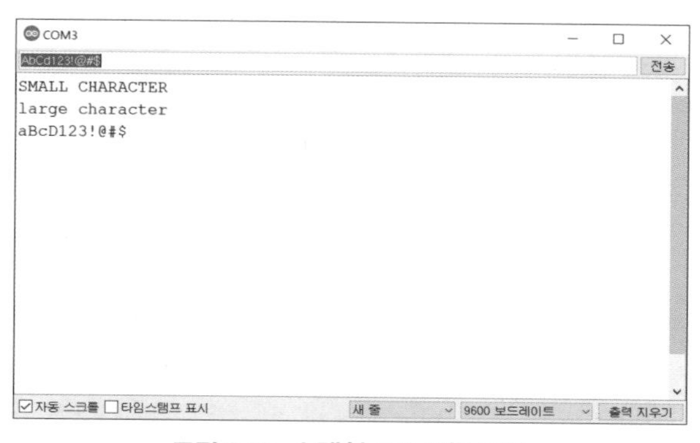

그림 8.12 스케치 8.3 실행 결과

Serial 클래스의 멤버 함수는 아니지만, UART 시리얼 통신과 관련된 함수로 serialEvent 함수가 있다. 아두이노가 설치된 디렉터리 아래 'hardware\arduino\avr\cores\arduino' 디렉터리에 있는 main.cpp를 살펴보면 main 함수의 마지막 부분에 serialEventRun 함수를 호출하는 문장을 확인할 수 있다. serialEventRun 함수는 하드웨어 시리얼 포트가 정의된 경우 자동으로 호출되고, **serialEventRun 함수는 수신 버퍼에 데이터가 존재하고 serialEvent 함수가 정의되어 있으면 serialEvent 함수를 호출한다.**

```
for ( ; ; ) {
    loop();
    if (serialEventRun) serialEventRun();
}
```

스케치 8.4는 스케치 8.3과 같은 동작을 하는 스케치를 serialEvent 함수를 사용하여 구현한 예다. 스케치 8.4의 loop 함수에는 데이터 수신을 확인하거나 처리하는 문장이 없지만, serialEventRun 함수에서 수신된 데이터를 확인하고 serialEvent 함수에서 수신된 데이터를 자동으로 처리한다. 스케치 8.4의 실행 결과는 스케치 8.3의 실행 결과와 같다.

스케치 8.4 serialEvent 함수 사용

```
void setup() {
    Serial.begin(9600);                          // 시리얼 포트 초기화
}

void loop() {
}

// 수신 버퍼에 수신된 데이터가 존재하면 자동으로 호출됨
void serialEvent() {
    byte readData = Serial.read();               // 바이트 단위로 읽기
    byte writeData;

    if (readData >= 'a' && readData <= 'z') {
        writeData = readData - 'a' + 'A';        // 소문자를 대문자로 변환
    }
    else if (readData >= 'A' && readData <= 'Z') {
        writeData = readData - 'A' + 'a';        // 대문자를 소문자로 변환
    }
    else {
        writeData = readData;                    // 알파벳 문자 이외에는 그대로 둠
    }

    Serial.write(writeData);                     // 변환된 문자를 컴퓨터로 재전송
}
```

8.4 String 클래스

String 클래스는 문자열을 다루기 위한 클래스다. C 언어에는 문자열을 다룰 수 있는 데이터 타입이 없으므로 문자 배열을 이용하여 문자열을 다룬다. 문자 배열로 문자열을 다루는 것이 불가능하지는 않지만 번거롭고, 특히 메모리 관리에 주의가 필요하다. C++ 언어에서는 문자열을 다루기 위한 클래스를 제공하고 있으며, 아두이노에서도 문자열을 다루기 위한 String 클래스를 제공하고 있다. String 클래스는 문자열 생성은 물론 생성 후 연결, 비교, 찾기, 바꾸기 등 다양한 작업을 간편하게 처리할 수 있도록 해준다는 장점이 있지만, **문자 배열을 사용할 때보다 많은 메모리가 필요한 것은 단점이다.** 그림 8.13은 같은 크기의 문자열을 문자 배열과 String 클래스를 사용하여 만들었을 때 스케치의 크기를 비교한 것이다. 그림 8.13에서 알 수 있듯이 실행 파일의 크기가 커져 플래시 메모리를 많이 사용하는 것은 물론 문자열을 저장하는 데이터 메모리인 SRAM 역시 많이 사용한다. 하지만 메모리가 문제 되지 않는다면 String 클래스를 사용하는 것이 여러모로 편리하다.

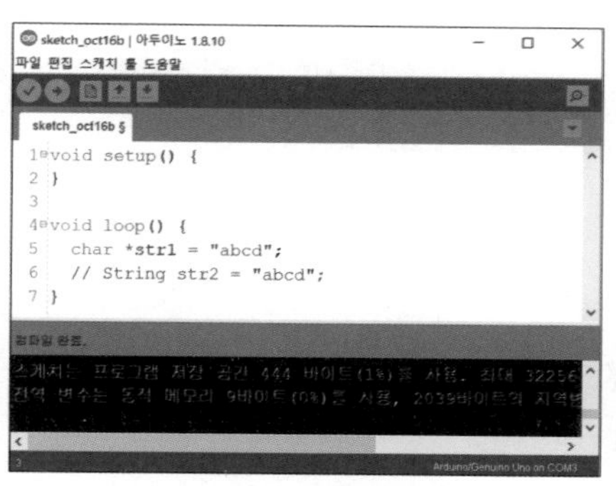

(a) 문자 배열 사용

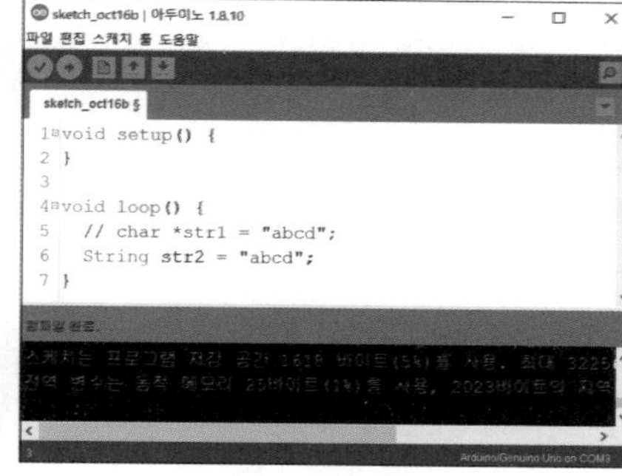

(b) String 클래스 사용

그림 8.13 문자 배열과 String 클래스 사용에 따른 스케치 크기

String 클래스의 장점 중 하나는 **문자 배열을 포함하여 문자, 정수, 실수 등 여러 가지 타입의 데이터를 사용하여 문자열을 생성할 수 있다**는 점으로, 데이터 타입에 따라 10개가 넘는 생성자가 정의되어 있다. 다음은 대표적인 데이터 타입을 사용한 생성자의 예다.

```
String::String(const char *cstr = "");                      // 문자 배열
String::String(const String &str);                          // String 객체
String::String(char c);                                     // 문자
String::String(int, unsigned char base = 10);               // 정수
String::String(float, unsigned char decimalPlaces = 2);     // 실수
```

정수를 사용하여 문자열을 생성할 때 매개변수를 사용하여 진법을 지정할 수 있고, 실수를 사용할 때 소수점 이하 자릿수를 지정할 수 있는 것은 Serial 클래스의 print 함수에서 정수와 실수를 문자열로 변환하여 출력할 때와 같다. 스케치 8.5는 다양한 데이터 타입을 사용하여 String 객체를 생성하는 예를 보여준다.

스케치 8.5 String 객체 생성

```
void setup() {
    Serial.begin(9600);                     // 시리얼 포트 초기화

    String str;                             // String 객체
    char c = 'A';
    int n = 1234;
    float f = 3.1415;

    str = "character array";                // 문자 배열로부터 생성
    Serial.println(str);                    // 문자열 출력

    str = c;                                // 문자로부터 생성
    Serial.println(str);

    // str = n;                             // 10진 문자열만 가능
    str = String(n, BIN);                   // 2진 문자열 생성
    Serial.println(str);

    // str = f;                             // 소수점 이하 2자리만 가능
    str = String(f, 4);                     // 소수점 이하 4자리 실수 문자열 생성
    Serial.println(str);
}

void loop() {
}
```

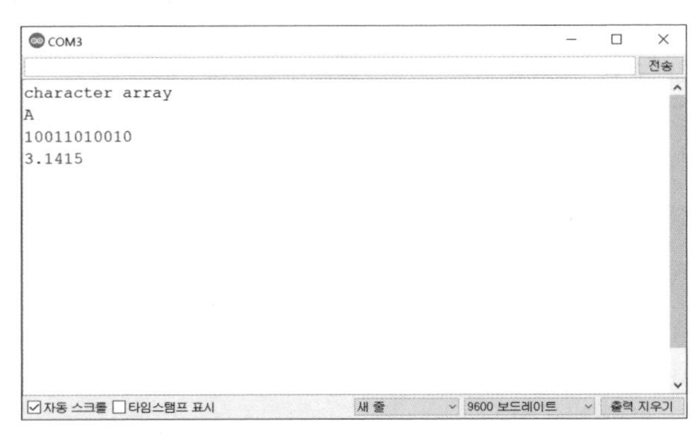

그림 8.14 스케치 8.5 실행 결과

스케치 8.5에서는 문자열을 생성하기 위해 두 가지 방법을 사용했다. 하나는 String 객체에 값을 대입하는 방법으로, 문자 배열이나 문자로 문자열을 만들 때 사용했다. 다른 하나는 생성자를 사용하는 방법으로, 숫자로 문자열을 만들 때 사용했다. 숫자 역시 대입을 통해 문자열 객체를 만드는 것이 가능하다. 하지만 대입을 통해 객체를 생성하면 생성자에서 디폴트값으로 지정된 십진수 또는 소수점 이하 두 자리만 가능하다는 한계가 있다.

문자열이 만들어지면 문자열을 다양한 방식으로 조작할 수 있으며, 가장 많이 사용되는 문자열 조작은 문자열을 이어붙이는 것이다. 2개의 문자 배열을 연결할 때 흔히 발생하는 오류는 연결된 문자열을 저장하기에 배열의 크기가 충분히 크지 않은 경우다. String 클래스 역시 내부에 문자열을 저장하기 위한 문자 배열이 존재한다. 하지만 String 클래스는 문자 배열의 크기가 결과 문자열을 저장할 수 있을 만큼 크다는 것을 보장하며, 문자열을 연결하는 경우도 역시 마찬가지다. 2개의 문자열을 연결하기 위해서는 concat 함수를 사용할 수 있다.

■ **concat**

```
unsigned char String::concat(const String &str)
  - 매개변수
      str: 이어붙일 문자열
  - 반환값: 성공하면 true, 실패하면 false를 반환
```

하지만 멤버 함수보다는 오버로딩된 '+' 연산자를 사용하는 경우가 더 많다.

■ **+=(문자열 연결)**

```
String & String::operator += (const String &rhs)      {
    concat(rhs);
    return (*this);
}
```

문자열을 연결하는 복합 연산자로, concat 함수를 사용하여 정의되어 있으므로 concat 함수와 같은 동작을 한다.

이 외에도 문자열 생성의 경우와 마찬가지로 문자, 정수, 실수 등에 대해서도 concat 멤버 함수와 '+' 연산자가 오버로딩되어 있어 다양한 데이터 타입을 '+' 연산자를 사용하여 연결할 수 있다. 스케치 8.6은 다양한 데이터 타입을 연결하여 문자열을 만드는 예를 보여준다.

스케치 8.6 문자열 연결

```
void setup() {
    Serial.begin(9600);                            // 시리얼 포트 초기화

    String str = "string ";
    char ar[] = "array ";
    int n = 1234;
    float f = 3.1415;

    String newStr;

    newStr = str + ar;                             // String + 문자 배열
    Serial.println(newStr);

    newStr = ar + String(n, BIN);                  // 문자 배열 + 정수
    Serial.println(newStr);

    newStr = String(ar) + f;                       // 문자 배열 + 실수
    Serial.println(newStr);
}

void loop() {
}
```

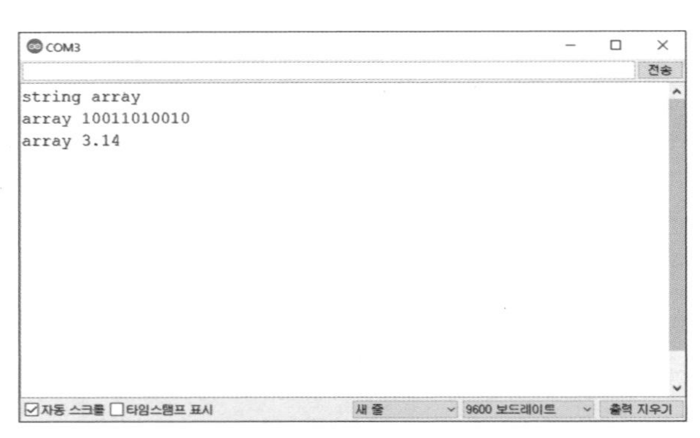

그림 8.15 스케치 8.6 실행 결과

String 클래스를 사용하여 문자열을 연결할 때 두 피연산자 중 하나는 반드시 String 클래스의 객체여야 한다. 따라서 문자열과 정수의 연결인 'str + n'은 가능하지만, 문자 배열과 정수의 연결인 'array + n'은 불가능하다. 오버로딩된 '+' 연산자는 String 객체에 대해 정의된 것이지 문자 배열에 대해 정의된 것이 아님을 기억해야 한다. 여러 문자열을 한 번에 연결할 때는 연산 순서까지 고려해야 한다. 다음 두 문장 중 오류가 없는 것은 어느 것일까?

```
String newStr1 = "One " + "Two " + String("Three ");
String newStr2 = String("One ") + "Two " + "Three ";
```

정답은 두 번째다. 첫 번째 문장에서 2개의 '+' 연산자 중 앞의 연산자가 먼저 계산된다. 즉, "One " + "Two "가 먼저 계산된다. 여기서 또 한 가지 기억해야 할 점은 **큰따옴표 내의 문자열은 String 객체가 아니라 문자 배열로 취급된다**는 점이다. 두 문자 배열을 더하는 것은 C/C++ 언어에 정의되어 있지 않으므로 오류가 발생한다. 반면, 두 번째 문장에서도 오류가 발생할 것처럼 보이지만, String("One ") + "Two "로 "One Two "라는 String 객체가 먼저 만들어지고 여기에 문자 배열 "Three "를 이어붙이므로 문제가 없다.

String 클래스는 문자열의 비교, 검색 등을 위해 다양한 멤버 함수를 제공하고 있다. 흔히 사용되는 멤버 함수 중 하나는 두 문자열의 내용을 사전 순서에 따라 비교하는 compareTo 함수다.

■ compareTo

```
int String::compareTo(const String &string2)
 - 매개변수
     string2: 비교 대상이 되는 문자열
 - 반환값: 사전 순서에서 string2가 먼저 나오면 양의 값, string2와 같으면 0, string2가 뒤에
   나오면 음의 값을 반환
```

두 문자열을 사전 배열 순서에 따라 비교하여 비교한 결과를 반환한다. 문자열 비교는 문자열에서 같은 위치에 있는 문자들을 아스키 코드값을 기준으로 비교한다.

compareTo 함수는 문자열 정렬을 위해 사용할 수 있다. 스케치 8.7은 문자열을 오름차순으로 정렬하는 예다. 아두이노에서 사용할 수 있는 문자열에는 한글도 포함될 수 있지만, 한글은 영어보다 사전 순서에서 뒤에 나온다.

스케치 8.7 문자열 정렬

```
void setup() {
    Serial.begin(9600);                         // 시리얼 포트 초기화

    // 정렬할 문자열 배열
    String str[5] = { "아두이노", "우노", "ATmega328", "시리얼 모니터", "String" };

    for (int i = 0; i < 4; i++) {               // 문자열을 오름차순으로 정렬
        for (int j = i + 1; j < 5; j++) {
            int compare = str[i].compareTo(str[j]);
            if (compare > 0) {
                String temp = str[i];
                str[i] = str[j];
                str[j] = temp;
            }
```

```
        }
    }

    for (int i = 0; i < 5; i++) {                    // 정렬된 문자열 출력
        Serial.println(String(i) + " : " + str[i]);
    }
}

void loop() {
}
```

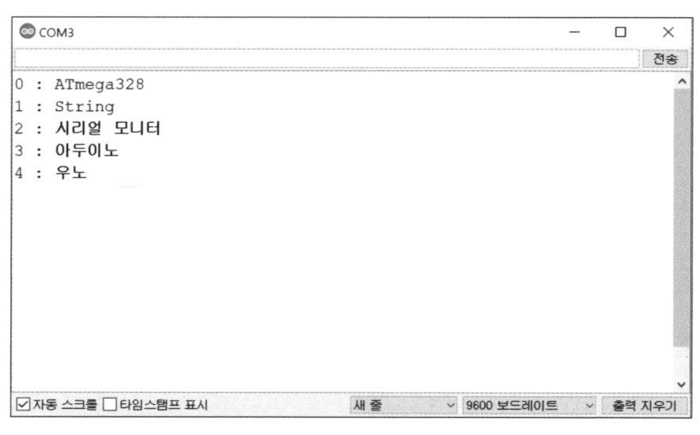

그림 8.16 스케치 8.7 실행 결과

문자열 정렬과 함께 문자열에 대한 조작으로 흔히 사용되는 것은 문자열 내에서 특정 내용을 검색하는 것으로, 이를 위해 사용할 수 있는 멤버 함수로 indexOf가 있다.

■ indexOf

```
int String::indexOf(char ch)
int String::indexOf(char ch, unsigned int fromIndex)
int String::indexOf(const String &str)
int String::indexOf(const String &str, unsigned int fromIndex)
```
- 매개변수
  - ch, str: 탐색할 문자 또는 문자열
  - fromIndex: 탐색을 시작할 위치
- 반환값: 검색 문자 또는 문자열이 처음 발견된 위치를 반환하며, 발견되지 않으면 −1을 반환

문자열 내에서 주어진 문자나 문자열을 검사하여 첫 번째 발견된 위치를 반환한다. 주어진 문자나 문자열이 발견되지 않으면 −1을 반환한다. fromIndex 값으로 시작 위치를 지정할 수 있으며, 지정하지 않으면 문자열의 시작부터 검색한다.

스케치 8.8은 문자열에서 특정 문자열이 발견되는 횟수와 위치를 출력하는 예다. indexOf 함수는 발견된 첫 번째 위치를 반환하고 종료하므로 이후 같은 문자열이 더 존재하는지 검색하기 위해서는 검색 시작 위치를 조정하여 indexOf 함수를 다시 호출하면 된다.

</> 스케치 8.8 문자열 내용 검색

```
void setup() {
    Serial.begin(9600);                         // 시리얼 포트 초기화

    String str = "ABCDEFACABabAB";              // 원본 문자열
    String searchStr = "AB";                    // 탐색 문자열
    int index = -1;                             // 탐색 시작 위치
    int findCount = 0;                          // 탐색 문자열 발견 횟수

    while (true) {
        // 검색 시작 위치를 바꾸면서 문자열 끝에 도달할 때까지 검색
        index = str.indexOf(searchStr, index + 1);
        if (index != -1) {                      // 탐색 문자열 발견
            findCount++;                        // 발견 횟수 증가
            Serial.println(String(findCount) + "번째 탐색 문자열 발견 위치 : " + index);
        }
        else {                                  // 탐색 문자열 발견되지 않음
            Serial.println("* 더이상 탐색 문자열이 존재하지 않습니다.");
            break;
        }
    }
}

void loop() {
}
```

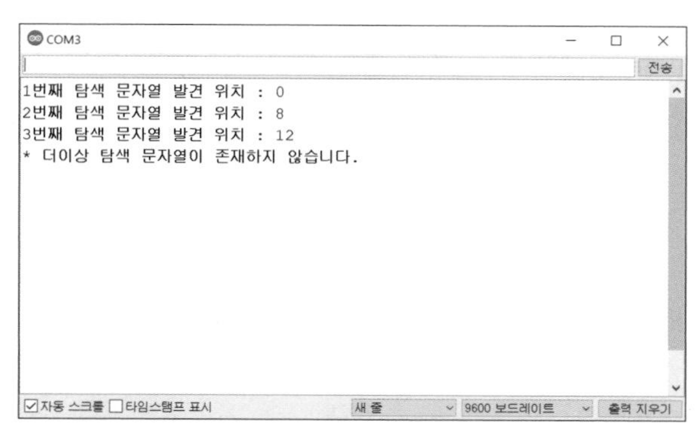

그림 8.17 스케치 8.8 실행 결과

마지막으로, 시리얼 모니터를 통해 문자열 단위의 입력을 받아 처리하는 방법을 알아보자. 문자열 단위의 데이터를 받아들일 때 주의할 점은 입력받는 문자열의 길이가 일정하지 않을 수 있다는

점이다. 이처럼 **가변 길이의 문자열을 처리하는 경우에는 문자열의 끝을 표시하기 위해 특별한 기호를 사용하는 경우가 많으며 개행문자가 흔히 사용된다.** 시리얼 모니터에서는 개행문자 추가 콤보박스를 통해 문자열 끝에 자동으로 개행문자를 추가하여 아두이노 보드로 전송할 수 있다. 문자열을 수신하는 쪽에서는 문자가 수신될 때마다 종료 문자와 비교하여 종료 문자가 아니면 수신된 문자를 버퍼에 저장하고, 종료 문자이면 지금까지 수신된 버퍼 내 문자열을 처리하면 된다.

스케치 8.9는 시리얼 모니터에서 문자열을 입력받아 이를 다시 역순으로 시리얼 모니터에 출력하는 예다. 문자열의 끝을 나타내는 개행문자를 전송하기 위해 시리얼 모니터에서는 '새 줄' 옵션이 선택되어야 한다. 문자열을 역순으로 출력하기 위해 문자열의 길이를 알아내는 `length` 멤버 함수가 사용되었으며, `String` 객체에서 특정 위치의 문자를 알아내기 위해 배열 연산자(`[]`)를 사용할 수 있다는 점도 기억하자.

스케치 8.9 문자열 단위의 입력 처리

```
char TERMINATOR = '\n';                          // 종료 문자
String buffer = "";                              // 문자열 수신 버퍼
boolean process = false;                         // 문자열 처리 시점 알림

void setup() {
    Serial.begin(9600);                          // 시리얼 포트 초기화
}

void loop() {
    if (process) {                               // 문자열 수신이 종료됨
        process = false;
        Serial.print(buffer + " => ");           // 원본 문자열 출력

        int n = buffer.length();                 // 문자열의 길이
        for (int i = n - 1; i >= 0; i--) {       // 원본 문자열을 역순으로 출력
            Serial.print(buffer[i]);
        }
        Serial.println();                        // 줄바꿈
        buffer = "";                             // 문자열 수신 버퍼 비움
    }
}

// 수신 버퍼에 수신된 데이터가 존재하면 자동으로 호출됨
void serialEvent() {
    char ch = Serial.read();                     // 바이트 단위로 읽기

    if (ch == TERMINATOR) {                      // 문자열 종료 문자인 경우
        process = true;                          // 문자열 수신 종료 표시
    }
    else {                                       // 문자열 종료 문자가 아닌 경우
        buffer += ch;                            // 버퍼에 저장
    }
}
```

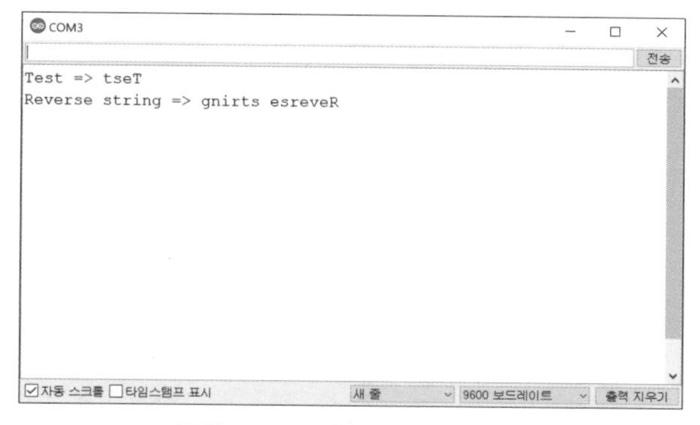

그림 8.18 스케치 8.9 실행 결과

8.5 맺는말

아두이노 보드를 위한 프로그램을 스케치라고 부르는 이유는 그림을 그리듯 쉽게 코드를 작성할 수 있기 때문이며, 스케치하듯 코드를 작성할 수 있는 것은 마이크로컨트롤러를 제어하기 위한 저수준의 함수를 추상화한 아두이노 함수와 주변장치를 제어하기 위한 저수준의 함수를 추상화한 아두이노 라이브러리가 있어 가능하다. 특히 아두이노에서 헤더 파일을 포함하지 않고도 사용할 수 있는 Serial과 String 클래스는 UART 시리얼 통신과 문자열 조작을 쉽게 할 수 있도록 해주는 기본 클래스로, 대부분의 스케치에서 사용할 만큼 흔히 사용되는 클래스다.

UART 시리얼 통신은 시리얼 통신의 한 종류이지만 시리얼 통신 중 역사가 가장 긴 통신으로, 시리얼 통신은 흔히 UART 시리얼 통신을 가리키기 위해 사용된다. Serial 클래스는 아두이노 우노의 0번과 1번 핀으로 이루어지는 UART 시리얼 통신을 담당하며 이 포트를 통해 스케치 업로드도 이루어진다는 점도 기억해야 한다.

String 클래스는 문자열을 다루기 위한 클래스로 다양한 문자열 조작 함수를 통해 손쉽게 문자열을 사용할 수 있도록 해준다. 다만 String 클래스로 문자열을 다루는 것은 문자 배열로 문자열을 다루는 것과 비교했을 때 더 많은 메모리를 사용하므로 메모리가 충분하지 않을 때는 사용에 주의가 필요하다.

이 장에서는 Serial과 String 클래스의 기본적인 사용 방법들을 알아봤다. 이 외에도 Serial 클래스와 String 클래스에는 유용한 멤버 함수들이 다수 정의되어 있으므로, 자세한 내용은 4권의 부록 B '아두이노 기본 클래스'나 아두이노의 클래스 설명 페이지*를 참고하기 바란다.

* https://www.arduino.cc/reference/en/language/functions/communication/serial
https://www.arduino.cc/reference/en/language/variables/data-types/stringobject

1) 시리얼 모니터로 십진수를 입력받아 이를 이진수로 변환하여 출력하는 스케치를 작성해 보자. 십진수 입력의 끝은 '\n'으로 표시되는 것으로 가정하며, 10진 문자열을 십진수로 변환하기 위해서는 String 클래스의 toInt 멤버 함수를 사용하면 된다.

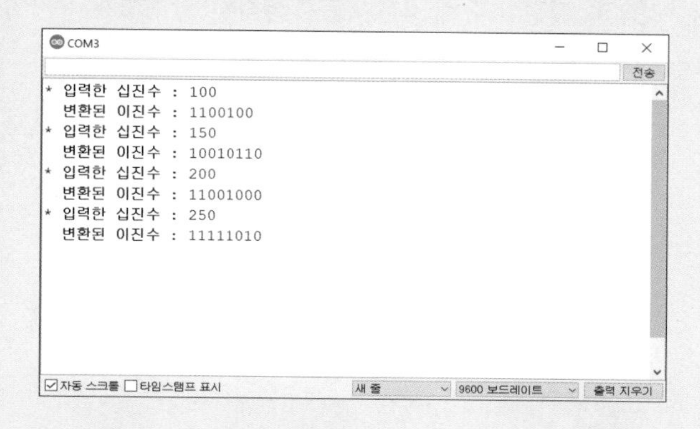

2) 시리얼 모니터로 콤마로 분리되는 여러 개의 정수를 한 줄로 입력받고 이를 각각의 정수로 분리하여 출력하는 스케치를 작성해 보자. 예를 들어 문자열이 '123,45,67'로 주어졌다면 '123', '45', '67'을 각각 출력하면 된다. 콤마 문자의 위치를 찾기 위해서는 indexOf 함수를, 문자열 중 일부를 가져오기 위해서는 substring 함수를, 문자열 앞뒤의 공백문자 제거를 위해서는 trim 함수를 사용하면 된다. 문자열의 끝은 '\n'으로 표시되는 것으로 가정한다.

```
* 입력한 숫자열 : 123,45,67
  : 123
  : 45
  : 67
* 입력한 숫자열 :   123  , 45 , 67
  : 123
  : 45
  : 67
```

3 아두이노 우노의 13번 핀에는 내장 LED가 연결되어 있다. 시리얼 모니터로 문자열을 입력받아 LED의 상태를 제어하는 스케치를 작성해 보자. LED를 켜기 위해서는 'on'을, LED를 끄기 위해서는 'off' 문자열을 입력하면 되고 대소문자는 구별하지 않는다. 문자열은 '\n'으로 끝나는 것으로 가정한다. 대소문자를 구별하지 않고 2개 문자열을 비교하기 위해서는 equalsIgnoreCase 함수를 사용하면 된다.

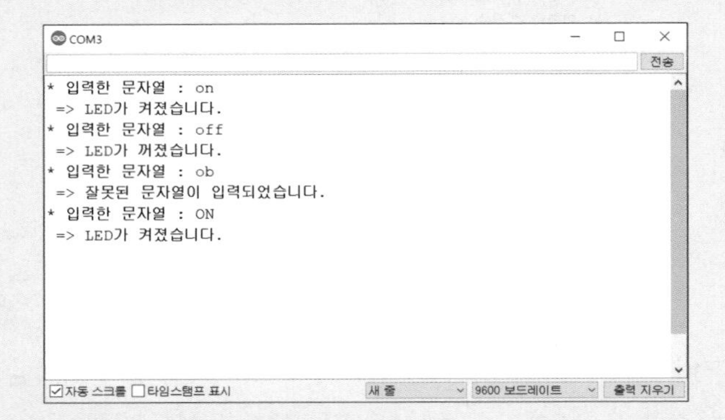

CHAPTER

9

아두이노를 위한 C/C++ 언어

아두이노의 스케치를 작성하기가 쉽다고 생각하게 된 데에는 마이크로컨트롤러의 기본 기능을 추상화한 아두이노 함수와 주변장치 제어 기능을 추상화한 아두이노 라이브러리가 큰 역할을 했다. 이때 아두이노 함수가 C 언어의 함수로 만들어진다면 아두이노 라이브러리는 C++ 언어의 클래스로 만들어진다. 따라서 스케치를 작성하려면 C 언어에 대한 이해는 물론 C++ 언어의 클래스를 사용하는 방법을 알고 있어야 한다. 이 장에서는 스케치를 작성하는 데 필요한 C 언어의 기본 문법과 C++ 언어의 클래스에 대해 알아본다.

아두이노 우노 × 1 ➡ C/C++ 언어 테스트

이 장에서 사용할 부품

아두이노의 스케치는 C/C++ 언어로 작성하는데, **C/C++는 자바와 함께 가장 많이 사용되는 프로그래밍 언어 중 하나다.** 자바가 인터넷의 보급에 따라 다양한 운영체제에서 동작할 수 있는 호환성을 중시한 언어라면, C/C++는 자바의 모태가 된 언어로 이전보다 사용 빈도가 줄기는 했지만 여전히 다양한 분야에서 사용되고 있다. 특히 C/C++ 언어는 저수준의 하드웨어 제어에 적합하므로 윈도우, 리눅스 등의 운영체제 작성에도 사용되었으며 **마이크로컨트롤러를 위한 프로그래밍 언어로는 대부분 C/C++가 사용**되고 있다. 자바와 C/C++ 중 어떤 언어가 더 낫다고 말하기는 어려우며 사용 분야에 따라 선택해서 사용해야 한다. TIOBE*에서는 매월 프로그래밍 언어의 사용 빈도를 TIOBE Index라는 이름으로 발표하고 있으며 프로그래밍 언어의 동향에 관한 다양한 정보를 제공하고 있으므로 관심 있는 독자들은 방문해 보기를 추천한다.

스케치를 작성하기 위해서는 C/C++ 언어를 사용할 수 있어야 하는 것은 당연하다. 스케치는 C 언어 스타일로 작성하는 경우가 많지만 아두이노의 라이브러리는 C++ 스타일의 클래스를 사용하는 경우가 대부분이므로, 클래스의 개념과 사용법 역시 이해하고 있어야 한다. 이 장에서는 스케치를 작성하는 데 필요한 C/C++ 언어의 기본적인 내용을 중심으로 살펴볼 것이므로 자세한 내용은 C/C++ 언어 책을 참고하자.

9.1 C/C++ 언어 테스트 환경

아두이노 프로그램에는 컴퓨터와 시리얼 통신을 통해 데이터를 주고받을 수 있게 해주는 시리얼 모니터가 포함되어 있다. 시리얼 모니터는 컴퓨터의 입력을 아두이노로 전달하고 아두이노의 출력을 컴퓨터에서 확인할 수 있게 해주므로, C/C++ 언어를 학습하는 과정에서 사용하는 콘솔console과 비슷한 용도로 사용할 수 있다. 이 장에서도 C/C++ 언어 설명을 위한 모든 출력을 시리얼 모니터로 출력하여 확인하게 할 것이다. 시리얼 모니터를 통해 아두이노와 컴퓨터가 데이터를 주고받기 위해서는 `Serial` 클래스를 사용하면 된다. `Serial` 클래스는 UART 시리얼 통신을 위한 다양한 멤버 함수를 지원하고 있지만, 이 장에서는 시리얼 통신을 초기화하는 `begin`, 출력 함수인 `print`/`println` 함수만으로 충분하다. `Serial` 클래스에 대한 자세한 내용은 8장 '아두이노 기본 클래스'를 참고하면 된다.

* https://www.tiobe.com/tiobe-index/

스케치 9.1은 시리얼 모니터에 'Hello World'를 출력하는 스케치로, C/C++ 언어 관련 내용을 테스트하기 위한 기본 골격에 해당한다. 마이크로컨트롤러를 위한 프로그램은 loop 함수를 통해 무한히 반복되는 것이 일반적이지만, 이 장에서는 C/C++ 언어 관련 테스트 결과를 한 번만 시리얼 모니터로 출력하면 되므로 setup 함수에 내용을 작성하고 loop 함수는 대부분 비어 있다. setup과 loop 함수는 내용이 없는 경우라도 반드시 정의해야 하는 함수라는 점도 기억해 두자.

스케치 9.1 Hello World

```
void setup() {
    Serial.begin(9600);         // 시리얼 포트 초기화

    // C/C++ 언어 테스트 코드는 setup 함수 내에 작성한다.
    Serial.println("Hello World");
}

void loop() {
    // 반복 실행되는 내용이 없으므로 loop 함수는 비어 있다.
}
```

스케치 9.1을 업로드하고 시리얼 모니터로 출력되는 내용을 확인해 보자.

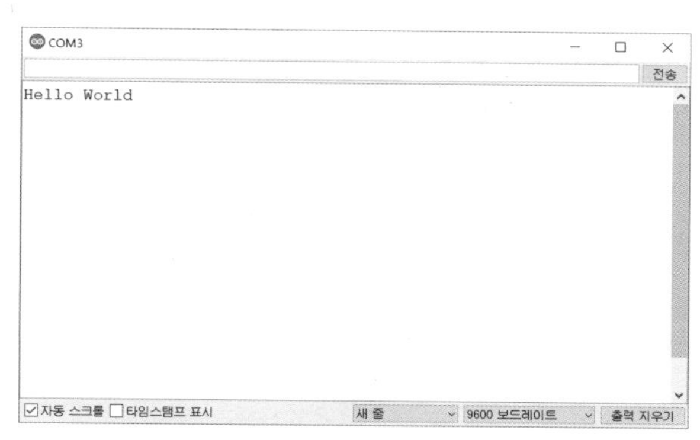

그림 9.1 스케치 9.1 실행 결과

9.2 데이터 타입

마이크로컨트롤러를 포함하여 컴퓨터에서 다룰 수 있는 데이터는 0과 1로 이루어진 이진수뿐이다. 이진수로 표현되는 숫자를 사용하여 다양한 종류의 데이터를 다루는 데 필요한 것이 데이터 타입으로, **데이터 타입은 메모리에 저장된 이진값을 해석하는 기준을 제시한다.** $0100\ 0001_2$(십진수 65)라는 1바이트 데이터가 메모리에 저장되어 있을 때 이 값은 어떤 의미를 갖는 데이터일까? 십진수 '65'일 수도 있지만, 알파벳 대문자 'A'를 나타낼 수도 있다. 십진수 65와 알파벳 대문자 A를 구별하는 방법이 바로 데이터 타입이다. 즉, $0100\ 0001_2$를 저장하고 있는 메모리를 가리키는 변수가 `int`로 선언되었다면 정수 '65'로 해석될 것이고, `char`로 선언되었다면 문자 'A'로 해석될 것이다.

아두이노는 C/C++ 언어를 기반으로 하므로 C/C++ 언어에서 사용하는 데이터 타입을 모두 사용할 수 있다. 하지만 아두이노 우노를 포함하여 AVR 시리즈 마이크로컨트롤러를 사용하는 아두이노 보드에는 8비트 CPU가 포함되어 있고, 아두이노 MKR 제로를 포함하여 Cortex-M 시리즈 마이크로컨트롤러를 사용하는 아두이노 보드에는 32비트의 CPU가 포함되어 있는 등 아두이노 보드에 따라 포함된 CPU의 비트 수에 차이가 있다. 따라서 아두이노 보드에 따라 같은 타입의 데이터를 저장하기 위해 다른 크기의 메모리를 사용할 수 있다. 스케치 9.2는 아두이노 보드에서 데이터 타입의 크기를 확인하는 예이고, 표 9.1은 아두이노에서 사용되는 데이터 타입과 이를 표현하기 위해 사용되는 메모리의 크기를 요약한 것이다.

스케치 9.2 데이터 타입을 위한 메모리 크기

```
void setup() {
  Serial.begin(9600);

  Serial.println("bool      : " + String(sizeof(bool)));
  Serial.println("char      : " + String(sizeof(char)));
  Serial.println("byte      : " + String(sizeof(byte)));
  Serial.println("int       : " + String(sizeof(int)));
  Serial.println("word      : " + String(sizeof(word)));
  Serial.println("short     : " + String(sizeof(short)));
  Serial.println("long      : " + String(sizeof(long)));
  Serial.println("size_t    : " + String(sizeof(size_t)));
  Serial.println("uint8_t   : " + String(sizeof(uint8_t)));
  Serial.println("uint16_t  : " + String(sizeof(uint16_t)));
  Serial.println("uint32_t  : " + String(sizeof(uint32_t)));
  Serial.println("float     : " + String(sizeof(float)));
  Serial.println("double    : " + String(sizeof(double)));
}

void loop() { }
```

표 9.1 데이터 타입에 따라 필요한 메모리 크기

데이터 타입		메모리 크기(바이트)		비고
		8비트 AVR	32비트 Cortex-M	
논리형	bool	1	1	
	boolean	1	1	
문자형	char	1	1	
정수형	byte	1	1	부호 없는 정수
	int	2	4	
	word	2	2	부호 없는 정수
	short	2	2	
	long	4	4	
	size_t	2	4	부호 없는 int
	uint8_t	1	1	
	int8_t	1	1	
	uint16_t	2	2	
	int16_t	2	2	
	uint32_t	4	4	
	int32_t	4	4	
실수형	float	4	4	단정도 실수
	double	4	8	배정도 실수

■ 논리형: bool, boolean

true 또는 false의 논릿값을 저장하기 위해 사용한다. 논릿값을 저장하는 데는 1비트 메모리면 충분하지만, CPU에서 처리할 수 있는 최소 단위는 바이트이므로 실제로는 **1바이트 메모리가 논릿값 저장을 위해 사용된다.** true는 1, false는 0으로 정의되지만, 0 이외의 모든 값은 논리 참$_{\text{true}}$으로 처리된다.

■ 문자형: char

하나의 문자를 저장하기 위해 사용한다. 내부적으로는 문자에 해당하는 아스키 코드값이 저장되므로 **내부적으로 char 타입 변수는 1바이트 크기의 정수와 같다.**

```
char ch1 = 'A';
char ch2 = 65;                          // 'A'
char ch3 = ch1 + 1;                     // 'B'
```

char 타입은 부호가 있는 타입으로 숫자 −128~127의 값을 저장할 수 있다. 따라서 char 타입으로는 표준 아스키 문자들만 사용하는 것이 안전하다. 확장 아스키 문자나 한글 역시 시리얼 모니터로 출력할 수 있지만, 문자가 아닌 문자 배열을 사용해야 정상적인 결과를 얻을 수 있다. 스케치 9.3은 알파벳 문자 배열과 한글 문자를 비교한 것이다.

스케치 9.3 한글 처리 및 출력

```
void setup() {
    Serial.begin(9600);

    char str1[] = "ABC";                    // 아스키 문자 배열
    char str2[] = "한";                     // 유니코드로 표시되는 문자

    int size = sizeof(str1);
    Serial.println(String(str1) + "\t : " + size + " bytes.");
    Serial.print("\t ");
    for (int i = 0; i < size; i++) {
        // 127보다 큰 값은 아니지만, 숫자로 출력하기 위해 바이트로 변환하여 출력
        Serial.print((byte)str1[i] + String(" "));
    }
    Serial.println();

    size = sizeof(str2);
    Serial.println(String(str2) + "\t : " + size + " bytes.");
    Serial.print("\t ");
    for (int i = 0; i < size; i++) {
        // 127보다 큰 1바이트 정숫값이므로 바이트로 변환하여 출력
        Serial.print((byte)str2[i] + String(" "));
    }
}

void loop() { }
```

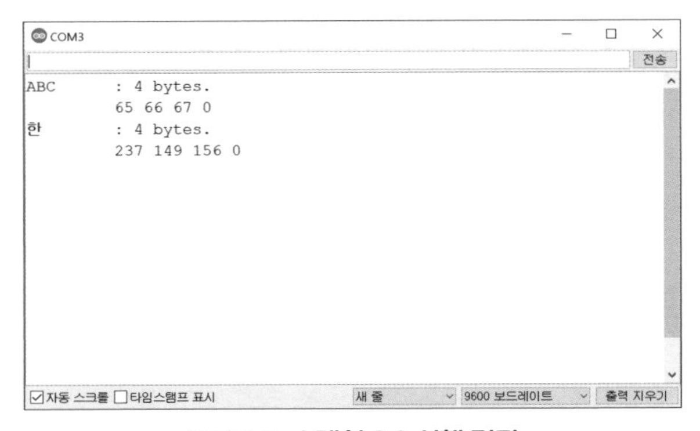

그림 9.2 스케치 9.3 실행 결과

스케치 9.3의 실행 결과에서 볼 수 있듯이 3개의 알파벳으로 이루어지는 아스키 문자 배열과 1개의 한글 문자는 같은 크기의 메모리를 사용한다. 아스키 문자 배열의 경우 각 문자에 해당하는 1바이트 크기의 아스키 코드값이 저장되지만, **한글 한 글자를 나타내기 위해서는 UTF-8로 인코딩된 유니코드가 사용된다.** 배열의 네 번째 값은 문자열의 끝을 나타내는 종료 문자(NULL 문자)에 해당한다.

유니코드와 UTF-8 인코딩

유니코드는 전 세계의 다양한 문자를 표현할 수 있도록 만들어진 2바이트 체계의 코드다. 아스키 코드가 1바이트 체계로 최대 256개의 문자만을 표현할 수 있다면, 유니코드는 최대 65,536(2^{16})개의 문자를 표현할 수 있다. 유니코드는 'U+'를 붙여 나타내며, 한글의 첫 번째 문자인 '가'는 'U+AC00'으로 정의되어 있다.

유니코드로 문자가 정의되었다면 이를 컴퓨터에서 그대로 사용하면 될 것처럼 보이지만 많은 컴퓨터가 아스키 코드를 기본으로 사용하고 있으므로 아스키 코드와 호환되면서도 다양한 문자를 사용할 수 있도록 유니코드를 컴퓨터에서 표현하는 방법, 즉 인코딩 방법이 필요하다. UTF-8은 유니코드를 나타내기 위한 대표적인 인코딩 방법 중 하나다.

UTF-8은 가변 인코딩 방식을 사용한다. 즉, 한 글자를 표시하기 위해 사용하는 메모리 크기가 글자의 종류에 따라 다르다. 예를 들어 알파벳 'a'는 1바이트의 아스키 코드값으로 표현되고, 한글 '한'은 3바이트로 표현된다. 이처럼 서로 다른 길이로 표현되는 문자를 구별하기 위해 첫 바이트에 표식을 넣는데, 한글과 같이 3바이트로 표시되는 경우 첫 번째 바이트는 '1110'으로 시작하고 나머지 두 바이트는 '10'으로 시작한다.

'한'의 유니코드값은 'U+D55C'로 정의되어 있으며, 이를 이진수로 표현하면 $1101\ 0101\ 0101\ 1100_2$이 된다. 이를 3바이트로 인코딩하기 위해서는 각 바이트의 시작 부분을 제외한 나머지 부분에 유니코드값을 넣어주면 된다.

표 9.2 '한'의 UTF-8 표현 방법

바이트	바이트값		
	이진값		십진값
1	1110	1101	237
2	1001	0101	149
3	1001	1100	156

즉, '한'의 유니코드값 'U+D55C'를 UTF-8 인코딩 방식으로 나타내면 'ED 95 9C'의 3바이트로 표현되며, 이를 십진수로 출력한 것이 그림 9.2다.

■ 정수형: byte, short, int, long

정수형 데이터를 저장하는 데 사용되는 데이터 타입은 사용하는 메모리 크기에 따라 여러 가지가 있으며 `int` 타입이 가장 많이 사용된다. **AVR 기반 아두이노 보드에서 `int` 타입은 2바이트,**

Cortex-M 기반 아두이노 보드에서 int 타입은 4바이트 메모리를 사용한다. int 타입을 2바이트로 나타내는 경우 $-32,768(-2^{15})$에서 $32,767(2^{15}-1)$ 사이의 값만 나타낼 수 있어 오버플로overflow나 언더플로underflow에 의해 예상치 못한 결과가 나올 수 있으므로 주의해야 한다.

</> 스케치 9.4 오버플로와 언더플로

```
void setup() {
    Serial.begin(9600);

    int x;
    x = -32768;
    x = x - 1;                                    // 언더플로(아두이노 우노의 경우)
    Serial.println(String("-32768 - 1 = ") + x);

    x = 32767;
    x = x + 1;                                    // 오버플로(아두이노 우노의 경우)
    Serial.println(String("+32767 + 1 = ") + x);
}

void loop() { }
```

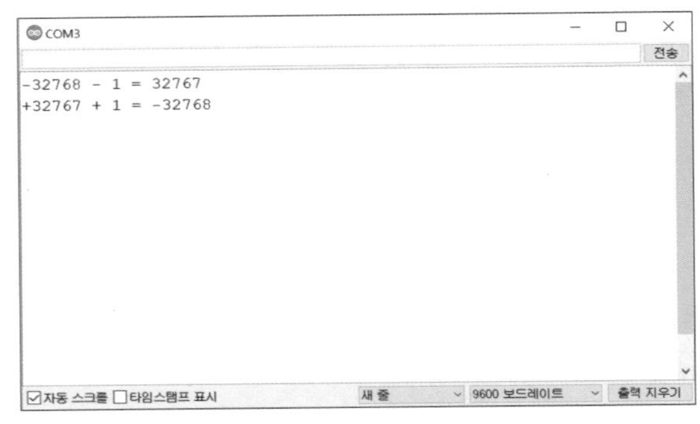

그림 9.3 **스케치 9.4 실행 결과**

더 큰 정수를 나타내기 위해서는 long 타입을 사용할 수 있다. long 타입은 4바이트 메모리를 사용하므로 $-2,147,483,648(-2^{31})$에서 $2,147,483,647(2^{31}-1)$ 사이의 값을 표현할 수 있다. unsigned long 타입은 0에서 $4,294,967,295(2^{32}-1)$ 사이의 값을 표현할 수 있다. 아두이노 보드가 시작된 이후의 시간을 밀리초 단위로 알려주는 millis 함수가 반환하는 데이터 타입이 unsigned long 타입으로 $(2^{32}-1)$밀리초, 약 49일까지 경과 시간을 측정할 수 있다.

이처럼 정수형의 경우 사용하는 메모리의 크기에 따라 처리할 수 있는 숫자 범위가 달라질 뿐만 아니라, 사용하는 보드에 따라서도 달라질 수 있다. 따라서 **아두이노 보드의 종류와 무관하게 항상 같은 크기의 메모리가 사용되도록 메모리의 크기를 이름의 일부로 포함하는 데이터 타입을 사용하기도 한다.**

예를 들어 int16_t는 16비트 크기의 부호 있는 정수형을 나타내고, uint16_t는 16비트 크기의 부호 없는 정수형을 나타낸다.

■ 실수형: float, double

float와 double은 부동 소수점 방식의 실수를 저장하기 위해 사용된다. 아두이노 우노에서는 두 타입 모두 4바이트 메모리를 사용하며 -3.4×10^{38}에서 3.4×10^{38} 사이의 값을 표현할 수 있다. double 타입이 8바이트 메모리를 사용하는 경우에는 -1.79×10^{308}에서 1.79×10^{308} 사이의 값을 표현할 수 있어 4바이트 메모리를 사용하는 경우보다 훨씬 넓은 범위의 수를 표현할 수 있다. 또한 float 타입을 단정도single precision, double 타입을 배정도double precision라고 이야기하는 것에서 알 수 있듯이 두 타입은 정밀도, 즉 유효숫자에 차이가 있다. **4바이트 메모리를 사용하는 경우 유효숫자는 최대 7자리이지만, 8바이트 메모리를 사용하는 경우 유효숫자는 최대 15자리**로 좀 더 정확한 숫자를 표현할 수 있다. 아두이노 우노의 경우 유효숫자가 적어 실수 연산에서 오차가 커질 수 있고, SRAM이 적어 많은 실수 변수를 사용할 수 없는 등의 한계가 있으므로 가능한 한 실수 연산은 줄이는 것이 좋다.

스케치 9.5 실수 표현의 정확성

```
void setup() {
    Serial.begin(9600);

    Serial.println(3.14, 8);                // 소수점 이하 8자리 출력
    Serial.println(3.141, 8);
    Serial.println(3.1415, 8);
    Serial.println(3.14159, 8);
    Serial.println(3.141592, 8);
    Serial.println(3.1415926, 8);
    Serial.println(3.14159265, 8);
}

void loop() { }
```

그림 9.4 스케치 9.5 실행 결과

■ 문자열: char [], String

문자열은 두 가지로 표현 가능하며 그중 하나가 char 배열을 사용하는 방법이다. 문자열을 나타내기 위해서는 여러 방법으로 배열을 생성하고 초기화할 수 있다.

```
char str1[15];                                              // 빈 문자열
char str2[8] = {'a', 'r', 'd', 'u', 'i', 'n', 'o'};
char str3[8] = {'a', 'r', 'd', 'u', 'i', 'n', 'o', '\0'};   // 명시적인 널 문자 추가
char str4[ ] = "arduino";                                   // 배열 크기 지정 없이 초기화
char str5[8] = "arduino";
char str6[15] = "arduino";                                  // 초깃값보다 큰 배열 지정
```

배열을 초기화할 때는 저장하고자 하는 문자열을 저장하기에 충분한 크기로 배열의 크기가 정해져야 한다는 점을 주의해야 한다. 배열을 이용하여 문자열을 저장할 때 문자열 끝에는 항상 널 문자(NULL, 0, '\0')가 문자열의 끝을 표시하기 위해 추가된다. 따라서 **배열의 크기는 문자열의 길이보다 최소한 1 크게 정해야 한다.** char 타입과 char 배열은 각각 작은따옴표와 큰따옴표를 이용하여 나타내며, 같은 내용이 저장되는 경우라도 NULL 문자로 인해 필요한 메모리 크기는 달라진다.

```
char ch = 'A';                      // 문자, 1바이트 메모리 사용
char str[] = "A";                   // 문자열, 2바이트 메모리 사용(NULL 문자 포함)
```

또 한 가지 주의할 점은 **문자 배열을 이용한 문자열은 문자 배열이 정의되는 시점에서만 문자열을 대입할 수 있다**는 점이다. 문자 배열이 정의된 이후에는 배열의 각 요소에 문자 단위로 값을 지정하거나 strcpy와 같은 전용 함수를 사용해서 문자열을 대입해야 한다.

```
char str1[10];
char str2[10];

// str1 = "ABCDEFGHI";                 // 배열 정의 후 문자열 대입 불가능

for(int i = 0; i < 9; i++) {
    str1[i] = 'A' + i;                 // 배열 정의 이후에는 문자 단위로 대입만 가능
}
str1[9] = '\0';                        // 문자열 종료 문자

strcpy(str2, "ABCDEFGHI");             // string copy, 전용 함수를 이용한 문자열 대입
```

문자열을 다루는 두 번째 방법은 String 클래스를 사용하는 것이다. 문자열을 다루기 위한 전용 클래스인 **String 클래스는 문자 배열을 사용하는 것과 비교했을 때 좀 더 쉽게 다양한 문자열 조작을 가**

능하게 해준다. 하지만 String 클래스는 문자 배열에 비해 더 많은 메모리를 사용한다는 단점이 있다. String 클래스에 대한 자세한 내용은 8장 '아두이노 기본 클래스'를 참고하면 된다.

변수를 사용하기 위해서는 변수 선언을 통해 변숫값을 저장하기 위한 메모리를 먼저 확보해야 한다. 확보된 메모리에는 자유롭게 값을 읽고 쓸 수 있지만, 더는 사용되지 않는다고 판단되면 다른 변수가 메모리를 사용할 수 있도록 확보된 메모리를 반납해야 한다. 이때 **변수의 사용 여부를 판단하는 기준을 유효 범위**scope라고 한다. 유효 범위란 변수를 위한 메모리가 존재하는 범위, 변수에 값을 읽거나 쓸 수 있는 범위를 말한다. 유효 범위를 정하는 규칙은 간단하다. **변수는 변수를 포함하는 가장 가까운 중괄호 쌍 내에서만 유효하다.** C/C++ 언어에서 중괄호 내의 코드는 하나의 코드 블록을 형성하고 이 블록은 다시 여러 개의 하위 블록을 포함할 수 있는 등 계층적 구조를 갖는다. 따라서 상위 블록에서 선언된 변수는 하위 블록에서도 사용할 수 있지만, 하위 블록에서 선언된 변수는 상위 블록에서 사용할 수 없다. 변수는 유효 범위에 따라 크게 지역 변수local variable와 전역 변수global variable로 나눌 수 있다. 두 종류의 변수에 적용되는 유효 범위 규칙은 같다. 다만 스케치에서 전역 변수는 setup과 loop 함수 바깥에 선언되어 있어 변수를 포함하는 중괄호 쌍을 찾을 수 없으므로 가상의 최상위 블록 내에 존재하는 변수로 생각할 수 있다. **전역 변수는 프로그램이 끝날 때까지 유효하고 프로그램 어디에서든 그 값을 변경할 수 있다.**

유효 범위가 다른 두 변수의 이름이 같다면 어떻게 될까? **같은 이름의 변수가 여러 개 존재한다면 하위 블록에 속한 변수, 즉 유효 범위가 좁은 변수가 우선한다.** 하지만 유효 범위가 같은 2개의 변수가 같은 이름을 가질 수는 없다. 스케치 9.6은 변수의 유효 범위를 보여주는 예다. 같은 이름의 변수가 4개 선언되어 있지만 모두 다른 유효 범위를 가지므로 어떤 블록 내에서 사용하느냐에 따라 참조되는 변수가 달라지고 다른 값이 출력된다.

스케치 9.6 변수의 유효 범위

```
// Level 0: 스케치 내 어디에서도 사용 가능한 전역 변수
int A = 0;

void setup() {
    Serial.begin(9600);

    // 변수는 사용 이전에 선언되어야 하며
    // 블록 내에 선언된 변수가 없으면 상위 블록에 선언된 변수를 사용
    Serial.println(String("Level 0 : A의 값은 ") + A + "입니다.");

    // Level 1: setup 함수 내에서만 유효한 지역 변수
    int A = 1;
    Serial.println(String("  Level 1 : A의 값은 ") + A + "입니다.");
```

```
    if (A == 1) {                                           // Level 1 변수 사용
        // Level 2: setup 함수 내의 if 블록 내에서만 유효한 지역 변수
        int A = 2;
        Serial.println(String("    Level 2 : A의 값은 ") + A + "입니다.");

        { // 하위 블록을 형성하기 위한 중괄호
            // Level 3: setup 함수 내, if 블록 내, 중괄호({ }) 블록에서만 유효한 지역 변수
            int A = 3;
            Serial.println(String("      Level 3 : A의 값은 ") + A + "입니다.");
        }
        Serial.println(String("    Level 2 : A의 값은 ") + A + "입니다.");
    }
    Serial.println(String("  Level 1 : A의 값은 ") + A + "입니다.");
}

void loop() { }
```

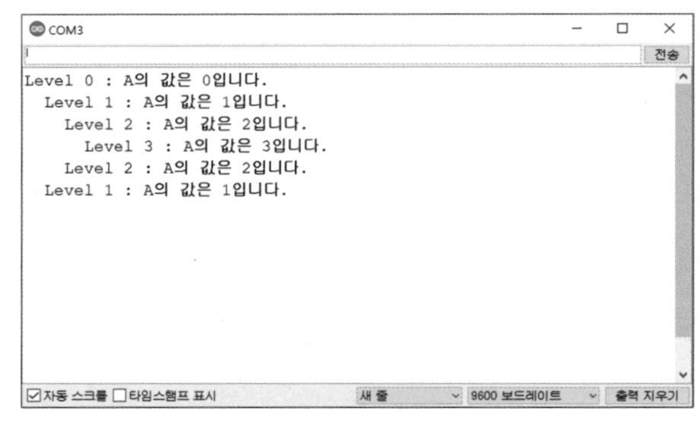

그림 9.5 스케치 9.6 실행 결과

변수는 유효 범위 이외에도 몇 가지 지정자와 함께 사용되며, 스케치에서 흔히 볼 수 있는 지정자로는 static, volatile, const 등이 있다.

■ static

일반적으로 지역 변수는 블록 내에서 만들어지고 블록을 빠져나가면, 즉 변수의 유효 범위를 벗어나면 메모리에서 사라진다. 하지만 static으로 선언된 변수는 유효 범위를 벗어나도 없어지지 않고 메모리에 그대로 남아 있다. 전역 변수와 비슷해 보일 수도 있지만, static 변수는 지역 변수와 같은 유효 범위를 갖는다. 즉, **특정 블록 내에서만 사용할 수 있는 전역 변수가 static 변수다.** 스케치 9.7은 지역 변수와 정적 변수를 비교한 것으로 지역 변수 A는 loop 함수가 실행될 때 매번 다시 만들어져서 0으로 초기화되지만, 정적 변수 B는 loop 함수가 처음 실행될 때 만들어지고 처음 만들어질 때만 초기화된다. 따라서 A는 매번 1이 출력되지만, B는 loop 함수가 실행될 때마다 값이 1씩 증가한다. 하지만 정적 변수 B는 지역 변수와 같은 유효 범위를 가지므로 loop 함수 내에서만 사용할 수 있다.

스케치 9.7 지역 변수와 정적 변수

```
void setup() {
    Serial.begin(9600);
}

void loop() {
    int A = 0;                                      // 지역(local) 변수
    static int B = 0;                               // 정적(static) 변수

    A = A + 1;
    B = B + 1;

    Serial.println(String("A = ")  + A + ",\tB = " + B);
    delay(1000);                                    // 1초 대기
}
```

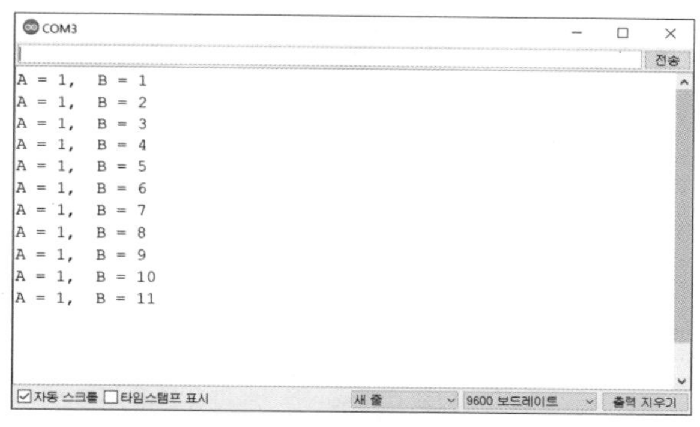

그림 9.6 스케치 9.7 실행 결과

■ volatile

volatile 키워드는 컴파일러가 스케치를 컴파일할 때 최적화에서 제외하도록 지시하기 위해 사용한다. 최적화 과정은 실행 파일의 크기를 줄이거나 실행 속도를 높이는 등의 기능을 수행하지만 완벽하지는 않다. 마이크로컨트롤러에서는 인터럽트 서비스 루틴ISR: Interrupt Service Routine에서 값이 변경되는 변수를 volatile로 선언해야 한다는 것이 volatile 키워드를 사용하는 대표적인 경우다. 자세한 내용은 52장 '인터럽트'를 참고하면 된다.

■ const

const는 상수constant 변수를 선언하기 위해 사용한다. 상수 변수는 변수를 선언할 때 값을 할당하고 이후에는 값을 바꿀 수 없다. 상수를 선언하는 또 다른 방법으로는 전처리 명령인 #define을 사용하는 방법이 있다. #define을 사용하여 정의하는 상수는 전처리 과정에서 코드 내에 존재하는 모든 정의된 상수를 값으로 대체하므로 상수 정의를 위해 메모리를 사용하지 않는다. 하지만

상수 변수는 메모리를 사용한다. 값을 바꿀 수 없고 메모리를 사용한다는 점에서 상수 변수를 사용할 이유는 없어 보일 수 있지만, 상수 변수는 변수의 일종이다. **변수를 사용하면 유효 범위를 설정할 수 있고, 데이터 타입을 검사할 수 있어 구조적이고 안전한 코드 작성이 가능하다.** 일반적으로 C/C++ 언어에서는 `#define`보다 오류 검출이 쉬운 상수 변수 사용이 권장된다. 하지만 상수 변수는 메모리를 사용하므로 마이크로컨트롤러와 같이 메모리 사용이 제한된 경우에는 `#define` 사용을 고려해 볼 수 있다.

9.3 연산자

아두이노의 스케치는 C/C++ 언어로 작성되므로 스케치에서는 C/C++ 언어의 모든 연산자를 사용할 수 있다. 연산자를 나누는 방법은 여러 가지가 있지만, 연산의 특성에 따라 산술 연산자, 논리 연산자, 비트 연산자, 복합 연산자 등으로 나누는 경우를 흔히 볼 수 있다.

9.3.1 산술 연산자

산술 연산자는 C/C++ 언어에서 제공하는 연산자 중 가장 많이 사용되는 연산자로, 사칙 연산을 위해 사용되는 연산자를 말한다. C/C++ 언어에서 제공하는 이항 산술 연산자는 표 9.3과 같다. 단항 연산자 중에서도 산술 연산자로 분류할 수 있는 연산자들('+', '-'의 부호 연산자와, '++', '--'의 증감 연산자 등)이 있지만 여기서는 이항 연산자 위주로 알아본다.

표 9.3 이항 산술 연산자

연산자	의미	사용 예	비고
+	더하기	`a = b + 3;`	
-	빼기	`a = b - 3;`	
*	곱하기	`a = b * 3;`	
/	나누기	`a = b / 3;`	정수 나눗셈은 몫을 계산
%	나머지	`a = b % 3;`	정수형만 가능
=	대입	`a = 3;`	비교 연산자 '=='와 구별됨

C/C++ 언어에서 사용하는 숫자는 정수와 실수의 두 종류가 있으며, 같은 종류의 숫자를 피연산자로 한 산술 연산의 결과는 같은 종류의 숫자로 나온다. 즉, 정수와 정수의 산술 연산은 그 결과가 정수이고, 실수와 실수의 산술 연산은 그 결과가 실수다. 산술 연산자 중에서도 특히 나누기 연산자(/)는 사용에 주의해야 한다. 정수를 정수로 나누면 그 몫이 결과로 나오고 나머지는 버려진다. 따라서 정수에서 사용할 수 있는 나머지 연산자(%)가 별도로 존재한다.

다른 종류의 숫자를 피연산자로 한 산술 연산의 결과는 큰 숫자를 표현할 수 있는 데이터 타입으로 결정된다. C/C++ 언어에서 숫자를 표현하기 위해 사용되는 byte, int, float, double 타입으로 나타낼 수 있는 숫자의 범위는 byte < int < float <= double 순이다. 따라서 int와 double 타입 숫자를 피연산자로 한 산술 연산의 결과는 double 타입이 된다.

스케치 9.8 산술 연산

```
void setup() {
    Serial.begin(9600);

    int n1 = 10, n2 = 3;                        // 정수형 변수
    float f1 = 10.0, f2 = 3.0;                  // 실수형 변수

    Serial.println(String("몫 : ") + (n1 / n2) + ", 나머지 : " + (n1 % n2));

    Serial.println();
    Serial.println(String("정수 / 정수 : ") + (n1 / n2));
    Serial.println(String("정수 / 실수 : ") + (n1 / f2));
    Serial.println(String("실수 / 정수 : ") + (f1 / n2));
    Serial.println(String("실수 / 실수 : ") + (f1 / f2));
}

void loop() { }
```

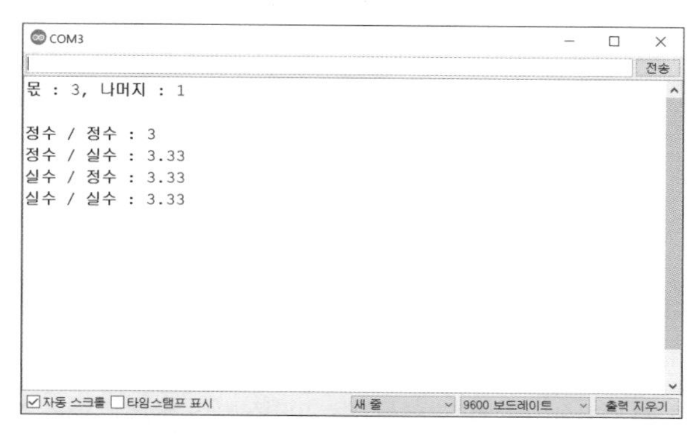

그림 9.7 스케치 9.8 실행 결과

산술 연산자는 정수 또는 실수를 피연산자로 하지만 **char 타입 변수도 산술 연산이 가능하다.** 이는 char 타입 변수에 저장되는 값이 문자를 나타내는 아스키 코드값, 즉 정수이기 때문으로 **char 타입 변수는 1바이트 크기의 정수로 생각할 수 있다.** 스케치 9.9는 char 타입 변수에 산술 연산을 수행하는 예를 보여준다.

스케치 9.9 char 타입 변수에 대한 산술 연산

```
void setup() {
    Serial.begin(9600);

    char c1, c2, c3, c4;

    c1 = 'C';
    c2 = c1 + 1;                                    // C 다음 문자
    c3 = c1 - 1;                                    // C 이전 문자
    c4 = c1 + 'a' - 'A';                            // 대소문자 변환

    Serial.println(String("기준 문자 \t: ") + c1);
    Serial.println(String("다음 문자 \t: ") + c2);
    Serial.println(String("이전 문자 \t: ") + c3);
    Serial.println(String("대소문자 변환 \t: ") + c4);
}

void loop() { }
```

그림 9.8 스케치 9.9 실행 결과

9.3.2 비교 연산자

비교 연산자는 2개의 피연산자를 비교하는 연산자로 관계 연산자relational operator라고도 한다. 산술 연산자는 그 결과가 숫자로 나오지만 **비교 연산자는 피연산자의 비교 결과를 참 또는 거짓의 논릿값으로 알려준다.** 비교 연산의 결과는 조건문이나 반복문 등에서 주로 사용된다. 표 9.4는 비교 연산자를 요약한 것이다.

표 9.4 비교 연산자

연산자	의미	수학식	연산자	의미	수학식
>	크다	$x > y$	<=	작거나 같다	$x \le y$
>=	크거나 같다	$x \ge y$	==	같다	$x = y$
<	작다	$x < y$	!=	다르다	$x \ne y$

비교 연산자 사용에서 주의할 점은 '크거나 같다'와 같이 2개의 기호로 구성된 연산자는 공백 없이 붙여 써야 한다는 점이다. '> ='와 같이 띄어 쓰면 오류가 발생한다. 또 한 가지는 두 값이 같은지 비교하는 비교 연산자는 '=='이며, 수학에서 같다는 의미를 나타내는 '='은 대입을 의미한다는 점이다. 스케치 9.10은 대입 연산자와 등치 연산자를 잘못 사용한 전형적인 예를 보여준다. 대입 연산자는 대입한 값을 반환하므로 'a = 5;'는 5를 반환하고, 이는 0이 아닌 값이므로 논리 참true으로 인식된다.

스케치 9.10 대입 연산자와 등치 연산자

```
void setup() {
    Serial.begin(9600);

    int A = 10;

    if (A == 10) {                          // A가 10과 같은지 비교(비교 연산자)
        Serial.println("A는 10입니다 !!");
    }

    if (A = 5) {                            // (대입 연산자)
        // A에 5를 대입하면 A는 0이 아닌 값을 가지므로 논리 참이 되고
        // if 블록의 코드가 실행된다.
        Serial.println("A는 5인가요 ??");
    }
}

void loop() { }
```

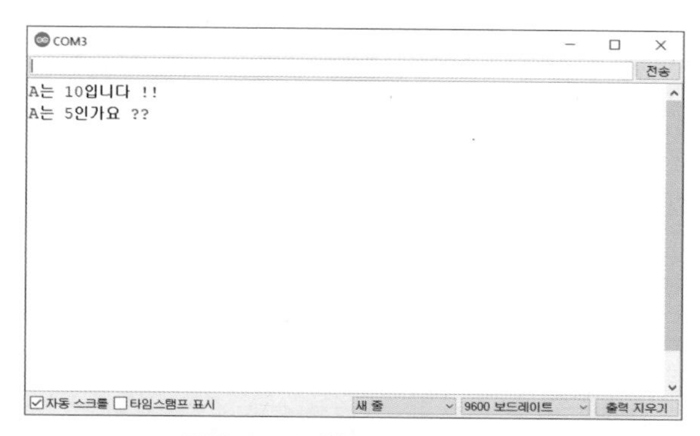

그림 9.9 스케치 9.10 실행 결과

9.3.3 논리 연산자

논리 연산자 역시 비교 연산자와 마찬가지로 결과가 논릿값으로 나온다. 하지만 **비교 연산자의 피연산자가 숫자라면, 논리 연산자의 피연산자는 논릿값이라는 점에서 차이가 있다.** 즉, **여러 개의 논릿값을 불대수**Boolean algebra**에 의해 계산하고 그 결과를 논릿값으로 반환하는 것이 논리 연산자다.** C 언어에서 제공하는 논리 연산자에는 AND(&&), OR(||), NOT(!)이 있다. 이들 3개의 연산은 논리 연산의 기본 연산으로, 다른 모든 논리 연산은 이들 기본 논리 연산의 조합으로 표현할 수 있다.

표 9.5 논리 연산자

논리 연산자	의미	사용 예
&&	AND	`(a > 100) && (a < 200)`
||	OR	`(a == 100) || (b == 200)`
!	NOT	`!(a < 100)`

논리 연산자는 조건문이나 반복문에서 비교 연산자와 함께 흔히 사용된다. 비교 연산자를 사용할 때 흔히 저지르는 실수 중 하나가 값 3개를 비교하는 경우다. 스케치 9.11을 살펴보자.

스케치 9.11 잘못된 비교 연산자 사용

```
void setup() {
    Serial.begin(9600);

    int N1 = -7, N2 = -5, N3 = -3;
    int M1 = 3, M2 = 5, M3 = 7;

    if (N1 < N2 < N3)
        Serial.println("N2는 가운데 값입니다.");
    else
        Serial.println("N2는 가운데 값이 아닙니다.");

    if (M1 < M2 < M3)
        Serial.println("M2는 가운데 값입니다.");
    else
        Serial.println("M2는 가운데 값이 아닙니다.");
}

void loop() { }
```

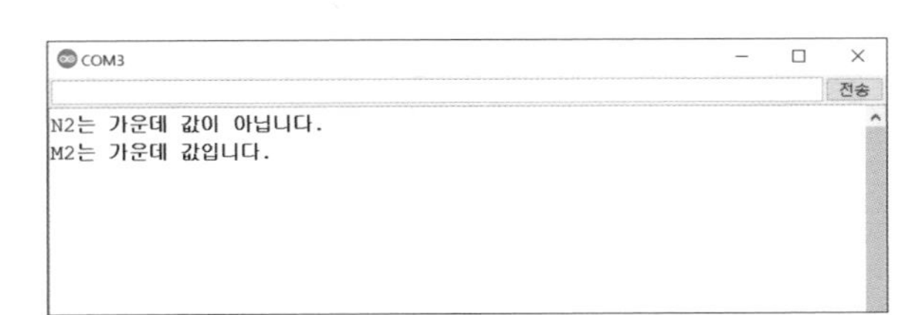

그림 9.10 스케치 9.11 실행 결과

스케치 9.11은 숫자 3개를 비교하여 가운데 값 여부를 확인하고자 하는 스케치다. 컴파일 과정에서 오류는 없지만 정확한 비교 결과는 얻을 수 없다. N2가 가운데 값인지 검사하는 첫 번째 if 문에서는 먼저 N1 < N2가 계산되고 그 결과가 N3와 비교된다. 이때 N1 < N2의 비교 결과는 논릿값으로 숫자인 N3와 비교하면 안 된다. 하지만 내부적으로 논릿값은 0이나 1의 정수로 취급되므로 문법적인 오류 없이 계산이 이루어지고 따라서 예상과는 다른 결과가 나온다.

```
N1 < N2 < N3
→ (N1 < N2) < N3          → (-7 < -5) < -3
→ true < -3               → 1 < -3
→ false
```

마찬가지로 두 번째 if 문에서 M2가 가운데 값으로 나온 것은 우연의 일치일 뿐 실제로 M2가 중간값이기 때문은 아니다.

```
M1 < M2 < M3
→ (M1 < M2) < M3          → (3 < 5) < 7
→ true < 7                → 1 < 7
→ true
```

정확한 결과를 얻기 위해서는 (N1 < N2) && (N2 < N3) 같이 비교 연산자와 논리 연산자를 함께 사용해야 한다.

9.3.4 비트 연산자

비트 연산은 논리 연산의 일종이지만 논리 연산과 다르게 피연산자와 결괏값 모두 정수로 표현된다는 차이가 있다. 디지털 컴퓨터는 모든 데이터를 이진값으로 표시하고 처리하며 최소 단위는 비트다. 하지만 실제 CPU 내에서 비트 단위의 연산은 불가능하다. 즉, **비트 연산은 비트 단위 데이터에 대한 연산이 아니라 바이트 단위 데이터를 비트 단위로 나누어 여러 번 실행하는 연산이다.**

마이크로컨트롤러를 위한 프로그램에서는 레지스터를 조작하는 경우가 많고, 레지스터는 비트별로 다른 의미가 정해진 경우가 많다. 따라서 마이크로컨트롤러 프로그래밍에서는 비트 연산으로 레지스터의 특정 비트만을 대상으로 하는 작업을 흔히 볼 수 있다. 아두이노의 경우 레지스터를 조작하는 많은 부분이 숨겨져 있지만, 비트 연산을 이해함으로써 코드의 이해도를 높일 수 있을 뿐만 아니라 효율적인 코드 작성이 가능하다는 장점이 있다.

표 9.6은 C/C++ 언어에서 제공하는 비트 연산자를 나타낸 것으로, 비트 논리 연산자와 비트 이동 연산자로 나눌 수 있다. 비트 AND 및 비트 OR 연산자는 논리 AND 및 논리 OR 연산자와 비슷하므로 주의해야 한다. 또한 비트 연산에서는 논리 연산과 다르게 XOR를 위한 연산자(^)도 제공하고 있다.

표 9.6 비트 연산자

구분	연산자	종류	결과
비트 논리 연산자	a & b	비트 AND	a와 b의 비트 단위 AND
	a | b	비트 OR	a와 b의 비트 단위 OR
	a ^ b	비트 XOR	a와 b의 비트 단위 XOR
	~a	비트 NOT	a의 비트 단위 NOT(단항 연산자)
비트 이동 연산자	a << n	왼쪽으로 이동	a를 n비트 왼쪽으로 이동하고 오른쪽은 0으로 채움
	a >> n	오른쪽으로 이동	a를 n비트 오른쪽으로 이동하고 왼쪽은 0으로 채움

비트 이동 연산은 지정한 비트 수만큼 왼쪽 또는 오른쪽으로 이동시키는 연산으로, **이동으로 인해 밀려 나오는 비트들은 버려지고 빈칸은 0으로 채워진다.** 그림 9.11은 왼쪽으로 한 비트 이동시키는 연산의 예를 보여준다.

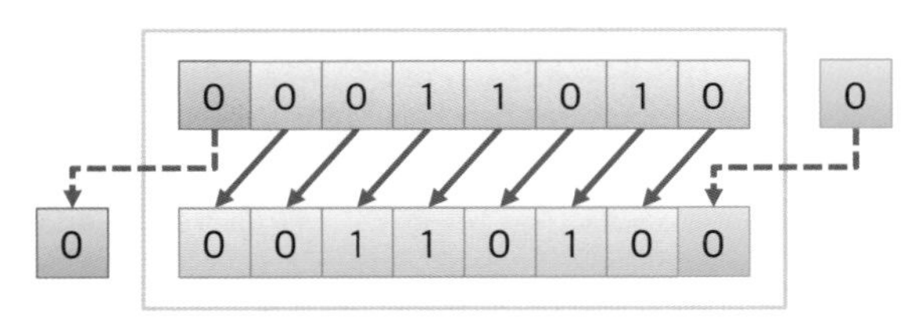

그림 9.11 왼쪽 비트 이동 연산

왼쪽 이동 연산으로 이동 전 값 00011010_2 = 26은 이동 후에 00110100_2 = 52로 2배가 되므로 곱셈 대신 사용할 수 있다. 하지만 **실숫값에 대해서는 비트 이동 연산을 사용할 수 없으며, 오버플로 발생으로 값이 2배가 되지 않을 수 있다.** 또한 **2의 거듭제곱에 해당하는 곱셈만 가능하다.** 그림 9.11과 비슷하게 그림 9.12는 오른쪽으로 한 비트 이동시키는 연산의 예를 보여준다.

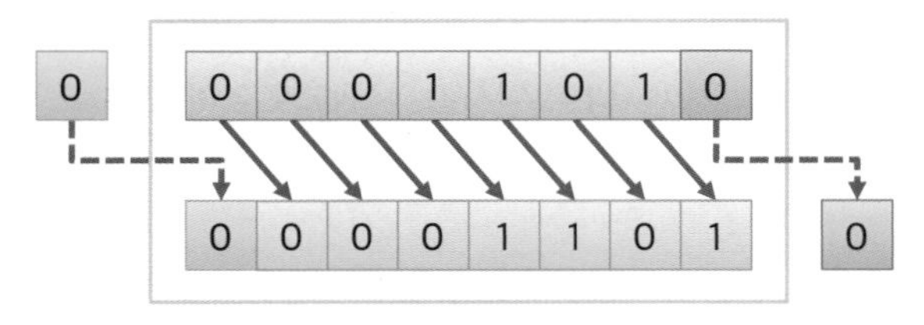

그림 9.12 오른쪽 비트 이동 연산

왼쪽 이동 연산과는 반대로 오른쪽 이동 연산에서는 이동 전 값 $00011010_2 = 26$이 이동 후에 $00001101_2 = 13$으로 1/2이 되므로 나눗셈 대신 사용할 수 있다. 하지만 왼쪽 이동 연산과 마찬가지로 **오른쪽 이동 연산은 실숫값에는 사용할 수 없으며, 2의 거듭제곱에 해당하는 정수 나눗셈만 가능하다.**

비트 논리 연산자는 불대수에 정의된 논리 연산을 비트 단위로 실행한다. 비트 연산에서 특정 위치의 비트를 1로 만드는 작업을 '세트set', 특정 위치의 비트를 0으로 만드는 작업을 '클리어clear'라고 표현한다. 이를 포함하여 마이크로컨트롤러 프로그래밍에서 사용되는 비트 연산에는 다음과 같은 것들이 있다.

- **비트 세트** 지정한 위치의 비트값을 1로 설정
- **비트 클리어** 지정한 위치의 비트값을 0으로 설정
- **비트 반전** 지정한 위치의 비트값이 0이면 1로, 1이면 0으로 설정
- **비트 검사/읽기** 지정한 위치의 비트값이 0인지 또는 1인지 확인

■ 비트 세트

비트 세트는 특정 위치의 비트만을 1로 설정하고 나머지는 현재 값을 그대로 유지하는 연산을 말한다. 비트 OR 연산을 수행하면 0과 OR 한 결과는 현재 값이 그대로 유지되고 1과 OR 한 결과는 항상 1이 되므로, 이를 통해 원하는 위치의 비트만 1로 만들 수 있다.

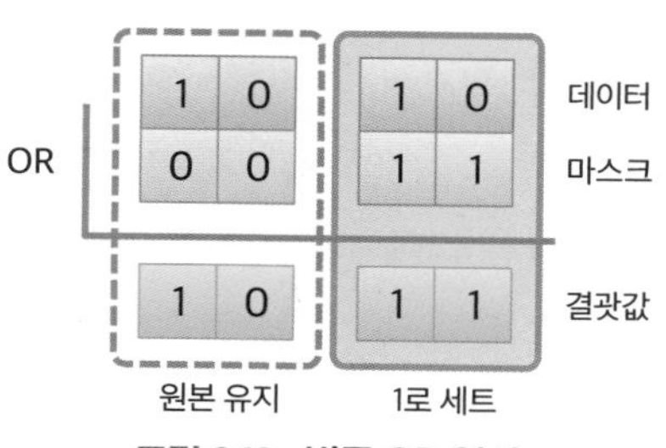

그림 9.13 비트 OR 연산

변수 a에 `a = 0bxxxxxxxx`가 저장된 경우를 생각해 보자. 숫자가 '0b'로 시작하는 것은 이진수임을 의미한다. 이는 '0x'로 시작하는 숫자가 16진수를 의미하는 것과 비슷하지만, 일반적인 C/C++ 언어에서는 '0b'로 시작하는 이진수 표현법을 사용하지 않는다. a의 세 번째 비트만 1로 설정하고 나머지 비트들은 현재 값을 그대로 유지하기 위해서는 0b00000100과 OR 연산을 수행하면 된다.

그림 9.14 비트 세트

그림 9.14를 코드로 나타내면 다음과 같이 여러 방법으로 나타낼 수 있다.

```
a = a | 0b00000100;
a = a | 0x04;
a = a | (0x01 << 2);
```

위에서 0b00000100 또는 0x04를 비트 연산을 위한 '마스크$_{mask}$'라고 한다. 마스크는 직접 숫자로 쓸 수도 있지만, 왼쪽 비트 이동 연산자인 '<<'를 사용하여 만들어 사용할 수도 있다.

■ 비트 클리어

비트 클리어는 특정 위치의 비트만을 0으로 설정하고 나머지는 현재 값을 그대로 유지하는 연산을 말한다. 비트 AND 연산을 수행하면 0과 AND 한 결과는 항상 0이 되고 1과 AND 한 결과는 현재 값이 그대로 유지되므로, 이를 통해 원하는 위치의 비트만 0으로 만들 수 있다.

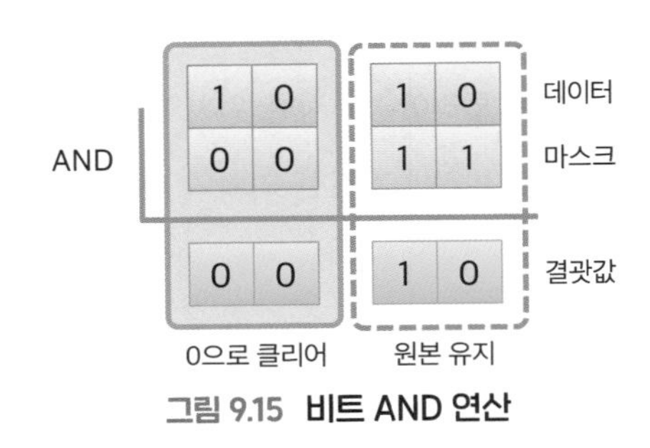

그림 9.15 비트 AND 연산

변수 a에 `a = 0bxxxxxxxx`가 저장된 경우 다섯 번째 비트만 0으로 클리어하고 나머지 비트들은 현재 값을 그대로 유지하기 위해서는 그림 9.16과 같이 0b11101111과 AND 연산을 수행하면 된다.

그림 9.16 비트 클리어

```
a = a & 0b11101111;
a = a & 0xEF;
a = a & ~(0x01 << 4);
```

비트 클리어의 경우 마스크에서 클리어하는 위치의 비트값을 0으로 하고 나머지 비트들은 1로 설정해야 하며, 이는 비트 세트의 경우와 반대가 된다. 따라서 비트 이동 연산자를 사용하는 경우에는 비트 세트와 달리 비트를 반전(~, 비트 NOT)시켜 사용해야 한다.

■ 비트 반전

비트 반전은 특정 위치의 비트만을 반전시키고 나머지는 현재 값을 그대로 유지하는 연산을 말한다. 비트 XOR 연산을 수행하면 1과 XOR 한 결과는 비트가 반전되고 0과 XOR 한 결과는 현재 값이 그대로 유지되므로, 이를 통해 원하는 위치의 비트만 반전시킬 수 있다.

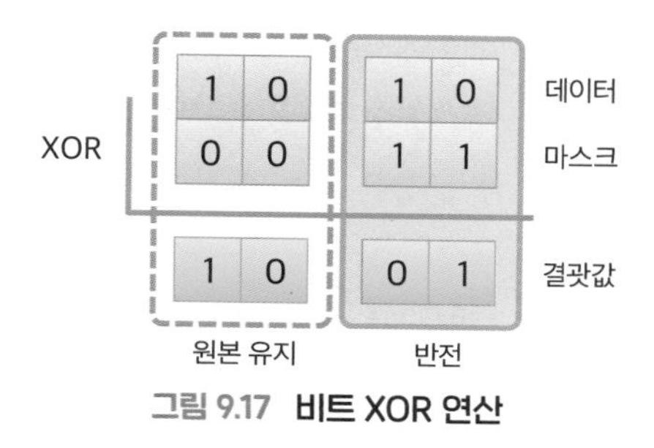

그림 9.17 **비트 XOR 연산**

변수 a에 `a = 0bxxxxxxxx`가 저장된 경우 네 번째 비트만 반전시키고 나머지 비트들은 현재 값을 그대로 유지하기 위해서는 그림 9.18과 같이 0b00001000과 XOR 연산을 수행하면 된다.

그림 9.18 **비트 반전**

```
a = a ^ 0b00001000;
a = a ^ 0x08;
a = a ^ (0x01 << 3);
```

■ 비트 검사/읽기

비트 검사/읽기는 특정 위치의 비트값을 읽어 0 또는 1로 반환하는 연산을 말한다. 특정 비트 클리어에서와는 반대로 구하고자 하는 비트 위치에 해당하는 마스크값만을 1로 하고 나머지 비트값들은 0으로 설정한 후 비트 AND 연산을 수행함으로써 특정 위치의 비트값을 알아낼 수 있다. 변수 a에 `a = 0bxxxxxxxx`가 저장된 경우 6번째 비트값을 알아내기 위해서는 그림 9.19와 같이 0b00100000과 AND 연산을 수행하면 된다.

그림 9.19 **비트 검사**

한 가지 주의할 점은 그림 9.19의 검사 결과가 0이나 1이 아니라 0이나 0x20이라는 점이다. C/C++ 언어에서는 0이 아닌 모든 정수를 true로 간주하므로 문제가 되지는 않지만, 0이나 1의 논릿값으로 나타내는 것을 추천한다. 그림 9.19의 검사를 사용하여 여섯 번째 비트가 1인 경우 실행되는 if 문장은 다음과 같이 여러 가지로 나타낼 수 있다.

```
if( a & 0x20 ) { ... }                         // 0 또는 0x20
if( (a & 0x20) == 0x20 ) { ... }               // false(0) 또는 true(1)
if( ((a & 0x20) >> 5) == 1 ) { ... }           // false(0) 또는 true(1)
if( (a >> 5) & 0x01 ) { ... }                  // 0 또는 1
if( ((a >> 5) & 0x01) == 1 ) { ... }           // false(0) 또는 true(1)
```

스케치 9.12는 1바이트 크기를 갖는 byte 타입 변수에 대한 비트 연산의 예를 보여준다.

스케치 9.12 비트 연산자 사용

```
void setup() {
    Serial.begin(9600);

    byte n = 0xAA, m;

    Serial.print("\t\t: ");
    print_number(n);

    Serial.print("비트 단위 AND\t: ");
    m = n & 0xF0;
    print_number(m);
    Serial.print("비트 단위 OR\t: ");
    m = n | 0xF0;
    print_number(m);
    Serial.print("비트 단위 XOR\t: ");
    m = n ^ 0xF0;
    print_number(m);
    Serial.print("비트 단위 NOT\t: ");
    m = ~n;
    print_number(m);

    Serial.print("왼쪽 비트 이동\t: ");
    m = n << 2;
    print_number(m);
    Serial.print("오른쪽 비트 이동\t: ");
    m = n >> 2;
    print_number(m);
}

void print_number(byte m) {                    // 16진수와 2진수로 출력
    Serial.print("0x");
    Serial.print(m, HEX);                      // 16진수로 출력
```

```
    Serial.print(", 0b");
    for (int i = 7; i >= 0; i--) {          // 8자리 2진수로 출력
        if (m & (0x01 << i)) Serial.print('1');
        else Serial.print('0');
    }
    Serial.println();                       // 줄바꿈
}

void loop() { }
```

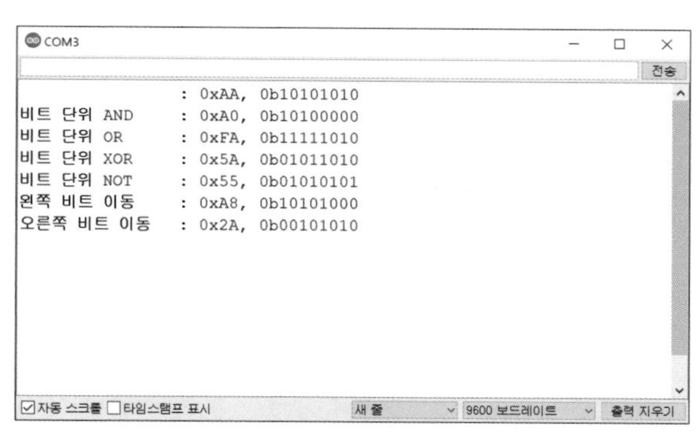

그림 9.20 스케치 9.12 실행 결과

마이크로컨트롤러에서 비트 연산을 수행하는 경우는 흔하다. 따라서 비트 연산자를 사용하여 비트 연산을 수행하기도 하지만, 좀 더 직관적으로 연산을 수행할 수 있도록 매크로 함수가 정의되어 있다. 아두이노에서 정의한 매크로 함수에는 특정 위치의 비트를 세트하고 클리어하는 함수, 비트 읽기와 쓰기 함수 등이 있다. 매크로 함수는 한 비트만을 대상으로 하므로 스케치 9.12와 같이 여러 비트를 한꺼번에 바꾸는 것은 불가능하다는 점도 기억해야 한다.

```
bitSet(value, bit)                  // value의 bit번째 비트를 1로 설정
bitClear(value, bit)                // value의 bit번째 비트를 0으로 설정
bitRead(value, bit)                 // value의 bit번째 비트값을 0 또는 1로 반환
bitWrite(value, bit, bitvalue)      // value의 bit번째 비트값을 bitvalue로 설정
```

아두이노에서 정의한 매크로 함수 이외에도 avr-gcc에서 제공하는 매크로 함수 역시 사용할 수 있다.

```
_BV(bit)                            // bit번째 비트만 1이고 나머지는 0인 마스크 생성
bit_is_set(sfr, bit)                // sfr의 bit번째 비트값이 1인지 여부를 반환
bit_is_clear(sfr, bit)              // sfr의 bit번째 비트값이 0인지 여부를 반환
loop_until_bit_is_set(sfr, bit)     // sfr의 bit번째 비트값이 1이 될 때까지 대기
loop_until_bit_is_clear(sfr, bit)   // sfr의 bit번째 비트값이 0이 될 때까지 대기
```

9.3.5 복합 연산자

복합 연산자는 기존 연산자들을 결합하여 수식을 짧게 표현할 수 있도록 해주는 연산자다. 복합 연산자에는 대입 연산자와 산술 또는 비트 연산자를 결합한 복합 대입 연산자와 증가 또는 감소를 나타내는 증감 연산자가 있다.

표 9.7 복합 연산자

<table>
<tr><th colspan="2">분류</th><th>연산자</th><th>의미</th></tr>
<tr><td rowspan="10">복합 대입 연산자</td><td rowspan="5">산술 연산자</td><td>a += b;</td><td>a = a + b;</td></tr>
<tr><td>a -= b;</td><td>a = a - b;</td></tr>
<tr><td>a *= b;</td><td>a = a * b;</td></tr>
<tr><td>a /= b;</td><td>a = a / b;</td></tr>
<tr><td>a %= b;</td><td>a = a % b;</td></tr>
<tr><td rowspan="5">비트 연산자</td><td>a &= b;</td><td>a = a & b;</td></tr>
<tr><td>a |= b;</td><td>a = a | b;</td></tr>
<tr><td>a ^= b;</td><td>a = a ^ b;</td></tr>
<tr><td>a <<= b;</td><td>a = a << b;</td></tr>
<tr><td>a >>= b;</td><td>a = a >> b;</td></tr>
<tr><td colspan="2" rowspan="2">증감 연산자</td><td>a++;</td><td>a = a + 1;</td></tr>
<tr><td>a--;</td><td>a = a - 1;</td></tr>
</table>

복합 연산자를 사용할 때는 축약된 두 연산자를 붙여서 써야 한다는 점을 주의해야 하는데, '+ =' 과 같이 띄어 쓰면 오류가 발생한다. 이는 등치equal 연산자와 비교 연산자에서도 마찬가지다. 또한 복합 연산자는 이미 축약된 형태이므로 단독으로 사용하여 의미를 쉽게 파악할 수 있도록 사용하는 것이 좋다. 다음 식을 살펴보자. a는 18일까, 24일까?

```
int a = 3, b = 5;
a *= b + 3;                              // a = a * b + 3일까? a = a * (b + 3)일까?
```

정답은 24이지만 이처럼 혼동의 여지가 있는 식은 사용하지 않는 것이 좋다. 이는 증감 연산자도 마찬가지다. 증감 연산자는 ++n이나 n++처럼 피연산자의 앞이나 뒤에 모두 올 수 있고 그 의미가 다르지만, 단독으로 사용하면 같은 결과를 얻을 수 있다. 따라서 증감 연산자는 독립적으로만 사용하고 수식 내에서는 사용하지 않는 것이 좋다.

이처럼 C/C++ 언어에서는 다양한 연산자를 사용할 수 있지만 복잡한 수식을 표현하기 위해서는 여러 개의 연산자를 함께 사용해야 한다. 여러 종류의 연산자가 함께 사용될 때 주의해야 할 점으로는 연산자 우선순위와 연산자 결합 순서가 있다. $x = 2$가 주어졌을 때 $y = 2x^2 - 3x + 1$을 계산하는 문장은 다음과 같이 나타낼 수 있다.

```
int y = 2 * x * x - 3 * x + 1;
```

위 식에서 곱하기 연산자(*) 3개, 더하기 연산자(+) 1개, 빼기 연산자(−) 1개, 그리고 대입 연산자까지 6개의 연산자가 사용되었다. 이처럼 **여러 종류의 연산자가 수식 내에 사용된 경우 어느 연산자를 먼저 계산할 것인지를 결정해 주는 것이 연산자 우선순위다.** 곱하기는 더하기, 빼기, 대입보다 우선순위가 높으므로 가장 먼저 계산되고 다음이 더하기와 빼기, 그리고 대입이 가장 나중에 실행된다. 연산자의 우선순위는 수학에서의 우선순위와 같으며 산술 연산자, 비교 연산자, 비트 연산자, 논리 연산자 순서로 우선순위가 낮아진다. 연산자 우선순위가 결정되었다고 해서 모든 일이 끝난 게 아니다. **우선순위가 동일한 연산자가 여러 개 있는 경우 어느 연산자를 먼저 계산할 것인지를 결정하는 것이 연산자 결합 순서다.** `2 * x * x`에서 곱하기는 왼쪽 연산자가 먼저 계산되므로 `2 * x`가 `x * x`보다 먼저 계산된다. 모든 연산자의 우선순위와 결합 순서를 기억하기란 쉽지 않으므로 **우선순위가 가장 높은 괄호를 사용하여 명시적으로 우선순위를 지정하고, 가능한 한 짧게 여러 개의 수식으로 나누어 쓰는 것이 이해하기 쉬운 코드를 작성하는 좋은 습관이다.**

표 9.8은 C/C++ 언어에서 흔히 사용되는 연산자를 피연산자와 연산 결과로 반환되는 값의 데이터 타입에 따라 비교한 것이다.

표 9.8 피연산자와 결괏값의 데이터 타입에 따른 연산자 비교

연산자	피연산자	연산 결과	비고
산술 연산자 (+, -, *, /, %)	정수, 실수	정수, 실수	나머지 연산자는 정수에서만 사용할 수 있다.
비교 연산자 (>, >=, <, <=, ==, !=)	정수, 실수	논릿값	흔히 조건문과 함께 사용된다.
비트 연산자 (&, |, ^, ~)	정수	정수	정수를 대상으로 하는 연산이지만, 연산 방법은 비트 단위로 논리 연산과 같은 방법으로 이루어진다.
논리 연산자 (&&, ||, !)	논릿값	논릿값	흔히 비교 연산자와 함께 복잡한 조건을 표현하기 위해 사용된다.

9.4 제어문

C/C++ 언어로 작성하는 프로그램의 구조는 순차형sequence structure, 선택형decision structure, 순환형repetition structure의 세 종류로 나눌 수 있다. 이 중 기본이 되는 형태는 순차형으로 위에서 아래로 순서대로 실행된다. **순차형은 현대 컴퓨터의 모태가 된 폰 노이만 구조에서의 실행 형태이기도 하다.** 하지만 프로그램의 실행 순서는 필요에 따라 바뀔 수 있으며, 주어진 조건에 따라 일부 코드만을 실행하는 선택형과 주어진 조건을 만족하는 동안 코드 블록을 반복해서 실행하는 순환형이 여기에 해당된다. **C/C++ 언어에서는 선택형 구현을 위해 `if-else`, `switch-case` 등의 조건문을 사용할 수 있으며, 순환형 구현을 위해 `do`, `while`, `for` 등의 반복문을 사용할 수 있다.**

9.4.1 if-else

`if` 문은 주어진 조건의 만족 여부에 따라 실행할 문장이 달라지는 경우에 사용한다. `if` 문의 조건은 논릿값을 반환하는 문장이 사용되며 비교 연산자와 논리 연산자를 사용할 수 있다. 조건을 만족하면 `if` 블록의 코드(③)가 실행되고, 조건을 만족시키지 못하면 `else` 블록의 코드(④)가 실행된다. `else` 블록은 생략할 수 있다. 그림 9.21은 `if-else` 문의 구조와 이를 코드로 나타낸 것이다.

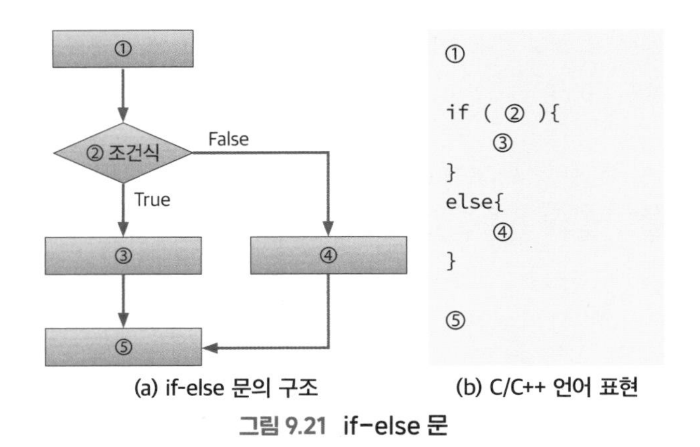

(a) if-else 문의 구조 (b) C/C++ 언어 표현

그림 9.21 if-else 문

`if-else` 문은 프로그램의 흐름을 조건을 만족하는 경우와 만족하지 않는 경우의 2개로 나눌 수 있다. 3개의 흐름으로 나누기를 원한다면 어떻게 해야 할까? 정수 n을 '양수', '음수', '0'의 세 가지로 나누어 그에 맞는 출력을 내도록 하기 위해서는 그림 9.22와 같이 `if-else` 문을 중첩해서 사용해야 한다.

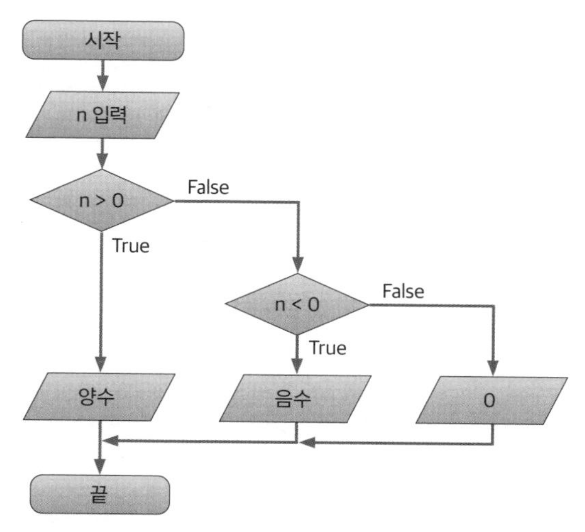

그림 9.22 3개의 흐름으로 나누기 위해 중첩된 if-else 문

그림 9.22를 코드로 나타내면 스케치 9.13의 왼쪽과 같이 나타내는 것이 맞지만, 실제로는 중첩된 else와 if를 하나의 키워드처럼 사용하여 스케치 9.13의 오른쪽과 같이 나타내는 경우가 더 많으며, 이때 3개의 if, else-if, else 블록이 같은 수준으로 들여쓰기가 된다는 점에 주의해야 한다.

스케치 9.13 if 문을 사용하여 3개의 흐름으로 나누기 – else if 사용

```
void setup() {
    Serial.begin(9600);

    int n = 10;
    if (n > 0) {
        Serial.println("양수입니다.");
    }
    else { // !(n > 0)
        // !(n > 0) && (n < 0)
        if (n < 0) {
            Serial.println("음수입니다.");
        }
        // !(n > 0) && !(n < 0)
        else {
            Serial.println("0입니다.");
        }
    }
}

void loop() { }
```

```
void setup() {
    Serial.begin(9600);

    int n = -10;
    if (n > 0) {
        Serial.println("양수입니다.");
    }

    // !(n > 0) && (n < 0)
    else if (n < 0) {
        Serial.println("음수입니다.");
    }
    // !(n > 0) && !(n < 0)
    else {
        Serial.println("0입니다.");
    }

}

void loop() { }
```

9.4.2 switch-case

if 문은 프로그램 흐름을 2개로 나눌 수 있다면, switch-case 문은 프로그램의 흐름을 임의의 개수로 나눌 수 있다. 이는 if 문의 조건이 참 또는 거짓의 논릿값만 가질 수 있지만, switch의 조건은 정숫값을 가질 수 있기 때문이다. 그림 9.23은 조건식이 1 또는 2의 값을 갖는 경우와 그 외의 경우, 총 세 가지로 흐름을 나눌 수 있는 switch-case 문의 구조와 이를 코드로 나타낸 것이다. 그림 9.23에서 case로 표현되는 특정 값 이외의 모든 값을 나타내기 위해 default가 사용되었다.

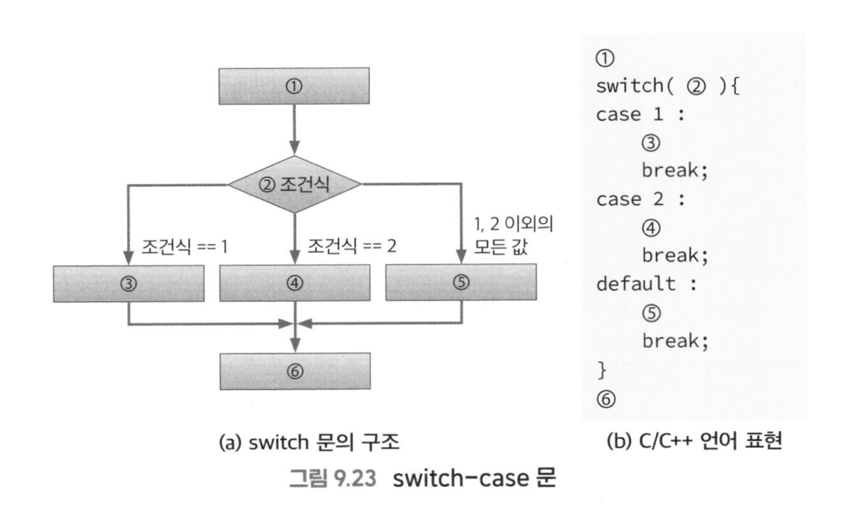

(a) switch 문의 구조 (b) C/C++ 언어 표현

그림 9.23 switch-case 문

나눌 수 있는 흐름의 개수가 많으면 훨씬 유용할 것 같지만, switch-case 문보다는 if-else 문이 더 많이 사용된다. 그 이유 중 하나는 정숫값으로 조건을 지정해야 하는 switch-case 문보다는 논릿값으로 표현되는 if 문의 조건 지정 방법이 훨씬 유연하기 때문이다. 예로 양수, 음수, 0의 세 가지 조건을 switch-case 문으로 나타내기는 생각보다 쉽지 않다. 또한 10가지 경우를 생각해야 할 때도 10가지를 동시에 생각하는 것보다는, 10가지 경우를 2개 그룹으로 나누고 이를 다시 더 작은 그룹으로 나누는 편이 코드를 작성하고 이해하기가 쉽다는 점도 if 문을 더 많이 사용하는 이유가 된다.

9.4.3 while과 do-while

while 문과 do-while 문은 주어진 조건을 만족하는 동안 반복해서 실행할 코드 블록을 지정하기 위해 사용한다. 두 문장의 차이는 조건식을 검사하는 위치에 있다. while 문은 조건 검사가 블록의 첫 머리에서 이루어지므로 반복 실행 블록의 문장이 한 번도 실행되지 않을 수도 있다. 반면, do-while 문은 조건 검사가 블록의 끝에서 이루어지므로 반복 실행 블록의 문장이 최소한 한 번은 실행된다. 그림 9.24는 while 문을, 그림 9.25는 do-while 문을 나타낸 것이다.

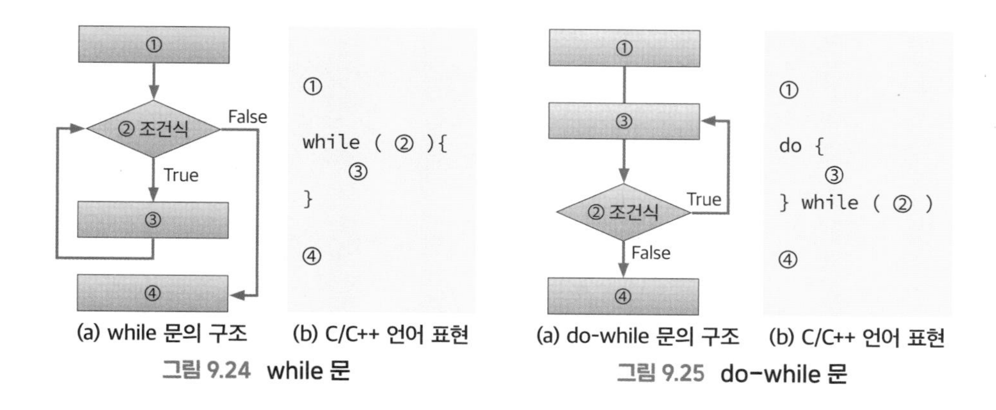

(a) while 문의 구조 (b) C/C++ 언어 표현

그림 9.24 while 문

(a) do-while 문의 구조 (b) C/C++ 언어 표현

그림 9.25 do-while 문

9.4.4 for

while 문이나 do-while 문에는 반복 조건을 나타내는 조건식만이 포함되어 있다면, **for 문에는 초기식, 조건식, 증감식 등 반복을 위해 필요한 모든 내용이 포함되어 있다.** 필요한 내용이 모여 있으므로 구조적인 코드 작성이 가능하다는 장점은 있지만, 이해하고 사용하기 어렵다는 점은 단점이 될 수 있다. for 문의 구조와 이를 코드로 나타낸 것이 그림 9.26으로, 그 구조가 while 문의 구조와 같다. 하지만 while 문에서는 조건식을 변경하는 코드(③-2)와 반복해서 수행할 코드(③-1)가 섞여 있다면, for 문에서는 이들이 분리되어 있다는 차이가 있다.

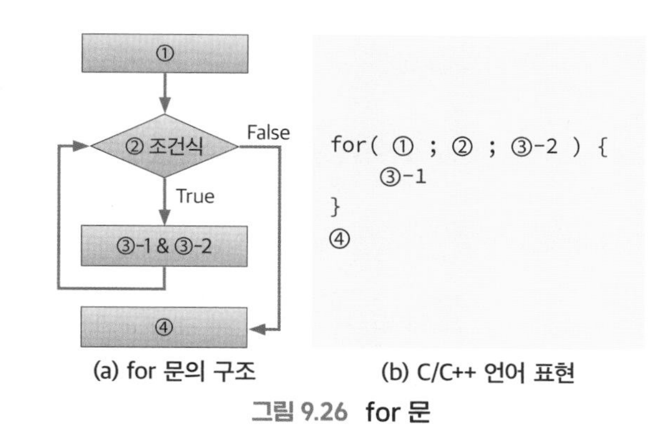

(a) for 문의 구조 (b) C/C++ 언어 표현

그림 9.26 for 문

마이크로컨트롤러를 위한 프로그램은 전원이 주어지는 동안 무한히 반복하는 무한 루프를 포함하고 있으며 아두이노의 loop 함수가 바로 무한 루프에서 호출하는 함수다. 모든 반복문은 무한 루프를 만드는 데 사용할 수 있지만, 대부분의 마이크로컨트롤러 프로그램에서는 while을 사용하고 아두이노의 main.cpp에서는 for를 사용하고 있다.

```
while(true) {
    ...
}
```

```
do{
    ...
} while(true);
```

```
for( ; ; ) {
    ...
}
```

스케치 9.14는 1부터 100까지 합을 구하는 코드를 세 가지 반복문을 사용하여 구현한 예다. 각 반복문의 구조를 비교해 보자.

스케치 9.14 반복문의 사용

```
void setup() {
    Serial.begin(9600);
    int count, sum;

    // do-while 문 사용
    sum = 0; count = 0;
    do {
        count++;
        sum += count;
    } while (count < 100);
    Serial.println(String("do-while 문 사용\t: ") + sum);

    // while 문 사용
    sum = 0; count = 0;
    while (count < 100) {
        count++;
        sum += count;
    }
    Serial.println(String("while 문 사용\t: ") + sum);

    // for 문 사용
    for (count = 1, sum = 0; count <= 100; count++) {
        sum += count;
    }
    Serial.println(String("for 문 사용\t: ") + sum);
}

void loop() { }
```

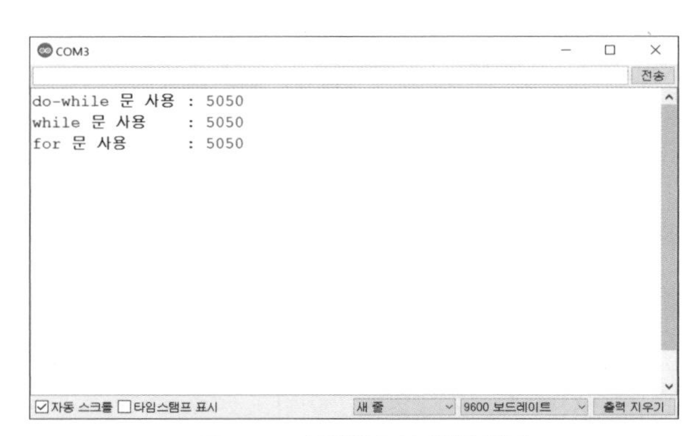

그림 9.27 스케치 9.14 실행 결과

이 외에도 반복 조건과 무관하게 반복문을 벗어나도록 해주는 break, 반복 실행 블록 내의 문장 실행을 생략할 수 있게 해주는 continue, 함수의 실행을 종료하고 함수를 호출한 곳으로 돌아가는 return 등이 제어문에 포함된다.

9.5 배열

C/C++ 언어에서 처리할 수 있는 데이터의 종류에는 정수, 실수, 문자의 세 가지가 있고 이들 데이터를 다루기 위해 C/C++ 언어에서는 정수형(int), 실수형(float, double), 문자형(char)의 기본 데이터 타입을 제공하고 있다. 하지만 이러한 데이터 타입으로 선언한 변수에는 하나의 값만 저장할 수 있다. 같은 타입의 값을 여러 개 저장하려면 어떻게 하면 될까? 여러 개의 변수를 선언해 사용하는 방법이 있을 수 있지만, 변수의 이름이 달라지면 여러 개의 값을 연관 지어 처리하기가 쉽지 않다. 같은 타입의 값 여러 개를 연관 지어 처리할 수 있게 해주는 것이 바로 배열이다. **배열은 같은 타입의 데이터 여러 개를 하나의 변수 이름으로 묶어서 관리할 수 있게 해준다.** 배열 사용에서 주의해야 할 점 중 하나가 **배열의 인덱스는 0부터 시작한다**는 것으로, 배열의 인덱스는 배열의 각 요소가 메모리 내에 저장되는 위치를 계산하기 위해 사용되는 값이다.

먼저 일반 변수와 배열 변수가 메모리에 저장되는 방법을 살펴보자. 스케치 9.15는 일반 변수와 배열 변수가 메모리에 저장된 주소를 출력하는 예다.

스케치 9.15 일반 변수와 배열 변수의 메모리 구성

```
void setup() {
    Serial.begin(9600);

    int A = 1;
    int B[4] = { 11, 12, 13, 14 };                    // 배열 선언 시에만 한꺼번에 초기화 가능

    // 일반 변수가 저장된 메모리 주소
    Serial.print("변수 A가 저장된 메모리 주소\t\t: ");
    Serial.println(unsigned(&A), HEX);                 // 16진수로 출력

    // 배열 변수가 저장된 메모리 주소
    for (int i = 0; i < 4; i++) {
        Serial.print("변수 B[" + String(i) + "]가 저장된 메모리 주소\t: ");
        Serial.println(unsigned(&B[i]), HEX);      // 16진수로 출력
    }
}

void loop() { }
```

그림 9.28의 실행 결과에서 알 수 있듯이 변수 B는 정수형 배열이고 정수형은 2바이트의 메모리를 사용하므로 배열의 각 요소가 메모리에서 2바이트 간격으로 연속된 메모리에 할당되어 8바이트 공간을 차지하고 있다.

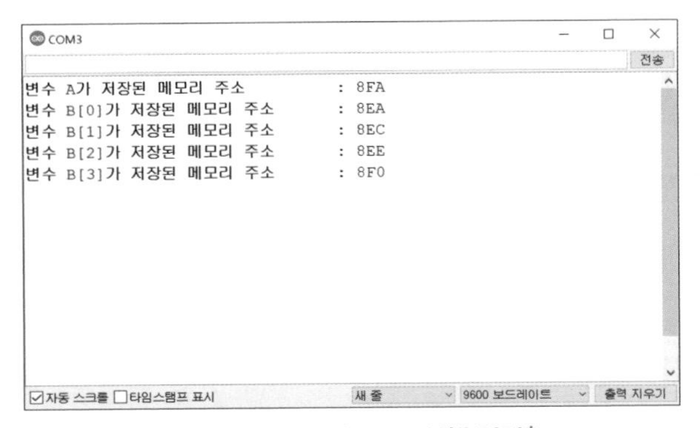

그림 9.28 스케치 9.15 실행 결과*

변수 선언은 값을 저장하기 위한 메모리를 확보하는 일이다. 변수에 값을 대입하거나 변숫값을 읽어오는 것은 메모리의 특정 위치를 대상으로 하므로 변수가 메모리의 어느 위치(즉, 주소)에 저장되어 있는지를 알고 있어야 한다. 하지만 메모리 주소는 숫자로 표시되어 기억하기 어려우므로 메모리 주소를 대신하는 별칭으로 변수 이름이 사용된다. **일반 변수 이름은 메모리 내에 저장된 값을 가리킨다.** 하지만 배열 변수에는 여러 개의 값이 저장되므로 변수 이름과 값을 대응시킬 수 없다. 따라서 **배열 변수 이름은 배열의 첫 번째 요소가 저장된 메모리 주소를 가리킨다.** 스케치 9.15의 실행 결과에서 알 수 있듯이 배열 변수는 메모리에서 연속된 주소에 저장되므로 첫 번째 요소가 저장된 주소를 알고 있다면 나머지 요소의 주소 역시 알 수 있다.

표 9.9는 일반 변수와 배열 변수의 주소와 값 사이의 관계를 나타낸 것으로, **일반 변수에서 값이 저장된 주소를 알아내기 위해서는 '&' 연산자를 사용할 수 있고, 배열 변수에서 주소로부터 값을 알아내기 위해서는 '[ ]' 또는 '*' 연산자를 사용할 수 있다.**

표 9.9 일반 변수와 배열 변수에서 값과 번지

변수 종류	변수 선언	값	번지
일반 변수	`int A;`	A	&A
배열 변수	`int B[5];`	B[2] 또는 *(B + 2)	B + 2 또는 &B[2]

그림 9.29에서 배열 변수 이름에 대한 산술 연산으로 주소를 결정하고 있다는 점도 주의해야 한다. 변수 B의 경우 `int` 타입 배열이고 `int` 타입은 2바이트 메모리를 사용하므로 '+1'은 다음 요소를 가리키기 위해 주소가 2 증가하는 결과를 가져온다. 만약 변수 B가 `char` 타입 배열이라면 '+1'에 의해 주소는 1 증가한다.

* 실제 출력되는 메모리 주솟값은 환경에 따라 달라질 수 있다. 결과에서 확인해야 할 내용은 배열 변수 B의 요소들이 저장된 메모리 주솟값이 2씩 차이가 난다는 점이다.

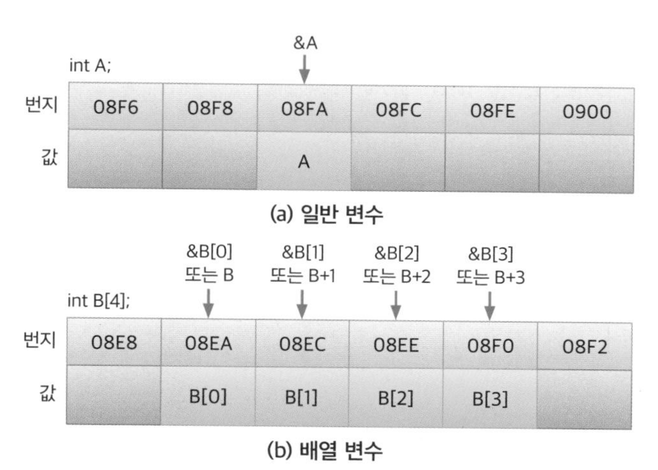

그림 9.29 일반 변수와 배열 변수의 메모리 할당

기본적으로 배열 변수는 일반 변수를 여러 개 묶은 형태이므로 요소별로 값을 대입하거나 사용해야 한다. 한 가지 예외라면 **배열을 선언할 때만 여러 개의 값을 한 번에 대입하여 초기화할 수 있다.** 스케치 9.16은 배열을 초기화하는 방법을 보인 예로, 초깃값의 수는 배열 내 요소의 수보다 적을 수는 있지만 많을 수는 없다. 이는 문자열을 문자 배열로 나타내는 경우에도 동일하다.

스케치 9.16 배열의 초기화

```
void setup() {
    Serial.begin(9600);

    int array1[4];                          // 초기화되지 않은 배열로 쓰레기 값 존재
    print_array(array1);

    int array2[4] = { 0, 1, 2, 3 };         // 배열 내 요소 수와 같은 수의 초깃값
    print_array(array2);

    int array3[4] = { 1 };                  // 첫 번째는 1, 나머지는 0으로 초기화
    print_array(array3);

    int array4[4] = { 0 };                  // 모든 요소가 0으로 초기화
    print_array(array4);
}

void print_array(int array[4]) {            // 배열 요소 출력 함수
    for (int i = 0; i < 4; i++) {
        Serial.print(array[i] + String('\t'));
    }
    Serial.println();
}

void loop() { }
```

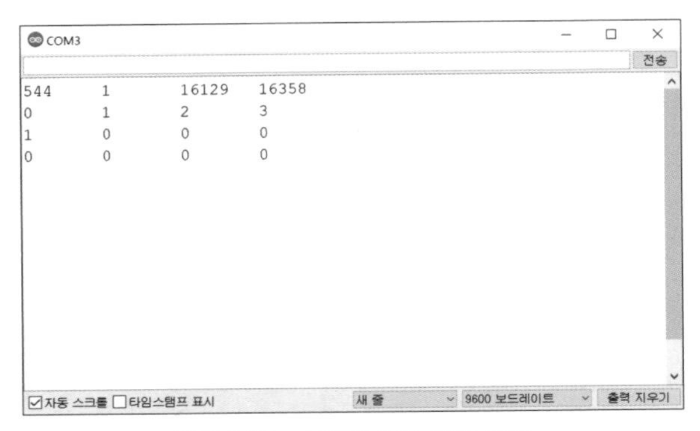

그림 9.30 스케치 9.16 실행 결과

배열을 사용하는 경우 흔히 함께 사용하는 것이 for 문이다. 반복문은 비슷한 작업을 반복적으로 실행할 때 이를 간단히 나타낼 수 있게 해주는 방법이며, 배열은 같은 타입의 값을 여러 개 묶어서 처리할 수 있게 해주는 방법이다. 또한 초기화 이후 배열 전체를 대상으로 어떤 작업을 수행하기 위해서는 각각의 배열 요소들에 대해 반복 작업이 필요하므로 배열과 for는 서로 잘 어울리는 한 쌍이라 할 수 있다.

배열을 사용하는 대표적인 예가 문자열을 다루는 경우로, char 타입 배열을 사용한다. **문자 배열이 다른 데이터 타입의 배열과 다른 점은 문자열의 끝을 나타내기 위해 NULL 문자가 사용된다는 점이다.** 길이 n인 문자열을 저장하기 위해서는 $n + 1$개의 요소를 저장할 수 있는 배열이 사용되지만, 정수 m개를 저장하기 위해서는 m개의 요소를 저장할 수 있는 배열이 사용된다. 스케치 9.17은 문자 배열과 정수 배열이 필요로 하는 메모리 크기를 비교하는 예다.

스케치 9.17 문자 배열과 정수 배열

```
void setup() {
    Serial.begin(9600);

    char str[] = "String";                    // 문자열 끝을 위한 NULL 문자 추가
    int no[] = { 1, 2, 3, 4 };                // 배열 끝을 위한 표시 없음

    Serial.print("문자 배열에 할당된 메모리 크기 \t: ");
    Serial.println(sizeof(str));

    Serial.print("정수 배열에 할당된 메모리 크기 \t: ");
    Serial.println(sizeof(no));
}

void loop() { }
```

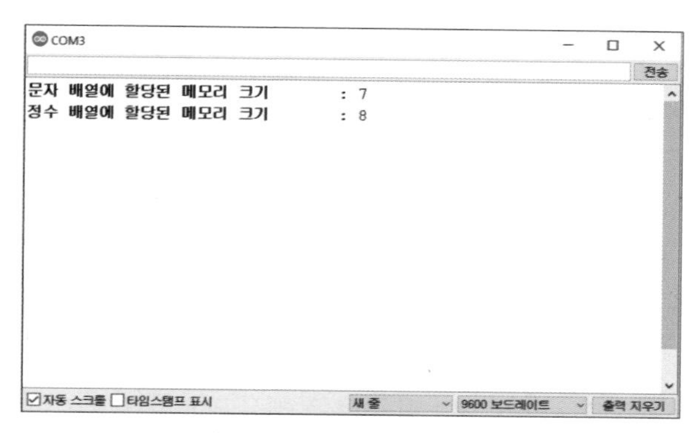

그림 9.31 스케치 9.17 실행 결과

9.6 포인터

포인터란 단어 의미 그대로 무엇인가를 가리키는 것으로, **C/C++ 언어에서 포인터는 데이터가 저장된 메모리를 가리킨다.** 포인터가 메모리를 가리킨다는 것은 메모리에 기록되어 있는 내용을 자유롭게 읽고 쓰는 방법을 제공한다는 의미다. 포인터를 통한 메모리 조작 방법은 코드의 실행 속도를 높이기 위해 흔히 사용된다. 또한 동적 메모리 할당을 통해 메모리를 효율적으로 사용하는 방법 역시 제공해 준다. 이처럼 빠르게 실행되고 메모리를 효율적으로 사용하도록 해주는 포인터이지만, C/C++ 언어에서 가장 이해하기 어려운 부분 중 하나가 포인터라는 점도 부정할 수 없다.

배열 변수의 이름은 배열의 첫 번째 요소가 저장된 메모리 주소를 가리킨다고 설명했다. 즉, **배열 변수의 이름이 포인터다.** 하지만 배열 변수의 이름이 가리키는 메모리 주소는 바뀌지 않으며 바뀌는 것은 메모리에 저장되는 값이다. 메모리 내의 내용을 자유롭게 바꾸기 위해서는 임의의 메모리 번지에 접근하는 방법이 필요하며 이를 위해 사용할 수 있는 것이 바로 포인터 변수다. C/C++ 언어의 기본 데이터 타입에는 정수, 실수, 문자가 있고 이에 대응하는 포인터 변수가 존재한다. 포인터 변수를 선언할 때는 데이터 타입과 함께 '*' 기호를 써서 포인터 변수임을 나타낸다.

```
// 일반 변수
int n;
float d;
char c;
```

```
// 포인터 변수
int *pn;
float *pd;
char *pc;
```

포인터 변수 역시 변수의 일종이므로 값을 저장하기 위해 메모리가 필요하며 여기서부터 일반 변수와의 차이가 시작된다. **일반 변수는 저장하고자 하는 데이터 타입에 따라 서로 다른 크기의 메모리를 사용한다.** 하지만 **포인터 변수에 저장할 수 있는 값은 메모리 주소뿐이며, 따라서 모든 포인터 변수는 같은 크기의 메모리를 사용한다.** 아두이노 우노의 경우 플래시 메모리는 14비트 주소*를, SRAM은 12비트 주소**를 사용하므로 포인터 변수가 사용하는 메모리 크기는 2바이트면 충분하다. 스케치 9.18은 일반 변수와 포인터 변수가 사용하는 메모리 크기를 비교하여 출력하는 예다.

스케치 9.18 일반 변수와 포인터 변수가 사용하는 메모리

```
void setup() {
    Serial.begin(9600);

    Serial.println(String("정수형 일반 변수\t : ") + sizeof(int));
    Serial.println(String("실수형 일반 변수\t : ") + sizeof(float));
    Serial.println(String("문자형 일반 변수\t : ") + sizeof(char));

    Serial.println();
    Serial.println(String("정수형 포인터 변수\t : ") + sizeof(int*));
    Serial.println(String("실수형 포인터 변수\t : ") + sizeof(float*));
    Serial.println(String("문자형 포인터 변수\t : ") + sizeof(char*));
}

void loop() { }
```

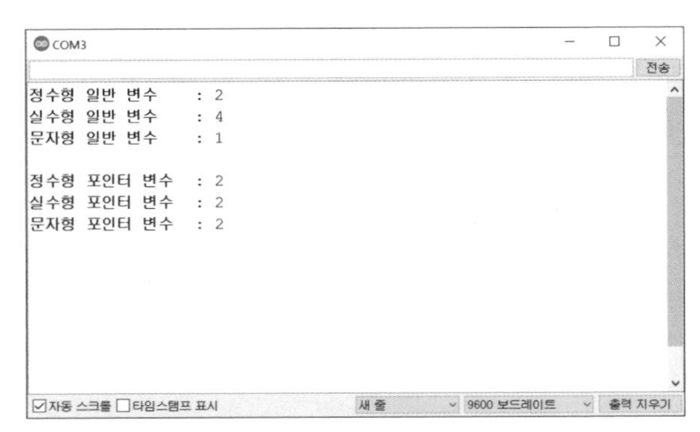

그림 9.32 스케치 9.18 실행 결과

---

* 아두이노 우노의 플래시 메모리는 32KB이지만 주소는 2바이트 단위로 정해지므로 16K개 주소를 나타내기 위해 14비트 주소가 사용된다.

** 아두이노 우노의 SRAM은 2KB로 바이트 단위로 주소가 정해져도 11비트면 충분할 것으로 보인다. 하지만 SRAM은 레지스터와 주소 공간을 함께 사용하므로 12비트 주소가 필요하다. ATmega328에서 SRAM에 할당된 주소는 0x100에서 0x8FF까지 2K개다.

포인터 변수는 모두 같은 크기의 메모리를 사용하고 저장할 수 있는 값이 메모리 번지뿐이라면 포인터 변수를 선언할 때 데이터 타입이 필요한 이유는 무엇일까? 포인터 변수가 가리키는 메모리에는 어떤 값이 저장되어 있으며 프로그램에서 중요한 것은 바로 이 값이다. 하지만 그림 9.32에서도 알 수 있듯이 메모리에 저장되는 값은 데이터 타입에 따라 서로 다른 크기의 메모리를 사용하고 있으므로, **포인터 변수가 가리키는 메모리 주소에서 시작해서 몇 바이트의 메모리에 하나의 값이 저장되어 있는지 알려주기 위해 포인터 변수에도 데이터 타입이 필요하다.** 이처럼 포인터 변수는 일반 변수와 함께 사용되는 경우에 유용하고 의미가 있으므로 이들의 관계를 이해하는 것이 중요하다. 스케치 9.19를 살펴보자.

스케치 9.19 일반 변수와 포인터 변수의 관계

```
void setup() {
    Serial.begin(9600);

    int n;                                  // 일반 변수
    int *pn;                                // 포인터 변수

    n = 3;                                  // 일반 변수는 값 대입
    pn = &n;                                // 포인터 변수는 주소 대입

    Serial.print("일반 변수의 값\t\t\t: ");
    Serial.println(n);

    Serial.print("일반 변수가 저장된 메모리 번지\t: ");
    Serial.println(unsigned(&n), HEX);

    Serial.println();
    Serial.print("포인터 변수의 값\t\t\t: ");
    Serial.println(unsigned(pn), HEX);

    Serial.print("포인터 변수가 저장된 메모리 번지\t: ");
    Serial.println(unsigned(&pn), HEX);

    Serial.print("포인터 변수가 가리키는 메모리 값\t: ");
    Serial.println(*pn);
}

void loop() { }
```

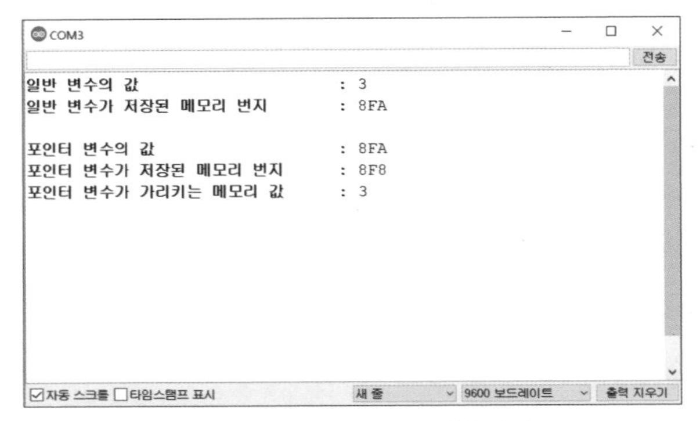

그림 9.33 스케치 9.19 실행 결과

일반 변수 n은 정숫값을 저장하기 위한 변수이므로 n = 3과 같이 정숫값을 대입해야 한다. 반면, 포인터 변수 pn은 정숫값이 저장된 메모리의 번지를 대입해야 하며, 일반 변수에 주소 연산자(&)를 사용하여 알아낸 번지를 pn = &n과 같이 대입할 수 있다.

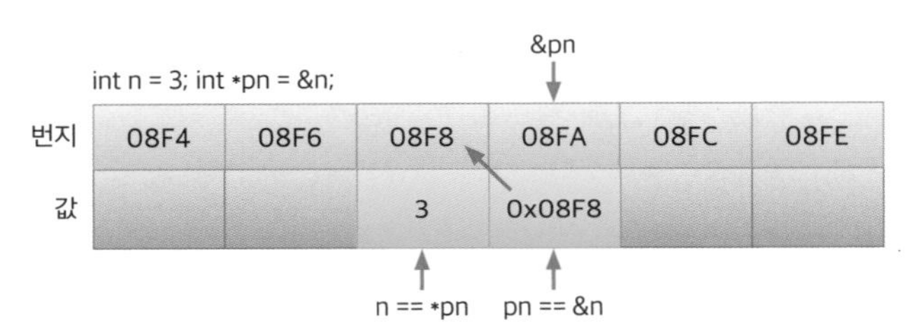

그림 9.34 일반 변수와 포인터 변수의 관계

포인터가 사용되는 흔한 예 중 하나는 함수의 매개변수로 사용되는 경우다. 함수의 매개변수는 함수의 시작 시점에서 생성되고 함수의 실행이 종료되면 사라지는 지역 변수로, 함수 내에서만 유효하다. 따라서 매개변수로 전달된 변수의 값을 함수 내에서 변경해도 함수를 호출한 쪽에서는 변경된 값이 반영되지 않으며 이를 값에 의한 호출call by value이라고 한다. 하지만 포인터를 전달하는 경우에는 차이가 있다. 포인터 변수를 전달해도 포인터 변수를 위한 별도의 지역 변수가 만들어지지만 같은 메모리 주소를 가리키므로 함수 내에서 변경한 값이 함수에서 반환한 이후에도 유지되며 이를 참조에 의한 호출call by reference이라고 한다. 참조에 의한 호출이 유용한 이유는 C/C++ 언어의 함수가 1개 이하의 값만 반환할 수 있기 때문으로, 2개 이상의 값을 반환하기 위해서는 포인터를 사용해야 한다. 스케치 9.20은 값에 의한 호출과 참조에 의한 호출을 비교한 예다.

스케치 9.20 값에 의한 호출과 참조에 의한 호출

```
void setup() {
    Serial.begin(9600);

    int A = 3;

    Serial.print("(setup) 변수 A가 저장된 주소 \t\t: ");
    Serial.println(unsigned(&A), HEX);
    Serial.print("(setup) 변수 A의 값 \t\t\t: ");
    Serial.println(A);

    byValue(A);                                         // 값에 의한 호출
    Serial.print("(setup) 값에 의한 호출 후 A의 값 \t\t: ");
    Serial.println(A);

    byReference(&A);                                    // 참조에 의한 호출
    Serial.print("(setup) 참조에 의한 호출 후 A의 값 \t\t: ");
    Serial.println(A);
}

void byValue(int a) {
    // a는 지역 변수로 함수에서 반환하면 a는 사라진다.

    Serial.print("\n(byValue) 지역 변수가 저장된 주소 \t\t: ");
    Serial.println(unsigned(&a), HEX);
    a = 0;                                              // A와 다른 주소 내의 값을 변경
}

void byReference(int *pa) {
    // pa는 지역 변수로 함수에서 반환하면 pa의 값은 사라진다.
    // 하지만 setup 함수 내 변수 A가 저장된 주소와 변수 pa의 값이 같으므로
    // 주소 pa를 통해 A의 값을 변경할 수 있다.

    Serial.print("\n(byReference) 지역 변수가 가리키는 주소 \t: ");
    Serial.println(unsigned(pa), HEX);
    *pa = 0;                                            // A와 같은 주소 내의 값을 변경
}

void loop() { }
```

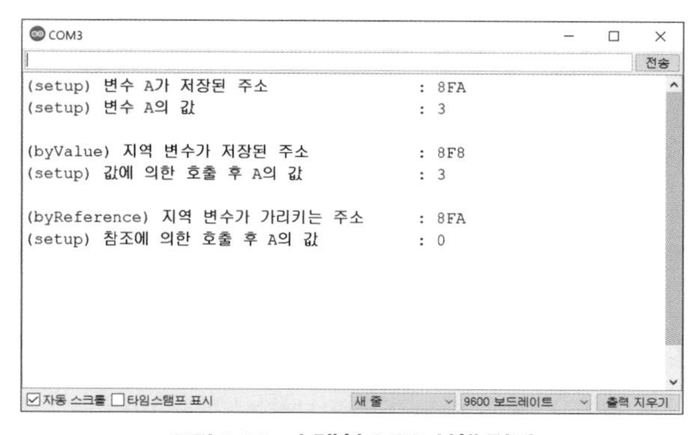

그림 9.35 스케치 9.20 실행 결과

그림 9.36은 스케치 9.20에서 각 지역 변수가 위치하는 메모리를 나타낸 것이다. 값에 의한 호출에서 A와 a는 아무런 관련이 없지만, 참조에 의한 호출에서 A와 pa는 값이 저장된 메모리 주소를 통해 연결되어 있다.

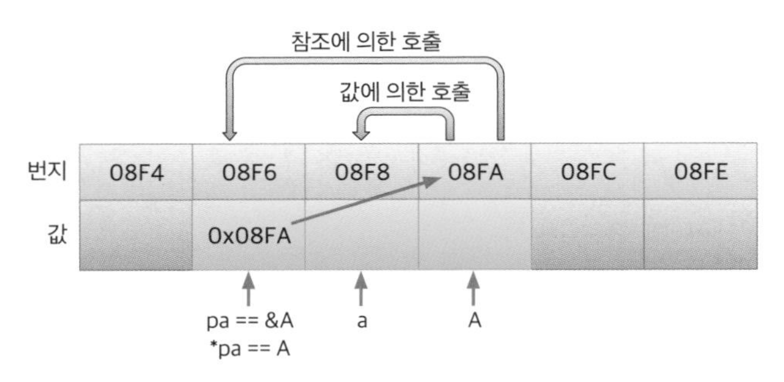

그림 9.36 값에 의한 호출과 참조에 의한 호출

9.7 함수

C 언어는 함수 중심의 언어다. C 언어의 함수는 수학에서의 함수와 유사하게 주어진 입력에 대해 어떤 연산을 수행하여 출력을 내는 시스템으로 생각할 수 있으며, 이때 함수로의 입력을 매개변수라고 하고 출력을 반환값이라고 한다. 여기에 매개변수와 반환값의 관계를 추상적으로 나타내는 함수 이름을 더하면 함수를 완전히 설명할 수 있다. 물론, 모든 함수가 매개변수와 반환값을 갖는 것은 아니다. **C 언어의 함수는 0개 이상의 매개변수를 가질 수 있고 1개 이하의 반환값을 가질 수 있다.** 매개변수가 없는, 즉 입력이 없는 경우에는 이를 표시하기 위해 void 키워드를 사용하거나 생략하고 비워둘 수 있다. 반면, 반환값이 없는 경우에는 반드시 void 키워드를 사용해야 한다. 함수 내에서 함수를 호출한 곳으로 결과를 알려주거나 함수 실행을 끝내고 함수를 호출한 곳으로 되돌아가기 위해서는 return을 사용하면 된다.

함수 사용은 함수 선언declaration**, 함수 정의**definition**, 함수 호출**call**로 이루어진다.** C 언어로 작성된 프로그램은 위에서 아래로 문장 단위로 실행되며 이는 폰 노이만 구조에서의 기본적인 실행 흐름과 같다. 따라서 함수를 실제로 사용하는 함수 호출 이전에 함수의 존재를 알려주어야 하며 이는 변수를 사용하기 이전에 변수 선언을 통해 메모리를 확보하는 것과 비슷하다. 함수의 존재를 알려주는 방법에는 함수 선언과 함수 정의의 두 가지가 있다. **함수 선언은 함수를 추상적으로 나타낸 것이라**

면, **함수 정의는 함수를 구체적으로 나타낸 것**으로, 실제 함수의 구현에 해당하는 몸체를 포함하는지에 따라 구별된다. 함수 선언은 함수의 구현을 포함하고 있지 않지만, 함수 이름, 매개변수, 반환값 등 함수 호출에 필요한 모든 정보를 포함하고 있으므로 함수 호출 이전에 함수 정의 대신 사용할 수 있다. C/C++ 언어의 코드 파일은 헤더 파일(*.h)과 소스 파일(*.c 또는 *.cpp)로 나뉘며 **헤더 파일에는 함수의 선언이, 소스 파일에는 함수의 정의가 포함된다.** 따라서 어떤 함수를 호출하기 위해서는 그 함수에 대한 선언을 포함하고 있는 헤더 파일을 포함(#include)하는 것이 일반적이다. 스케치 9.21은 함수 사용의 예를 보여준다. **아두이노에서는 함수 호출 이전에 선언이나 정의가 나오지 않아도 오류가 발생하지 않는 이유는 ino 파일을 cpp 파일로 변환하는 과정이 포함되어 있기 때문이다.**

스케치 9.21 함수의 사용

```
/*******************************************
*    함수 선언: 스케치에서 함수 선언은 생략 가능
*******************************************/
// float get_result(void);                     // 함수 선언 없이 호출 가능
void print_result(float r);
int recursive_sum(int n);

/*******************************************
*    함수 정의: 사용자 정의 함수 3개 포함 5개
*******************************************/
void setup() {
    Serial.begin(9600);

    float result = get_result();               // 매개변수가 없는 함수
    print_result(result);                      // 반환값이 없는 함수

    int sum = recursive_sum(10);               // 재귀 함수
    Serial.println(String("1부터 10까지의 합은 ") + sum + "입니다.");
}

float get_result(void) {
    return sin(30.0 * 3.14 / 180.0);           // 라디안 형식의 각도 지정
}

void print_result(float r) {
    Serial.println(String("싸인 30도 값은 ") + r + "입니다.");
}

int recursive_sum(int n) {
    if (n == 1) {
        return 1;
    }
    else {
        return n + recursive_sum(n - 1);
    }
}

void loop() { }
```

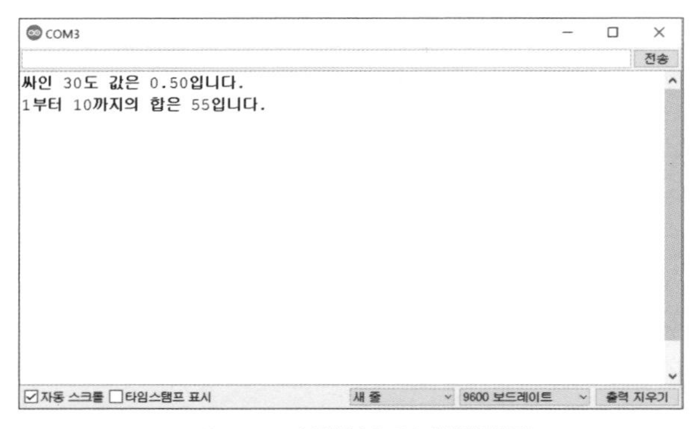

그림 9.37 스케치 9.21 실행 결과

함수 사용에서 주의할 점 중 하나는 **함수의 매개변수 역시 함수 내에서만 사용 가능한 지역 변수**라는 점이다. 따라서 함수 호출로 얻을 수 있는 결과는 1개 이하의 반환값이 전부다. 만약 2개 이상의 값을 결과로 얻고 싶다면 포인터 변수나 전역 변수를 사용해야 한다. C/C++ 언어에서는 전역 변수 사용을 추천하지 않지만, **스케치에서 setup 함수와 loop 함수에서 함께 사용할 수 있는 변수는 전역 변수 외에는 없으므로 전역 변수 역시 흔히 사용되고 있다.**

9.8 클래스

C는 함수 중심의 절차적인 프로그래밍 언어다. 이에 비해 **C++는 객체 중심의 객체지향 프로그래밍 언어다.** C++ 언어에 대한 가장 큰 오해는 C++를 C의 확장으로 생각하는 것이다. 크게 틀린 말은 아니지만, C의 확장으로 C++를 이해하면 C++의 핵심인 객체지향 개념을 이해하기가 쉽지 않다. **C++는 객체지향 프로그래밍에서 핵심적인 개념인 객체를 표현하기 위해 C 언어의 문법을 이용하는 언어**로 이해하는 것이 좋다. C 언어는 객체지향 개념이 등장하기 전 가장 많이 사용되는 프로그래밍 언어였으므로 객체지향을 표현하기 위해 C 언어가 선택된 것은 자연스러운 일이었다. 그렇다면 객체지향이란 무엇일까? C++ 언어가 C 언어와 같은 키워드를 사용하므로 C에는 없는 C++의 키워드와 문법 몇 가지를 배우고 C++를 배웠다고 이야기하지만, C++의 핵심은 그 개념에 있지 문법에 있지 않다. 객체지향의 개념을 한마디로 설명하기는 어려우며 많은 책에서 다양한 방식으로 객체지향의 개념을 설명하고 있다. 하지만 객체지향 개념에서 가장 중요한 것은 객체인 것이 당연하며 이를 표현하기 위한 C++의 도구가 클래스class라는 점은 기억해야 한다.

먼저 객체object, 클래스class, 인스턴스instance의 차이부터 알아보자. **객체란 현실에서 구별될 수 있는 대상을 말한다.** 객체는 '자동차'와 같이 물리적인 대상일 수도 있지만, '낭만주의'와 같이 추상적인 대상일 수도 있다. 한 객체가 다른 객체와 구별되기 위해서는 객체 특유의 속성이나 행동이 있어야 한다. 이처럼 **현실에서 구별되는 대상을 디지털 세상에서 표현하기 위한 설계도가 클래스에 해당한다.** 클래스는 객체가 가지는 속성과 행동을 멤버 변수와 멤버 함수로 표현한다. 마지막으로 **인스턴스는 클래스라는 설계도를 써서 만든 디지털 세상의 객체를 말한다.** 즉, 클래스가 객체를 추상적으로 나타낸다면 인스턴스는 메모리를 사용하여 디지털 세상에서 객체를 구체적으로 나타낸 것이다. 따라서 클래스를 사용하여 만든 구체적인 대상은 인스턴스라고 이야기하는 것이 맞지만, 인스턴스 역시 객체의 한 종류로 볼 수 있으므로 '클래스의 인스턴스를 만든다'는 표현과 '클래스의 객체를 만든다'는 표현이 모두 사용된다. 아두이노가 비전공자를 위한 플랫폼인 만큼 스케치에서 클래스를 디자인하고 구현하는 경우는 많지 않다. 하지만 주변장치 제어를 위한 라이브러리 대부분이 클래스 라이브러리 형태로 제공되므로 클래스의 사용 방법에 익숙해질 필요는 있다.

C 언어에서 변수는 하나의 값만 저장할 수 있으며, 같은 종류의 값 여러 개를 저장하기 위해 배열을 사용할 수 있다. 이를 확장하여 **다른 종류의 값 여러 개를 하나의 이름으로 다룰 수 있게 해주는 C 언어의 요소 중 하나가 구조체structure**다. 스케치 9.22는 구조체를 이용하여 Student라는 새로운 데이터 타입을 정의하고 이를 사용하는 방법을 보여주는 예다.

스케치 9.22 구조체 사용

```
typedef struct {                          // 구조체를 새로운 타입의 변수로 정의
    String name;                          // 이름 필드
    int age;                              // 나이 필드
    float weight;                         // 몸무게 필드
} Student;                                // 새로운 데이터 타입의 이름

void setup() {
    Serial.begin(9600);

    Student student;                      // Student 타입 변수 선언

    student.name = "아무개";               // 구조체의 각 필드에 변숫값 대입
    student.age = 22;
    student.weight = 61.5;

    Serial.println(String("학생 \'") + student.name + '\'');
    Serial.println(String("\t나이는 ") + student.age + "살");
    Serial.println(String("\t몸무게는 ") + student.weight + "Kg");
}

void loop() { }
```

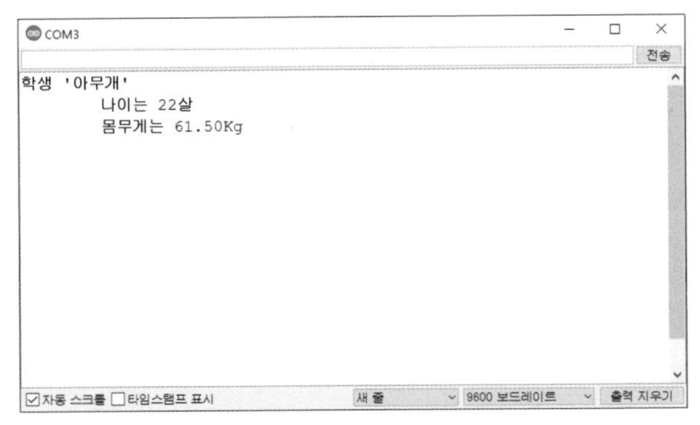

그림 9.38 스케치 9.22 실행 결과

구조체에는 여러 개의 값을 저장할 수 있으며 **구조체에서 하나의 값이 저장되는 공간을 필드**field라고 한다. 필드에는 정수(int), 실수(float, double), 문자(char), 배열 등이 올 수 있다. 배열에도 여러 개의 값을 저장할 수 있지만, 배열은 같은 종류의 값만을 저장할 수 있는 반면, 구조체는 다른 종류의 값을 저장할 수 있다는 차이가 있다. 또한 여러 개의 값이 저장되어 있을 때 그중 하나의 값을 알아내기 위해 배열에서는 배열 연산자('[ ]')를 사용한다면, **구조체에서는 각 필드에 접근하기 위해 구조체 연산자 중 하나인 도트 연산자('.')를 사용한다.**

구조체가 연관된 변수들의 묶음이라면 클래스는 연관된 변수에 연관된 함수까지 포함하고 있다. 이때 연관된 변수들을 멤버 변수, 연관된 함수들을 멤버 함수라고 한다. 클래스를 설계하기는 쉽지 않다. 하지만 클래스를 사용하는 방법은 구조체를 사용하는 방법과 크게 다르지 않다. 멤버 변수를 사용하기 위해서는 구조체와 마찬가지로 도트 연산자를 사용하며, 멤버 함수 역시 마찬가지다. 스케치 9.23은 스케치 9.22에서 구조체를 클래스로 바꾼 것이다. 구조체 정의와 클래스 정의 부분이 달라졌을 뿐 나머지는 같다. 실행 결과 역시 스케치 9.22의 실행 결과와 같다.

스케치 9.23 클래스 사용 – 멤버 변수

```
class Student {                             // 클래스 정의
public:
    String name;                            // 이름 멤버 변수
    int age;                                // 나이 멤버 변수
    float weight;                           // 몸무게 멤버 변수
};

void setup() {
    Serial.begin(9600);

    Student student;                        // Student 타입 변수 선언

    student.name = "아무개";                // 클래스의 각 멤버 변수에 변숫값 대입
    student.age = 22;
    student.weight = 61.5;
```

```
    // 멤버 변수를 통한 변숫값 읽기
    Serial.println(String("학생 \'") + student.name + '\'');
    Serial.println(String("\t나이는 ") + student.age + "살");
    Serial.println(String("\t몸무게는 ") + student.weight + "Kg");
}

void loop() { }
```

스케치 9.23은 클래스를 사용하여 구조체를 사용한 경우와 같은 결과를 얻었지만, 클래스의 멤버 변수를 구조체의 필드처럼 사용하는 방법은 추천되지 않으며 멤버 변수를 위한 전용의 멤버 함수를 정의하여 사용하는 것이 좋다. 멤버 함수를 사용하면 단순히 변수의 값을 읽거나 쓰는 것 이외에도 나이와 몸무게의 관계를 알아내는 등 여러 멤버 변수를 함께 사용할 수도 있다. 스케치 9.23에서 멤버 변수에 직접 접근할 수 없고 멤버 함수를 통해서만 접근할 수 있도록 수정한 것이 스케치 9.24다. 구조체를 사용하는 경우와는 약간의 차이가 있지만, 멤버 변수의 값을 읽거나 쓰기 위해서 여전히 도트 연산자를 통해 멤버 함수를 사용하고 있다.

스케치 9.24 클래스 사용 – 멤버 함수

```
class Student {                              // 클래스 정의
private:                                     // 직접 접근할 수 없는 멤버 변수
    String name;
    int age;
    float weight;
public:                                      // 직접 접근할 수 있는 멤버 함수
    void setName(char *_name) { name = _name; };
    void setAge(int _age) { age = _age; };
    void setWeight(float _weight) { weight = _weight; };

    char *getName() { return name.c_str(); };
    int getAge() { return age; };
    float getWeight() { return weight; };
};

void setup() {
    Serial.begin(9600);

    Student student;                         // Student 타입 변수 선언

    student.setName("아무개");               // 클래스 각 멤버 변수에 변숫값 대입
    student.setAge(22);
    student.setWeight(61.5);

    // 멤버 함수를 통한 변숫값 읽기
    Serial.println(String("학생 \'") + student.getName() + '\'');
    Serial.println(String("\t나이는 ") + student.getAge() + "살");
    Serial.println(String("\t몸무게는 ") + student.getWeight() + "Kg");
}

void loop() { }
```

스케치 9.24에서는 클래스의 멤버 변수에 값을 대입하기 위해 set으로 시작하는 멤버 함수를, 값을 읽어오기 위해 get으로 시작하는 멤버 함수를 사용하고 있다. 다른 방법으로는 대입 연산자 오버로딩이 있다. 예를 들어 Student 객체에 문자열을 대입하면 이름이 설정되고, 정수를 대입하면 나이가 설정되는 식이다. 비슷하게 캐스팅casting 연산자 오버로딩을 통해 값을 읽어오는 것도 가능하다. 스케치 9.25는 스케치 9.24를 연산자 오버로딩을 사용하여 수정한 예다. 스케치 9.24에서는 Student 클래스의 멤버 변수 3개가 모두 다른 데이터 타입이어서 연산자 오버로딩이 가능하다. 만약 age와 weight가 모두 정수형(int) 변수라면 정숫값을 대입할 때 age와 weight 중 어느 값인지 구별할 수 없어 연산자 오버로딩을 사용할 수 없다.

스케치 9.25 클래스 사용 – 연산자 오버로딩

```
class Student {                                    // 클래스 정의
private:                                           // 직접 접근할 수 없는 멤버 변수
    String name;
    int age;
    float weight;
public:                                            // 연산자 오버로딩
    void operator=(const char *_name) { name = _name; };
    void operator=(const int &_age) { age = _age; };
    void operator=(const float &_weight) { weight = _weight; };

    operator char*() { return name.c_str(); };
    operator int() { return age; };
    operator float() { return weight; };
};

void setup() {
    Serial.begin(9600);

    Student student;                               // Student 타입 변수 선언

    student = "아무개";                             // 클래스의 각 멤버 변수에 변숫값 대입
    student = 22;
    student = 61.5f;

    // 캐스팅에 의한 변숫값 읽기
    Serial.println(String("학생 \'") + (char*)student + '\'');
    Serial.println(String("\t나이는 ") + (int)student + "살");
    Serial.println(String("\t몸무게는 ") + (float)student + "Kg");
}

void loop() { }
```

표 9.10은 구조체와 클래스에서 변숫값을 읽고 쓰는 방법을 비교한 것이다.

표 9.10 구조체와 클래스의 사용 방법

<table>
<tr><th colspan="2"></th><th>변숫값 대입</th><th>변숫값 읽기</th></tr>
<tr><td colspan="2">구조체</td><td rowspan="2">student.name = "아무개";
student.age = 21;
student.weight = 61.5;</td><td rowspan="2">n = student.name;
a = student.age;
w = student.weight;</td></tr>
<tr><td rowspan="3">클래스</td><td>멤버 변수</td></tr>
<tr><td>멤버 함수</td><td>student.setName("아무개");
student.setAge(21);
student.setWeight(61.5);</td><td>n = student.getName();
a = student.getAge();
w = student.getWeight();</td></tr>
<tr><td>연산자</td><td>student = "아무개";
student = 21;
student = 61.5;</td><td>n = (char*)student;
a = (int)student;
w = (float)student;</td></tr>
</table>

간단한 몇 마디 말로 객체지향을 설명할 수는 없으며, 짧은 몇 페이지의 글로 객체지향을 이해하기란 불가능하다. 하지만 아두이노의 장점 중 하나가 방대한 클래스 라이브러리에 있으므로 적어도 **클래스의 사용 방법에 익숙해지는 것은 아두이노를 이해하고 활용하는 발판이 될 것이다.** 구조체와 클래스의 사용 방법에서 알 수 있듯이 **클래스는 쉽게 사용할 수 있도록 설계하고 구현하기가 어려운 것이지 클래스를 사용하는 것은 그리 어려운 일이 아니다.** 지레 겁을 먹지만 않는다면 클래스를 사용하기 위해 많은 것이 필요하지 않다는 사실을 쉽게 알 수 있다. 관심 있는 독자라면 C++ 언어와 객체지향 관련 책을 찾아보기를 추천하며, 이를 통해 아두이노 라이브러리를 깊이 있게 이해하고 나아가 아두이노에 대한 이해를 넓힐 수 있을 것이다.

9.9 맺는말

아두이노의 스케치는 C/C++ 언어를 사용한다. C/C++ 언어를 사용하여 스케치를 작성하는 것은 기본적으로 데스크톱 컴퓨터를 위한 프로그램을 작성하는 것과 다를 바가 없지만, 8비트의 AVR 시리즈 마이크로컨트롤러를 사용한 아두이노 보드의 경우 표현할 수 있는 숫자의 범위가 좁다는 점, 그리고 처리 속도가 느리다는 점에서 일반적인 C/C++ 프로그래밍과는 다른 프로그래밍 기법이 사용될 수 있다는 점은 염두에 두어야 한다. 또한 마이크로컨트롤러를 위한 프로그램은 저수준의 하드웨어 제어 작업이 많이 필요하므로, 일반적인 C/C++ 프로그래밍에서는 잘 사용하지 않는 비트 연산이 많이 사용된다는 점도 기억해야 한다.

아두이노는 비전공자를 위한 플랫폼이므로 스케치 작성은 함수 기반의 C 언어 스타일로 이루어지는 것이 사실이다. 하지만 아두이노의 장점 중 하나는 많은 라이브러리를 사용할 수 있다는 점이며, 이들 라이브러리 대부분은 C++ 언어의 클래스로 구현되어 있다. 따라서 클래스 사용 방법을 이해하는 것은 쉽고 간단하게 스케치를 작성하는 밑거름이 될 것이다. 클래스를 직접 설계하고 구현할 수 있다면 금상첨화겠지만, 아두이노를 위해서라면 클래스를 사용하는 방법에 익숙해지는 것으로 충분할 만큼 필요한 라이브러리를 어렵지 않게 찾을 수 있다. 클래스를 사용하는 것은 객체지향을 이해하는 것과 달리 그리 어렵지 않다. 기존 클래스 라이브러리를 사용하면서 무언가 아쉽다는 생각이 든다면 이제는 거인의 어깨 위에서 일어설 준비가 된 것이라 믿어도 좋다.

1 1바이트 크기의 정수에 대해 각 비트의 값을 MSB$_{\text{Most Significant Bit}}$에서 LSB$_{\text{Least Significant Bit}}$ 순서로 출력하는 함수를 작성해 보자. 함수의 원형은 다음과 같다.

```
void print_bits(uint8_t n);
```

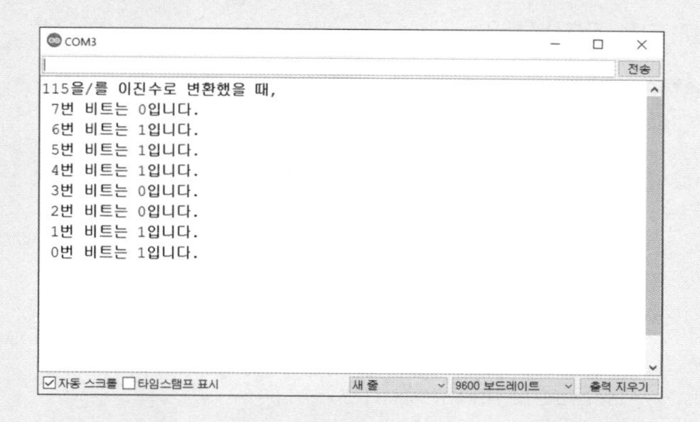

2 정수 n(≥ 2)이 주어졌을 때 이를 소인수분해하여 출력하는 함수를 작성해 보자. 함수의 원형은 다음과 같다.

```
void prime_factorization(int n);
```

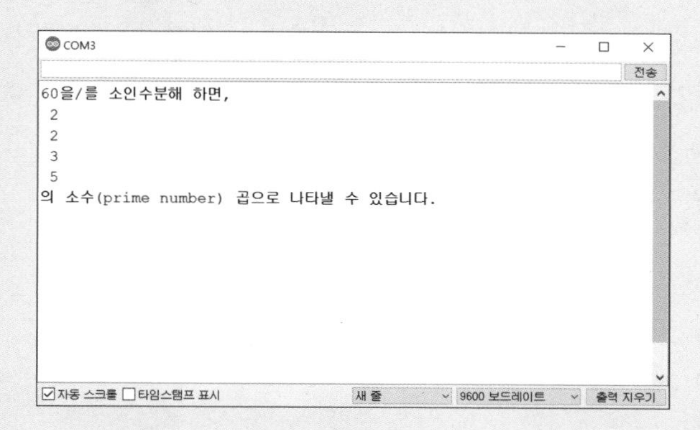

3 마이크로컨트롤러를 포함하여 컴퓨터의 메모리는 1차원 구조로 되어 있다. 따라서 2차원 배열을 선언한다고 하더라도 1차원 메모리 구조에 맞게 변형되어 저장된다. 스케치 9.26을 업로드하여 2차원 배열의 각 요소가 저장되는 메모리 번지를 확인하고, 2차원 배열이 메모리에 저장되는 방식을 알아보자.

스케치 9.26 이차원 배열

```
void setup() {
    Serial.begin(9600);

    int n[3][3] = {1, 2, 3, 4, 5, 6, 7, 8, 9};    // 2차원 배열 생성

    for (int i = 0; i < 3; i++) {                 // 각 요소의 값과 번지 출력
        for (int j = 0; j < 3; j++) {
            Serial.print(String("n[") + i + "][" + j + "] = " + n[i][j]);
            Serial.print(String("이고, 저장되는 메모리 주소는 0x"));
            Serial.print(unsigned(&n[i][j]), HEX);
            Serial.println("입니다.");
        }
    }
}

void loop() { }
```

4 객체지향 프로그래밍을 이해하기 위한 중요한 개념에는 캡슐화encapsulation, 추상화abstraction, 상속inheritance, 다형성polymorphism 등이 있다. 이 중 아두이노에서 클래스를 사용할 때 가장 많이 접하게 되는 것은 다형성으로, 다형성에는 오버로딩overloading과 오버라이딩overriding이 포함된다. 오버로딩과 오버라이딩이 무엇인지 그리고 그 차이는 무엇인지 알아보자.

CHAPTER 10

아두이노를 위한 전자공학

아두이노는 비전공자를 위한 마이크로컨트롤러 플랫폼으로, 주변 환경과 상호 작용할 수 있는 간단한 제어 장치를 만들기 위한 목적으로 시작되었다. 마이크로컨트롤러가 어렵게 느껴지는 이유 중 하나는 하드웨어와 소프트웨어에 대한 이해가 모두 필요하기 때문이다. 이 중 소프트웨어는 C/C++ 언어를 사용하여 스케치한다면, 하드웨어는 주변 환경과의 상호 작용을 위해 다양한 전자 부품이 사용된다. 이 장에서는 아두이노와 함께 사용되는 전자 부품을 이해하는 데 필요한 전자공학의 기본 원리와 제어 장치를 구성하기 위한 전자 부품의 활용 방법을 알아본다.

마이크로컨트롤러는 간단한 제어 장치를 만들기 위해 흔히 사용되었고 최근에는 인터넷 연결을 통해 사물인터넷의 한 부분으로 자리를 잡아가고 있는 등 활용 범위가 점차 넓어지고 있다. 이러한 마이크로컨트롤러 보급의 확대는 하드웨어의 발전에 따라 다양한 기능을 가진 마이크로컨트롤러가 저렴한 가격에 보급될 수 있었던 이유도 있지만, 마이크로컨트롤러와 함께 사용될 수 있는 다양한 전자 부품 역시 무시할 수 없다. 마이크로컨트롤러는 눈에 띄지는 않지만 이미 일상생활에 깊이 침투해 다양한 장치를 제어함으로써 수많은 신기하고 재미있는 일들을 가능하게 해주고 있다. 주변에서 일어나고 있는 신기한 일들을 그저 신기하게만 바라볼 것이 아니라면 전자공학의 기본 원리를 이해함으로써 직접 신기한 일을 만들어가는 것 역시 어렵지 않다. 이 장에서는 전자공학의 기본적인 원리를 이해함으로써 아두이노와 함께 사용되는 다양한 전자 부품에 대한 이해를 돕고 제어 장치를 만드는 데 이들 전자 부품을 효과적으로 활용하도록 하는 데 목적이 있다.

전자제품이 없는 일상생활을 상상할 수 없을 만큼 다양한 전자제품을 주변에서 찾아볼 수 있으며 그만큼 전자공학은 생활 속에 녹아 있다. 전자공학은 다양한 방법으로 정의될 수 있지만, 이 장에서는 다음과 같이 정의하려고 한다.

전자electron의 에너지를 제어하고 이용하는 방법을 다루는 과학

정의에서 볼 수 있듯이 전자공학에서는 '전자'가 핵심적인 역할을 한다. 전자는 원자atom를 구성하는 요소 중 하나다. 원자의 크기는 10^{-8}cm 정도로 머리카락 두께의 100만 분의 1 정도에 지나지 않는다. 전자의 크기는 이보다 훨씬 더 작다. 전자의 정확한 크기는 알려진 바 없지만, 원자를 축구장에 비유한다면 전자는 축구장에 있는 축구공보다도 훨씬 작은 것으로 알려져 있다. 이처럼 작은 크기의 전자를 다루기란 쉽지 않다. 따라서 **전자공학에서는 눈에 보이는 전자 부품electronic component을 사용하여 전자를 제어하고 이를 통해 다양한 작업을 수행한다.** 아두이노를 포함하여 마이크로컨트롤러와 흔히 함께 사용되는 전자 부품에는 저항resistor, 커패시터capacitor, 다이오드diode, 트랜지스터transistor, ICIntegrated Circuit 등이 있으며 이들은 전자공학의 기본이 되는 전자 부품이기도 하다.

눈에 보이는, 손으로 만질 수 있는 전자 부품들이 준비되었다. 무엇을 할 수 있을까? 아쉽지만 전자 부품만으로는 아무것도 할 수 없다. 전자 부품을 서로 연결하여 전자가 흐를 수 있는 길을 만들어야만 비로소 전자가 움직일 수 있고, 전자가 움직여야만 전등에 불을 켜고, 텔레비전으로 스포츠 경기를 시청하고, 스마트폰으로 전화를 할 수 있다. 이처럼 **전자 부품을 연결하여 만들어진, 전자가 움직이는 길을 전자회로circuit라고 한다.**

아두이노를 깊이 있게 이해하기 위해서는 전자공학의 기본 원리를 이해해야 한다. 전자공학을 이해하기 위해서는 먼저 전자를 이해하고, 손으로 직접 만져볼 수 있는 전자 부품을 이해해야 하며, 전자 부품으로 이루어지는 전자회로를 이해해야 한다. 어려워 보일 수도 있지만 사실 그렇게 어렵지 않다. 최신의 전자공학 이론이 집약된 스마트폰을 만들기 위한 전자공학은 너무 방대하여 여러 권의 책으로도 설명하기 어렵지만, 간단한 전자기기의 동작 원리를 이해하고 전자 부품을 아두이노와 함께 사용하는 방법을 배우기 위한 기본적인 전자공학의 원리를 이해하는 일은 그리 어렵지 않다.

10.1 전류, 전압, 전력

전자공학의 핵심은 전자electron에 있다. 전자란 원자를 이루는 요소 중 하나로, 음(−)의 전기를 띠는 입자를 말한다. 원자는 양(+)의 전기를 띠는 양성자proton와 전기를 띠지 않는 중성자neutron로 이루어지는 원자핵nucleus을 중심으로 그 외곽을 층을 이루어 회전하는 전자로 이루어진다.

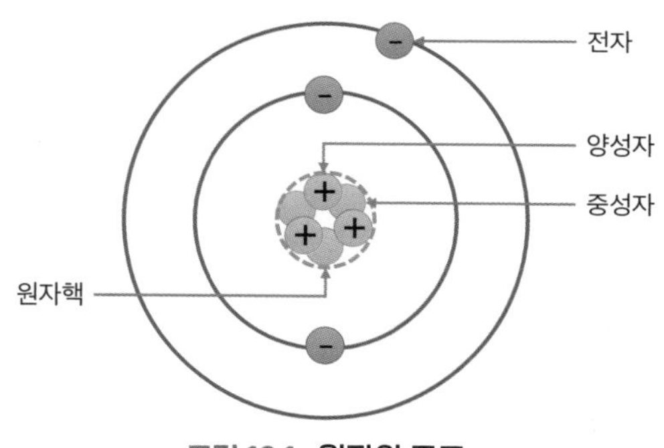

그림 10.1 원자의 구조

전자공학의 핵심은 전자에 있다고 이야기했지만 좀 더 정확하게는 **전자의 움직임에 의해 만들어지는 전하**electric charge**의 흐름**, 즉 **전류**current에 있다. 원자의 중심에 부동의 위치를 지키고 있는 원자핵과 달리 전자는 원자핵 주위를 빠른 속도로 회전하고 있다. 원심력에 의해 전자는 원자핵을 벗어나려 하지만, 양성자에 이끌려 그 자리를 지키고 있다. 달이 지구 주위를 돌고 있는 것과 마찬가지이지만 양성자의 양(+)의 전하와 전자의 음(−)의 전하 사이의 전기적인 끌림 역시 전자가 도망가지 못하게 하는 역할을 한다. 원자에서 양성자와 전자의 수는 같으므로 원자는 전기를 띠지 않는 전기적으로 중성의 상태에 있다. 하지만 약간의 힘을 가하면 전자는 자리를 벗어나 다른 원자로 움직여갈 수 있다. 그림 10.1에서 볼 수 있듯이 전자는 원자핵에서 양파 껍질과 같은 층을 이루고 있으므로 원자핵에서 멀리 있는 전자일수록 작은 힘에도 쉽게 자리를 벗어날 수 있다. 전자가 자리를 벗어났다고 생각해 보자. 전자는 어디로 갈까? 어디로 갈지 아무도 모른다. **전자공학에서는 어디로 움직일지 모르는 전자를 원하는 방향으로 움직이도록 만들어 다양한 전자기기들을 동작시킨다.**

전자공학에서는 전자가 흐를 수 있는지 없는지에 따라 물질을 도체conductor와 부도체insulator의 두 가지로 구분한다. 도체의 경우 원자핵에서 멀리 떨어져 있는 전자는 원래 소속되어 있던 원자핵에서 벗어나 쉽게 다른 원자핵 쪽으로 옮겨갈 수 있으며, 이처럼 **특정 원자핵에 소속되지 않고 자유롭게 움직일 수 있는 전자를 자유전자**free electron라고 한다. 도체란 자유전자를 많이 갖고 있는 물질로, 구리나 철 같은 대부분의 금속이 도체에 속한다. 반면, 부도체는 자유전자가 극히 적어 전자가 자유롭게 움직일 수 없는 물질로 플라스틱, 나무 등이 부도체에 속한다. 도체에 전원을 연결하면, 즉 힘을 가하면 전자는 한 방향으로 움직이게 되고 전자의 일정한 움직임, 즉 전류가 만들어진다.

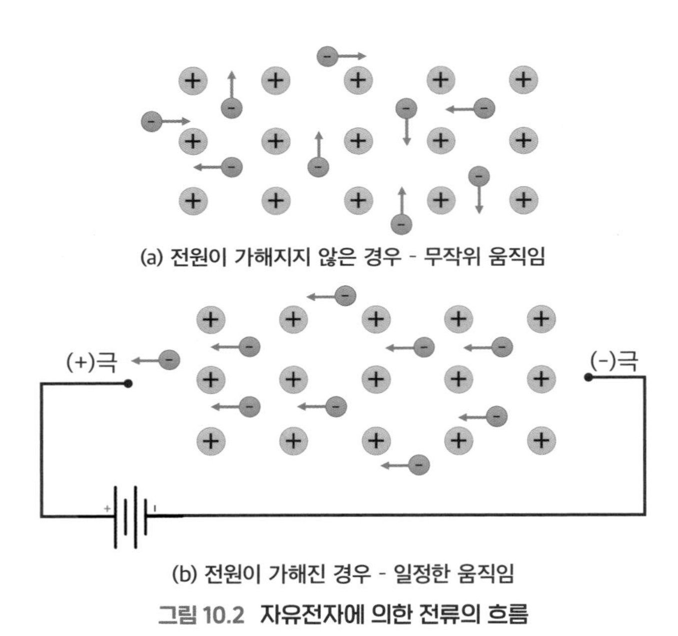

(a) 전원이 가해지지 않은 경우 - 무작위 움직임

(b) 전원이 가해진 경우 - 일정한 움직임

그림 10.2 자유전자에 의한 전류의 흐름

도체는 전자가 쉽게 옮겨 다닐 수 있는 물질로 전자가 움직이는 '길'을 만들어주는 역할을 한다. 가정에서 전등을 연결하기 위해 사용하는 전선은 도체인 구리로 만들어져 있다. 전등을 가정용 콘센트에 연결하면 전자가 움직여 전류가 만들어지고 전류는 전구에서 빛이라는 다른 형태의 에너지로 바뀌게 된다. 즉, '일'을 한다.

전자가 움직여 일을 하면 그 결과로 우리는 전등을 켜고, 선풍기를 돌리며, 전자레인지로 음식을 조리할 수 있다. 하나의 전자가 할 수 있는 일의 양은 정해져 있으므로 얼마나 많은 일을 했는지 알아내기 위해서는 얼마나 많은 전자가 움직였는지 알아야 한다. 전자는 음(−)의 전하를 띠고 있지만 하나의 전자가 띠고 있는 전하의 양은 아주 적다. 따라서 **전하의 양을 나타내기 위해서는 전자 6.241 × 10^{18}개가 갖고 있는 전하의 양을 합한 쿨롱**C: Coulomb **단위를 사용한다.** 하지만 전하는 움직여야 일을 할 수 있다. 구리선 내에 많은 수의 자유전자들이 존재하지만, 일정한 흐름을 갖지 못하고 무작위로 움직이고 있으므로 전체적으로 움직임은 없는 것과 같다. 전하의 움직임은 전류current라고 하며, 단위는 암페어A: Ampere를 사용한다. **1초에 단면을 통과하는 전하의 양이 1C일 때의 전류를 1A라고 한다.** 전통적으로 전류는 양(+)에서 음(−)의 방향으로 흐른다고 생각하지만, 실제로 움직이는 것은 전자이며 전자의 흐름은 전류의 흐름과는 반대 방향이다.

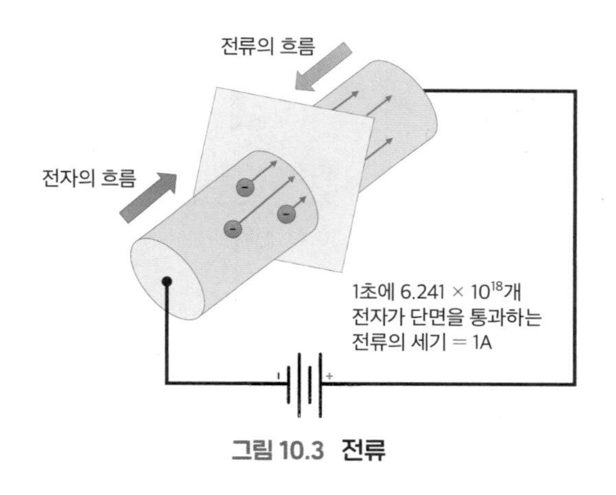

그림 10.3 전류

전자가 하는 일의 양은 전류로만 결정되는 것은 아니지만 전류가 크면 많은 일을 할 수 있는 것은 사실이다. 흔히 볼 수 있는 가전제품의 전류를 비교해 보면 전류를 나타내는 단위를 이해하는 데 도움이 된다. 모델에 따라 다르기는 하지만 선풍기 0.18A, 전자레인지 3.64A, 에어컨 5.45A 등의 전류를 사용한다. 많은 일을 하는 전자제품이 많은 전류를 사용한다. 또한 암페어 단위는 아주 큰 단위이므로 많은 전류를 사용하는 가전제품은 취급에 각별한 주의가 필요하다. 선풍기에 감전되면 찌릿한 정도로 끝날 수 있지만, 전자레인지나 에어컨에 감전된다면 큰 사고로 이어질 수 있다.

흔히 전류는 관을 흐르는 물에 비유된다. 전자는 한 방울의 물로 생각할 수 있다. 한 방울의 물로 할 수 있는 일은 그리 많지 않다. 많은 물방울이 한 방향으로 계속 움직여야만 물의 '흐름'이 만들어지고 물의 흐름은 물레방아를 돌리고 일을 할 수 있다. 전류는 전하의 흐름을 나타내는 양이지만 흐를 수 있는 최대량에 해당한다. **물의 흐름에 비유하자면 전류는 관의 지름이라고 할 수 있다.** 관의 지름이 크면 많은 물이 흐를 수 있지만, 실제 많은 물을 흘리기 위해서는 큰 힘이 필요하다.

큰 힘을 얻기 위해서는 어떻게 하면 될까? 관의 한쪽 끝을 높이 들어 올리면 된다. 한쪽 끝을 높이 들어 올릴수록 물은 빨리 흐르고 물레방아는 빠른 속도로 돌아간다. 전하의 움직임을 전류라고 한다면 **전류를 흐르게 하는 힘은 전압**V: Voltage을 사용하여 표시한다. 전압은 관 양쪽 끝의 높이 차이에 비유할 수 있다. 관의 한쪽 끝의 높이를 '전위potential'라고 하고 **관 양쪽 끝 높이의 차이, 즉 전위 차이가 전압에 해당한다.**

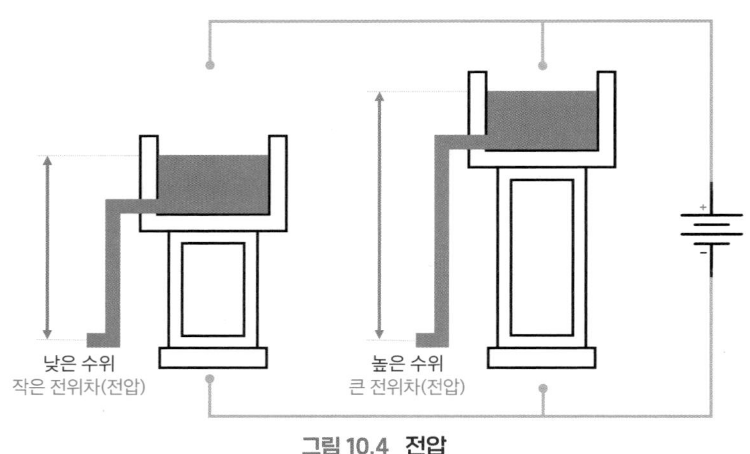

그림 10.4 전압

그림 10.4에서 직경이 같은 관을 사용하더라도 물탱크의 높이에 따라 흘러나오는 물의 양은 달라진다. 즉, 할 수 있는 일의 양은 달라진다. 전하에 의해 할 수 있는 일의 양은 (관의 지름인) 전류(I)와 (물탱크의 높이인) 전압(V)에 비례하며, 전류와 전압의 곱을 전력power이라 한다.

$$P = V \times I$$

전력의 단위는 와트(W)를 사용하며, 1V의 전위 차이가 나는 두 지점 사이에서 1A의 전하가 움직이면서 하는 일의 양이 1W에 해당한다. 가전제품이 하는 일의 양을 나타내기 위해 흔히 '소비 전력'이라는 용어를 사용한다. 앞에서 전류의 양을 비교해 봤던 가전제품의 소비 전력을 비교해 보면 선풍기는 40W, 전자레인지는 800W, 에어컨은 1,200W의 전력을 필요로 한다. 에어컨이 선풍기 30대의 전기를 소비한다는 이야기는 바로 소비 전력의 차이를 기준으로 한 것이다.

전구에 불을 켜는 회로를 생각해 보자. 전구와 배터리를 전선으로 연결하면 전구에 불이 들어온다. 전구에 불을 켤 때 고려해야 할 점 중 하나는 바로 배터리의 선택이다. 가정용 전구를 배터리로 켜는 일은 없겠지만 마이크로컨트롤러의 경우 5V 전압이 흔히 사용되므로 마이크로컨트롤러를 동작시키는 데 필요한 배터리의 선택과 사용 시간을 고려해야 한다. **배터리는 전위 차이를 만들어 전류가 흐를 수 있게 해주는 장치다.** 배터리 선택에서 주의할 점은 에너지energy로, 흔히 배터리의 용량이라고 이야기한다. 전력은 일의 양을 나타내기 위해 사용한다고 이야기했다. 하지만 전력은 특정 시점에서 순간적으로 소비되는 에너지를 표시하므로 전체적인 일의 양을 나타내기는 어렵다. 즉, 배터리로 할 수 있는 일의 총량을 알아내기는 어렵다. 따라서 **일정 시간 동안 소비된 전력을 나타내기 위해 에너지라는 용어를 사용하며, 전력과 시간을 곱해서 사용한다.** 앞에서 이야기한 가전제품의 소비 전력 역시 실제로는 '정격소비전력'으로, 한 시간 동안 소비하는 전력을 나타낸다. 따라서 정확히 이야기하자면 소비 전력은 전력과 시간을 곱한 와트시(Wh, 와트 × 시간) 단위로 나타내야 하지만, 와트로만 표시된 경우도 흔히 볼 수 있다.

배터리의 경우 용량을 와트나 전류로 표시하는 경우를 흔히 볼 수 있다. 5V, 30Wh로 표시된 배터리는 한 시간 동안 5V, 6A(= 30W ÷ 5V)의 전원을 공급할 수 있다는 의미로, 전류로만 표시하는 경우에는 6Ah라고 표시할 수 있으며 흔히 6000mA 용량의 배터리라고 이야기한다. 이때 6A는 최대로 공급할 수 있는 전류의 양이므로 1A의 전류만 사용하는 장치를 연결한다면 6시간 동안 사용할 수 있다. 물론 실제 계산이 이처럼 간단하지는 않지만, 기본적으로 이 계산 방법을 따른다.

배터리의 사용 시간에 영향을 미치는 요소 중 하나가 배터리의 종류다. 완구 등에 흔히 사용하는 알카라인 건전지의 용량은 2850mAh다. 하지만 알카라인 건전지의 경우 위에서 설명한 방법으로 사용 시간을 계산하기는 어렵다. 알카라인 건전지는 사용 시간이 길어짐에 따라 전압이 낮아진다. 반면, 최근 스마트폰 등에서는 리튬 이온이나 리튬 폴리머 배터리가 주로 사용된다. 리튬 배터리는 건전지와 달리 3.7V를 기본으로 하며, 더 사용할 수 없게 방전될 때까지 거의 일정한 전압을 유지하는 특성이 있다. 또한 흔히 메모리 효과memory effect라 불리는, 충분히 방전되지 않은 상태에서 다시 충전하면 실제 용량이 줄어드는 현상이 없다. 표 10.1은 리튬 이온 배터리와 리튬 폴리머 배터리의 특성을 비교한 것이다.

표 10.1 리튬 이온과 리튬 폴리머 배터리 비교

특성	리튬 이온	리튬 폴리머
전압	3.7V	3.7V
전해질 형태	액체	고체(폴리머)
안정성	보통(폭발 위험)	높음
배터리 모양	제한적임(대부분 원형)	자유로움
저온 특성	좋음	보통
가격	저가	고가
에너지 밀도	높음	낮음

전원을 나타내는 기호는 그림 10.5와 같으며 직류DC: Direct Current의 경우 긴 쪽이 양극(+), 짧은 쪽이 음극(−)을 나타낸다. 일반적으로 가정에서 사용하는 교류AC: Alternating Current는 극성이 없으므로 연결하는 방향과는 무관하다.

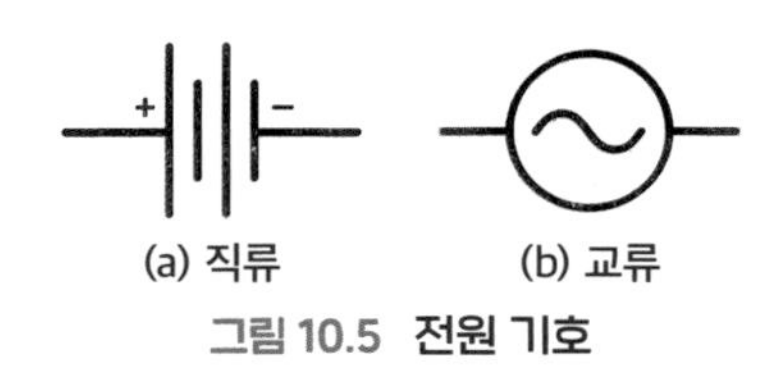

그림 10.5 전원 기호

10.2 저항

저항resistor은 저항 성질을 띠는 전자 부품으로, 저항 성질이란 전류의 흐름을 방해하는 성질을 말한다. 전류를 관에 흐르는 물로 생각하는 경우 저항은 관을 좁히는 역할을 하는 것으로 볼 수 있다. 전류의 흐름을 방해하는 것이 그다지 좋아 보이지는 않지만 여러 가지 면에서 유용하게 사용된다. 대표적으로 저항은 특정 기기에 공급되는 전류를 제한하는 용도로 사용된다. 주변에서 흔히 볼 수 있는 LED는 과도한 전류가 흐르면 쉽게 파손된다. 따라서 LED에 흐르는 전류를 제한하기 위해 저항이 사용된다.

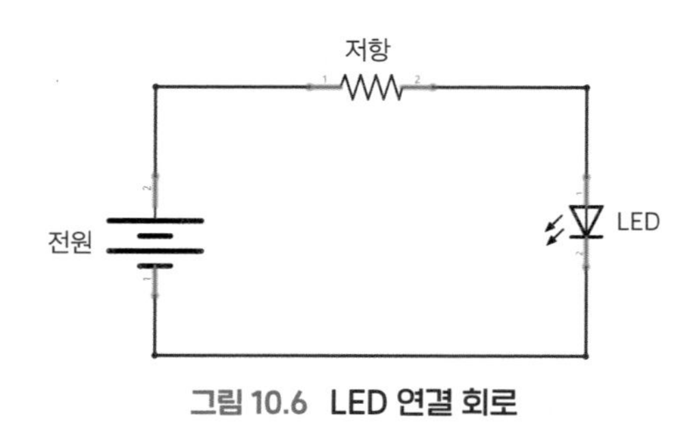

그림 10.6 LED 연결 회로

그림 10.6의 회로에서 저항은 LED에 흐르는 전류를 제한하기 위해 사용되었다. 이때 저항으로 인해 줄어든 전류는 열 에너지 형태로 바뀌게 된다. 도체도 저항이 없지는 않다. 따라서 전자제품을 오랜 시간 사용하면 전자제품에서 열이 발생한다. 물론, 전열기처럼 열을 내는 것을 목적으로 하지 않는다면 열은 적게 날수록 바람직하다.

저항의 크기를 나타내기 위해 사용하는 단위는 옴ohm으로 그리스어의 오메가(Ω)로 나타낸다. 전류와 전압 그리고 저항의 관계는 옴의 법칙Ohm's Law으로 설명되며, **전압은 전류와 저항의 크기를 곱한 값**으로 나타낸다. 따라서 전류는 전압에 비례하고 저항에 반비례하므로 저항이 클수록 전류는 더 많이 제한된다.

$$V = I \times R$$

$$I = \frac{V}{R}$$

저항이 사용되는 또 다른 예는 전압을 제한하는 용도다. 9V의 전원을 사용한다고 가정해 보자. 아두이노 우노는 5V 전압을 사용하므로 9V 전압에서 5V 전압을 얻기 위해서는 그림 10.7과 같은 전압 분배기voltage divider를 사용할 수 있다.

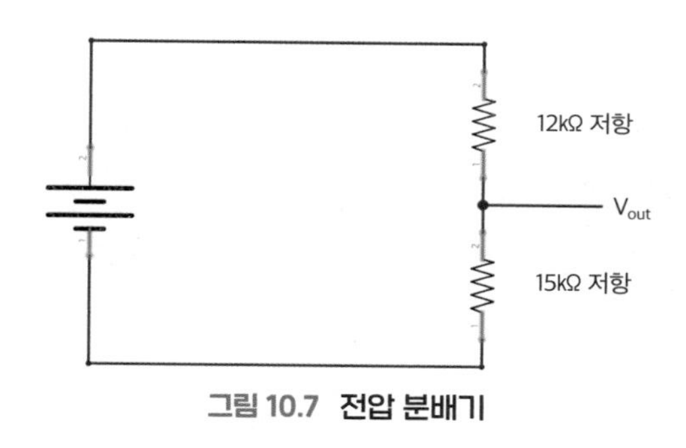

그림 10.7 전압 분배기

전류의 경우 '흐름'을 나타내며 그림 10.7에서는 전원의 양극에서 음극까지 흐를 수 있는 길이 하나만 존재하므로 회로에 흐르는 전류의 양은 모든 지점에서 같다. 하지만 전압은 높이 '차이'를 나타내므로 회로에서의 위치에 따라 달라진다. 옴의 법칙에서 전류가 일정한 경우 전압은 저항에 비례한다. 즉, 그림 10.7에서 12kΩ 저항과 15kΩ 저항 사이에 가해지는 전압은 12:15 = 4:5로 12kΩ 저항에는 4V의 전압이, 15kΩ 저항에는 5V의 전압이 가해진다.

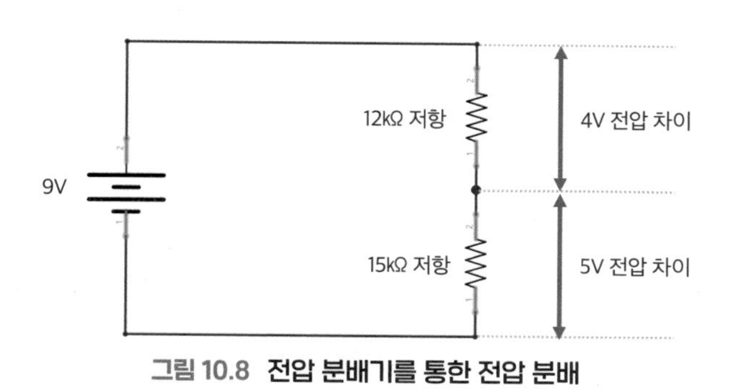

그림 10.8 전압 분배기를 통한 전압 분배

전압 분배기 설명에서 전류와 전압의 차이점 한 가지를 발견할 수 있다. 전류는 '흐름'을 나타내므로 특정 지점에서 측정할 수 있다. 즉, 하나의 지점만을 선택하면 된다. 반면, 전압은 높이 '차이'를 나타낸다. 차이란 상대적인 값이므로 전압을 측정하기 위해서는 두 저점을 선택해야 한다. 그림 10.8에서도 저항의 양 끝점에서 전압을 측정하고 있다. 전선의 경우 저항이 거의 없는 것으로 가정하므로 전선의 두 지점 사이 전압은 같은 것으로 간주하며, **전압의 기준점이 되는 지점이 그라운드(GND: Ground)**로 0V로 표시한다.

대부분의 저항은 2개의 다리lead가 있는 원통형으로 만들어져 있으며 크기가 작아 숫자로 용량을 표시하기에 적합하지 않다. 따라서 저항의 크기를 표시하기 위해서 값에 따라 색상이 정해지는 저항띠로 용량을 표시하는 방법이 사용된다. 일반적으로 용량 표시를 위해서는 4개의 색 띠를 사용하며 **첫 번째와 두 번째 띠는 저항값을, 세 번째 띠는 승수를, 네 번째 띠는 오차 범위를 나타낸다.** 표 10.2는 색상에 따라 저항값을 읽는 방법을 나타낸다.

표 10.2 4색 띠 저항의 색 코드표

색	첫 번째 띠	두 번째 띠	세 번째 띠(단위)	네 번째 띠(오차)
검정색	0	0	$\times 10^0$	
갈색	1	1	$\times 10^1$	±1%(F)
빨강색	2	2	$\times 10^2$	±2%(G)
주황색	3	3	$\times 10^3$	
노란색	4	4	$\times 10^4$	
초록색	5	5	$\times 10^5$	±0.5%(D)
파란색	6	6	$\times 10^6$	±0.25%(C)
보라색	7	7	$\times 10^7$	±0.1%(B)
회색	8	8	$\times 10^8$	±0.05%(A)
흰색	9	9	$\times 10^9$	
금색			×0.1	±5%(J)
은색			×0.01	±10%(K)
없음				±20%(M)

그림 10.9와 같은 4색 띠(노란색, 보라색, 빨강색, 금색) 저항이 주어졌다고 가정해 보자. 표 10.2에 의해 그림 10.9의 저항은 5%의 오차를 갖는 $47 \times 10^2 = 4700\Omega$ 저항임을 알 수 있다.

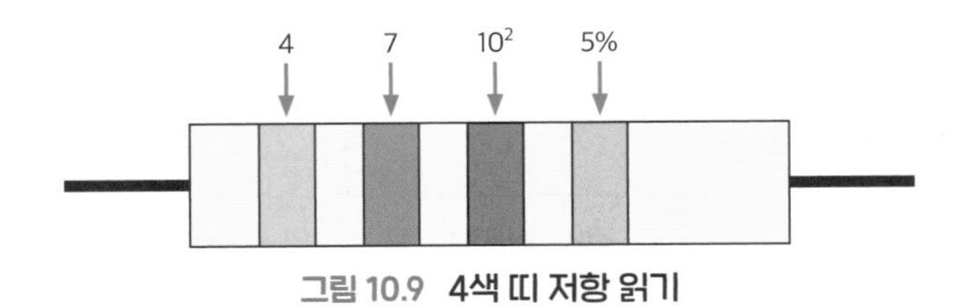

그림 10.9 4색 띠 저항 읽기

정밀 저항의 경우 색 띠를 하나 더 추가하여 5색 띠로 나타낸다. 5색 띠 저항의 경우 읽는 방법은 4색 띠 저항과 유사하게 첫 번째, 두 번째, 세 번째 띠는 저항값을, 네 번째는 승수를, 다섯 번째 띠는 오차 범위를 나타낸다.

이 외에도 흔히 사용되는 저항에는 가변저항$_{\text{variable resistor}}$이 있다. 가변저항은 저항값을 변경할 수 있는 저항으로, 원통형에 손잡이 또는 노브$_{\text{knob}}$를 돌려서 저항을 조절할 수 있는 큰 형태의 가변저항, 드라이버 등으로 조절해야 하는 작은 형태의 가변저항 등 여러 종류가 있다.

그림 10.10 가변저항

가변저항은 3개의 연결선을 갖는데, 양쪽 끝 두 선이 최소 및 최대 저항값에 해당하며 가운데 선은 노브의 위치에 따른 현재 저항값에 해당한다. 저항은 극성이 없으므로 연결 방향과 무관하지만, 가변저항에서는 양쪽 끝 2개의 연결선에 연결하는 전원의 극성에 따라 저항값이 낮아지도록 노브를 돌리는 방향이 반대가 되어야 한다는 점을 주의해야 한다.

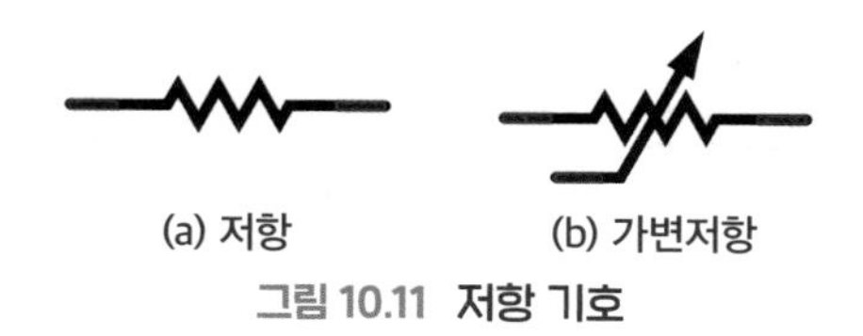

(a) 저항 (b) 가변저항

그림 10.11 저항 기호

저항을 사용할 때 고려해야 할 점 중 한 가지는 우리가 필요로 하는 크기의 저항이 모두 판매되지는 않으며 판매된다고 해도 모든 크기의 저항을 준비하기는 어렵다는 점이다. 350Ω 저항이 필요하지만 찾을 수 없다면 기존 저항을 사용하여 350Ω 저항을 만들어 사용할 수 있다. 물론, 표 10.2에서도 볼 수 있듯이 저항은 오차 범위가 있어 정확하게 350Ω을 만들어내기는 어려울 수 있다.

저항을 연결하는 방법은 직렬연결과 병렬연결의 두 가지가 있다. **2개 이상의 저항을 직렬로 연결하는 경우 저항값은 각각의 저항값을 합한 값과 같다.** 1kΩ 저항 2개를 직렬로 연결하면 2kΩ 저항 하나와 같아진다. 그림 10.12에 9V 전원이 연결되었다면 각각의 1kΩ 저항에는 4.5V가 가해진다. 하지만 각 저항에 흐르는 전류는 4.5mA(= 9V ÷ 2kΩ)로 같다.

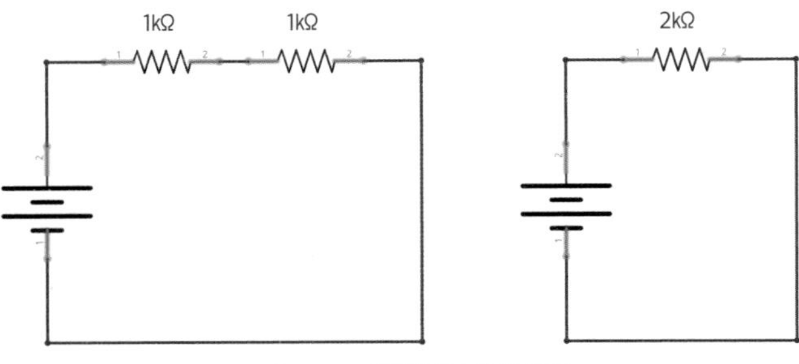

그림 10.12 저항의 직렬연결

직렬로 연결된 저항의 저항값은 개별 저항의 값보다 큰 값을 갖지만 병렬로 연결된 저항의 저항값은 개별 저항의 값보다 작은 값을 갖는다. 2개의 저항 R_1과 R_2를 병렬로 연결한 경우 저항값은 다음과 같이 계산된다.

$$\frac{1}{R} = \frac{1}{R_1} + \frac{1}{R_2}$$

만약 2kΩ 저항 2개를 병렬로 연결했다면 저항값은 1kΩ이 된다($\frac{1}{R} = \frac{1}{2} + \frac{1}{2} = 1$).

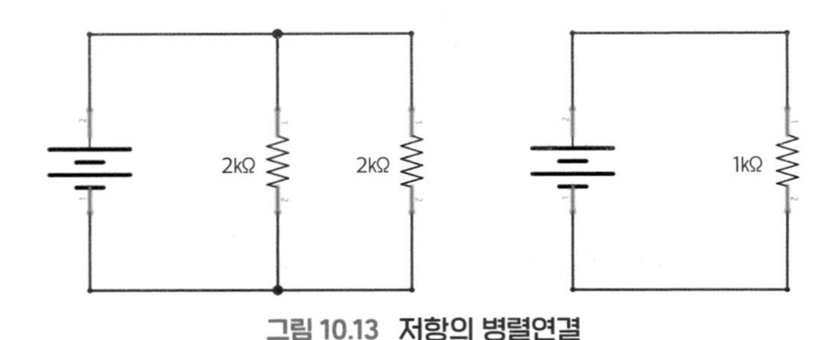

그림 10.13 저항의 병렬연결

저항을 병렬로 연결하는 경우 주의해야 할 점은 전류의 흐름이 나뉜다는 점이다. 직렬로 저항이 연결된 경우 회로에 흐르는 전류의 양은 회로의 모든 지점에서 같다. 하지만 그림 10.13과 같이 동일한 크기의 저항이 병렬로 연결된 경우 저항에 흐르는 전류는 회로의 다른 부분에 흐르는 전류의 절반이 된다. 9V의 전원이 연결되었다고 가정하면 회로에 흐르는 전류는 9mA(= 9V ÷ 1kΩ)이고, 각각의 저항에 흐르는 전류는 그 절반인 4.5mA가 된다. 반면, 두 저항에 가해지는 전압은 9V로 같다.

10.3 커패시터

저항은 흔히 볼 수 있는 전자 부품 중 하나이지만 커패시터capacitor 역시 그에 못지않게 많이 사용된다. **커패시터는 일시적으로 전기를 저장하는 장치**로, 콘덴서condenser 또는 축전지라고도 불린다. 커패시터에 저장할 수 있는 전기의 양을 나타내기 위한 단위로는 패럿(F)을 사용하며, **1F은 1V 전압이 가해질 때 최대 1C의 전하를 저장할 수 있는 용량**을 나타낸다. 하지만 패럿은 아주 큰 단위이므로 아두이노에서 사용하는 커패시터는 마이크로패럿($\mu F = 10^{-6}F$) 또는 나노패럿($nF = 10^{-9}F$) 단위의 용량을 갖는다. 커패시터는 2개의 금속판 사이에 유전체dielectric를 삽입한 형태로 만들어진다. 유전체란 부도체의 일종이지만 전압을 가하면 분극polarization 현상으로 전자가 한쪽으로 치우치고 유전체의 양쪽이 (+)와 (−) 극성을 띠게 되어 유전체 내부에 전기장이 형성된다.

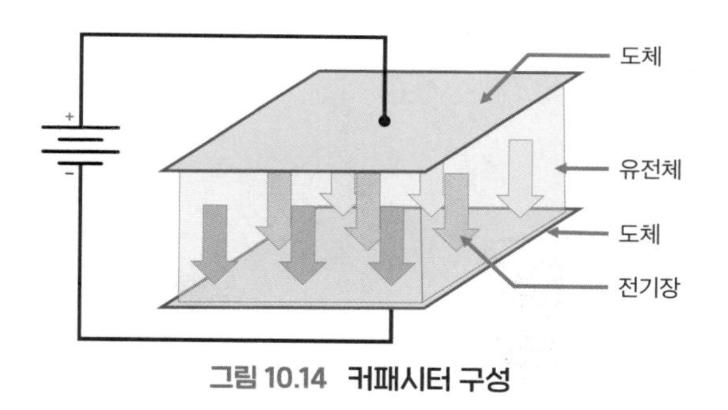

그림 10.14 커패시터 구성

커패시터에 전원을 가하면 커패시터 내부에 전기장이 형성되고 시간이 지남에 따라 전기장은 점점 강해져 커패시터 양단 전압과 전원 전압이 같아질 때까지 계속된다. 즉, **커패시터 양단 전압이 전원 전압과 같아지면 커패시터 충전이 완료된다.** 이처럼 커패시터는 전원이 가해지면 전하를 저장하는 것이 아니라 전기장의 세기가 강해지는 것이지만, 전기장은 전하에 의해 형성되므로 흔히 전하를 저장하는 장치로 이야기한다. 충전된 커패시터 양단에 저항을 연결하면 배터리와 유사하게 커패시터에 형성된 전기장에 의해 전하의 흐름이 발생하고 커패시터는 서서히 방전된다.

커패시터는 충전과 방전을 되풀이하지만 '서서히' 충전되고 방전되기 때문에 커패시터에 가해지는 전압이 변하더라도 커패시터 양단 전압이 바로 바뀌지는 않는다. 이처럼 커패시터에 충전된 전압이 서서히 변화하는 특성을 활용하여, **전원 전압의 변동이 큰 경우 변동이 적은 안정적인 전압을 공급하기 위해 커패시터가 흔히 사용된다.** 이 외에도 신호에 잡음이 많이 포함되어 **신호가 급격히 변하는 경우 커패시터를 사용하면 잡음을 제거하는 효과를 얻을 수 있다.**

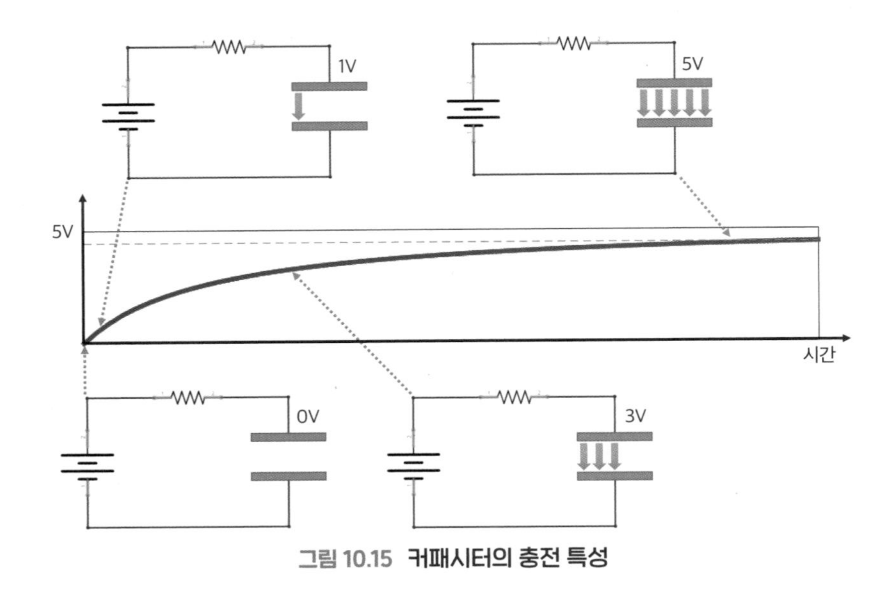

그림 10.15 커패시터의 충전 특성

마이크로컨트롤러에서는 전해 커패시터와 세라믹 커패시터가 흔히 사용된다. 전해 커패시터는 일반적으로 원통형의 모양을 하고 극성이 있지만, 세라믹 커패시터는 원반형의 모양을 하고 극성이 없으므로 쉽게 구별할 수 있다.

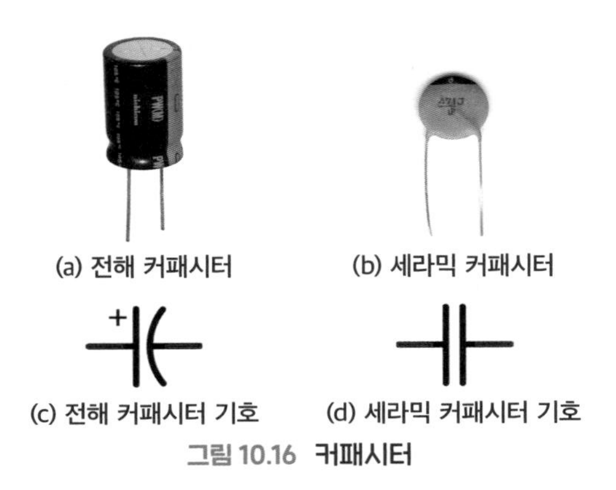

(a) 전해 커패시터 (b) 세라믹 커패시터

(c) 전해 커패시터 기호 (d) 세라믹 커패시터 기호

그림 10.16 커패시터

전해 커패시터는 낮은 가격에 큰 용량을 얻을 수 있어 전원 공급 장치에서 전원 안정화를 위해 많이 사용된다. 전해 커패시터는 (–)쪽 다리를 표시하는 마크가 원통에 표시되어 있지만, 일반적으로 회로에서는 (+)쪽을 주로 표시하므로 연결할 때 주의해야 한다. 전해 커패시터는 2개의 다리를 갖고 있으며 긴 다리가 양극에 해당한다.

세라믹 커패시터는 전해 커패시터와 달리 극성이 없으며 고주파 특성이 좋아 고주파 잡음 제거를 위한 필터 회로에 많이 사용된다. 세라믹 커패시터 역시 2개의 다리를 갖고 있지만, 극성이 없으므로 두 다리의 길이는 같다. **아두이노 보드에서도 어댑터로 공급되는 전압을 5V로 변환해 주는 레귤레이터 회로에서 전원 안정화를 위해 전해 커패시터를 사용하고, 안정적인 16MHz의 클록을 얻기 위해 세라믹 커패시터를 사용한다.** 다만 아두이노 보드에 사용된 세라믹 커패시터는 칩 타입의 커패시터이므로 그림 10.16과 같은 모양을 확인할 수는 없다.

커패시터의 용량은 용량을 그대로 표시하거나 세 자리의 숫자로 나타낸다. 상대적으로 크기가 큰 전해 커패시터의 경우에는 용량을 그대로 표시하지만, 크기가 작은 세라믹 커패시터의 경우에는 용량을 표시하기가 곤란하므로 세 자리 숫자로 나타낸다. **세 자리 숫자로 용량을 나타내는 경우 처음 두 자리는 값을, 마지막 자리는 승수를 나타내며, 단위는 피코패럿(pF = 10^{-12}F)이다.**

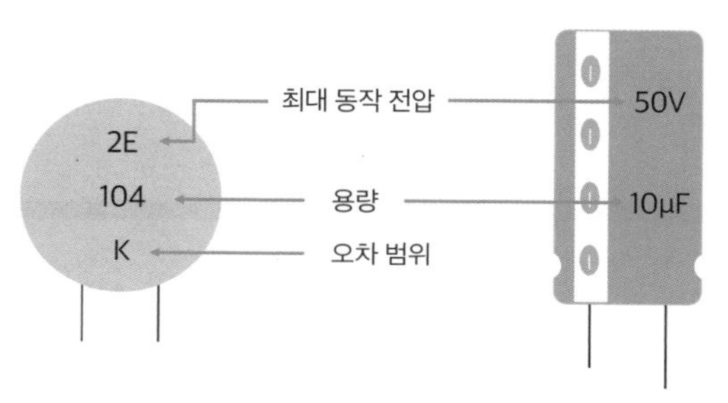

그림 10.17 세라믹 커패시터와 전해 커패시터

그림 10.17은 세라믹 커패시터와 전해 커패시터의 예를 보인 것으로, 세라믹 커패시터의 용량은 104 → 10×10^4pF = 10^5pF = 0.1μF이다. 세라믹 커패시터에는 용량 이외에도 여러 가지 정보가 표시되어 있지만, 이들 역시 코드로 표시된다. 세라믹 커패시터에서 코드로 표시되는 최대 동작 전압 중 흔히 볼 수 있는 코드는 표 10.3과 같다.

세라믹 커패시터에서 오차 범위를 나타내는 코드 중 흔히 볼 수 있는 코드는 표 10.4와 같다.

표 10.3 커패시터의 최대 동작 전압 코드

코드	전압(V)	코드	전압(V)
0J	6.3	2D	200
1A	10	2P	220
1C	16	2E	250
1E	25	2V	350
1H	50	2G	400
2A	100	2W	450

표 10.4 커패시터의 오차 범위 코드

코드	오차 범위	코드	오차 범위
B	±0.1pF	J	±5%
C	±0.25pF	K	±10%
D	±0.5pF	L	±15%
F	±1%	M	±20%
G	±2%	Z	-20%, +80%

전원 안정화와 고주파 필터 이외에도 커패시터는 전기 에너지를 일시적으로 저장했다가 필요할 때 공급하는 용도로도 사용된다. 마이크로컨트롤러의 경우 모터 구동을 위해 사용되는 커패시터가 그 예에 해당한다. 모터를 구동시키는 경우 모터가 움직이기 시작할 때 많은 전기 에너지가 필요하므로 커패시터를 사용하면 저장된 전하를 사용하여 시작 시점에서의 에너지 부족을 일부 해결할 수 있다. 하지만 커패시터를 사용하는 것만으로 많은 전력을 필요로 하는 모터를 구동할 수는 없으며, 모터의 경우 구동을 위한 전용 전원을 사용해야 한다. 또한 모터의 경우 전기 잡음을 유발하므로 잡음 감소를 위해 세라믹 커패시터가 사용되는 경우도 쉽게 찾아볼 수 있다.

10.4 반도체

저항과 커패시터가 기본적인 전자 부품이기는 하지만 최근 전자제품의 핵심은 반도체semiconductor라 할 수 있다. 반도체는 전자제품의 소형화는 물론 신뢰성 향상에도 지대한 공헌을 하여 가전제품에서부터 인공위성에 이르기까지 반도체가 쓰이지 않는 곳은 없다. 전자의 흐름을 이야기하면서 물질을 도체와 부도체의 두 가지로 나누었다. 반도체란 도체와 부도체의 가운데 위치하는 물질로, 게르마늄(Ge)과 실리콘(Si, 규소)이 대표적인 예다. 실리콘의 예를 들어보자. 실리콘은 원자 번호가 14번이다. 즉, 실리콘 원자에는 14개의 양성자와 14개의 전자가 존재한다. 14개의 전자는 3개의 층을 이루면서 각 층에 2개, 8개, 4개의 전자가 위치하고 있다.

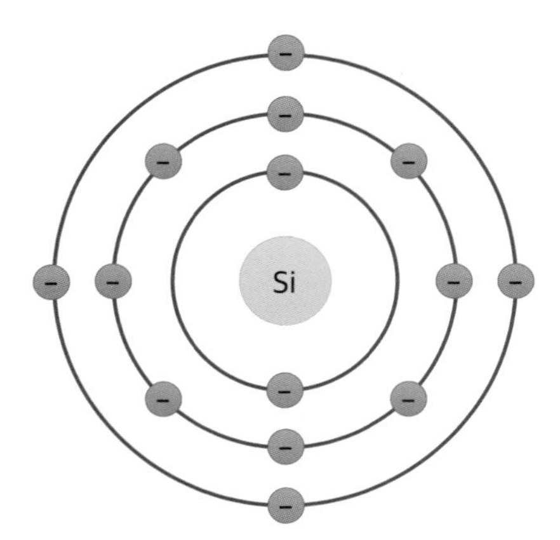

그림 10.18 실리콘 원자 구조

실리콘 원자들은 공유 결합covalent을 형성하고 있다. 공유 결합이란 실리콘 원자의 가장 바깥층에 있는 4개의 전자를 다른 실리콘 원자들과 공유하고 있어 하나의 전자가 2개의 원자핵에 속하는 것처럼 보이는 형태를 말한다.

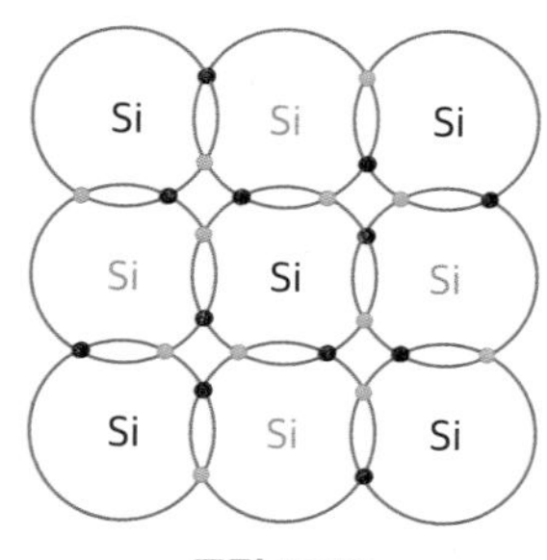

그림 10.19
실리콘 원자의 공유 결합

공유 결합이 이루어지면 실리콘 원자의 세 번째 층에는 8개의 전자가 있는 것처럼 보이게 되며, 세 번째 층에 8개의 전자가 존재하는 경우 실리콘 원자는 안정된 상태에 있게 된다. 공유된 전자들은 자유전자처럼 자유롭게 움직일 수 없으므로 실리콘은 자유전자가 거의 존재하지 않는 부도체의 성질을 갖는다.

이처럼 순수한 반도체는 부도체에 속한다. 하지만 여기에 약간의 불순물을 첨가하면 이야기가 달라진다. 반도체에 불순물을 섞는 것을 도핑doping이라고 하며, 도핑을 위해 사용하는 불순물을 도펀트dopant라고 한다. **실리콘의 경우 도펀트로 비소(As)나 붕소(B)가 흔히 사용된다.** 비소는 가장 바깥층에 5개의 전자를 갖고 있으며 붕소는 3개의 전자를 갖고 있다. 실리콘은 바깥층에 8개의 전자를 가지면 안정된 상태가 되지만, 비소나 붕소가 첨가되면 일부 실리콘 원자는 (붕소가 첨가된 경우) 7개 또는 (비소가 첨가된 경우) 9개의 전자를 갖게 된다. 불순물을 첨가하여 만들어진 반도체를 '불순물 반도체'라고 하며, 불순물이 첨가되지 않은 '진성 반도체'와 구별한다. 특히 비소를 첨가하여 여분의 전자가 생기도록 만들어진 반도체를 N형 반도체라 하며, **'N'은 여분의 전자가 갖는 음negative의 전하를 가리킨다.** 반면, 붕소를 첨가하여 전자가 모자라도록 만들어진 반도체를 P형 반도체라고 한다. P형 반도체에서 전자가 모자라 생긴 공간을 정공hole이라고 하며, **'P'는 정공이 갖는 양positive의 전하를 가리킨다.**

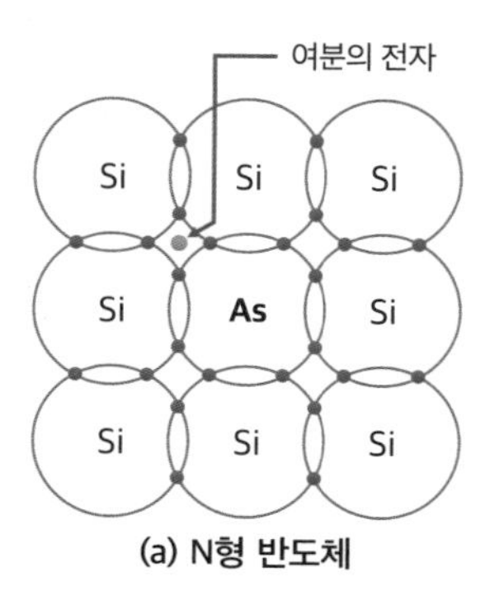

(a) N형 반도체

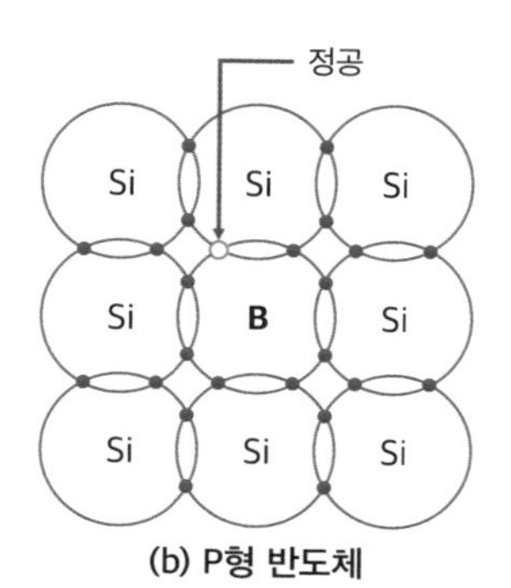

(b) P형 반도체

그림 10.20 N형 반도체와 P형 반도체

N형 반도체에서 여분의 전자는 어느 원자에도 소속되지 않고 자유전자처럼 자유롭게 움직일 수 있다. 반면, P형 반도체에서 정공은 다른 전자를 끌어들여 정공이 움직이는 것처럼 보인다. 물론 P형 반도체에서도 실제 움직이는 것은 전자이지만, 자유전자와는 달리 원자에 구속된 상태이므로 일반적으로 정공이 움직인다고 이야기한다. 한 가지 유의할 점은 N형 반도체에서 전자가 움직이는 방향은 전류와 반대 방향이지만 P형 반도체에서 정공이 움직이는 방향은 전자가 움직이는 방향과는 반대이며 전류가 흐르는 방향과 같다는 점이다. **진성 반도체가 부도체에 가깝다면 불순물 반도체는 도체에 가깝다.** 하지만 N형 또는 P형 반도체만으로는 그다지 신기하지 않다. 반도체의 놀랍고 신기한 현상은 N형 반도체와 P형 반도체를 함께 사용할 때 나타난다.

10.5 다이오드

P형 반도체와 N형 반도체를 연결하여 만든 대표적인 부품 중 하나가 'PN 접합 다이오드'로, 다이오드 중 가장 기본이 되는 다이오드다. 접합 다이오드의 P형 반도체에 (+) 전원을, N형 반도체에 (−) 전원을 연결하면 어떤 일이 일어날까? P형 반도체의 정공은 (−) 방향으로 움직이고, N형 반도체의 여분의 전자는 (+) 방향으로 움직여 접합면에서 전자와 정공은 서로 결합하게 된다. 즉, 전류가 흐르게 된다. 그림 10.21과 같이 **다이오드에 전류가 흐르도록 연결된 상태를 순방향 연결이라고 한다.**

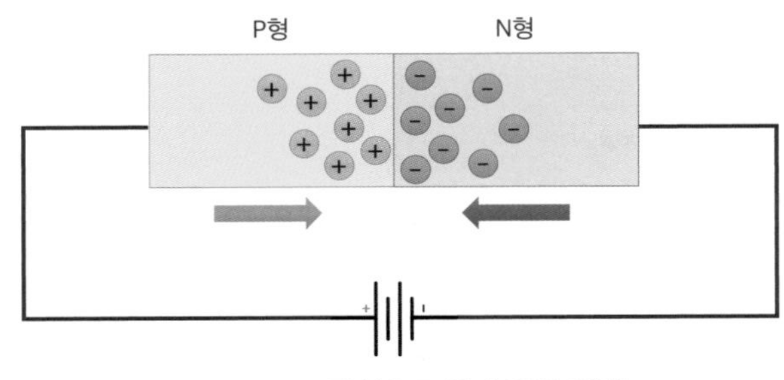

그림 10.21 다이오드의 순방향 연결

전원을 반대로 연결해 보자. 전자와 정공은 그림 10.21과 반대 방향으로 움직여 접합면에서 전자와 정공은 결합할 수 없다. 즉, 전류가 흐르지 않는다. 그림 10.22와 같이 **다이오드에 전류가 흐르지 않도록 연결된 상태를 역방향 연결이라고 한다.**

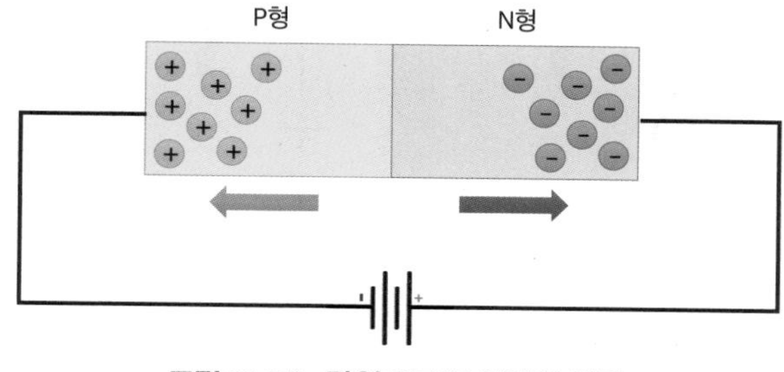

그림 10.22 다이오드의 역방향 연결

이처럼 다이오드의 기본 동작은 한 방향으로만 전류가 흐르도록 하는 것으로 (+)에서 (−)로만 전류가 흐르는 특징을 이용한 다이오드를 정류 다이오드rectifier diode라고 한다. 일반적으로 다이오드는 PN 접합으로 만들어진 정류 다이오드를 가리킨다. 다이오드는 그림 10.23과 같이 표시하며 삼각형은 전류가 흐르는 방향을 나타낸다. 실제 다이오드에서는 음극(−) 쪽에 띠를 표시하여 구별하고 있다.

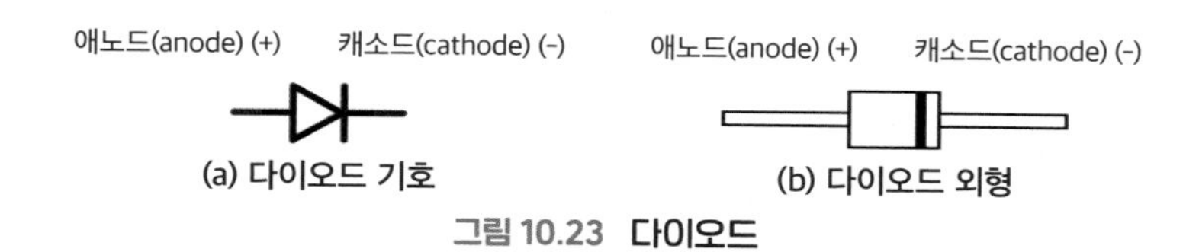

(a) 다이오드 기호

(b) 다이오드 외형

그림 10.23 다이오드

다이오드를 순방향으로 연결하면 전류가 흐른다. 하지만 다이오드는 반도체를 사용하여 만들어진 것으로 도체와는 차이가 있다. 차이점 중 한 가지는 **다이오드에 전류가 흐르도록 하기 위해서는 일정 수준 이상의 전압이 필요하다**는 점으로, 이를 문턱 전압(threshold voltage)이라고 한다. 문턱 전압은 전자와 정공이 접합면을 넘어 서로 결합할 수 있도록 하는, 문턱을 넘어갈 수 있도록 하는 최소의 전압으로 볼 수 있다. 실리콘으로 만들어진 다이오드의 경우 문턱 전압은 0.7V 정도로, 0.7V 이상의 순방향 전압이 가해져야만 전류가 흐른다. 0.7V 이하에서는 전기가 통하지 않으며, 다이오드가 순방향으로 연결되어 전류가 흐를 때도 다이오드에서 0.7V의 전압 강하가 발생한다.

한 방향으로만 전류를 흐르게 하는 **다이오드는 교류 전원을 직류 전원으로 변환하거나 역방향의 전류로부터 회로를 보호하는 목적으로 많이 사용된다.** 교류 전원을 직류 전원으로 변환하는 장치를 정류기라고 한다. 다이오드는 교류 중 (+) 부분 절반만을 통과시키는 역할을 하며, 여기에 서서히 출력이 변화하는 커패시터를 연결하면 간단하게 정류회로를 구성할 수 있다. 그림 10.24는 간단한 정류회로와 그 출력을 나타낸 것이다. 실제 사용되는 정류회로는 그림 10.24보다 복잡하다는 점도 기억해야 한다.

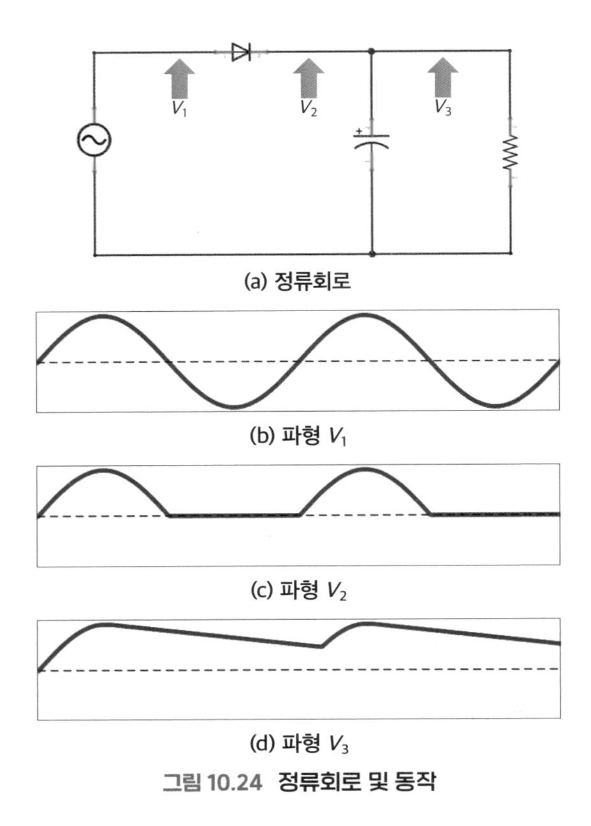

그림 10.24 정류회로 및 동작

정류 다이오드 이외에 마이크로컨트롤러에서 흔히 사용되는 다이오드로 발광 다이오드LED: Light Emitting Diode가 있다. LED는 순방향으로 전원이 연결되었을 때 빛을 발산하는 다이오드로 표시장치에 많이 사용된다. LED의 동작 원리 역시 다이오드와 같다. LED에 순방향으로 전압을 가하면 전자와 정공이 접합면에서 결합하고, 결합 과정에서 빛이 발생한다.

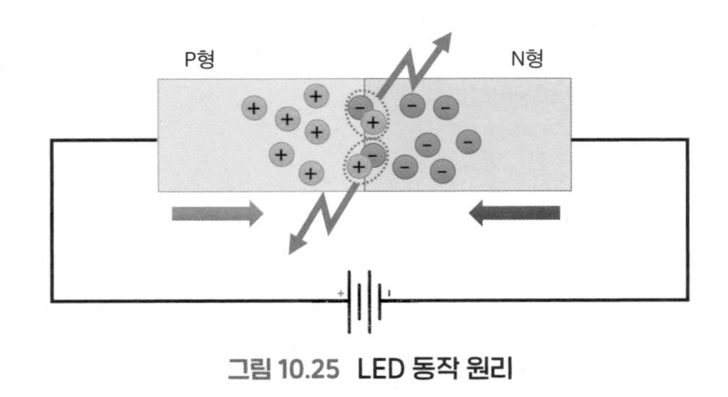

그림 10.25 LED 동작 원리

일반적인 전등의 경우 전기 에너지를 열 에너지로 변환하고 다시 열 에너지를 빛으로 변환하는 단계를 거치지만, LED는 전기 에너지를 직접 빛으로 변환하기 때문에 변환 효율이 높아 열 발생이 적고 수명이 길어 조명 기기로 많이 사용되고 있다. LED는 첨가된 화학물질에 따라 다양한 색의 빛을 낼 수 있으며 적색과 녹색 LED를 흔히 볼 수 있다. 이 외에도 리모컨에 사용되는 적외선 LED, 살균 및 소독용의 자외선 LED 등도 방출하는 빛의 파장만 다를 뿐 LED의 한 종류다. LED는 2개의 다리를 갖고 있으며 긴 다리가 양극에 해당한다.

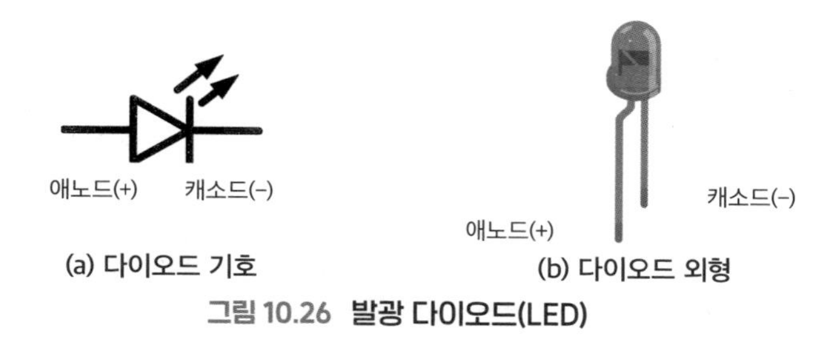

(a) 다이오드 기호　　(b) 다이오드 외형

그림 10.26 발광 다이오드(LED)

다이오드에 역방향의 전원을 가하면 전류가 흐르지 않지만, 일정 수준 이상의 전압을 가하면 다이오드는 전류가 흐르는 항복break down 상태가 되고 이 상태에서는 일정한 전압이 유지되는 특성을 갖는다.

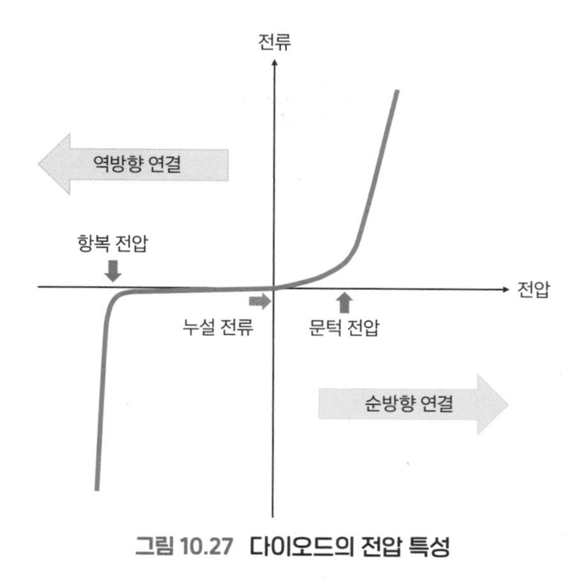

그림 10.27 다이오드의 전압 특성

일반적으로 항복 전압은 수백 볼트로 아주 높다. 역방향으로 전압이 가해진 경우에도 누설 전류가 흐르지만, 그 양이 아주 적어 역방향으로는 전류가 흐르지 않는 것으로 생각할 수 있다. **항복 현상을 의도적으로 이용하여 회로에 일정한 전압을 공급하기 위해 사용하는 다이오드가 제너Zener 다이오드**로 정전압 다이오드라고도 불린다. 정류 다이오드의 경우 반대 방향으로 전류가 흐르면 기기가 파손될 수 있으므로 항복 전압이 높지만, 제너 다이오드는 불순물을 많이 첨가하여 항복 전압을 낮추어 항복 현상이 쉽게 일어나도록 하고 있다. 제너 다이오드는 항복 전압이 중요한 역할을 하므로 데이터시트를 참고하여 필요한 전압에 맞는 제너 다이오드를 사용해야 한다.

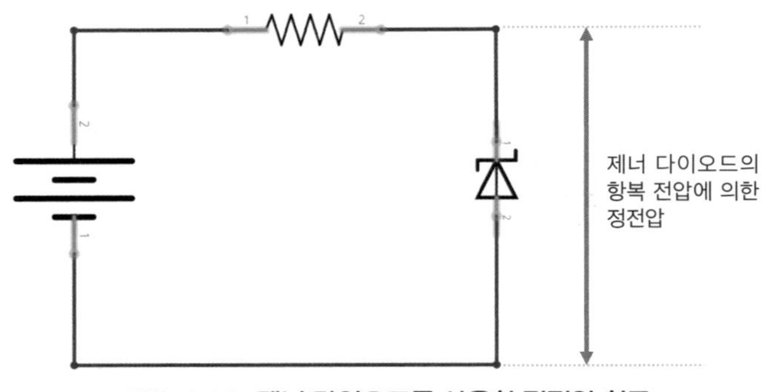

그림 10.28 **제너 다이오드를 사용한 정전압 회로**

제너 다이오드는 항복 현상을 이용하므로 일반적인 다이오드와는 반대 방향으로 연결해야 한다. 제너 다이오드의 외형은 정류 다이오드와 거의 같아 육안으로 구별하기는 쉽지 않지만, 기호는 약간의 차이가 있다.

그림 10.29 **제너 다이오드**

3.3V를 사용하는 마이크로컨트롤러를 USB로 컴퓨터에 연결하는 경우 USB의 5V를 3.3V로 변환하기 위해 제너 다이오드가 사용되는 예를 흔히 볼 수 있다.

10.6 트랜지스터

P형 반도체와 N형 반도체를 접합하여 다이오드를 만든다면 **P형 반도체 2개와 N형 반도체 1개 또는 P형 반도체 1개와 N형 반도체 2개를 접합해서 만든 것이 트랜지스터다.** 트랜지스터는 아날로그 회로에서 작은 신호를 큰 신호로 만드는 증폭 기능과 디지털 회로에서 0과 1을 전환하는 스위칭 기능이 대표적인 기능이다. 1948년 발명된 트랜지스터는 이전에 사용되던 진공관에 비해 낮은 소비 전력과 높은 신뢰성으로 전자기기의 소형화와 경량화를 가능하게 함으로써 전자 혁명을 이끈 주역

이 되었다. 최근 전자기기들은 대부분 집적회로IC: Integrated Circuit를 사용하여 만들지만, 뉴스에서도 흔히 볼 수 있듯이 IC는 수많은 트랜지스터를 집적하여 하나의 칩으로 만들어놓은 것이므로 트랜지스터는 전자기기의 핵심이라 할 수 있다. 많은 종류의 트랜지스터가 존재하지만, 흔히 사용되는 트랜지스터로는 쌍극 접합 트랜지스터BJT: Bipolar Junction Transistor와 전계 효과 트랜지스터FET: Field Effect Transistor가 있다. 이 중 BJT는 가장 먼저 만들어진 트랜지스터로, 이 장에서는 BJT를 통해 트랜지스터의 원리를 설명한다. FET의 경우 BJT와 동작 원리에서는 차이가 있지만, 동작 방식은 BJT와 같다.

트랜지스터는 N형 반도체와 P형 반도체의 접합 순서에 따라 NPN형과 PNP형으로 나뉜다. 두 종류의 트랜지스터는 극성이 반대인 점을 제외하면 동작 원리는 같다. 여기서는 NPN 트랜지스터를 통해 트랜지스터의 동작 원리를 알아본다.

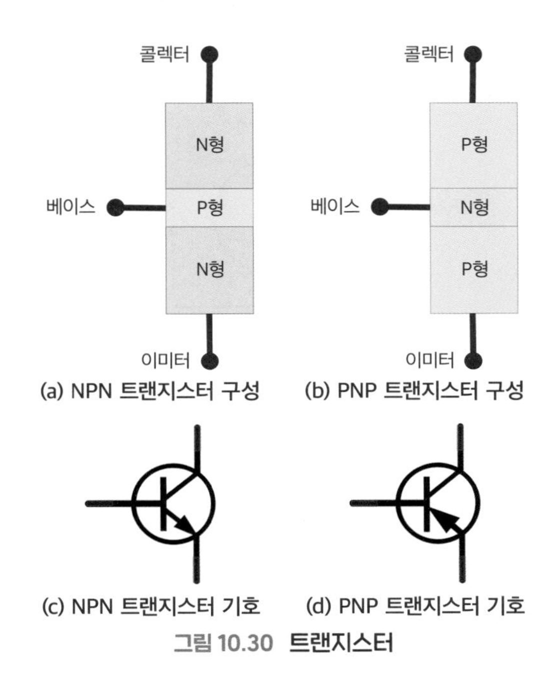

그림 10.30 트랜지스터

트랜지스터는 그림 10.30에서 볼 수 있듯이 베이스base, 이미터emitter, 콜렉터collector의 3개 단자로 구성되며 2개의 P-N 접합부를 갖고 있다. NPN 트랜지스터는 그림 10.30에서 볼 수 있듯이 얇은 P형 반도체가 두꺼운 N형 반도체 사이에 끼어 있는 형태다. 트랜지스터는 2개의 다이오드를 연결해 놓은 형태로 생각할 수도 있지만, E-B 접합과 B-C 접합은 서로 다른 방향이므로 이미터와 콜렉터 사이에는 전류가 흐를 수 없다.

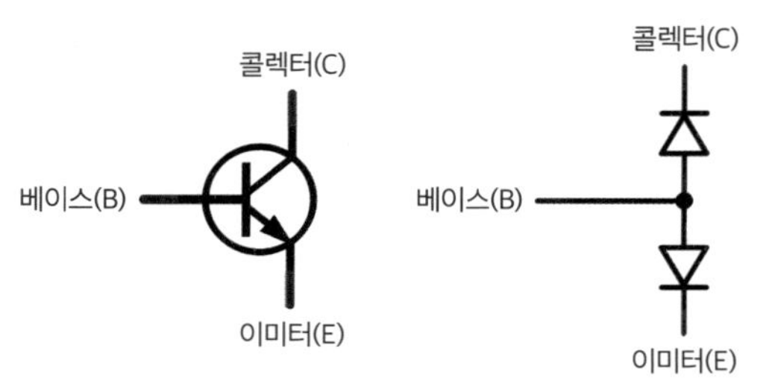

그림 10.31 NPN 트랜지스터의 다이오드 등가 회로

하지만 트랜지스터는 베이스가 콜렉터나 이미터와 비교했을 때 아주 얇다는 점에서 단순히 다이오드를 2개를 연결해 놓은 것과는 다른 방식으로 동작한다. 베이스(+)와 이미터(–)에 그림 10.32와 같이 전압(V_{BE})을 가해보자. B-E 접합은 순방향 연결 상태이므로 전류가 흐른다.

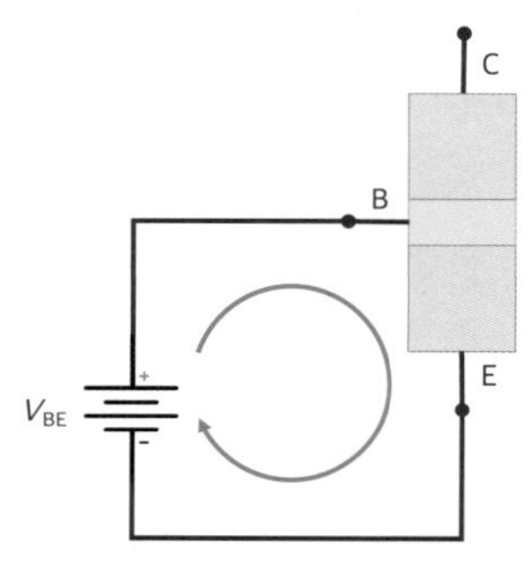

그림 10.32 베이스–콜렉터 전압(V_{BE}) 인가

콜렉터(+)와 이미터(–)에 전압(V_{CE} > V_{BE})을 추가로 가해보자. B-C 접합은 V_{CE} > V_{BE} 조건에 의해 역방향 연결 상태이므로 베이스와 컬렉터 사이에 전류는 흐르지 않으며 전자는 컬렉터 쪽으로, 정공은 베이스와의 접합 부분으로 몰리게 된다.

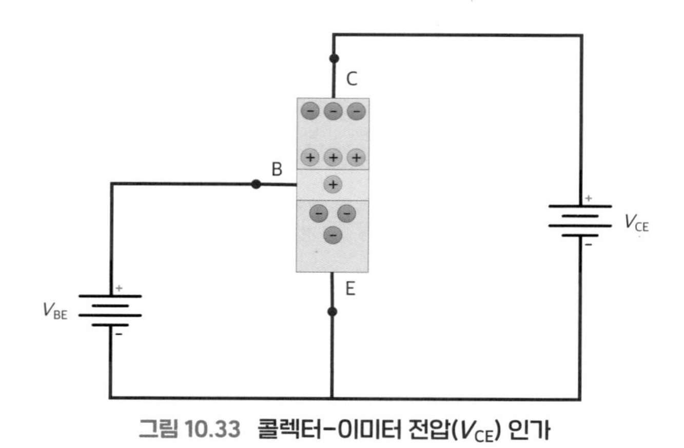

그림 10.33 콜렉터–이미터 전압(V_{CE}) 인가

2개의 전원이 연결된 상태에서도 이미터와 베이스는 순방향으로 연결되어 있으므로 전자가 이동한다. 하지만 베이스는 이미터의 전자를 모두 수용할 만큼 충분한 정공이 없다. 두께가 다르다는 점이 단순히 다이오드 2개를 연결한 것과 차이가 난다는 점을 기억하는가? **이미터의 전자 중 일부는 베이스의 정공과 결합하고 나머지 전자는 베이스-콜렉터 접합을 넘어 콜렉터의 정공과 결합하게 된다.** 즉, 이미터에서 콜렉터로 전자가 이동한다. 두께 차이로 인해 대부분(약 99%)의 전자는 이미터에서 콜렉터로 이동하고 일부(약 1%)만이 이미터에서 베이스로 이동한다. 즉, 이미터에서 방출emit한 전자의 대부분은 콜렉터에서 수집collect된다. 따라서 콜렉터에서 이미터로 흐르는 전류는 베이스에서 이미터로 흐르는 전류에 비해 아주 크다*.

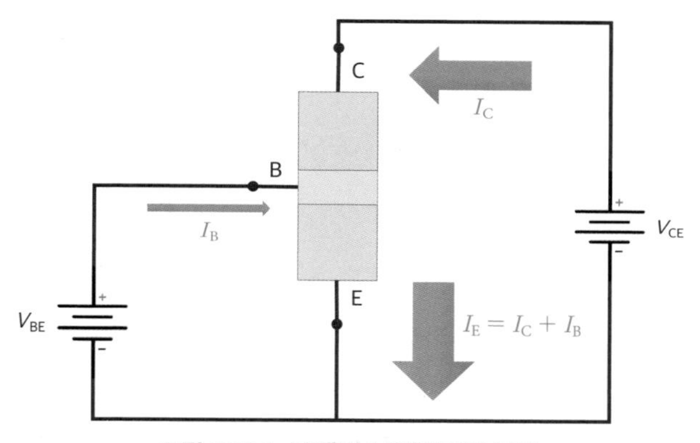

그림 10.34 트랜지스터의 기본 동작

만약 베이스와 이미터 사이에 전원이 연결되어 있지 않다면 베이스에서 이미터로 전류가 흐르지 않을 것이고, 따라서 콜렉터와 이미터 사이에도 전류는 흐르지 않는다. 베이스-이미터 사이의 전압을 조절하면 콜렉터에서 이미터로 흐르는 전류의 양을 조절할 수 있으며, 콜렉터의 전류는 베이스 전류에 비례한다. 트랜지스터가 전류 증폭기current amplifier라고 불리는 이유가 바로 여기에 있다.

> 흔히 접하게 되는 오해 중 한 가지는 베이스-이미터에 가해지는 적은 전류로 콜렉터-이미터 사이에 흐르는 많은 전류를 '생성'할 수 있다고 생각하는 것이다. 무에서 유를 창조할 수 있는 마법은 트랜지스터에도 없다. **트랜지스터는 베이스-이미터 사이에 흐르는 적은 전류를 사용하여 콜렉터-이미터 사이에 흐르는 많은 전류를 제어할 수 있을 뿐이다.** 마이크로컨트롤러의 핀에서 출력되는 전류는 아주 적다. 그에 비해 일상생활에서 사용되는 전자제품 중에는 많은 전류를 사용하는 경우를 흔히 볼 수 있다. 트랜지스터를 사용하면 적은 전류가 흐르는 마이크로컨트롤러의 핀으로 많은 전류가 흐르는 전자제품의 동작을 제어할 수 있다. 마이크로컨트롤러의 핀으로 전자제품을 직접 동작시키는 것은 불가능하다.

* 전자의 흐름과 전류의 흐름이 반대 방향임을 기억하자.

트랜지스터는 베이스-이미터 사이의 전압에 따라 세 가지 동작 상태를 갖는다.

- $V_{BE} < 0.7$인 경우에는 베이스와 이미터가 순방향으로 연결되어 있기는 하지만 전압이 낮아 베이스와 이미터 사이에 전류가 흐르지 않는다. 이는 다이오드에서 문턱 전압과 같다. 베이스와 이미터 사이에 전류가 흐르지 않으므로 콜렉터와 이미터 사이에도 전류가 흐르지 않는다. 이 상태를 차단cutoff 상태라고 한다.
- $V_{BE} \geq 0.7$이면 베이스와 이미터 사이에 전류가 흐르기 시작하고, 따라서 콜렉터와 이미터 사이에도 전류가 흐르기 시작한다. 이때 콜렉터에 흐르는 전류(I_C)는 베이스에 흐르는 전류(I_B)에 정비례하며 콜렉터 전류와 베이스 전류의 비율을 전류 이득current gain이라고 한다. 이 상태를 활성active 상태라고 한다.
- V_{BE}가 증가함에 따라 콜렉터 전류 역시 증가하지만, V_{BE}가 일정 수준 이상 증가하면 콜렉터에 흐를 수 있는 최대의 전류가 흐르는 상태에 도달하게 되는데 이 상태를 포화saturation 상태라고 한다. 포화 상태는 콜렉터와 이미터를 도선으로 연결해 놓은 상태, 즉 스위치를 닫은 것과 같다.

이들 세 가지 상태 중 **차단 상태와 포화 상태는 디지털 회로에서 스위칭을 위해, 활성 상태는 아날로그 회로에서 증폭을 위해 주로 사용된다.** 마이크로컨트롤러에서는 모터와 같이 많은 전류가 필요한 주변장치를 스위칭 기능을 통해 제어하는 경우를 흔히 볼 수 있다. 또한 신호의 아주 작은 변화만을 보여주는 센서의 경우 증폭 기능을 통해 신호의 변화를 크게 만든 후 처리하는 것도 흔한 예다.

접합 트랜지스터 이외에도 다양한 종류의 트랜지스터가 있으며, 모양 또한 다양하다. 하지만 모든 트랜지스터가 3개의 다리를 갖고 있다는 점에서는 같다.

그림 10.35 트랜지스터의 다양한 모양*

* https://ko.wikipedia.org/wiki/트랜지스터

10.7 집적회로

현대 전자기기 발전의 주역인 트랜지스터까지 살펴봤지만, 전자기기 내에서 트랜지스터를 찾아보기는 어렵다. 사실 그림 10.35에 나타난 형태의 트랜지스터를 찾아보기 어렵다는 말이 정확한 표현이다. 스마트폰을 만드는 데 필요한 트랜지스터의 수는 수억 개에 이르며 트랜지스터의 부피만도 스마트폰의 부피보다 크다. 그렇다면 어떻게 그 많은 수의 트랜지스터를 작은 스마트폰에 넣을 수 있을까? 해답은 집적회로IC: Integrated Circuit에 있다. 집적회로는 하나의 칩에 회로를 내장하고 패키지화하여 PCBPrinted Circuit Board에 실장mount할 수 있게 만든 부품으로, 마이크로컨트롤러도 이에 해당한다. IC에는 트랜지스터 이외에도 저항, 다이오드 등이 모두 포함되어 있지만, IC의 경우 집적된 트랜지스터의 개수로 그 성능을 나타내는 경우를 흔히 볼 수 있으며 그만큼 트랜지스터의 역할이 중요하다고 하겠다. 예를 들어 인텔의 최신 마이크로프로세서의 경우 약 22억 개의 트랜지스터가, 8기가 DRAM의 경우 약 80억 개의 트랜지스터가 집적된 것으로 알려져 있다.

IC는 PCB에 실장하는 방법에 따라 여러 가지 형태로 만들어지지만, 아두이노에서는 PCB 표면에 실장할 수 있는 QFPQuad Flat Package 타입과 PCB에 구멍을 뚫어 실장할 수 있는 DIPDual In-line Package 타입을 흔히 볼 수 있다.

(a) QFP 타입 - SAM3X8E

(b) DIP 타입 - ATmega328

그림 10.36 QFP 타입과 DIP 타입 IC

IC의 핀 수는 다양하다. AVR 시리즈 마이크로컨트롤러도 ATtiny85 마이크로컨트롤러는 8개의 핀을 갖고 있지만, 아두이노 우노에 사용된 ATmega328은 28개의 핀을, 아두이노 메가2560에 사용된 ATmega2560은 100개의 핀을 갖고 있다. 반면, 인텔의 i7 CPU는 1,000개가 넘는 핀을 갖고 있다. 일반적으로 DIP 타입은 50개 이하의 핀을 갖는 IC에만 사용되며, 그보다 많은 핀을 갖는 IC는 SMDSurface Mount Device 타입으로 만들어진다. DIP 타입에서 핀 사이의 간격은 2.54mm로 규격화되어 있어 많은 수의 핀을 갖는 IC를 DIP 타입으로 제작하면 칩의 크기가 커지고 사용하기가 불편하므로 다른 타입의 칩으로 만든다. 반면, SMD 타입 칩에서 핀 사이 간격은 1.27mm, 0.95mm, 0.5mm 등 다양하다.

IC의 크기는 그리 크지 않으며, 특히 SMD 타입 IC의 경우 핀 수에 비해 크기가 아주 작다. IC 위에 칩의 이름은 표시되어 있지만, 핀 번호를 표시하기에는 턱없이 공간이 부족하다. 따라서 IC의 핀 번호를 정하는 방법이 필요하다. IC의 핀 번호를 정하는 방법은 패키지에 따라 차이가 있으며, 여기서는 아두이노 보드에 사용되는 QFP 및 DIP 타입 IC의 핀 번호를 정하는 방법을 설명한다.

IC 칩의 핀 번호를 정하는 규칙은 간단하다. 기준점을 잡고 **기준점에서부터 반시계 방향으로 핀 번호가 증가한다.** 따라서 기준점을 정하는 방법만 결정되면 핀 번호를 정하기는 쉽다. 기준점을 정하는 방법은 IC의 패키지 종류에 따라 다르다. 그림 10.36에서 DIP 타입 IC는 사각형의 긴 변에만 핀이 존재한다. 이러한 DIP 타입 IC는 1번 핀을 표시하기 위해 핀이 없는 짧은 변 중 하나에 반원 half moon 형태의 얇은 홈을 파놓는다. 반원은 IC의 이름이 바로 보이도록 놓았을 때 왼쪽 변에 놓이며 아래쪽 가장 왼쪽 핀이 1번 핀에 해당한다.

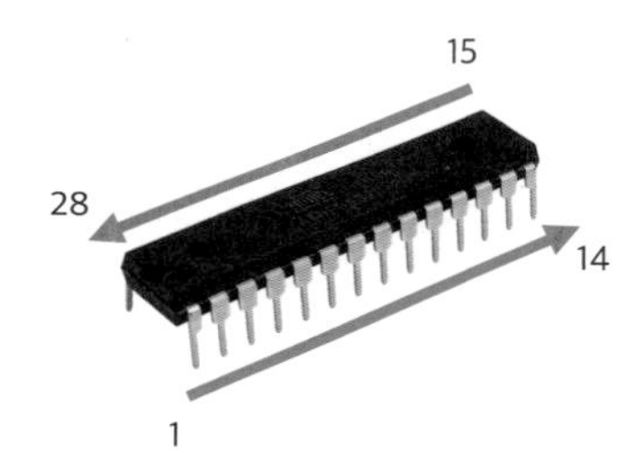

그림 10.37 DIP 타입 IC의 핀 번호(ATmega328)

반면, 정사각형 모양의 QFP 타입 IC는 한쪽 모서리를 자르거나 모서리에 점을 찍어 기준점을 표시한다. IC의 크기가 작아지면서 잘라낸 모서리나 기준점을 찾아내기 어려울 수 있다. 이런 경우 IC의 이름이 바로 보이도록 놓았을 때 왼쪽 변의 가장 위쪽에 있는 핀이 1번 핀에 해당한다.

그림 10.38 QFP 타입 IC의 핀 번호(ATmega2560)

핀 번호를 정하는 규칙은 간단하지만 각 핀의 기능은 핀 번호처럼 정할 수는 없다. IC는 각기 그 기능이 다르고 핀 수도 서로 다르므로 핀 번호에 따른 기능을 정하는 것은 불가능하다. 따라서 IC를 사용하는 경우에는 데이터시트를 참고하여 각 핀의 기능을 확인해야 한다. IC의 표면에는 IC의 '이름'이 쓰여 있으며 이를 흔히 파트 번호part number라고 한다. 파트 번호를 검색하면 어렵지 않게 해당 IC의 데이터시트를 온라인에서 찾아볼 수 있다.

10.8 브레드보드

전자회로를 구성할 수 있는 기본적인 전자 부품들에 대해 알아봤다. 이제 실제로 회로를 구성하는 방법을 알아보자. 회로를 구성하기 위해서는 각 부품의 다리나 핀을 서로 연결하면 된다. 하지만 실제 회로 구성은 이처럼 간단하지는 않으며, 특히 IC의 짧은 핀이 문제가 된다. IC의 핀 길이는 종류에 따라 다르지만, DIP 타입의 경우 5mm를 넘지 않는다. 여기에 전선을 어떻게 연결할 수 있을까? 전자제품을 열어보면 전자 부품이 실장된 PCBPrinted Circuit Board를 볼 수 있다. PCB는 전자 부품을 연결하는 데 필요한 전선 대신 동판을 가공하여 전자가 움직일 수 있는 길을 만들어 놓은 것이다.

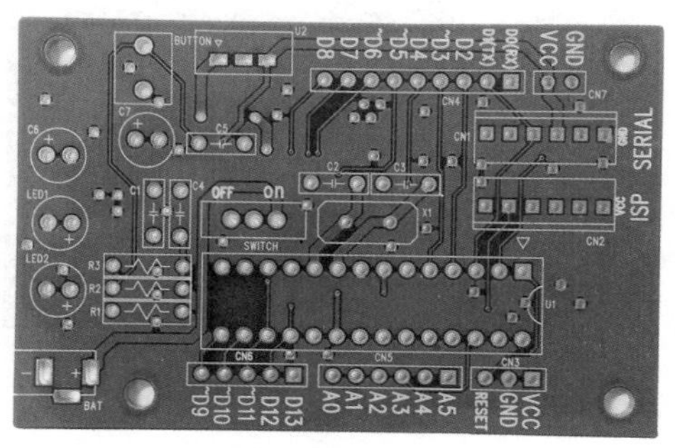

그림 10.39 PCB(Printed Circuit Board)

PCB가 주어지면 지정된 위치에 전자 부품을 (SMD 타입의 경우) 올리거나 (DIP 타입의 경우) 끼운 후 납땜만 하면 끝난다. 물론, SMD 타입의 경우 핀 간격이 좁아 납땜하기가 쉽지는 않다. 하지만 더 큰 문제는 PCB 자체에 있다. PCB는 회로가 완성된 이후라야 만들 수 있으며, 회로가 완성되었다고 하더라도 PCB를 만드는 작업은 간단하지 않다. 따라서 개발 과정에서는 만능기판이 흔히 사용된다.

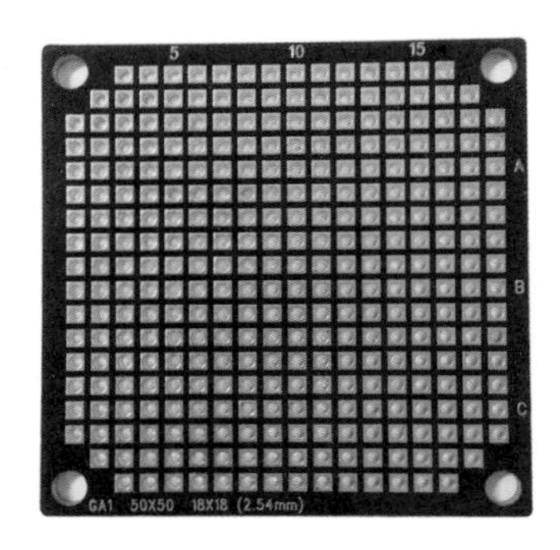

그림 10.40 만능기판

만능기판은 부품을 삽입하는 위치에 구멍을 뚫고 납땜을 쉽게 할 수 있도록 구멍 주변에 금속을 씌워놓은 형태로 만들어진다. **구멍 사이의 간격은 DIP 타입 IC의 핀 간격과 같은 2.54mm가 사용된다.** 하지만 만능기판에는 회로를 구성할 수 있는 길이 마련되어 있지 않다. 따라서 만능기판을 사용하려면 선을 직접 연결해 주어야 한다. 또한 만능기판에는 DIP 타입의 부품만을 사용할 수 있으므로 SMD 타입의 부품을 사용하기 위해서는 별도의 변환기판을 사용하여 SMD 타입 부품의 핀 간격을 2.54mm로 변환한 후 사용해야 한다.

그림 10.41 만능기판의 뒷면

만능기판은 한 번 사용하고 나면 다시 사용할 수 없으며 납땜 작업이 그리 쉽지만은 않다. 이러한 점을 보완하여 **납땜 없이 회로를 구성할 수 있고 재사용이 가능하도록 만들어진 장치를 무납땜 브레드보드**solderless breadboard **또는 간단히 브레드보드라고 한다.** 브레드보드는 DIP 타입의 부품을 보드 위에 꽂고 점퍼선을 이용하여 부품을 연결할 수 있도록 만들어진 실험용 기구다. 그림 10.42는 일반적인 브레드보드의 외형을 나타낸다.

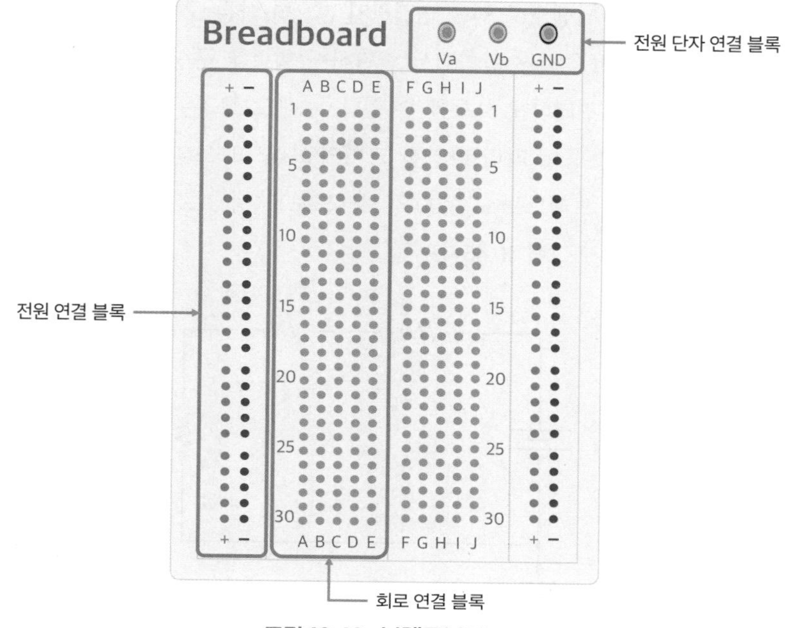

그림 10.42 브레드보드

브레드보드는 크게 전원 연결 블록, 회로 연결 블록, 전원 단자 연결 블록으로 나뉜다. 전원 단자 연결 블록은 전원 공급 장치로부터 전원을 보드에 연결할 수 있게 해주는 블록이다. 하지만 전원 단자 연결 블록에 전원을 연결하는 것만으로 전원 연결 블록에 전원이 공급되는 것은 아니며, 회로에 전원을 공급하기 위해서는 전원 단자 연결 블록과 전원 연결 블록을 점퍼선으로 연결해야 한다.

전원 연결 블록은 붉은색 선으로 표시되는 (+) 전원 부분과 파란색 선으로 표시되는 (–) 전원 부분으로 구성되며, 연결된 선으로 표시된 모든 구멍은 연결되어 있다. 그림 10.43에서 붉은색으로 표시된 50개의 구멍 중 좌우 25개 구멍은 모두 연결된 상태에 있으며, 파란색으로 표시된 구멍 역시 마찬가지다. 이에 비해 회로 연결 블록은 5개씩 연결되어 있다. 즉, 그림 10.43에서 A-B-C-D-E 5개는 연결되어 있으며 F-G-H-I-J 역시 마찬가지다. 그러나 A-B-C-D-E와 F-G-H-I-J는 서로 연결되어 있지 않다.

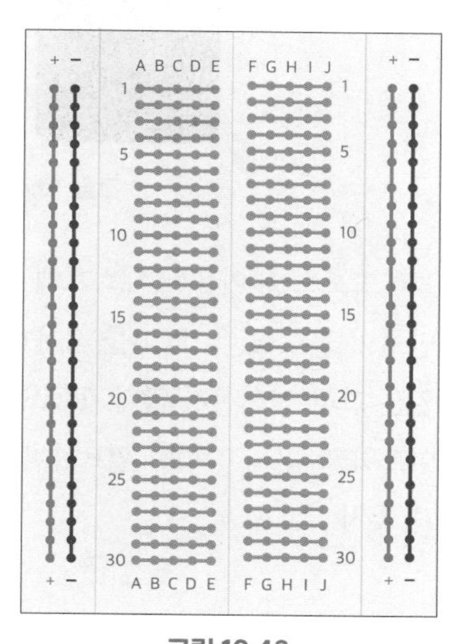

그림 10.43
브레드보드의 내부 연결 구조

만능기판의 경우 각 구멍은 납땜으로 선을 연결하지 않으면 다른 구멍과 연결되지 않는다. 하지만 브레드보드는 점퍼선의 사용을 최소화하면서 간단하게 회로를 구성할 수 있도록 구멍들이 정해진 방식으로 연결되어 있어 편리하게 사용할 수 있다. 브레드보드는 회로 연결 블록 내 구멍의 개수와 회로 연결 블록의 개수 등에 따라 다양한 크기의 브레드보드가 판매되고 있으며, 흔히 전체 구멍의 개수에 따라 '200홀 브레드보드', '400홀 브레드보드' 등으로 구별한다. 그림 10.44의 회로를 브레드보드에 구성한 예가 그림 10.45다.

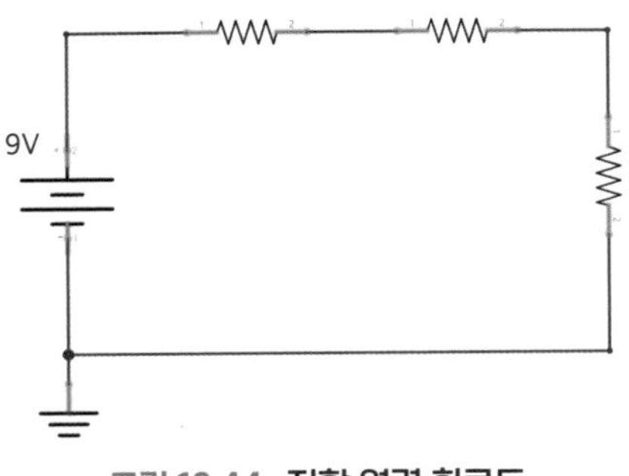

그림 10.44 **저항 연결 회로도**

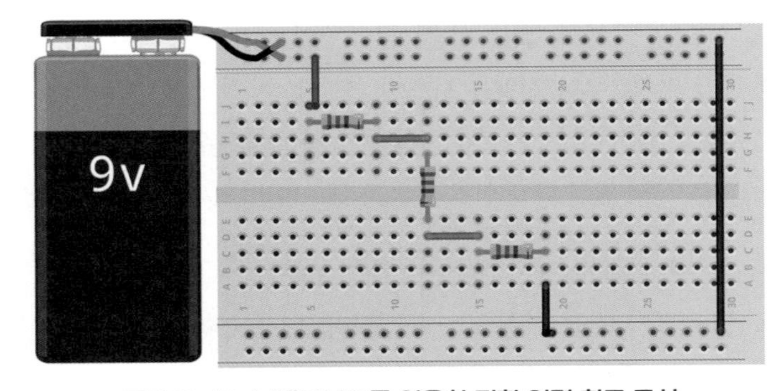

그림 10.45 **브레드보드를 이용한 저항 연결 회로 구성**

브레드보드를 이용한 테스트에 성공했다면 만능기판에 납땜을 통해 회로를 구성하거나 PCB를 만들어볼 수 있다. PCB를 사용하는 것이 만능기판을 사용하는 것보다 쉽지만, PCB를 제작하는 일은 그리 간단하지 않다. PCB를 제작하기 위해서는 기판 위에 연결선과 납땜 위치를 결정하는 아트워크artwork 작업이 필요하며, 아트워크를 위해서는 전용 프로그램이 필요하다는 사실을 기억해 두자.

10.9 그라운드

마지막으로 이야기하고 넘어가야 할 부분은 그라운드GND: ground다. 앞에서 이미 전원과 배터리에 관해 설명했지만 그라운드에 관해 별도로 언급하는 이유는 회로 구성에서 잦은 실수가 그라운드와 관련이 있기 때문이다.

전자가 움직일 수 있도록 회로를 구성한 후, 회로에서 전자가 움직일 수 있게 해주는 것은 전위 차이, 즉 전압이다. **그라운드란 전위 차이를 계산하기 위한 기준점을 말한다.** 전압은 전위의 차이이므로 전압을 측정하기 위해서는 두 지점을 선택해야 하며 전압을 측정하기 위해 선택해야 하는 공통의 기준점을 그라운드라고 생각하면 된다. 그라운드는 전압의 기준점인 동시에 회로를 따라 이동한 전류가 흘러 들어가는 곳이기도 하다. 배터리를 사용하는 경우 (–) 전극 부분이 그라운드에 해당한다. 따라서 (+) 전극은 (–) 전극에 비해 배터리의 전압만큼 전위가 높으며, (+) 전극에서 흐르기 시작한 전류는 (–) 전극으로 흡수됨으로써 끝난다.

마이크로컨트롤러에 주변장치를 연결하면서 흔히 저지르는 실수는 마이크로컨트롤러와 주변장치의 그라운드를 서로 연결하지 않는 것이다. 마이크로컨트롤러가 디지털 0/1 데이터를 0V/5V 전압으로 표현한다고 생각해 보자. 만약 마이크로컨트롤러와 주변장치의 그라운드가 연결되어 있지 않다면 마이크로컨트롤러와 주변장치가 사용하는 기준점은 서로 달라지고, 마이크로컨트롤러가 5V의 논리 1을 전송했음에도 불구하고 주변장치는 논리 1로 인식하지 못하는 경우가 발생할 수 있다. 따라서 마이크로컨트롤러와 주변장치의 그라운드를 연결하여 공통의 기준점을 제시해 주어야 한다. **전압은 '상대적인' 값이라는 점을 잊지 말자.**

그라운드와 관련된 실수 중 다른 한 가지는 전압을 표시하는 기호가 여러 가지 존재하기 때문에 발생한다. 논리 회로에 사용하기 위해서는 논리 1을 나타내는 전압과 논리 0을 나타내는 전압 두 가지만 있으면 충분하지만, 흔히 사용되는 전압 기호만도 VCC, VSS, VDD 등이 있고 VEE 역시 볼 수 있다. 이 중 VCC와 VDD는 전원 전압을 나타내고 VEE와 VSS는 그라운드, 즉 기준 전압을 나타낸다. 이 이름들은 어디에서 온 것일까?

VCC와 VEE는 NPN 쌍극 접합 트랜지스터와 관련이 있다. NPN 트랜지스터의 경우 콜렉터에서 이미터로 전류가 흐르도록 전원을 연결하는 경우가 대부분이므로 콜렉터가 (+), 이미터가 (–)에 해당한다. 따라서 VCC와 VEE는 각각 콜렉터 전압과 이미터 전압을 가리키는 기호로 논리 1과 논리 0(GND)에 해당한다.

유사하게, VSS와 VDD는 전계 효과 트랜지스터FET와 관련이 있다. P 채널 FET의 경우 드레인Drain에서 소스Source로 전류가 흐르도록 전원을 연결하는 경우가 대부분이므로 드레인이 (+), 소스가 (–)에 해당한다. 따라서 VDD는 논리 1을 나타내는 드레인 전압을, VSS는 논리 0을 나타내는 소스 전압에 해당한다. 여러 가지 표기를 혼동하여 전원을 잘못 연결하는 경우 마이크로컨트롤러와 주변장치가 손상될 수 있으므로 각별한 주의가 필요하다.

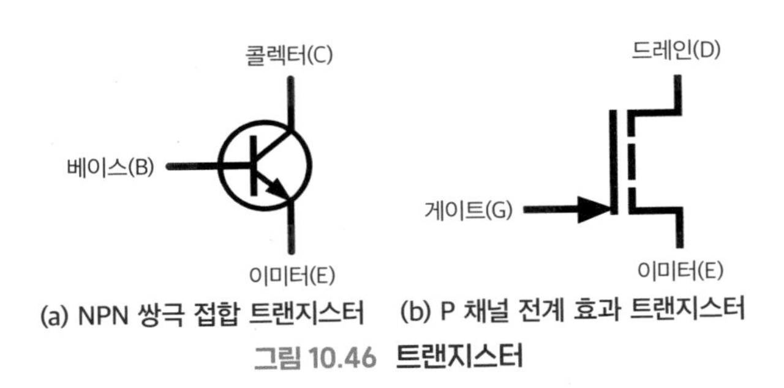

(a) NPN 쌍극 접합 트랜지스터 (b) P 채널 전계 효과 트랜지스터

그림 10.46 트랜지스터

표 10.5 전압 기호

디지털 논리	논리 0(0V)	논리 1(5V)
NPN 쌍극 접합 트랜지스터	VEE(이미터 전압)	VCC(콜렉터 전압)
P 채널 전계 효과 트랜지스터	VSS(소스 전압)	VDD(드레인 전압)

10.10 맺는말

아두이노는 비전공자를 위한 마이크로컨트롤러 플랫폼으로, 간단한 제어 장치를 만들기 위해 많이 사용되고 있다. 마이크로컨트롤러를 사용하여 제어 장치를 만들기 위해서는 주변 환경과 상호작용할 수 있는 도구로서 다양한 전자 부품이 사용된다. 아두이노와 함께 사용할 수 있는 전자 부품의 종류는 많지만, 대부분의 전자 부품은 전용 라이브러리가 공개되어 있어 사용하는 것 자체는 어렵지 않다. 하지만 전자 부품의 동작 원리를 이해한다면 단순히 이용하는 것을 넘어 좀 더 효과적인 사용 방법을 발견할 수 있을 것이다.

전자 부품이 동작하는 기본 원리를 설명하는 것이 전자공학으로, 전자공학은 원자 속 전자의 힘을 이용하여 우리가 원하는 작업을 수행하고 원하는 결과를 얻을 수 있게 도와준다. 이 장에서는 전자공학의 기본적인 원리들, 그중에서도 아두이노와 함께 사용하는 전자 부품을 이해할 수 있도록 도와주는 원리들을 중심으로 알아봤다. 실제로는 훨씬 많은 전자공학이 아두이노에 녹아 있지만, 이 장의 내용만으로도 아두이노와 함께 사용되는 다양한 전자 부품에 대한 이해를 높이고, 제어 장치를 만들 때 전자 부품을 효율적으로 활용하는 방법을 찾아낼 수 있는 시작점으로 부족하지 않을 것이다.

1 커패시터는 서서히 충전되고 서서히 방전되는 특징이 있어 빠르게 변하는 신호를 천천히 변하도록 하는 효과를 얻을 수 있고, 간접적으로 에너지를 저장하는 효과 역시 얻을 수 있다. 아두이노 보드의 클록 회로에 사용된 커패시터가 첫 번째 경우라면, 레귤레이터 회로에 사용된 커패시터가 두 번째 경우에 속한다. 이 외에 커패시터를 사용하는 이유와 그 예를 찾아보자.

2 기술의 발전에 따라 여러 가지 전자 부품이 IC 칩과 같은 SMD_{Surface Mount Device} 타입으로 만들어지고 있으며, 이에 따라 PCB에서 전통적인 형태의 전자 부품을 보기가 쉽지 않다. 이들 SMD 타입의 부품들은 흔히 칩 타입이라고 불린다. 칩 타입으로 만들어지는 전자 부품의 종류와 칩 타입이 전통적인 형태에 비해 갖는 장점을 알아보자.

3 IC의 패키지에는 QFP, DIP 이외에도 BGA_{Ball Grid Array}, PLCC_{Plastic Leaded Chip Carrier}, SOP_{Small Outline Package} 등 다양한 형태가 존재한다. 이들 패키지의 특징과 용도를 비교해 보자.

CHAPTER

11

하드웨어 시리얼과 소프트웨어 시리얼

아두이노 우노에 사용된 ATmega328 마이크로컨트롤러는 하나의 UART 시리얼 포트만을 제공하고 있지만, 이 포트는 스케치 업로드를 위해 사용되므로 UART 통신을 사용하는 주변장치를 연결하여 사용하기는 쉽지 않다. 이런 경우 디지털 입출력 핀을 통해 하드웨어 지원 없이 소프트웨어만으로 UART 통신을 사용할 수 있게 해주는 클래스가 `SoftwareSerial`이다. 이 장에서는 하드웨어와 소프트웨어로 지원되는 UART 통신을 비교해 보고, UART 통신을 사용하여 상호 작용이 가능한 스케치를 작성하는 방법을 살펴본다.

이 장에서 사용할 부품

- 아두이노 우노 × 1 ➡ 시리얼 통신 테스트
- USB-UART 변환장치 × 1 ➡ USB2SERIAL

UART 통신은 가장 오래된 시리얼 통신 방법 중 하나로, 아두이노에서 시리얼 통신이라고 하면 UART 통신을 가리킬 만큼 흔히 사용되는 방법이다. UART 통신은 역사가 오래된 만큼 다양한 주변장치에서 사용하는 통신 방법이며, UART를 바탕으로 하는 RS-232C는 산업용 장비를 컴퓨터와 연결하기 위해 지금도 많이 사용되고 있다. 대부분의 마이크로컨트롤러는 UART 통신을 위한 전용 하드웨어를 하나 이상 포함하고 있으며, 이 전용 하드웨어를 흔히 UART 포트라고 한다. **UART 통신의 특징 중 하나는 하나의 포트에 하나의 장치만 연결할 수 있는 일대일 통신이라는 점이다.** 따라서 여러 개의 UART 통신을 사용하는 주변장치를 연결하기 위해서는 주변장치의 개수만큼 전용 하드웨어, 즉 포트가 필요하다.

아두이노 우노에 사용된 ATmega328 마이크로컨트롤러는 하나의 UART 포트만 제공하므로 아두이노 우노에는 UART 통신을 사용하는 주변장치를 하나만 연결할 수 있다. 하지만 아두이노 우노의 UART 포트는 시리얼 방식 스케치 업로드를 위해 사용되며, 스케치 업로드에 사용하지 않을 때는 컴퓨터와의 시리얼 통신을 위해 사용한다. 따라서 아두이노 우노의 유일한 UART 포트에 다른 장치를 연결하여 사용하는 것이 불가능하지는 않지만, 사용 과정이 번거로워 일반적으로 사용하는 방법은 아니다. 따라서 **아두이노 우노의 UART 포트에 해당하는 0번과 1번 핀에 주변장치를 연결하는 것을 추천하지 않는다.**

아두이노 우노에 UART 통신을 사용하는 2개의 주변장치를 연결하려면 어떻게 해야 할까? 2개의 UART 포트가 필요하지만, 하드웨어 포트가 부족하다면 소프트웨어로 임의의 입출력 핀을 통해 UART 통신을 사용할 수 있게 해주는 SoftwareSerial 클래스를 사용하는 것이 해결 방법이 될 수 있다. 소프트웨어로 지원되는 UART 통신은 하드웨어로 지원되는 UART 통신과 비교했을 때 여러 가지 제약이 따르기는 하지만 **하드웨어를 추가하지 않고 아두이노 우노에서 2개의 UART 통신을 사용하는 장치를 연결하고자 한다면 SoftwareSerial이 유일한 해결책이다.**

아두이노 우노에서 UART 통신을 담당하는 클래스는 HardwareSerial이고 이 클래스의 유일한 객체가 Serial이다. **아두이노 보드의 종류에 따라 UART 통신을 담당하는 클래스의 이름은 다를 수 있지만, 객체 이름은 Serial로 같으므로 아두이노에서는 Serial을 모든 아두이노 보드에서 사용할 수 있는 클래스 이름처럼 사용하고 있다.** 하지만 이 장에서는 SoftwareSerial 클래스와의 비교를 위해 하드웨어로 지원되는 UART 통신을 담당하는 클래스 이름으로 HardwareSerial을 사용할 것이다.

11.1 SoftwareSerial

아두이노 우노에서 0번과 1번 핀에는 UART 통신을 위한 하드웨어가 포함되어 있다. **아두이노 우노에서 0번과 1번 핀은 유일한 UART 포트에 해당한다.** 이 포트를 통해서는 기본적으로 두 가지 작업이 가능하다. 첫 번째는 스케치를 업로드하는 일이며, 두 번째는 컴퓨터와의 시리얼 통신을 수행하는 일이다. 일반적인 주변장치와의 시리얼 통신이 아니라 컴퓨터와의 시리얼 통신이라고 한 이유는 스케치 업로드를 위해 컴퓨터에 이미 아두이노 우노에 해당하는 COM 포트가 생성되어 있으며 같은 포트를 사용하여 아두이노와 시리얼 통신을 수행하기 때문이다. 이 두 가지 작업 이외에도 UART 통신을 사용하는 주변장치를 0번과 1번 핀에 연결하여 UART 통신을 수행하는 것이 세 번째이고, UART 통신이 아닌 일반적인 디지털 입출력 핀으로 사용하는 것이 네 번째다.

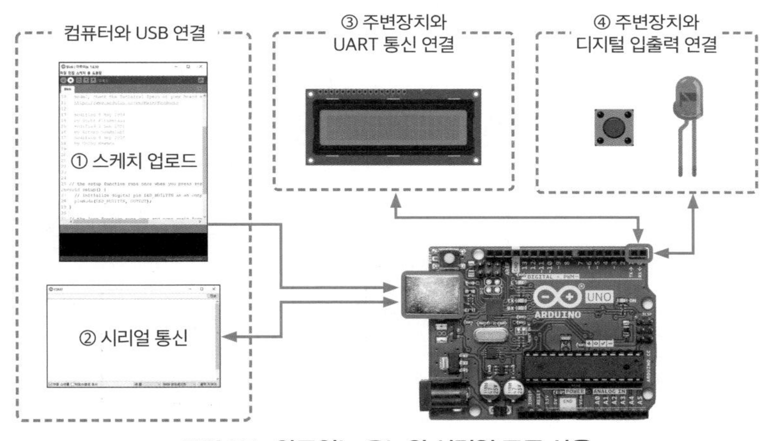

그림 11.1 아두이노 우노의 시리얼 포트 사용

하지만 가능하다는 것과 실제로 사용한다는 것은 다르다. 하나의 데이터 핀은 한 가지 작업을 위해서만 사용할 수 있다. 그러나 스케치를 업로드하는 것과 컴퓨터와 시리얼 통신을 수행하는 것은 동시에 진행되는 경우가 없으므로 하나의 포트로 두 가지 작업을 수행할 수 있다. 하지만 세 번째나 네 번째 작업을 수행하고자 한다면 스케치 업로드나 컴퓨터와의 시리얼 통신을 사용하지 못할 수 있다. 따라서 **아두이노 우노의 UART 포트는 컴퓨터와의 연결 전용으로 생각하는 편이 안전하다.** 그렇지만 UART 통신을 사용하는 주변장치를 쉽게 찾아볼 수 있는 만큼 아두이노 우노에 이들을 연결하여 사용하는 방법이 필요하며, 이를 위해 사용할 수 있는 것이 `SoftwareSerial` 클래스다. `SoftwareSerial` 클래스는 아두이노의 기본 라이브러리 중 하나인 SoftwareSerial 라이브러리를 통해 제공된다.

UART 통신은 하드웨어로 지원되는 통신이지만 이를 하드웨어의 지원 없이 소프트웨어만으로 가능하게 한 것이 `SoftwareSerial` 클래스다. 아두이노 우노의 경우 모든 디지털 입출력 핀을 통해 UART 통신을 수행할 수 있지만, 아두이노 보드에 따라 사용할 수 있는 핀에 제약이 있을 수 있다. 이는 `SoftwareSerial` 클래스에서 데이터 수신을 확인하기 위해 핀 변화 인터럽트pin change interrupt를 사용하지만, 마이크로컨트롤러에 따라서는 모든 데이터 핀이 핀 변화 인터럽트를 지원하지 않기 때문이다. 표 11.1은 AVR 기반의 아두이노 보드에서 `SoftwareSerial` 클래스를 사용할 때 데이터 수신 핀으로 사용할 수 있는 핀을 나타낸 것이다.

표 11.1 SoftwareSerial 클래스의 데이터 수신 핀으로 사용 가능한 핀

아두이노 보드	SoftwareSerial의 데이터 수신 가능 핀
아두이노 우노	2, 3, 4, 5, 6, 7, 8, 9, 10, 11, 12, 13, A0(14), A1(15), A2(16), A3(17), A4(18), A5(19)
아두이노 메가2560	10, 11, 12, 13, 14, 15, 50, 51, 52, 53, A8(62), A9(63), A10(64), A11(65), A12(66), A13(67), A14(68), A15(69)
아두이노 레오나르도	8, 9, 10, 11, 14(MISO), 15(SCK), 16(MOSI)

먼저 아두이노 우노의 2번과 3번 핀에 USB-UART 변환 장치를 연결하고 컴퓨터와 연결하자. 아두이노 우노의 USB 포트 역시 컴퓨터와 연결한다.

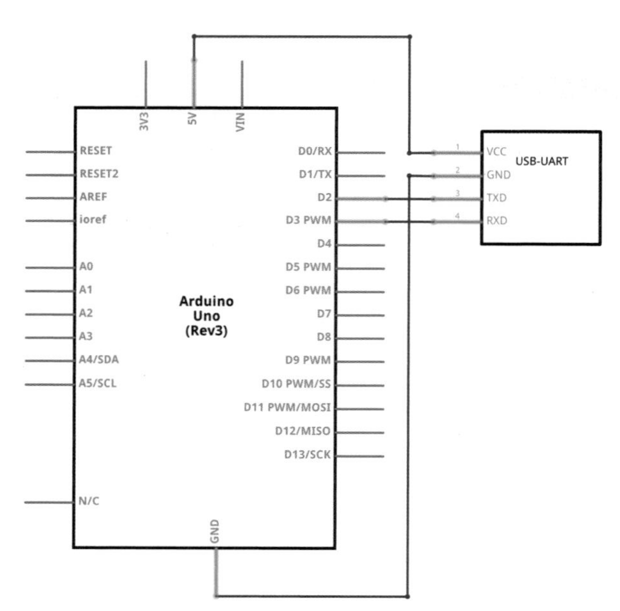

그림 11.2 아두이노 우노와 USB-UART 변환 장치 연결 회로도

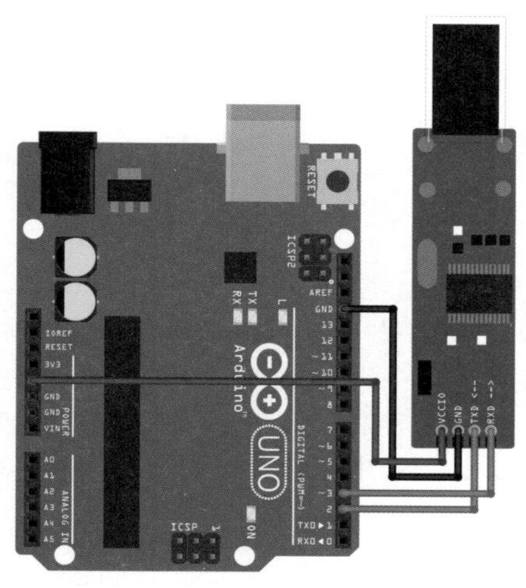

그림 11.3 아두이노 우노와 USB-UART 변환 장치 연결 회로

컴퓨터와 아두이노 우노 사이에는 2개의 USB 연결이 이루어지며, 장치 관리자에서 서로 다른 2개의 포트가 생성된다. 여기서는 아두이노 우노의 USB 포트에 COM3, USB-UART 변환 장치에 COM5가 할당된 것으로 가정한다.

그림 11.4 2개의 시리얼 포트

2개의 포트를 통해 컴퓨터와 주고받는 데이터를 확인하기 위해서는 2개의 터미널 프로그램이 필요하며, 여기서는 2개의 시리얼 모니터를 사용할 것이다. 시리얼 모니터를 2개 실행하기 위해서는 아두이노 프로그램을 두 번 실행하고 각기 다른 포트를 선택한 후 시리얼 모니터를 실행하면 된다.

시리얼 모니터는 아두이노 프로그램에서 하나만 실행할 수 있다. 아두이노 프로그램에서 '새 파일', '열기...' 등의 메뉴로 여러 개의 창이 만들어진 경우 이들 창은 모두 하나의 시리얼 모니터를 공유한다. 하지만 가끔은 2개 이상의 시리얼 모니터가 필요할 수 있다. 그림 11.2와 같이 아두이노 우노의 하드웨어 시리얼 포트와 소프트웨어 시리얼 포트가 컴퓨터에 연결된 경우 이를 동시에 확인하고 싶다면 시리얼 모니터를 2개 실행해야 하고, 시리얼 모니터를 2개 실행하기 위해서는 다음과 같은 순서에 따라 아두이노 프로그램을 두 번 실행하면 된다.

1. 아두이노 프로그램을 실행한다. 이 프로그램을 '아두이노 1'이라고 하자. 아두이노 1은 아두이노 우노를 위한 스케치를 작성하여 업로드하는 용도로 사용하며, 아두이노 우노와 USB 연결을 통해 하드웨어 시리얼 포트로 연결된다.
2. 아두이노 1의 '툴 → 보드' 메뉴에서 'Arduino/Genuino Uno'를 선택한다.
3. 아두이노 1의 '툴 → 포트' 메뉴에서 아두이노 우노의 USB 포트에 할당된 'COM3'을 선택한다.
4. 아두이노 1에서 '툴 → 시리얼 모니터' 메뉴 항목, 'Ctrl+Shift+M' 단축키 또는 툴바의 '시리얼 모니터' 버튼을 눌러 시리얼 모니터를 실행하고 COM3 포트를 통해 연결된 것을 확인한다.
5. 아두이노 프로그램의 아이콘을 더블클릭해서 아두이노 프로그램을 다시 한번 실행한다. 이 프로그램을 '아두이노 2'라고 하자. 아두이노 2에서는 시리얼 모니터만 사용하며, USB-UART 변환 장치를 통해 아두이노 우노의 소프트웨어 시리얼 포트로 연결된다.
6. 아두이노 2의 '툴 → 보드' 메뉴에서 아두이노 보드의 종류는 선택하지 않아도 된다.
7. 아두이노 2의 '툴 → 포트' 메뉴에서 USB-UART 변환 장치에 할당된 'COM5'를 선택한다.
8. 아두이노 2에서 시리얼 모니터를 실행하고 COM5 포트를 통해 연결된 것을 확인한다.

COM3 포트를 통해 스케치 11.1을 업로드하자. 스케치 11.1은 2개의 시리얼 모니터 사이에서 데이터를 주고받는 예다. 하나의 시리얼 모니터에 입력한 내용이 다른 시리얼 모니터의 출력으로 나오는지 확인해 보자.

스케치 11.1 시리얼 포트 간 통신

```
#include <SoftwareSerial.h>

SoftwareSerial USB_UART(2, 3);              // (RX, TX)

void setup() {
    Serial.begin(9600);                     // 하드웨어 시리얼 포트 초기화
    USB_UART.begin(9600);                   // 소프트웨어 시리얼 포트 초기화
}
```

```
void loop() {
    if (Serial.available()) {                   // 하드웨어 시리얼 포트에 입력 발생
        // 하드웨어 시리얼 포트 입력을 소프트웨어 시리얼 포트로 출력
        USB_UART.write(Serial.read());
    }

    if (USB_UART.available()) {                 // 소프트웨어 시리얼 포트에 입력 발생
        // 소프트웨어 시리얼 포트 입력을 하드웨어 시리얼 포트로 출력
        Serial.write(USB_UART.read());
    }
}
```

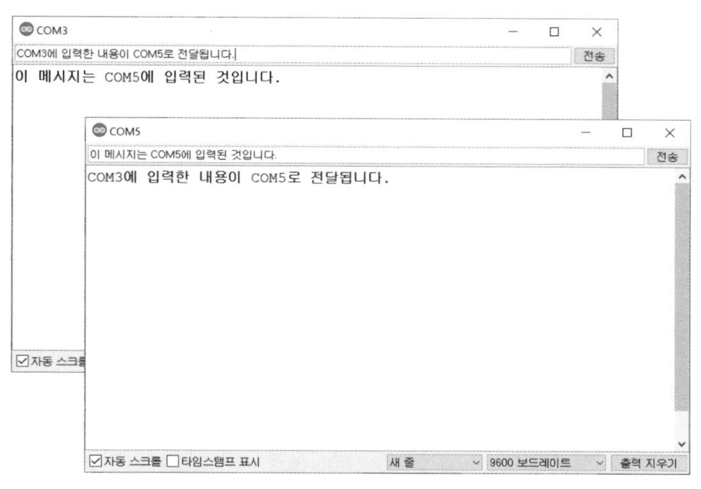

그림 11.5 스케치 11.1 실행 결과

스케치 11.1의 동작 과정이 복잡해 보이는 이유는 컴퓨터와 아두이노 우노 사이에 2개의 연결이 설정되어 있기 때문이다. COM3과 COM5가 다른 컴퓨터의 UART 포트라고 가정하면 아두이노 우노는 두 컴퓨터 사이에서 중개 역할을 하는 것으로 생각할 수 있다.

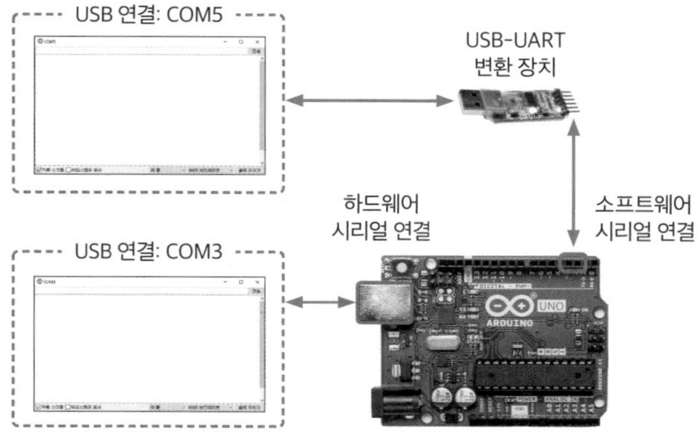

그림 11.6 스케치 11.1의 실행 구조

스케치 11.1에서는 HardwareSerial 클래스의 객체인 Serial 이외에도 SoftwareSerial 클래스의 객체인 USB_UART를 사용하고 있다. 두 클래스는 그 목적이 같은 만큼 사용 방법이 거의 같다. 여기서는 SoftwareSerial 클래스가 HardwareSerial 클래스와 다른 부분만을 살펴본다. HardwareSerial 클래스에 대한 자세한 내용은 8장 '아두이노 기본 클래스'를 참고하면 된다.

SoftwareSerial 클래스를 사용하기 위해서는 먼저 헤더 파일을 포함해야 한다. HardwareSerial 클래스의 경우 헤더 파일을 포함하지 않아도 사용할 수 있었지만, 이는 기본 클래스인 HardwareSerial 클래스와 String 클래스의 경우에만 해당한다. '스케치 → 라이브러리 포함하기 → SoftwareSerial' 메뉴 항목을 선택하거나 #include 문을 직접 입력하면 된다.

```
#include <SoftwareSerial.h>
```

HardwareSerial 클래스의 객체는 미리 만들어져 있으므로 별도로 생성할 필요 없이 Serial을 사용하면 되지만, SoftwareSerial 클래스의 객체는 필요에 따라 생성하여 사용해야 한다.

■ SoftwareSerial

```
SoftwareSerial::SoftwareSerial(uint8_t receivePin, uint8_t transmitPin, bool
inverse_logic = false)
  - 매개변수
      receivePin: 수신 핀 번호
      transmitPin: 송신 핀 번호
      inverse_logic: 송수신 비트 반전
  - 반환값: 없음
```

SoftwareSerial 클래스의 생성자는 HardwareSerial 클래스의 생성자와 차이가 있다. 사실 HardwareSerial 클래스는 만들어진 객체를 사용하므로 스케치에서 생성자를 사용하는 경우는 없다. 소프트웨어 시리얼 포트는 임의의 디지털 입출력 핀을 사용할 수 있으므로 SoftwareSerial 객체를 생성할 때는 시리얼 통신에 사용할 핀 번호를 지정해야 한다. SoftwareSerial 객체의 수신 핀에는 주변장치의 송신 핀을, 송신 핀에는 수신 핀을 연결해야 하는 것은 HardwareSerial 클래스와 같다. 마지막 매개변수인 inverse_logic은 반전 로직을 사용하는 주변장치와의 통신을 위한 것이다. RS-232C가 반전 로직을 사용하지만, RS-232C는 신호 레벨이 UART와는 달라 직접 연결할 수는 없으며 RS-232C-UART 변환 장치를 사용해야 한다.

■ begin

```
void SoftwareSerial::begin(long speed)
  - 매개변수
      speed: 속도
  - 반환값: 없음
```

직렬 통신을 초기화하고 전송 속도를 설정하는 함수 begin은 HardwareSerial 클래스와 같다. 하지만 HardwareSerial 클래스와 달리 SoftwareSerial 클래스는 매개변수로 통신 속도만 선택할 수 있고 데이터 비트 수, 패리티 비트 종류, 정지 비트 수 등을 설정할 수는 없다. **SoftwareSerial 클래스에서는 HardwareSerial 클래스의 디폴트값인 8비트 데이터 비트, 패리티 비트 없음, 1비트 정지 비트를 사용한다.**

소프트웨어 시리얼 포트에서 사용할 수 있는 최고 속도는 115,200보율로 알려져 있다. 하지만 SoftwareSerial 클래스는 UART 통신을 소프트웨어를 통해 지원하는 것이므로 어떤 환경에서 사용하는지에 따라 최고 속도는 달라질 수 있다. 38,400보율보다 높은 속도에서 SoftwareSerial 클래스의 데이터 수신에 문제가 발생하는 경우를 온라인에서 어렵지 않게 발견할 수 있으므로 **SoftwareSerial 클래스를 위한 통신 속도는 38,400보율 이하로 사용하기를 추천한다.**

■ listen

```
bool SoftwareSerial::listen()
  - 매개변수: 없음
  - 반환값: 수신 대기 포트가 바뀌면 true, 바뀌지 않으면 false를 반환
```

현재 데이터 수신을 검사할 포트로 지정한다. **SoftwareSerial 클래스의 객체는 2개 이상을 만들어 사용할 수 있지만, 특정 순간에 데이터를 수신할 수 있는 객체는 하나뿐이다.** 아두이노 메가2560의 경우 4개의 하드웨어 시리얼 포트를 제공한다. 하드웨어 시리얼 포트에서 수신 데이터 검사는 전용 하드웨어에서 이루어지므로 여러 개의 하드웨어 시리얼 포트가 동시에 데이터를 수신할 수 있다. 하지만 소프트웨어 시리얼 포트의 경우에는 소프트웨어에서, 즉 마이크로컨트롤러에서 수신 데이터 검사가 이루어지므로 여러 포트를 동시에 사용할 수 없다.

여러 개의 소프트웨어 시리얼 포트를 사용할 때 수신 중인 포트를 제외한 나머지 포트로 도착하는 데이터는 버려지므로 데이터 수신을 시작하기 전에 반드시 포트를 수신 상태로 설정해야 한다. 또한 수신 포트 변경을 위해 listen 함수를 호출한 경우 수신 포트가 바뀐 경우에만 true를

반환한다는 점도 주의해야 한다. 현재 포트 A가 수신 대기 상태일 때 A.listen() 함수를 호출하면 수신 포트가 바뀌지 않으므로 false를 반환한다. 따라서 포트의 수신 상태는 isListening 함수로 검사해야 한다.

■ **isListening**

```
bool SoftwareSerial::isListening()
  - 매개변수: 없음
  - 반환값: 해당 포트가 수신 대기 포트이면 true, 아니면 false를 반환
```

소프트웨어 시리얼 포트가 수신 대기 상태인지 검사하고 그 결과를 반환한다.

SoftwareSerial 클래스는 HardwareSerial 클래스와 마찬가지로 UART 통신을 지원하기 위한 클래스이므로 두 클래스의 사용 방법이 크게 다르지는 않다. 하지만 두 방법의 특성이 약간씩 차이가 있으므로 사용에 주의가 필요하다. 표 11.2는 아두이노 우노에서 하드웨어와 소프트웨어로 지원되는 UART 통신을 비교한 것이다.

표 11.2 하드웨어와 소프트웨어로 지원되는 UART 통신 클래스 비교

항목	하드웨어 지원 UART 통신	소프트웨어 지원 UART 통신
사용 클래스	HardwareSerial	SoftwareSerial
객체 생성	미리 생성된 객체 사용	필요에 따라 생성해서 사용
통신 속도	≤ 115,200보율	≤ 38,400보율
사용 가능한 포트 수	1	9
포트의 동시 사용	가능	불가능
헤더 파일 포함	필요 없음	필요함

아두이노 우노의 20개 디지털 입출력 핀 중 하드웨어 UART 포트에 사용되는 0번과 1번 핀을 제외한 18개 핀이 소프트웨어 UART 포트를 위한 핀으로 사용될 수 있으므로 사용 가능한 포트 수는 9개로 표시했다. 통신 속도에서 하드웨어 시리얼 포트는 더 빠른 속도 역시 지원하지만, 주변장치에서 흔히 사용하는 최대 보율이 115,200이므로 이 값을 최고 통신 속도로 표시했다. 반면, 소프트웨어 시리얼 포트는 경험적으로 데이터 전송 오류가 발생하지 않은 38,400보율을 최고 통신 속도로 표시했다.

소프트웨어 시리얼 포트는 하드웨어의 지원 없이도 UART 시리얼 통신을 사용할 수 있게 해주지만, 높은 보율을 지원하지 못하고 동시에 여러 포트를 사용할 수 없는 등의 제한이 있으므로 여러 포트를 동시에 사용하는 것은 추천하지 않는다.

11.2 터미널 프로그램: CoolTerm

하드웨어 시리얼 포트와 소프트웨어 시리얼 포트 사용을 확인하기 위해 앞 절에서는 2개의 시리얼 모니터를 사용했다. 시리얼 모니터는 아두이노 프로그램의 한 부분으로 간편하게 사용할 수 있다는 장점이 있지만, 다른 터미널 프로그램과 비교하면 제공하는 기능이 적다는 것은 단점이다. 따라서 시리얼 모니터를 2개 실행하여 사용하는 것도 하나의 방법이지만, 시리얼 모니터와 다른 터미널 프로그램을 함께 사용하는 것도 대안이 될 수 있다. 터미널 프로그램은 컴퓨터와 시리얼 통신으로 연결된 장치와의 데이터 송수신뿐만 아니라 장치 제어를 위해서도 사용되는 등 다양한 용도로 사용될 수 있으며, 무료로 내려받아 사용할 수 있는 터미널 프로그램의 종류 또한 다양하다. 이 책에서는 무료로 사용할 수 있고 설치할 필요 없이 압축을 해제하는 것만으로 사용할 수 있는 CoolTerm*을 사용한다. CoolTerm을 내려받아 원하는 디렉터리에 압축을 해제한 후 실행해 보자.

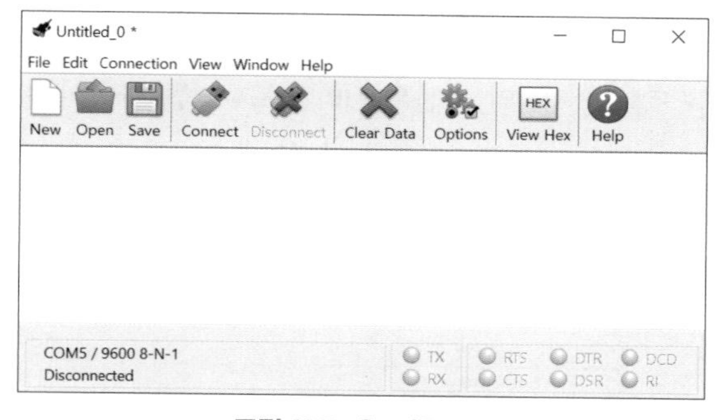

그림 11.7 CoolTerm

먼저 툴바의 'Options' 버튼을 눌러 옵션 다이얼로그를 실행한다. 옵션 다이얼로그는 여러 페이지로 구성되어 있으며, 첫 번째 'Serial Port' 페이지에서는 포트 번호와 통신 속도 등을 설정할 수 있다.

* http://freeware.the-meiers.org

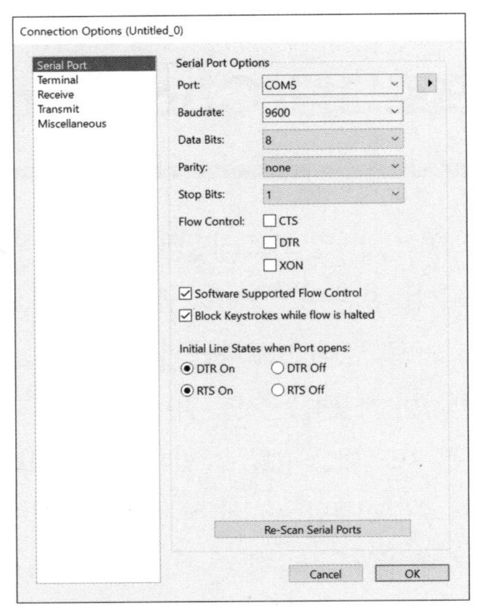

그림 11.8 'Serial Port' 옵션 페이지

스케치 11.1에서 사용된 COM3과 COM5 중 COM3은 아두이노 우노의 하드웨어 시리얼 포트와 연결되어 있다. CoolTerm을 COM3과 연결한 상태에서는 스케치를 업로드할 수 없으므로 스케치 업로드에 사용하는 포트와의 시리얼 통신은 시리얼 모니터를 사용하는 것이 안전하다. 따라서 여기서는 CoolTerm을 COM5와 연결한다. 옵션 다이얼로그에서 포트(COM5)와 보율(9600)을 선택한다. 포트 목록에서 COM5가 나타나지 않으면 아래쪽의 'Re-Scan Serial Ports' 버튼을 눌러 포트를 다시 검색하면 된다.

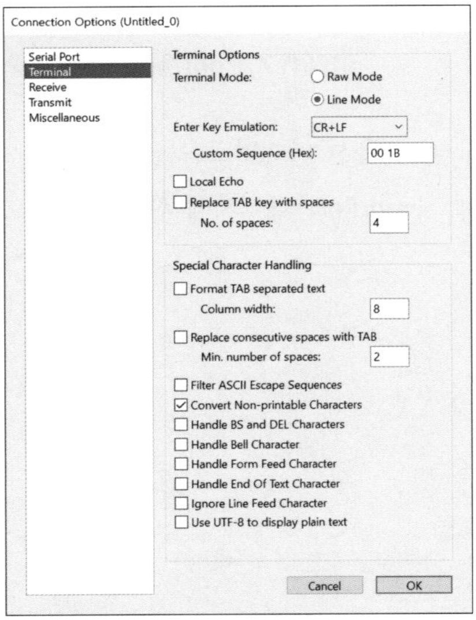

그림 11.9 'Terminal' 옵션 페이지

옵션 다이얼로그의 두 번째 페이지인 'Terminal' 페이지에서는 아두이노 보드로의 데이터 전송 옵션을 설정할 수 있다. 'Terminal Mode'는 디폴트로 'Raw Mode'가 선택되어 있다. Raw Mode는 데이터 입력이 발생할 때마다 즉시 아두이노 보드로 데이터를 전송하는 모드로 바이트 단위 통신을 수행하는 모드다. 반면, 'Line Mode'는 데이터를 입력하고 엔터 키를 눌러야 아두이노 보드로 데이터를 전송하는 모드로, 시리얼 모니터와 같은 방식으로 동작하는 모드다. Line Mode가 선택된 경우 엔터 키는 'Enter Key Emulation'에 선택된 키 조합으로 바뀌어 보내지며, 시리얼 모니터의 추가 문자 콤보박스의 기능과 같다. 시리얼 모니터와 다른 점은 엔터 키를 임의의 문자로 바꾸어 전송할 수 있는 'Custom' 옵션이 있고 시리얼 모니터의 'line ending 없음' 옵션은 없다는 점이다. 따라서 개행문자를 추가로 보내지 않으려면 'Custom' 옵션을 선택하고 'Custom Sequence' 상자의 값을 모두 지우면 된다. 'Line Mode'를 선택하면 시리얼 모니터의 입력창에 해당하는 창이 아래쪽에 나타나 데이터를 입력할 수 있다.

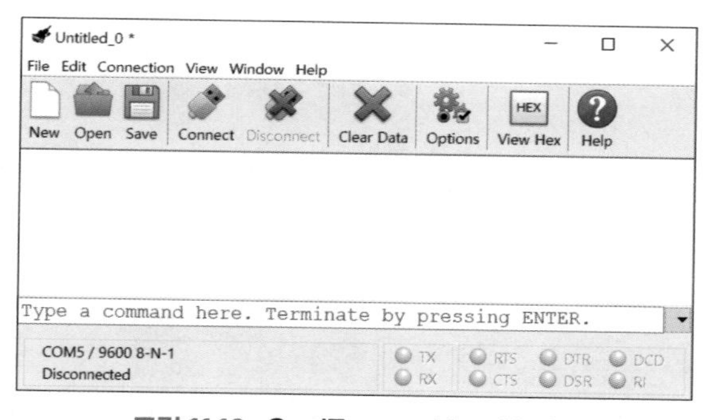

그림 11.10 CoolTerm – Line Mode

툴바의 'Connect' 버튼을 눌러 컴퓨터의 COM5 포트에 연결하자. 스케치 11.1이 실행 중이라면 그림 11.5의 스케치 11.1 실행 결과에서 COM5에 연결된 시리얼 모니터 대신 CoolTerm을 통해 메시지 송수신이 이루어지는 것을 확인할 수 있다. 다만 한글이 제대로 표시되기 위해서는 옵션 다이얼로그의 'Terminal' 페이지에서 'Use UTF-8 to display plain text' 옵션이 선택되어 있어야 한다.

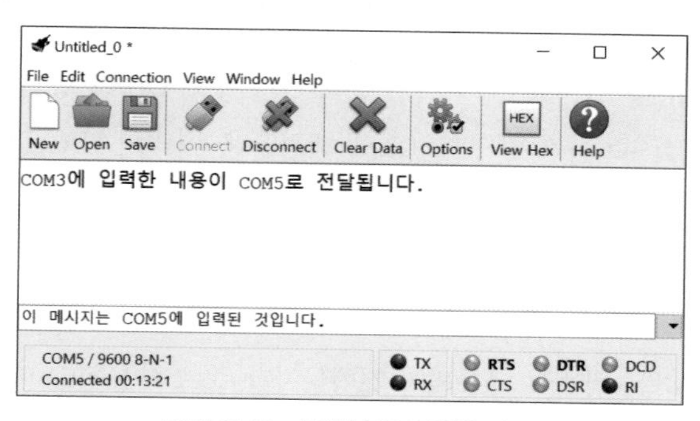

그림 11.11 스케치 11.1 실행 결과

CoolTerm과 같은 터미널 프로그램을 사용하면 시리얼 모니터를 2개 실행하기 위해 아두이노 프로그램을 두 번 실행하지 않아도 되므로, 터미널 프로그램과 아두이노 프로그램을 함께 사용하는 것이 더 편리할 수 있다. 하지만 2개의 아두이노 보드가 하나의 컴퓨터에 연결된 경우에는 아두이노 프로그램을 두 번 실행하는 것이 편리하다. 앞의 예에서는 2개의 아두이노 프로그램 중 하나만 실제 스케치 작성을 위해 사용되고 다른 하나는 시리얼 모니터를 실행하기 위한 용도로만 사용되었다. 하지만 아두이노 보드가 2개 연결된 경우에는 2개의 서로 다른 스케치를 작성해야 하므로 2개의 아두이노 프로그램을 실행해야 한다. 하나의 컴퓨터에 2개의 아두이노 보드를 연결하는 경우는 블루투스와 같은 무선 통신을 통해 2개의 아두이노 보드가 연결되어 있을 때 무선 통신을 통해 주고받는 데이터를 컴퓨터에서 확인하기 위한 예에서 찾아볼 수 있다.

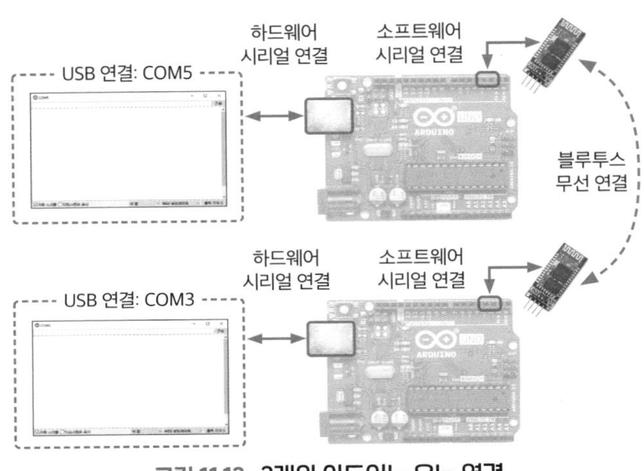

그림 11.12 2개의 아두이노 우노 연결

11.3 시리얼 통신을 이용한 게임

UART 통신에서 데이터 전송 단위는 바이트가 흔히 사용되며, UART 통신으로 보내진 바이트 단위 데이터는 흔히 문자로, 즉 아스키 코드값으로 해석된다. 따라서 UART 통신에서는 모든 데이터를 문자열로 변환해서 전송하는 경우가 대부분이며, `HardwareSerial` 클래스의 `print` 함수가 데이터를 문자열로 변환하여 전송하는 데 사용될 수 있다. 하지만 문자열 데이터는 그 길이가 일정하지 않다는 것이 단점 중 하나다. 따라서 가변 길이의 문자열을 다루기 위해 문자열 끝을 표시하는 문자를 함께 전송하는 방법이 사용되며 개행문자가 주로 사용된다. 데이터를 문자열로 변환하여 전송하면 이를 다시 원래 데이터로 변환하는 방법 역시 필요하며, 이를 위해 String 클래스의 멤버 함수를 사용할 수 있다.

11.3.1 하이로우 게임

아두이노가 일정 범위 내에서 임의로 선택한 숫자를 사용자가 맞추는 게임을 만들어보자. 아두이노는 1에서 100 사이의 정수 중 하나를 무작위로 선택한다. 사용자가 아두이노가 선택한 수를 추측하여 시리얼 모니터에 입력하면 아두이노는 입력한 숫자와 선택한 숫자를 비교하여 그 결과를 크다, 작다, 같다 중 한 가지로 알려준다. 두 숫자가 같은 경우 게임을 종료한다.

1에서 100 사이의 정수 중 하나를 무작위로 선택하기 위해서는 난수 생성 함수인 random을 사용할 수 있다.

■ random

```
long random(long max)
long random(long min, long max)
  - 매개변수
      min: 생성될 난수의 최솟값
      max: max - 1이 생성될 난수의 최댓값
  - 반환값: [0, max - 1] 또는 [min, max - 1] 범위의 난수
```

지정한 범위에서 임의의 정수를 반환한다. 범위를 지정할 때 최솟값은 범위에 포함되지만, 최댓값은 범위에 포함되지 않는다.

random 함수가 반환하는 수는 진정한 난수가 아니라 난수처럼 보이도록 알고리즘으로 만들어진 숫자로, 이를 의사 난수pseudo random number라고 한다. 의사 난수 역시 난수처럼 보이기는 하지만 계산으로 만들어지는 만큼 시작 위치가 같으면 매번 같은 순서로 숫자가 만들어진다. 따라서 의사 난수가 난수처럼 보이게 하려면 의사 난수를 만들어내는 시작 위치를 임의로 지정해야 하며, 시작 위치를 지정하기 위해 사용하는 함수가 randomSeed 함수다.

■ randomSeed

```
void randomSeed(unsigned int seed)
  - 매개변수
      seed: 의사 난수의 시작 위치 결정을 위한 값
  - 반환값: 없음
```

의사 난수의 시작 위치를 지정한다. 하지만 시작 위치를 임의로 지정하는 것은 난수를 생성하는 것과 다르지 않으며, 시작 위치를 임의로 지정할 수 있다면 난수 역시 만들 수 있어야 한다. 데스크톱 컴퓨터에서는 같은 값을 갖는 경우가 없는 현재 시간을 의사 난수 생성의 시작점으로 사용하는 경우가 대부분이지만, 현재 시간을 알 수 없는 아두이노는 이 방법을 사용할 수 없다. 아두이노에서 사용할 수 있는 방법의 하나는 회로가 연결되어 있지 않은 아날로그 입력 핀의 입력값을 읽어서 사용하는 것이다.

■ analogRead

```
int analogRead(uint8_t pin)
  - 매개변수
      pin: 아날로그 핀 번호
  - 반환값: 0에서 1023 사이의 정숫값
```

아날로그 입력 핀에 가해진 0~5V 사이 전압을 0에서 1023 사이의 정수로 변환하여 반환한다. 회로가 연결되지 않은 핀을 analogRead 함수로 읽으면 잡음 등에 의해 예측할 수 없는 값이 반환되며 이는 무작위 값에 가까우므로 의사 난수의 시작점으로 사용할 수 있다.

스케치 11.2는 숫자 맞추기 게임을 구현한 예다. 숫자를 몇 번 만에 알아냈는지 출력하게 했고, 문자열의 끝을 '\n'으로 구별하도록 했으므로 시리얼 모니터에서는 '새 줄' 옵션을 선택해야 한다. 숫자를 맞추면 실행이 정지되므로 게임을 다시 실행하기 위해서는 아두이노 보드를 리셋해야 한다. 아두이노 우노의 경우 시리얼 모니터를 다시 실행하면 보드가 리셋되므로 게임을 다시 시작하기 위해 사용할 수 있다. 또는 리셋 버튼을 눌러서도 게임을 다시 시작할 수 있다.

스케치 11.2 하이로우 게임

```
#define DEBUG                                 // 디버깅을 위해 선택한 숫자 출력 지시

int N;                                        // 아두이노가 선택한 숫자
char TERMINATOR = '\n';                       // 문자열 종료 문자
String buffer = "";                           // 문자열 저장 버퍼
boolean process_it = false;                   // 문자열 처리 여부
int count = 0;                                // 숫자 맞추기를 시도한 횟수

void setup() {
    Serial.begin(9600);

    randomSeed(analogRead(A0));               // 의사 난수 생성기 초기화
    N = random(1, 101);                       // 1~100 사이 숫자 선택

#ifdef DEBUG
    Serial.println(String("[DEBUG] 선택한 숫자는 ") + N + "입니다.");
```

```
#endif
    Serial.println("* 1과 100 사이의 숫자를 입력하세요.");
}

void loop() {
    while (Serial.available() > 0) {          // 데이터 수신
        char ch = Serial.read();              // 데이터 읽기

        if (ch == TERMINATOR) {               // 문자열 종료 문자인 경우
            process_it = true;                // 문자열 처리 지시
        }
        else {                                // 그 외의 문자인 경우
            buffer = buffer + ch;             // 버퍼에 문자 저장
        }
    }

    if (process_it) {                         // 저장된 문자열을 처리하는 경우
        int input_number = buffer.toInt();    // 문자열을 숫자로 변환
        count++;                              // 숫자 맞추기를 시도한 횟수 증가

        Serial.print(" => 입력한 숫자 ");
        Serial.print(input_number);
        Serial.print("은/는 생각하고 있는 숫자");

        // 아두이노가 선택한 숫자와 사용자가 입력한 숫자를 비교하여 메시지 출력
        if (input_number > N) {
            Serial.println("보다 큽니다.");
        }
        else if (input_number < N) {
            Serial.println("보다 작습니다.");
        }
        else {
            Serial.println("와 같습니다.");
            Serial.println(String(" => ") + count + "번 시도로 숫자를 찾았습니다.");
            Serial.println(" => 게임을 끝냅니다.");
            while (true);                     // 한 번 실행 후 멈춤
        }
        Serial.println("* 1과 100 사이의 숫자를 입력하세요.");

        process_it = false;                   // 문자열 처리 완료
        buffer = "";                          // 버퍼 비우기
    }
}
```

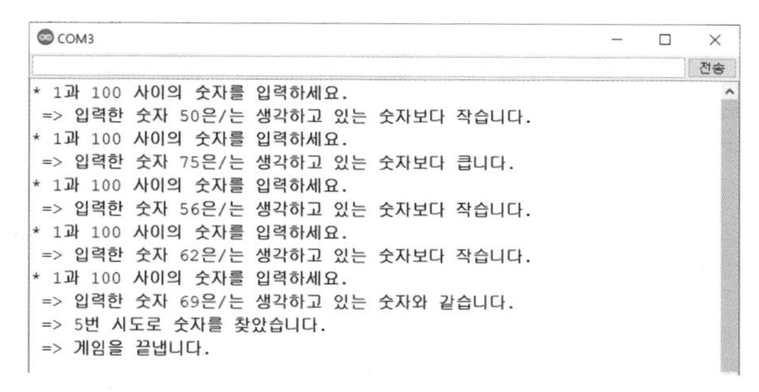

그림 11.13 스케치 11.2 실행 결과

스케치 11.2에서 사용한 #define, #ifdef, #endif 등은 전처리 지시어에 해당한다. #define 문을 사용하여 DEBUG가 정의되어 있으면, 디버깅을 위해 아두이노가 선택한 수를 시리얼 모니터로 출력하도록 하는 용도로 사용했다. 스케치 작성이 끝나고 첫 번째 줄의 #define 문을 삭제하면 아두이노가 선택한 숫자가 출력되지 않는다.

11.3.2 숫자 야구 게임

숫자 야구 게임 역시 숫자 맞추기 게임의 한 종류다. 게임은 하이로우 게임과 비슷하게 아두이노가 숫자를 정하고 이를 사용자가 알아내는 순서로 진행되지만, 비교 결과를 야구 규칙을 사용하고 알려준다는 점에서 차이가 있다.

아두이노는 1에서 9까지의 숫자 중 서로 다른 3개의 숫자를 선택하여 세 자리 정수를 임의로 결정한다. 사용자가 세 자리 정수를 시리얼 모니터에 입력하면 아두이노는 2개의 세 자리 정수를 비교하여 스트라이크와 볼로 비교 결과를 알려준다. 2개의 세 자리 정수에서 같은 숫자가 같은 위치에 나오면 스트라이크라고 하고, 같은 숫자가 다른 위치에 나오면 볼이라고 하며, 세 자리 정수가 일치하는 경우, 즉 3 스트라이크이면 게임이 끝난다.

스케치 11.3은 숫자 야구 게임을 구현한 예다. 게임이 끝나면 스케치 실행이 중지되고 시리얼 모니터에서 '새 줄' 옵션을 선택해야 하는 것은 스케치 11.2와 같다. 전체적인 스케치 구조는 스케치 11.2와 비슷하지만, 아두이노가 정한 숫자와 사용자가 입력한 숫자를 비교하는 방법에서 차이가 있다.

스케치 11.3 숫자 야구 게임

```
#define DEBUG                                  // 디버깅을 위해 선택한 숫자 출력 지시

String N;                                      // 아두이노가 선택한 세 자리 숫자
char TERMINATOR = '\n';                        // 문자열 종료 문자
String buffer = "";                            // 문자열 저장 버퍼
boolean process_it = false;                    // 문자열 처리 여부
int count = 0;                                 // 숫자 맞추기를 시도한 횟수

void setup() {
    Serial.begin(9600);
    make_3_digit_number();                     // 세 자리 숫자 정하기

#ifdef DEBUG
    Serial.println("[DEBUG] 선택한 숫자는 " + N + "입니다.");
#endif
    Serial.println("* 3자리 정수를 입력하세요.");
}
```

```
void make_3_digit_number() {                // 중복 없이 9개 중 3개 숫자 선택
    int n[9] = {1, 2, 3, 4, 5, 6, 7, 8, 9};

    randomSeed(analogRead(A0));             // 의사 난수 생성기 초기화
    for (int i = 0; i < 200; i++) {         // 배열 내 숫자 위치를 200회 자리바꿈
        int index1 = random(9), index2 = random(9);

        int temp = n[index1];
        n[index1] = n[index2];
        n[index2] = temp;
    }
    N = String(n[0]) + n[1] + n[2];         // 세 자리 숫자를 문자열로 저장
}

void loop() {
    while (Serial.available() > 0) {        // 데이터 수신
        char ch = Serial.read();            // 데이터 읽기

        if (ch == TERMINATOR) {             // 문자열 종료 문자인 경우
            process_it = true;              // 문자열 처리 지시
        }
        else {                              // 그 외의 문자인 경우
            buffer = buffer + ch;           // 버퍼에 문자 저장
        }
    }

    if (process_it) {                       // 저장된 문자열을 처리하는 경우
        count++;                            // 숫자 맞추기를 시도한 횟수 증가

        // 스트라이크 및 볼 판정
        int strike = 0, ball = 0;
        if (buffer[0] == N[0]) strike++;
        else if (buffer[0] == N[1] || buffer[0] == N[2]) ball++;
        if (buffer[1] == N[1]) strike++;
        else if (buffer[1] == N[0] || buffer[1] == N[2]) ball++;
        if (buffer[2] == N[2]) strike++;
        else if (buffer[2] == N[0] || buffer[2] == N[1]) ball++;

        Serial.print(" => 입력한 숫자 " + buffer + " : ");
        Serial.println(String(strike) + " 스트라이크, " + ball + " 볼");

        if (strike == 3) {
            Serial.println(String(" => ") + count + "번 시도로 숫자를 찾았습니다.");
            Serial.println(" => 게임을 끝냅니다.");
            while (true);                   // 한 번 실행 후 멈춤
        }

        Serial.println("* 3자리 정수를 입력하세요.");

        process_it = false;                 // 문자열 처리 완료
        buffer = "";                        // 버퍼 비우기
    }
}
```

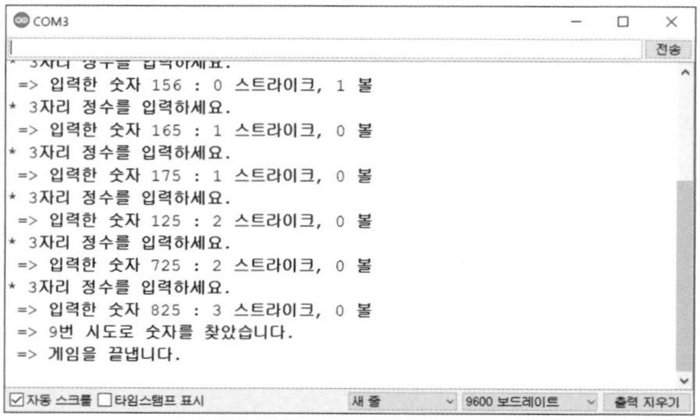

```
COM3
전송
=> 입력한 숫자 156 : 0 스트라이크, 1 볼
* 3자리 정수를 입력하세요.
=> 입력한 숫자 165 : 1 스트라이크, 0 볼
* 3자리 정수를 입력하세요.
=> 입력한 숫자 175 : 1 스트라이크, 0 볼
* 3자리 정수를 입력하세요.
=> 입력한 숫자 125 : 2 스트라이크, 0 볼
* 3자리 정수를 입력하세요.
=> 입력한 숫자 725 : 2 스트라이크, 0 볼
* 3자리 정수를 입력하세요.
=> 입력한 숫자 825 : 3 스트라이크, 0 볼
=> 9번 시도로 숫자를 찾았습니다.
=> 게임을 끝냅니다.
자동 스크롤  타임스탬프 표시  새 줄  9600 보드레이트  출력 지우기
```

그림 11.14 스케치 11.3 실행 결과

11.4 맺는말

UART 통신은 오랜 역사와 간단한 사용 방법으로 현재까지도 많은 장치가 지원하는 시리얼 통신 방법의 하나로 그 활용도가 높다. 하지만 UART 통신은 일대일 통신이므로 여러 개의 장치를 연결하기 위해서는 장치 개수만큼의 UART 포트, 즉 전용 하드웨어가 필요하다. 특히나 아두이노 우노는 하나의 UART 포트만을 제공하고 있으며 이 포트 역시 스케치 업로드를 위해 사용되고 있으므로 다른 용도로 사용하기는 어렵다. 이러한 제약을 해결하는 방법 중 하나가 전용 하드웨어 없이 소프트웨어로 지원되는 UART 통신을 사용하는 것이며, 이를 구현한 클래스가 `SoftwareSerial` 클래스다. 하드웨어 지원 없이 소프트웨어로만 UART 통신이 가능하다면 전용 하드웨어가 필요하지 않을 것으로 생각할 수도 있지만, AVR 시리즈와 같이 성능이 낮은 CPU를 포함하고 있는 마이크로컨트롤러에서 소프트웨어 시리얼 포트는 느린 속도의 통신만 지원하고 여러 포트를 동시에 사용할 수 없는 등의 제약이 있다. 이 장에서는 하드웨어 및 소프트웨어 UART 포트를 통해 데이터를 주고받는 방법을 알아봤다. 두 가지 모두 UART 통신을 위한 방법이므로 사용 방법에 큰 차이는 없지만, 세세한 부분에서 약간씩의 차이가 있으므로 함께 사용하는 경우에는 그 차이를 정확히 알고 있어야 한다.

1 시리얼 모니터로 십진수를 입력받고 이를 이진수로 변환하여 출력하는 스케치를 작성해 보자. String 클래스의 print 함수를 사용하면 이진수로 출력할 수 있지만, 다음과 같은 원형을 갖는 함수를 직접 구현해 보자.

```
String to_binary_string(int no);
```

십진수 입력의 끝은 '\n'으로 표시하게 하고, 따라서 시리얼 모니터에서는 '새 줄' 옵션을 선택해야 한다.

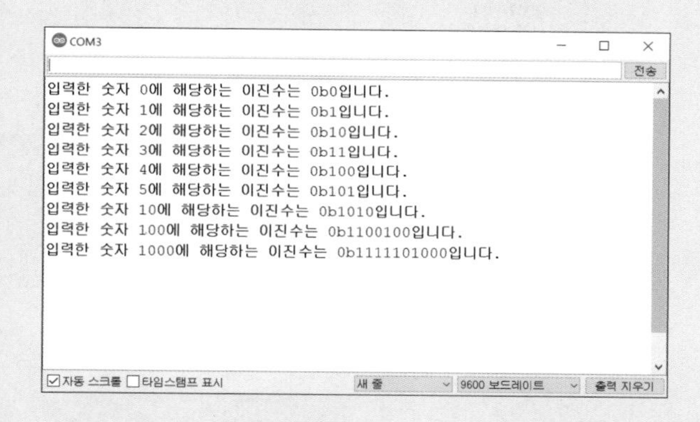

2 스케치 11.2의 하이로우 게임은 한 번만 할 수 있고 다시 시작하기 위해서는 아두이노 보드를 리셋해야 한다. 스케치 11.2를 수정하여 게임이 종료된 후 다시 게임을 시작할지를 선택할 수 있게 해보자.

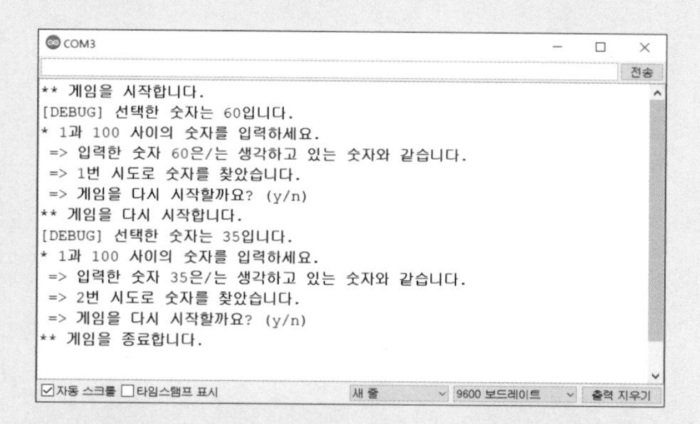

3 아두이노가 1~100 사이의 정수를 임의로 생성하고 이를 이진수로 보여주면 사용자는 이진수를 십진수로 변환하여 입력하게 해보자. 사용자가 입력한 십진수가 이진수와 같은지 여부를 판단하여 결과를 알려주고, 다시 시도할 것이지 여부도 선택할 수 있게 하자.

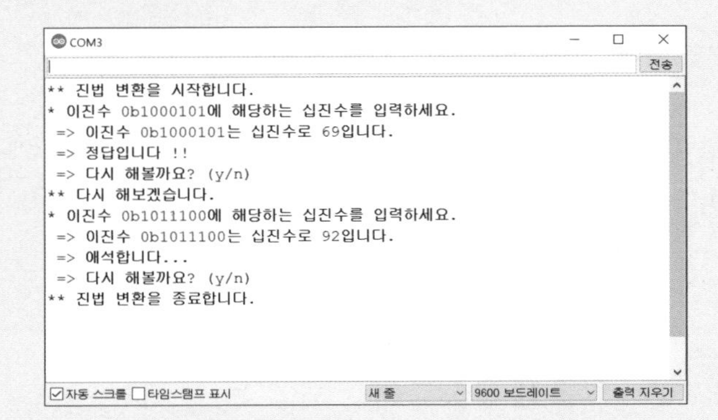

CHAPTER

12

디지털 데이터 출력

마이크로컨트롤러는 디지털 컴퓨터의 한 종류이므로 디지털 데이터를 처리하는 것이 기본이다. 그 중에서도 마이크로컨트롤러의 데이터 핀으로 출력되는 데이터는 비트 단위의 데이터로, 마이크로컨트롤러가 주변장치와 데이터를 주고받는 기본 단위가 된다. 이 장에서는 아두이노의 데이터 핀으로 1비트 데이터를 출력하는 방법을 LED를 사용하여 알아본다.

이 장에서 사용할 부품

- 아두이노 우노 × 1 ➡ 디지털 데이터 출력 테스트
- LED × 8 ➡ 디지털 데이터 출력
- 220Ω 저항 × 8 ➡ LED 보호

12.1 마이크로컨트롤러의 데이터 입출력

마이크로컨트롤러는 디지털 컴퓨터의 한 종류이므로 마이크로컨트롤러가 처리할 수 있는 데이터는 디지털 데이터뿐이다. 반면, 주변 환경에서 얻을 수 있는 모든 데이터는 아날로그 데이터이므로 디지털 데이터만을 다룰 수 있는 마이크로컨트롤러에서 직접 처리할 수 없다. 대신 아날로그 데이터를 먼저 디지털 데이터로 변환한 후 디지털 데이터를 처리하고, 처리가 끝난 디지털 데이터는 다시 아날로그 데이터로 변환하여 출력함으로써 주변 환경과 상호 작용이 가능하다. 이처럼 마이크로컨트롤러가 직접 처리할 수 있는 데이터는 디지털 데이터뿐이지만 변환 과정을 통해 아날로그 데이터 역시 처리할 수 있으므로 **디지털과 아날로그 데이터를 읽고 쓰는 방법은 마이크로컨트롤러에서 가장 기본적이면서도 중요한 부분**이라고 할 수 있다. 이는 아두이노에서도 마찬가지다. **아두이노에서는 디지털 및 아날로그 데이터를 읽고 쓸 수 있도록 pinMode, digitalRead, digitalWrite, analogRead, analogWrite라는 5개의 기본 함수를 제공하고 있다.** 표 12.1은 아두이노의 디지털 및 아날로그 데이터 입출력 함수를 정리한 것이고, 표 12.2는 아두이노 우노에서 디지털 및 아날로그 데이터 입출력에 사용할 수 있는 핀을 요약한 것이다.

표 12.1 아두이노의 디지털 및 아날로그 데이터 입출력 함수

	출력	입력
디지털	pinMode(13, OUTPUT); digitalWrite(13, HIGH);	pinMode(13, INPUT); boolean state = digitalRead(13);
아날로그	analogWrite(3, 128);	int v = analogRead(A0);

표 12.2 아두이노 우노의 디지털 데이터 입출력 핀

디지털 핀 번호	아날로그 핀 번호	디지털 데이터 입출력	아날로그 데이터 입력	아날로그 데이터 출력(PWM)	비고
0	-	○	×	×	UART(RX)
1	-	○	×	×	UART(TX)
2	-	○	×	×	
3	-	○	×	○	
4	-	○	×	×	
5	-	○	×	○	
6	-	○	×	○	
7	-	○	×	×	

표 12.2 아두이노 우노의 디지털 데이터 입출력 핀 (계속)

디지털 핀 번호	아날로그 핀 번호	디지털 데이터 입출력	아날로그 데이터 입력	아날로그 데이터 출력(PWM)	비고
8	-	○	×	×	
9	-	○	×	○	
10	-	○	×	○	
11	-	○	×	○	SPI(MOSI)
12	-	○	×	×	SPI(MISO)
13	-	○	×	×	SPI(SCK)
14	A0	○	○	×	
15	A1	○	○	×	
16	A2	○	○	×	
17	A3	○	○	×	
18	A4	○	○	×	I2C(SDA)
19	A5	○	○	×	I2C(SCL)
핀 수		20개	6개	6개	

아두이노 우노의 20개 데이터 핀으로는 디지털 데이터 입출력이 모두 가능하다. 하지만 하나의 핀을 입력과 출력으로 동시에 사용할 수는 없으므로, 입력 또는 출력으로 사용할 것임을 `pinMode` 함수로 설정한 후 `digitalWrite` 함수를 써서 출력으로 사용하거나 `digitalRead` 함수를 써서 입력으로 사용할 수 있다. 반면, 아날로그 데이터 입출력은 20개 데이터 핀 중 전용 하드웨어를 통해 지원되는 일부 핀을 통해서만 사용할 수 있다. 또한 아날로그 데이터는 입력과 출력을 위해 사용하는 하드웨어가 서로 달라 하나의 핀으로 아날로그 데이터 입력과 출력을 모두 지원하는 경우는 없다. 따라서 **아날로그 데이터 입출력에 사용하는 핀은 사용하기 전에 디지털 데이터 입출력 핀과 같이 모드를 지정할 필요가 없다.**

디지털 데이터는 마이크로컨트롤러에서 입출력 레지스터를 거쳐 출력 핀으로 전달되는 간단한 경로를 거치며, 디지털 데이터 입력 역시 입력 핀에서 레지스터를 거쳐 마이크로컨트롤러로 전달된다. 반면, 아날로그 데이터 입출력은 이처럼 단순하지 않다. 아날로그 데이터 입력을 위해서는 아날로그-디지털 변환기ADC: Analog Digital Converter라는 전용 하드웨어가 필요하다. ADC의 반대는 DACDigital Analog Converter로, 처리를 마친 디지털 데이터를 아날로그 데이터로 변환하는 역할을 한다. 하지만 AVR 시리즈 마이크로컨트롤러에는 DAC가 포함되어 있지 않으므로 아날로그 데이터 출력은 불가능하다. 그렇다면 `analogWrite` 함수는 어떤 기능을 하는 함수일까? `analogWrite` 함수는 아날로그 신호와 비슷한 효과를 얻을 수 있는 디지털 신호인 펄스 폭 변조PWM: Pulse Width Modulation 신호를 출력하기 위해 사용한다. PWM 신호는 LED의 밝기를 조절하거나 모터의 속도를 조절하는 등 흔히 아날로그 신호를 사용하는 동작을 수행할 수 있으므로 아두이노에서는 'analog'라는 단어를 함수 이름에 사용하고 있다.

마이크로컨트롤러는 복잡한 기능이 필요한 곳에 사용하기 위해 만들어진 것은 아니며 아두이노는 더더욱 그렇다. 따라서 마이크로컨트롤러로 할 수 있는 디지털 및 아날로그 데이터 입출력을 이해하는 일은 아두이노를 이해하는 첫걸음이자 가장 중요한 부분이다. 디지털과 아날로그 데이터 입출력을 이해하고 나면 다음은 UART를 포함하는 시리얼 통신 방법에 대한 이해가 필요할 것이고 여기에 필요한 주변장치를 추가한다면 아두이노로 신기하고 재미있는 시스템을 만드는 데 부족함이 없을 것이다. 제일 먼저 디지털 데이터 출력 방법부터 시작해 보자.

12.2 블링크

C/C++ 언어에서 프로그래밍의 시작점으로 이야기되는 코드인 'Hello World'는 1978년에 출판된 『The C Programming Language』에서 비롯되었다. 'Hello Wrold'는 간단한 몇 줄의 코드로 구성되어 프로그래밍을 처음 시작할 때 접하는 코드이자 통합개발환경의 설치 상태를 점검하기 위해서도 흔히 사용되며, 이는 C/C++ 언어뿐만 아니라 다른 프로그래밍 언어에서도 마찬가지다. 이러한 인기에 힘입어 'Hello World'는 프로그래밍을 시작할 때 사용하는 코드를 가리키는 용어로 정착되었다. 아두이노에서 'Hello World'에 해당하는 스케치는 '블링크'다. 스케치 12.1은 블링크 스케치를 간단히 정리한 것이다. 스케치 12.1에서 LED_BUILTIN은 내장 LED가 연결된 핀 번호에 해당하는 상수다. 아두이노 우노의 경우 13번 핀에 내장 LED가 연결되어 있지만, 다른 아두이노 보드의 경우에는 다른 번호의 핀에 연결되어 있을 수 있다.

스케치 12.1 블링크

```
void setup() {
    pinMode(LED_BUILTIN, OUTPUT);           // LED 연결 핀을 출력으로 설정
}

void loop() {
    digitalWrite(LED_BUILTIN, HIGH);        // LED 켜기
    delay(1000);                            // 1초 대기
    digitalWrite(LED_BUILTIN, LOW);         // LED 끄기
    delay(1000);                            // 1초 대기
}
```

블링크 스케치에는 디지털 데이터 출력과 관련된 2개의 함수가 사용되고 있다. 그 첫 번째는 디지털 데이터 입출력 핀의 사용 모드를 지정하는 pinMode이고, 두 번째는 실제 디지털 데이터를 출력하는 digitalWrite다.

■ pinMode

```
void pinMode(uint8_t pin, uint8_t mode)
  - 매개변수
      pin: 설정하고자 하는 핀 번호
      mode: OUTPUT, INPUT, INPUT_PULLUP 중 하나
  - 반환값: 없음
```

지정한 번호의 핀을 입력 또는 출력으로 설정한다. pinMode 함수로 지정할 수 있는 모드는 출력을 나타내는 OUTPUT, 내부 풀업 저항을 사용하지 않는 입력을 나타내는 INPUT, 내부 풀업 저항을 사용하는 입력을 나타내는 INPUT_PULLUP 등 세 가지다.

■ digitalWrite

```
void digitalWrite(uint8_t pin, uint8_t value)
  - 매개변수
      pin: 핀 번호
      value: HIGH(1) 또는 LOW(0)
  - 반환값: 없음
```

데이터 핀의 모드가 설정된 후에는 비트 단위의 데이터 출력을 위해 digitalWrite 함수를 사용한다. 이때 출력값은 미리 정의된 상수인 HIGH 또는 LOW를 사용할 수 있다.

■ delay

```
void delay(unsigned long ms)
  - 매개변수
      ms: 밀리초 단위의 지연 시간
  - 반환값: 없음
```

지정한 밀리초 단위의 시간만큼 프로그램 실행을 일시 중지한다. 블링크 스케치에서는 LED 점멸 간격을 정하기 위해 사용한다.

스케치 12.1을 업로드하고 아두이노 우노의 내장 LED가 1초 간격으로 점멸하는 것을 확인해 보자.

12.3 LED 제어

디지털 데이터 출력을 확인하기 위해 이 장에서는 발광 다이오드LED: Light Emitting Diode를 사용한다. LED는 순방향으로 전원을 연결하면 빛을 발산하는 다이오드의 한 종류로, 비트 단위의 데이터를 확인하기 위해 사용할 수 있다. 스케치 12.1에서는 내장 LED 1개를 사용했다면, 이 절에서는 8개의 외부 LED를 사용한다. 그림 12.1과 같이 8개의 LED를 0번에서 7번 핀까지 연결하자. 0번과 1번 핀에 주변장치를 연결하는 것은 일반적으로 추천되지 않지만, LED를 연결한 상태에서 스케치를 업로드하는 데 문제가 없고 컴퓨터와 시리얼 통신을 사용하지 않으므로 0번과 1번 핀에도 LED를 연결했다. 0번과 1번 핀에 LED를 연결한 또 다른 이유는 0번부터 7번까지의 데이터 핀이 ATmega328의 포트 D에 해당하는 8개 핀이므로, 같은 포트에 속하는 8개 핀은 루프를 사용하지 않고 한 번에 8개 LED를 위한 점멸 데이터를 지정할 수 있다.

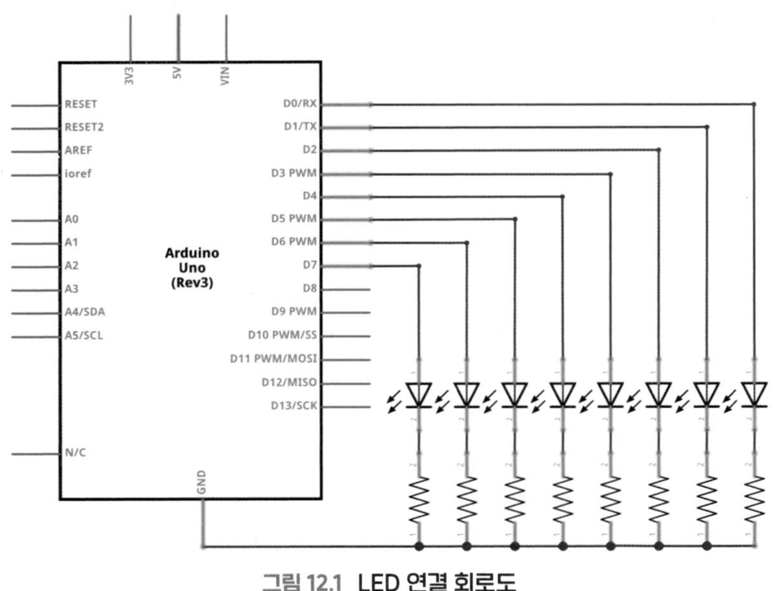

그림 12.1 LED 연결 회로도

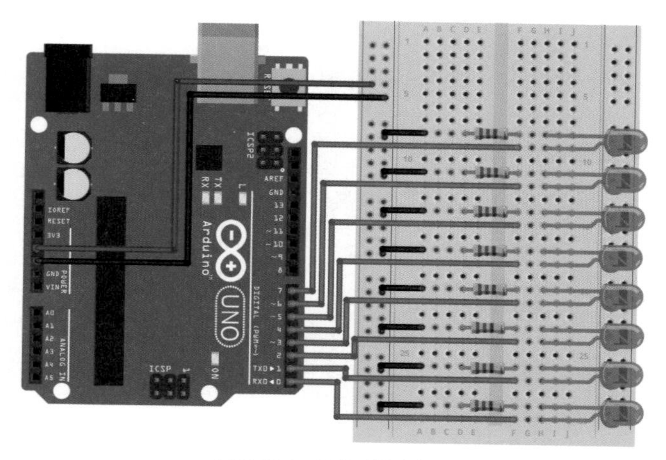

그림 12.2 LED 연결 회로

스케치 12.2는 스케치 12.1의 블링크 스케치를 확장하여 8개의 LED를 1초 간격으로 동시에 점멸하는 예다. 스케치를 업로드하고 LED 8개가 동시에 깜빡이는 것을 확인해 보자.

스케치 12.2 8개 LED 블링크

```
int pins[] = {0, 1, 2, 3, 4, 5, 6, 7};          // LED가 연결된 핀 배열

void setup() {
    for (int i = 0; i < 8; i++) {               // LED 연결 핀을 출력으로 설정
        pinMode(pins[i], OUTPUT);
    }
}

void loop() {
    for (int i = 0; i < 8; i++) {               // LED 켜기
        digitalWrite(pins[i], HIGH);
    }
    delay(1000);                                // 1초 대기

    for (int i = 0; i < 8; i++) {               // LED 끄기
        digitalWrite(pins[i], LOW);
    }
    delay(1000);                                // 1초 대기
}
```

스케치 12.2는 블링크 스케치와 비교했을 때 연결된 LED가 8개로 늘어났고, 따라서 for 루프의 사용을 제외하면 블링크 스케치와 같다. 스케치 12.2의 loop 함수를 살펴보면 LED 8개를 켜고 끄기 위해 for 루프가 두 번 사용되고 있다. 이를 하나의 for 루프로 줄여보자. 2개의 for 루프는 LED로 출력하는 값이 HIGH와 LOW로 다른 것 이외에는 차이가 없다. 따라서 LED의 상태를 매

개변수로 하는 함수를 만들어 사용하는 것이 for 루프를 줄이는 방법이 될 수 있다. 스케치 12.3은 스케치 12.2에 LED를 제어하는 함수를 정의하여 수정한 예다.

스케치 12.3 8개 LED 블링크 – 함수 사용

```
int pins[] = {0, 1, 2, 3, 4, 5, 6, 7};          // LED가 연결된 핀 배열

void setup() {
    for (int i = 0; i < 8; i++) {                 // LED 연결 핀을 출력으로 설정
        pinMode(pins[i], OUTPUT);
    }
}

void control_LED(boolean state) {
    for (int i = 0; i < 8; i++) {                 // LED에 상태 표시
        digitalWrite(pins[i], state);
    }
}

void loop() {
    control_LED(true);                            // LED 켜기
    delay(1000);                                  // 1초 대기

    control_LED(false);                           // LED 끄기
    delay(1000);                                  // 1초 대기
}
```

긴 함수를 나누어서 여러 개의 짧은 함수로 만드는 것은 C/C++ 프로그래밍에서 권장되는 일로, 스케치 12.2의 loop 함수에서 중복되는 부분을 스케치 12.3에서 control_LED라는 함수로 만든 것이 그 예에 해당한다. 스케치 12.2를 다른 방법으로 수정할 수 있는 이유는 loop 함수가 무한 루프 내에서 호출되는 함수이기 때문이다. 스케치 12.2와 스케치 12.3에서는 loop 함수가 한 번 호출될 때 LED를 켜고 끄는 작업이 모두 이루어진다. 이를 loop 함수가 한 번 호출될 때 LED를 켜거나 끄는 작업만 하도록 한다면 for 루프를 줄일 수 있다. 대신 loop 함수가 호출될 때마다 LED의 상태가 바뀌어야 하므로 LED의 상태를 나타내기 위해 상태 변수가 필요하다. 스케치 12.2를 상태 변수를 사용하여 수정한 예가 스케치 12.4다.

스케치 12.4 8개 LED 블링크 – 상태 변수 사용

```
int pins[] = {0, 1, 2, 3, 4, 5, 6, 7};          // LED가 연결된 핀 배열
boolean state = false;                            // LED 상태

void setup() {
    for (int i = 0; i < 8; i++) {                 // LED 연결 핀을 출력으로 설정
        pinMode(pins[i], OUTPUT);
    }
}
```

```
void loop() {
    state = !state;                            // LED 상태 반전
    for (int i = 0; i < 8; i++) {              // LED에 상태 표시
        digitalWrite(pins[i], state);
    }
    delay(1000);                               // 1초 대기
}
```

8개 LED를 점멸하는 것은 간단한 작업이므로 스케치 12.2, 스케치 12.3, 스케치 12.4가 모두 비슷해 보이고 비슷한 것이 사실이다. 하지만 함수의 길이는 가능한 한 짧게 하고 중복된 코드는 함수로 작성하면, 길고 복잡한 스케치를 작성할 때 구조적인 코드를 작성할 수가 있다.

8개 LED가 같은 상태에 있도록 하는 것은 블링크 스케치를 확장하여 가능하지만 8개 LED를 개별적으로 제어하는 경우는 조금 다르다. 그림 12.1과 같이 8개 LED가 연결되어 있을 때 그림 12.3과 같이 8개 LED 중 하나의 LED만 순서대로 켜지는 8개 패턴이 반복되도록 스케치를 작성해 보자.

패턴 \ 핀 번호	7	6	5	4	3	2	1	0
0								■
1							■	
2						■		
3					■			
4				■				
5			■					
6		■						
7	■							

그림 12.3 LED 패턴 (■ : LED 켜짐, □ : LED 꺼짐)

8개 패턴을 반복하도록 하는 방법에는 여러 가지가 있을 수 있지만 그중 하나가 핀 번호 배열에서 켜질 핀 번호 또는 LED 번호를 선택하는 것이다. 다만 8번째 핀 번호가 선택된 후에는 다시 첫 번째 핀 번호가 선택되게 해야 하며, 이를 위해 나머지 연산자(%)를 사용할 수 있다. 즉, 핀 번호가 증가하다가 8이 되면 나머지 연산으로 핀 번호가 다시 0으로 바뀐다. 스케치 12.5를 업로드하고 LED가 순서대로 하나씩 켜지기를 반복하는지 확인해 보자.

스케치 12.5 8개 LED 순서대로 켜기

```
int pins[] = {0, 1, 2, 3, 4, 5, 6, 7};        // LED가 연결된 핀 배열
byte index = 0;                                // 핀/LED 번호 인덱스

void setup() {
    for (int i = 0; i < 8; i++) {              // LED 연결 핀을 출력으로 설정
        pinMode(pins[i], OUTPUT);
```

```
    }
}

void loop() {
    for (int i = 0; i < 8; i++) {            // LED에 상태 표시
        if (i == index) {                    // 1개만 켬
            digitalWrite(pins[i], HIGH);
        }
        else {                               // 나머지 7개는 끔
            digitalWrite(pins[i], LOW);
        }
    }

    index = (index + 1) % 8;                 // 0~7을 반복
    delay(1000);                             // 1초 대기
}
```

스케치 12.5에서는 8개 LED 중 하나만 켜지고 나머지는 꺼진다. 좀 더 일반적으로 임의의 위치에 있는 임의의 개수 LED를 켜기 위해서는 LED가 켜지는 패턴을 저장하는 방법을 사용할 수 있다. 그림 12.3은 한 번에 하나씩 LED가 켜지는 8개 패턴을 정의하고 있으며, 하나의 패턴은 8개 LED의 점멸 데이터이므로 1바이트에 저장할 수 있다. 스케치 12.6은 8개 패턴값을 저장하기 위해 byte 형 배열을 사용한 것으로 patterns 값을 바꾸면 원하는 패턴을 자유롭게 나타낼 수 있다. 스케치 12.6이 스케치 12.5와 다른 점 한 가지는 스케치 12.5에서 index 변수가 LED 번호 또는 LED가 연결된 핀 번호를 나타낸다면, 스케치 12.6에서 index 변수는 8개 LED에 표시할 패턴 번호를 나타낸다는 점이다.

스케치 12.6 저장된 패턴값으로 LED 제어

```
int pins[] = {0, 1, 2, 3, 4, 5, 6, 7};      // LED가 연결된 핀 배열
byte index = 0;                              // 표시할 패턴 번호
// 패턴 정의 배열
byte patterns[] = { 0x01, 0x02, 0x04, 0x08, 0x10, 0x20, 0x40, 0x80 };

void setup() {
    for (int i = 0; i < 8; i++) {            // LED 연결 핀을 출력으로 설정
        pinMode(pins[i], OUTPUT);
    }
}

void loop() {
    for (int i = 0; i < 8; i++) {            // LED에 상태 표시
        // 비트 연산으로 바이트 단위 패턴값에서 비트 단위 LED 상태 추출
        boolean state = (patterns[index] >> i) & 1;
        digitalWrite(pins[i], state);
    }

    index = (index + 1) % 8;                 // 0~7을 반복
    delay(1000);                             // 1초 대기
}
```

표시하고자 하는 모든 패턴을 저장하여 사용하는 것도 하나의 방법이겠지만, 그림 12.3과 같이 일정한 규칙에 따라 패턴값이 바뀐다면 패턴값을 계산하여 사용할 수도 있다. 그림 12.3에서 연속된 두 패턴 사이의 관계를 찾았는가? 마지막 여덟 번째에서 첫 번째 패턴으로 바뀌는 경우를 제외하면 왼쪽 비트 이동 연산자(<<)를 사용하여 이전 패턴값에서 현재 패턴값을 만들어낼 수 있다. 여덟 번째 패턴값에서 왼쪽 비트 이동 연산을 수행하면 결과는 0x00이 된다. 하지만 밀려난 비트를 재활용하여 빈 곳을 채우면 여덟 번째 패턴과 첫 번째 패턴의 관계는 다른 패턴 사이의 관계와 같다. 이처럼 비트 이동 연산에서 밀려나는 비트로 빈 공간을 채우게 하는 비트 이동 연산을 원형 비트 이동 연산이라고 한다.

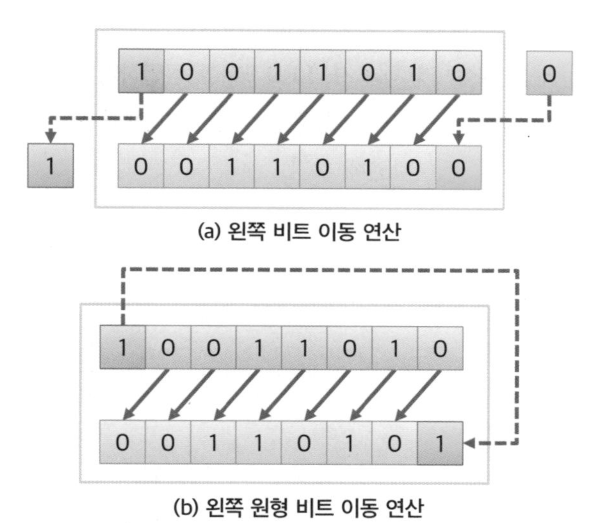

(a) 왼쪽 비트 이동 연산

(b) 왼쪽 원형 비트 이동 연산

그림 12.4 왼쪽 비트 이동 연산과 왼쪽 원형 비트 이동 연산

원형 비트 이동 연산은 C/C++ 언어에서 지원하지 않는 연산이므로 직접 구현해서 사용해야 한다. 스케치 12.7은 왼쪽 원형 비트 이동 연산을 사용하여 그림 12.3의 패턴이 반복해서 표시되게 하는 예다.

스케치 12.7 원형 이동 연산을 사용한 LED 제어

```
int pins[] = {0, 1, 2, 3, 4, 5, 6, 7};          // LED가 연결된 핀 배열
byte pattern = 0x01;                              // 표시할 패턴값

void setup() {
    for (int i = 0; i < 8; i++) {                 // LED 연결 핀을 출력으로 설정
        pinMode(pins[i], OUTPUT);
    }
}

void loop() {
    for (int i = 0; i < 8; i++) {                 // LED에 상태 표시
```

```
        // 비트 연산으로 바이트 단위 패턴값에서 비트 단위 LED 상태 추출
        boolean state = (pattern >> i) & 1;
        digitalWrite(pins[i], state);
    }

    pattern = circular_shift_left(pattern, 1);    // 1비트 왼쪽 원형 이동
    delay(100);                                   // 1초 대기
}

byte circular_shift_left(byte p, byte n) {        // p를 n비트 왼쪽으로 원형 이동
    return (p << n) | (p >> (8 - n));
}
```

정해진 수의 패턴을 저장하여 사용하는 것이 아니라, 1바이트 크기의 난수를 생성하고 생성된 난수의 각 비트가 LED 상태를 결정하게 해보자. LED 8개를 점멸하기 위한 데이터는 0에서 255 사이의 정수를 사용하면 되고, 난수는 random 함수를 사용하여 만들 수 있다. 스케치 12.8을 업로드하여 LED가 무작위로 켜지는 것을 확인해 보자.

</> 스케치 12.8 난수로 8개 LED 제어하기

```
int pins[] = {0, 1, 2, 3, 4, 5, 6, 7};            // LED가 연결된 핀 배열
byte pattern = 0;                                 // 표시할 패턴값

void setup() {
    for (int i = 0; i < 8; i++) {                 // LED 연결 핀을 출력으로 설정
        pinMode(pins[i], OUTPUT);
    }
    randomSeed(analogRead(A0));                   // 난수 생성기 초기화
}

void loop() {
    pattern = random(256);                        // 0~255 사이 난수 생성
    for (int i = 0; i < 8; i++) {                 // LED에 상태 표시
        boolean state = (pattern >> i) & 1;       // 비트값 추출
        digitalWrite(pins[i], state);
    }

    delay(500);
}
```

12.4 바이트 단위 디지털 데이터 출력

아두이노에서 디지털 데이터 출력은 비트 단위로 이루어진다. 하지만 정확하게 이야기하자면 비트 단위로 이루어지는 것처럼 보일 뿐 실제로는 바이트 단위로 이루어지고 있다. **아두이노 우노에 사용된 ATmega328 마이크로컨트롤러는 8비트 CPU를 포함하고 있으므로 처리할 수 있는 데이터의 최소 단위는 8비트이고 비트 단위의 계산은 불가능하다.** 다만 아두이노는 핀 단위로 주변장치가 연결되고 핀으로는 비트 단위의 데이터가 출력되는 데이터 출력 함수를 제공하고 있어 CPU에서 비트 단위로 계산이 이루어지는 것 같은 오해를 불러일으킨다.

8비트 단위로 계산이 이루어지지만 1비트 단위로 계산이 이루어지는 것처럼 보일 수 있는 이유는 비트 연산으로 8개 비트 중 1개 비트값만을 원하는 대로 바꾸고 나머지 비트값은 이전 값을 그대로 유지할 수 있기 때문이다. 즉, 계산은 8비트 모두에 대해 이루어지지만, 7개 비트는 이전과 같은 값이므로 계산이 이루어지지 않은 것처럼 보일 뿐이다. 또한 실제 출력 역시 8비트 단위로 이루어진다는 점도 기억해야 한다. 8개 비트 중 값이 바뀌지 않은 7개 비트 역시 출력이 이루어지지만, 이전과 같은 값이 출력되므로 변화가 없어 출력된 것을 눈치채지 못할 뿐이다. 이때 데이터가 한꺼번에 출력되는 8개 핀을 포트$_{port}$라고 한다. 그림 12.1의 회로에서 8개 LED는 아두이노의 0번부터 7번 핀까지 연결되어 있으며 이들 핀은 ATmega328 마이크로컨트롤러의 포트 D에 해당한다.

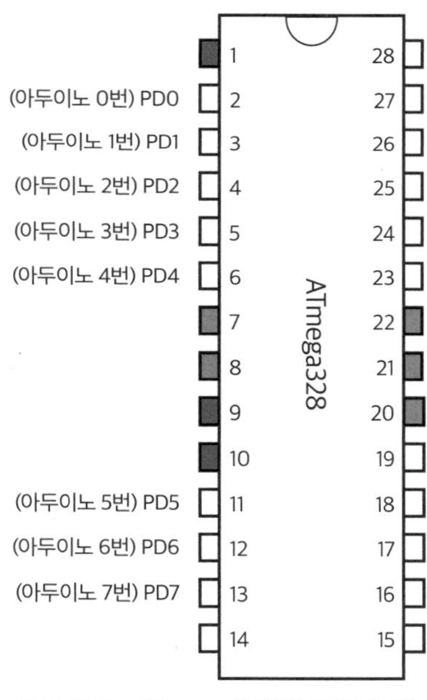

그림 12.5 ATmega328의 포트 D 핀

8개 핀이 포트로 관리되는 것은 사실이지만 포트 내의 모든 핀이 모두 같은 용도로 사용되어야 하는 것은 아니다. 즉, 포트 내 8개 핀을 모두 입력이나 출력으로 사용해야 하는 것은 아니며 4개는 입력, 4개는 출력으로 사용할 수도 있다. 이때 8개 핀으로 바이트 단위 데이터를 출력하면 입력으로 설정된 4개 핀으로의 출력은 무시된다.

지금까지 8개의 LED를 제어하기 위해서는 for 루프를 사용하여 LED를 개별적으로 제어했지만, 같은 포트에 속하는 8개 핀은 동시에 제어할 수 있다. 그림 12.1과 같이 0번에서 7번까지 8개 핀에 LED가 연결된 경우 8개 핀의 제어 데이터를 포트 D의 출력 데이터를 저장하는 PORTD 레지스터에 쓰는 것만으로 8개 LED를 동시에 제어할 수 있다. PORTD 레지스터에 1바이트 데이터를 쓰는 것은 for 루프와 digitalWrite 함수를 사용하여 1비트 데이터를 8번 출력하는 것과 같다. pinMode 함수 역시 마찬가지다. 입출력 핀을 입력 또는 출력으로 설정하는 것은 DDRD 레지스터의 해당 비트에 0(입력) 또는 1(출력)의 값을 쓰는 것과 같다. 스케치 12.9는 스케치 12.8을 포트 단위로 제어하는 방법으로 수정한 예다. for 루프가 없어졌다는 점을 유의해서 살펴보기 바란다.

스케치 12.9 포트 단위의 데이터 핀 제어

```
byte pattern = 0;                              // 표시할 패턴값

void setup() {
    // 8개 LED 연결 핀을 출력으로 설정, pinMode 함수에 대응
    DDRD = 0xFF;

    randomSeed(analogRead(A0));                // 난수 생성기 초기화
}

void loop() {
    pattern = random(256);                     // 0~255 사이 난수 생성

    // 8개 LED 점멸을 위한 바이트 단위 데이터 출력, digitalWrite 함수에 대응
    PORTD = pattern;

    delay(500);
}
```

12.5 시리얼 모니터로 LED 제어

그림 12.6과 같이 8개 LED를 연결하자. 그림 12.6의 회로도가 그림 12.1의 회로도와 다른 점은 0번과 1번 핀에 LED를 연결하지 않았다는 점이다. 이전 스케치에서는 컴퓨터와의 시리얼 통신을 사용하지 않으므로 0번과 1번 핀에 LED를 연결하여 사용했지만, 시리얼 통신을 사용하면서 동시에 LED를 제어하는 것은 불가능하므로 그림 12.6에서는 0번과 1번 핀에 LED를 연결하지 않는다.

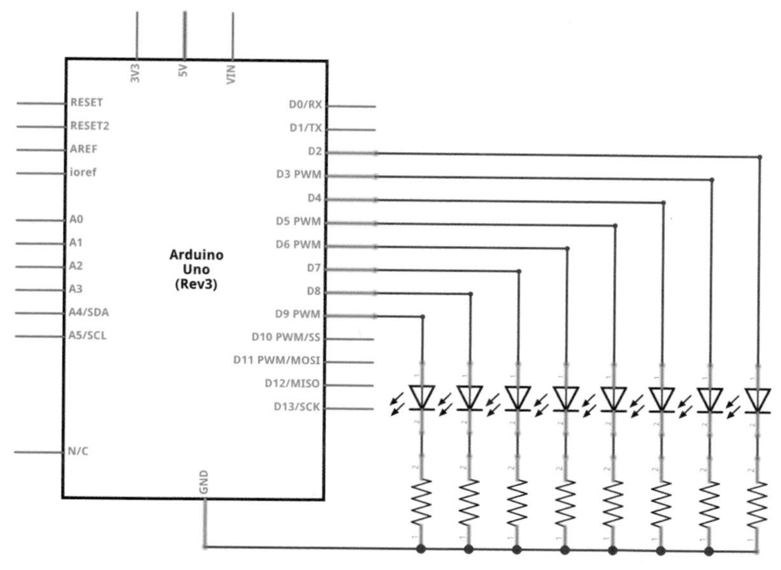

그림 12.6 LED 연결 회로도

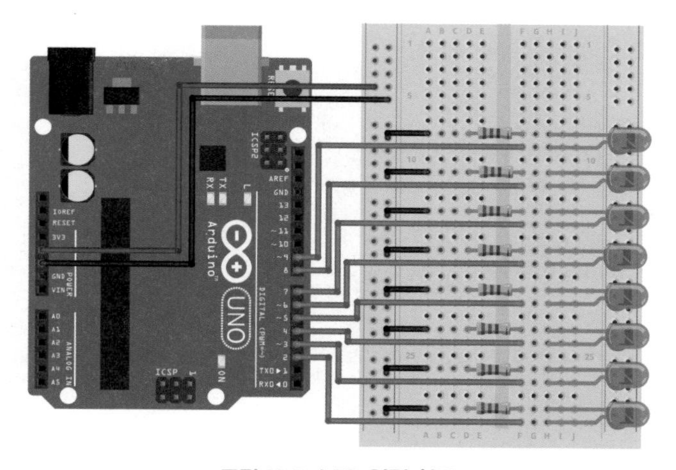

그림 12.7 LED 연결 회로

시리얼 모니터에서 LED 번호를 입력받아 해당 LED만 켜는 스케치를 작성해 보자. LED 번호는 1에서 8 사이의 값으로 하고, 잘못된 값을 입력한 경우에는 잘못된 입력임을 알려주고 모든 LED를 끈다. 문자열의 끝을 '\n' 문자로 구분하므로 시리얼 모니터에서는 '새 줄' 옵션이 선택되어야 한다. 스케치 12.10을 업로드하고 시리얼 모니터로 LED 번호를 입력하여 해당 LED가 켜지는지 확인해 보자.

스케치 12.10 시리얼 모니터를 통한 LED 점멸 제어

```
int pins[] = {2, 3, 4, 5, 6, 7, 8, 9};              // LED가 연결된 핀 배열
char TERMINATOR = '\n';                              // 문자열 종료 문자
String buffer = "";                                  // 문자열 저장 버퍼
boolean process_it = false;                          // 문자열 처리 여부

void setup() {
    Serial.begin(9600);
    for (int i = 0; i < 8; i++) {                    // LED 연결 핀을 출력으로 설정
        pinMode(pins[i], OUTPUT);
    }
}

void loop() {
    while (Serial.available() > 0) {                 // 데이터 수신
        char ch = Serial.read();                     // 데이터 읽기

        if (ch == TERMINATOR) {                      // 문자열 종료 문자인 경우
            process_it = true;                       // 문자열 처리 지시
        }
        else {                                       // 그 외의 문자인 경우
            buffer = buffer + ch;                    // 버퍼에 문자 저장
        }
    }

    if (process_it) {                                // 저장된 문자열을 처리하는 경우
        Serial.print("\'" + buffer + "\' : ");       // 입력 문자열 표시
        int no = buffer.toInt();                     // 문자열을 정수로 변환

        if (no < 1 || no > 8) {                      // 입력한 숫자의 유효성 검사
            Serial.println("잘못된 LED 번호를 입력했습니다.");
        }
        else {
            Serial.println(String(no) + "번 LED를 켭니다.");
        }

        for (int i = 0; i < 8; i++) {                // LED 제어
            if (i + 1 == no) {                       // 입력한 LED 번호에 해당하는 경우
                digitalWrite(pins[i], HIGH);
            }
            else {                                   // 나머지 경우
                digitalWrite(pins[i], LOW);
            }
        }

        process_it = false;                          // 문자열 처리 완료
        buffer = "";                                 // 버퍼 비우기
    }
}
```

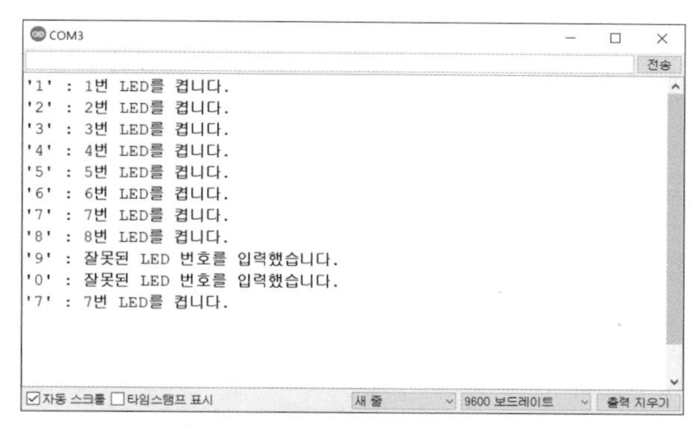

그림 12.8 스케치 12.10 실행 결과

스케치 12.10은 한 번에 하나의 LED만 켤 수 있다. 이를 수정하여 0에서 255 사이의 숫자를 입력받고 입력받은 숫자의 각 비트로 8개 LED를 제어하게 해보자. 예를 들어 255는 이진수 0b11111111이므로 8개 LED를 모두 켜고, 240은 이진수 0b11110000이므로 4개 LED만 켜고 4개 LED는 끈다. 범위를 벗어나는 값이 입력되면 잘못된 입력임을 알려주고 모든 LED를 끈다. 문자열의 끝을 '\n' 문자로 구분하므로 시리얼 모니터에서는 '새 줄' 옵션이 선택되어야 하는 것은 스케치 12.10과 같다. 스케치 12.11을 업로드하고 0에서 255 사이 숫자를 입력하여 LED가 켜지는지 확인해 보자.

스케치 12.11 시리얼 모니터를 통한 여러 개의 LED 점멸 제어

```
int pins[] = {2, 3, 4, 5, 6, 7, 8, 9};          // LED가 연결된 핀 배열
char TERMINATOR = '\n';                          // 문자열 종료 문자
String buffer = "";                              // 문자열 저장 버퍼
boolean process_it = false;                      // 문자열 처리 여부

void setup() {
    Serial.begin(9600);
    for (int i = 0; i < 8; i++) {                // LED 연결 핀을 출력으로 설정
        pinMode(pins[i], OUTPUT);
    }
}

void loop() {
    while (Serial.available() > 0) {             // 데이터 수신
        char ch = Serial.read();                 // 데이터 읽기

        if (ch == TERMINATOR) {                  // 문자열 종료 문자인 경우
            process_it = true;                   // 문자열 처리 지시
        }
        else {                                   // 그 외의 문자인 경우
            buffer = buffer + ch;                // 버퍼에 문자 저장
        }
    }
```

```
    if (process_it) {                                  // 저장된 문자열을 처리하는 경우
        Serial.print("\'" + buffer + "\'\t : "); // 입력 문자열 표시
        int no = buffer.toInt();                       // 문자열을 정수로 변환

        if (no < 0 || no > 255) {                      // 입력한 숫자의 유효성 검사
            Serial.println("잘못된 데이터를 입력했습니다.");
            for (int i = 0; i < 8; i++) {              // 모든 LED를 끔
                digitalWrite(pins[i], LOW);
            }
        }
        else {
            for (int i = 7; i >= 0; i--) {  // LED 제어
                // 비트 연산으로 바이트 단위 패턴값에서 비트 단위 LED 상태 추출
                boolean state = (no >> i) & 1;
                digitalWrite(pins[i], state);

                if (state) {
                    Serial.print("O ");                // 켜지는 LED 위치에 'O' 표시
                }
                else {
                    Serial.print("X ");                // 꺼지는 LED 위치에 'X' 표시
                }
            }
            Serial.println();
        }

        process_it = false;                            // 문자열 처리 완료
        buffer = "";                                   // 버퍼 비우기
    }
}
```

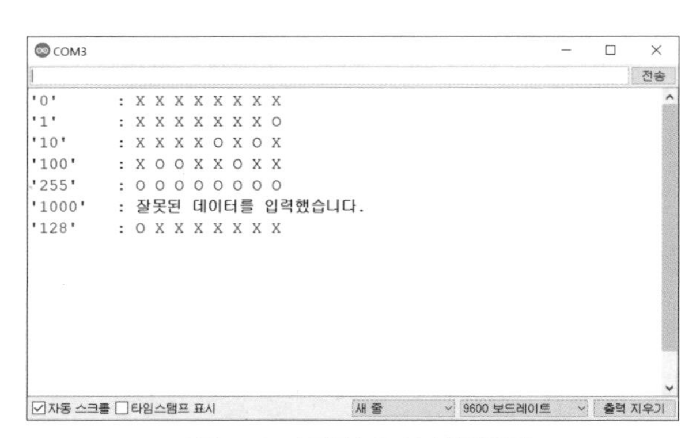

그림 12.9 스케치 12.11 실행 결과

12.6 맺는말

마이크로컨트롤러는 디지털 컴퓨터의 한 종류이므로 디지털 데이터를 받아 처리하고 그 결과를 출력하는 것을 기본으로 한다. 디지털 데이터는 0이나 1을 나타내는 비트 단위를 기본으로 하고 데이터 핀으로 주고받는 데이터 역시 비트 단위 데이터이지만, CPU 내에서는 바이트 단위로 계산이 이루어진다는 점에서 주의가 필요하다. 아두이노는 직관적인 비트 단위 데이터 입출력 함수를 제공하지만, 사실은 비트 연산을 통해 비트 단위로 연산이 이루어지는 효과를 얻고 있을 뿐이다.

비트 단위 디지털 데이터 출력을 위해 아두이노가 제공하는 함수에는 입력이나 출력으로 사용할 것을 결정하는 `pinMode` 함수와 비트 단위 데이터를 출력하는 `digitalWrite` 함수가 있다. 이들 함수는 디지털 데이터를 입력하는 `digitalRead` 함수와 함께 디지털 데이터 입출력을 담당하며 아두이노에서 기본이 되는 함수다. 아두이노로 할 수 있는 일이 비트 단위 데이터로 LED를 점멸하는 것보다 훨씬 많지만, 비트 단위 데이터 입출력은 아두이노의 바탕을 이루고 있다는 점을 잊지 말아야 한다.

1 그림 12.1과 같이 0번에서 7번 핀까지 8개의 LED를 연결하자. 스케치 12.7의 circular_shift_left 함수를 참고하여 circular_shift_right 함수를 구현하고, 구현한 함수를 사용하여 다음의 패턴을 1초 간격으로 반복하는 스케치를 작성해 보자.

```
byte circular_shift_right(byte pattern, byte n);
```

패턴 \ 핀 번호	7	6	5	4	3	2	1	0
0	■		■					
1		■		■				
2			■		■			
3				■		■		
4					■		■	
5						■		■
6	■						■	
7		■						■

2 그림 12.6과 같이 2번에서 9번 핀까지 8개의 LED를 연결하자. 1에서 8 사이의 값으로 해당하는 LED 하나만을 켜는 스케치 12.10을 수정하여, 0에서 8 사이의 값을 입력받아 입력받은 수만큼 LED가 켜지게 하는 스케치를 작성해 보자. 잘못된 값을 입력한 경우에는 잘못된 입력임을 알려주고 모든 LED를 끄고, 문자열의 끝은 '\n' 문자로 구분하게 한다.

```
COM3
                                                   전송
'0' : 0개 LED를 켭니다.
'1' : 1개 LED를 켭니다.
'2' : 2개 LED를 켭니다.
'3' : 3개 LED를 켭니다.
'4' : 4개 LED를 켭니다.
'5' : 5개 LED를 켭니다.
'6' : 6개 LED를 켭니다.
'7' : 7개 LED를 켭니다.
'8' : 8개 LED를 켭니다.
'9' : 잘못된 숫자를 입력했습니다.
'7' : 7개 LED를 켭니다.

☑자동 스크롤 □타임스탬프 표시    새 줄    9600 보드레이트    출력 지우기
```

CHAPTER

13

디지털 데이터 입력

마이크로컨트롤러는 비트 단위의 디지털 데이터 입출력을 기본으로 하고 있으므로, 디지털 데이터 입력은 디지털 데이터 출력과 함께 마이크로컨트롤러의 가장 기본적이면서도 중요한 기능이다. 이 장에서는 비트 단위의 디지털 데이터 입력을 위해 사용할 수 있는 가장 간단한 입력 장치인 푸시 버튼을 통해 디지털 데이터를 입력하는 방법과 디지털 데이터 입력에서 주의할 점을 알아본다.

이 장에서 사용할 부품

- 아두이노 우노 × 1 ➡ 디지털 데이터 입력 테스트
- 푸시 버튼 × 4 ➡ 디지털 데이터 입력
- 1kΩ 저항 × 4 ➡ (푸시) 버튼 풀업 및 풀다운 저항
- LED × 2 ➡ 디지털 데이터 출력
- 220Ω 저항 × 2 ➡ LED 보호

12장 '디지털 데이터 출력'에서는 디지털 데이터를 아두이노의 데이터 핀으로 출력하고 이를 LED를 통해 확인하는 방법을 알아봤다. 이 장에서는 디지털 데이터 출력과 함께 마이크로컨트롤러의 기본이 되는 디지털 데이터 입력 방법을 알아본다. 디지털 데이터 입출력만 정확히 이해한다면 마이크로컨트롤러의 기본 동작은 모두 이해했다고 해도 과언이 아니다.

디지털 데이터 입력은 디지털 데이터 출력과 마찬가지로 비트 단위 데이터를 기본으로 한다. 물론, 비트 단위 데이터로 나타낼 수 있는 정보가 그리 많지 않은 것은 사실이다. 디지털 데이터 출력에 사용되는 LED나 디지털 데이터 입력에 사용되는 푸시 버튼의 경우 ON 또는 OFF의 두 가지 상태만을 나타낼 수 있다. 하지만 비트가 모여 문자나 숫자 등 우리에게 의미 있는 정보를 표현할 수 있는 것 또한 사실이다. 다만 비트를 모아서 의미 있는 정보를 표현하기 위해서는 비트를 조합하는 방법에 대한 약속이 필요하다. **마이크로컨트롤러에서 주변장치와 비트 단위보다 큰 데이터를 교환하기 위해 흔히 사용하는 약속이 UART, I2C, SPI 등의 시리얼 통신**이며, 이들 시리얼 통신 역시 마이크로컨트롤러의 핀을 통해 이루어지는 비트 단위 데이터 교환을 바탕으로 하고 있다는 점은 기억해야 한다.

디지털 데이터 입력을 위해서는 디지털 데이터 출력을 위해서도 사용했던 `pinMode` 함수와 디지털 데이터를 읽기 위한 `digitalRead` 함수가 사용된다. 표 13.1은 아두이노의 디지털 및 아날로그 데이터 입출력 함수를 요약한 것이고, 표 13.2는 아두이노 우노에서 디지털 및 아날로그 데이터 입출력에 사용할 수 있는 핀을 요약한 것이다.

표 13.1 아두이노의 디지털 및 아날로그 데이터 입출력 함수

	출력	입력
디지털	`pinMode(13, OUTPUT);` `digitalWrite(13, HIGH);`	`pinMode(13, INPUT);` `boolean state = digitalRead(13);`
아날로그	`analogWrite(3, 128);`	`int v = analogRead(A0);`

표 13.2 아두이노 우노의 디지털 데이터 입출력 핀

디지털 핀 번호	아날로그 핀 번호	디지털 데이터 입출력	아날로그 데이터 입력	아날로그 데이터 출력(PWM)	비고
0	-	○	×	×	UART(RX)
1	-	○	×	×	UART(TX)
2	-	○	×	×	
3	-	○	×	○	
4	-	○	×	×	
5	-	○	×	○	

표 13.2 아두이노 우노의 디지털 데이터 입출력 핀

(계속)

디지털 핀 번호	아날로그 핀 번호	디지털 데이터 입출력	아날로그 데이터 입력	아날로그 데이터 출력(PWM)	비고
6	-	○	×	○	
7	-	○	×	×	
8	-	○	×	×	
9	-	○	×	○	
10	-	○	×	○	
11	-	○	×	○	SPI(MOSI)
12	-	○	×	×	SPI(MISO)
13	-	○	×	×	SPI(SCK)
14	A0	○	○	×	
15	A1	○	○	×	
16	A2	○	○	×	
17	A3	○	○	×	
18	A4	○	○	×	I2C(SDA)
19	A5	○	○	×	I2C(SCL)
핀 수		20개	6개	6개	

13.1 풀업 저항과 풀다운 저항

이 장에서는 디지털 데이터 입력을 위해 푸시 버튼을 사용한다. 버튼을 사용할 때 주의할 점 한 가지는 **마이크로컨트롤러의 입력 핀은 개방된 상태에서 읽지 말아야 한다**는 것이다. 개방된 상태에서 값을 읽으면 주변 환경의 영향으로 예측할 수 없는 값이 입력된다. 이러한 예측 불가능한 특성을 이용한 예가 회로가 연결되지 않은 아날로그 입력 핀을 읽어 난수 생성기를 초기화하는 것이다.

버튼을 사용할 때 가장 간단한 회로는 그림 13.1과 같이 버튼의 양쪽 끝을 VCC와 마이크로컨트롤러의 입력 핀 사이에 연결하여 버튼이 눌리면 VCC, 즉 논리 1이 가해지고, 버튼이 눌리지 않으면 논리 0이 가해지게 하는 것이다.

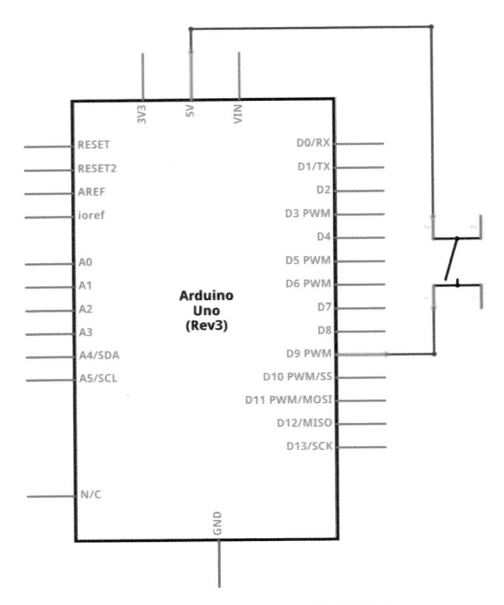

그림 13.1 버튼 연결 기본 회로도

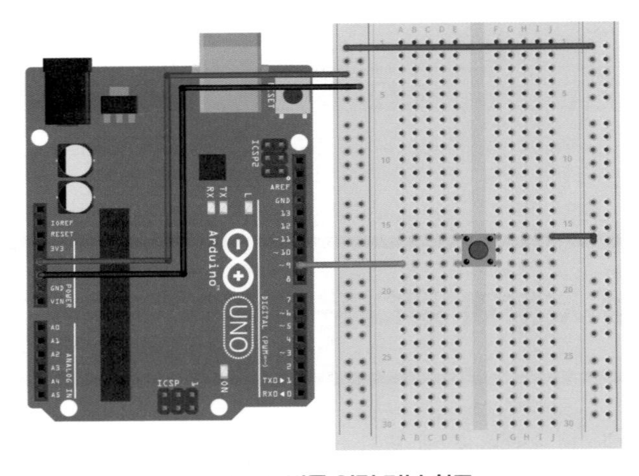

그림 13.2 버튼 연결 기본 회로

회로에서 버튼을 누르면 VCC가 9번 핀에 가해진다. 버튼이 눌리지 않았을 때 9번 핀에는 어떤 값이 가해질까? 정답은 '알 수 없다'이다. 그림 13.1에서 버튼이 눌리지 않았을 때 9번 핀은 아무런 회로가 연결되어 있지 않은 것과 같다. 즉, 개방open되어 있다. **개방된 핀에는 인접한 핀에 가해지는 입력이나 정전기 등 주변 환경의 영향으로 예측할 수 없는 값이 가해질 수 있다.** 이처럼 개방된 데이터 핀은 플로팅floating되어 있다고 이야기하며, 플로팅된 경우 버튼이 눌리지 않았을 때도 버튼이 눌린 것으로 잘못 인식될 수 있다. **플로팅 상태를 방지하기 위해서는 풀업 또는 풀다운 저항을 사용하면 된다.** 먼저 풀업 저항을 사용한 그림 13.3의 회로를 살펴보자.

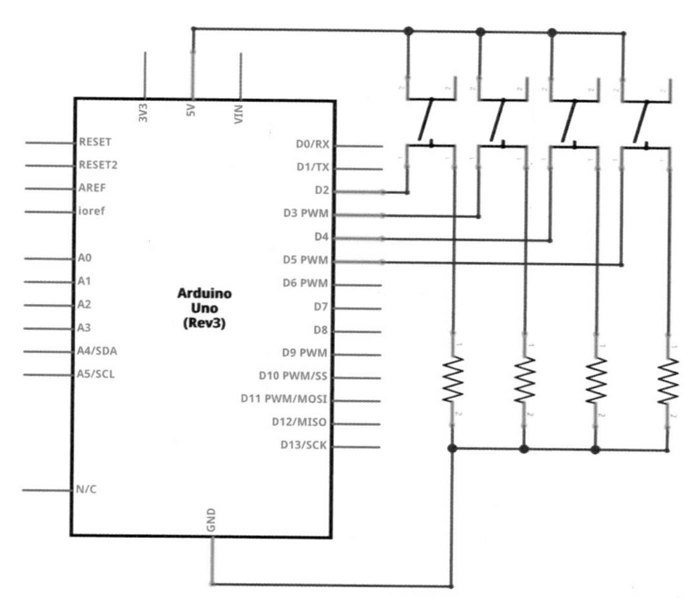

그림 13.3 풀업 저항을 사용한 버튼 연결 회로도

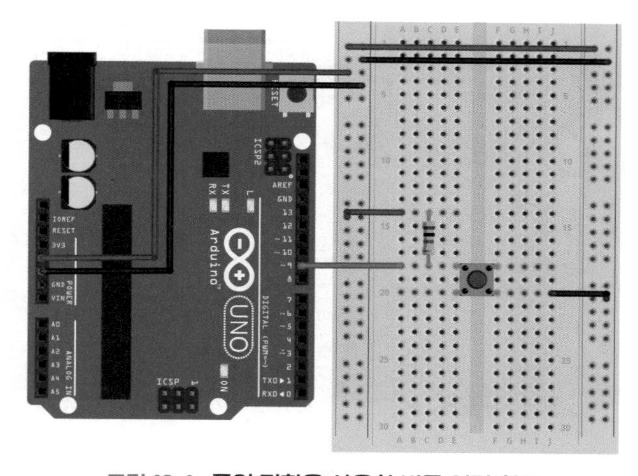

그림 13.4 풀업 저항을 사용한 버튼 연결 회로

그림 13.3의 회로에서 버튼이 눌리지 않았을 때 9번 핀에는 저항을 통해 VCC가 가해진다. 반면, 버튼이 눌렸을 때는 GND가 가해진다. 이처럼 **스위치가 개방된 상태에서 핀에 가해지는 값이 VCC가 되도록 끌어 올리는**pull up **역할을 하는 저항을 풀업 저항이라고 한다.** 한 가지 주의할 점은 **풀업 저항을 사용하는 경우 버튼을 눌렀을 때 논리 0(GND)이 입력되고 버튼을 누르지 않았을 때 논리 1(VCC)이 입력된다**는 점으로, 이는 흔히 버튼을 눌렀을 때 논리 1이 가해진다고 생각하는 방식과 반대가 된다. 그림 13.5의 회로를 살펴보자.

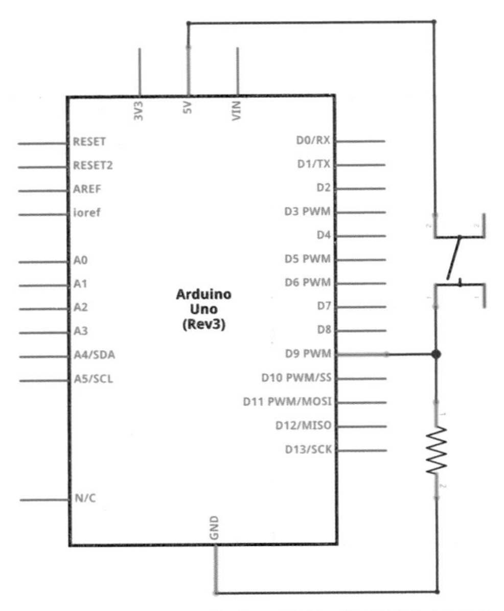

그림 13.5 풀다운 저항을 사용한 버튼 연결 회로도

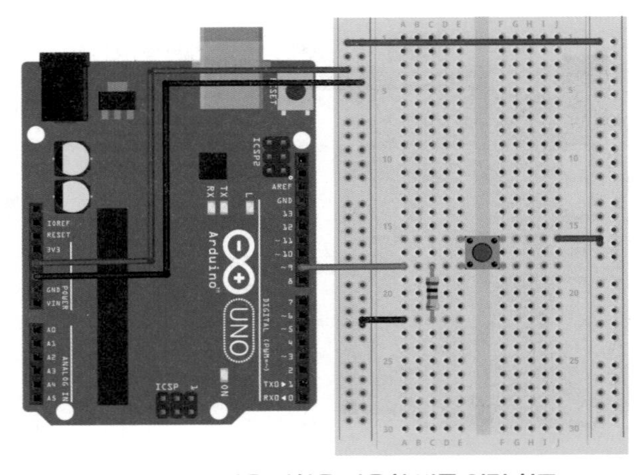

그림 13.6 풀다운 저항을 사용한 버튼 연결 회로

그림 13.5의 회로에서 버튼이 눌리지 않았을 때 9번 핀에는 저항을 통해 GND가 가해진다. 반면, 버튼을 눌렀을 때는 VCC가 가해진다. 이처럼 **스위치가 개방된 상태에서 핀에 가해지는 값이 GND가 되도록 끌어 내리는**pull down **역할을 하는 저항을 풀다운 저항이라고 한다.** 그림 13.3과 그림 13.5의 회로를 비교해 보면 저항과 버튼에 가해지는 전압의 방향이 서로 반대임을 알 수 있다. 이처럼 풀업 저항과 풀다운 저항은 비슷해 보이면서 정반대의 결과를 가져오므로 연결할 때 주의해야 한다. 표 13.3은 버튼을 연결하는 세 가지 방법에 따라 데이터 핀에 입력되는 값을 비교한 것이다.

표 13.3 버튼 연결 회로에 따른 디지털 입력

저항	스위치 ON	스위치 OFF	비고
없음	1	플로팅	그림 13.1
풀업 저항 사용	0	1	그림 13.3
풀다운 저항 사용	1	0	그림 13.5

풀업 저항이 직관적인 방식과 반대로 동작하지만 풀업 저항이 풀다운 저항에 비해 구현하기가 쉽고, VCC보다는 GND가 전압의 변동이 적다는 등의 장점으로 인해 마이크로컨트롤러에서는 풀업 저항이 흔히 사용된다. 하지만 이 책에서는 직관적인 사용 방법과 일치하여 이해하기가 쉬운 풀다운 저항을 주로 사용할 것이다.

그림 13.7은 디지털 데이터 입력을 위해 사용할 수 있는 푸시 버튼을 나타낸다. 푸시 버튼은 연결되거나(ON) 끊어진(OFF) 상태를 나타내기 위해 사용하므로 2개의 핀으로 충분하다. 하지만 흔히 사용하는 푸시 버튼은 4개의 핀을 갖고 있다.

(a) 4핀 푸시 버튼 (b) 4핀 푸시 버튼 (c) 4핀 푸시 버튼 회로

그림 13.7 4핀 푸시 버튼

그림 13.7에서 알 수 있듯이 4핀 푸시 버튼의 4개 핀 중 1번과 4번, 2번과 3번은 연결된 상태에 있으며, 버튼을 누르면 4개의 핀은 모두 연결된다. 푸시 버튼에서는 4개의 핀 중 대각선 방향에 있는 (1번과 3번 또는 2번과 4번) 2개의 핀을 흔히 사용한다.

13.2 푸시 버튼을 사용한 데이터 입력

푸시 버튼은 누르거나 누르지 않은 두 가지 상태 중 하나를 가지므로 비트 단위의 데이터 입력 장치로 사용될 수 있다. 4개의 푸시 버튼을 2~5번 핀에 연결하자. 버튼에는 모두 풀다운 저항을 사용한다.

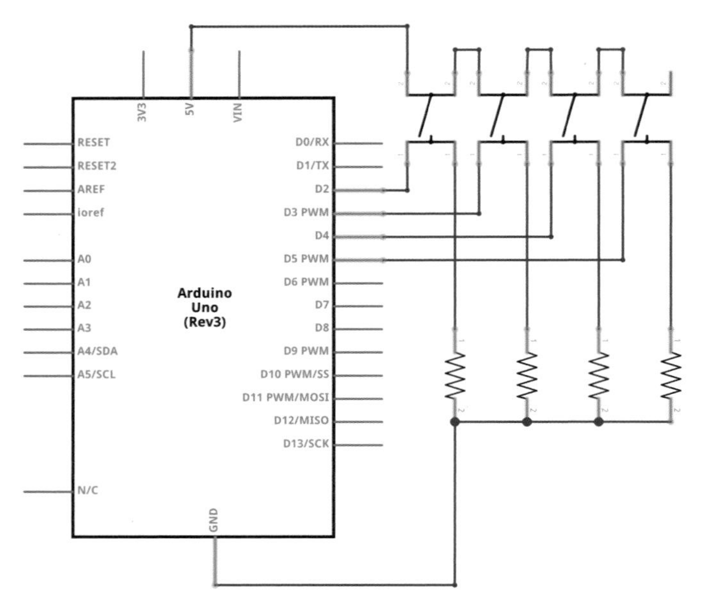

그림 13.8 **버튼 연결 회로도**

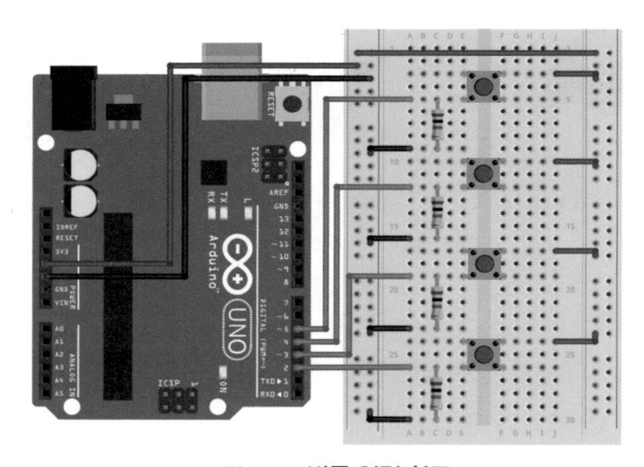

그림 13.9 **버튼 연결 회로**

스케치 13.1은 버튼 4개의 상태를 1초 간격으로 읽어서 시리얼 모니터로 출력하는 예다.

스케치 13.1 버튼 상태 읽기

```
int pins[] = {2, 3, 4, 5};                          // 버튼이 연결된 핀 배열

void setup() {
    Serial.begin(9600);                             // 시리얼 통신 초기화
    for (int i = 0; i < 4; i++) {                   // 버튼 연결 핀을 입력으로 설정
        pinMode(pins[i], INPUT);
    }
}
```

```
void loop() {
    for (int i = 0; i < 4; i++) {                  // 버튼 4개의 상태 읽기
        boolean state = digitalRead(pins[i]);      // 버튼 상태 읽기

        if (state) {                               // 버튼 상태에 따른 메시지 출력
            Serial.print("O ");
        }
        else {
            Serial.print("X ");
        }
    }
    Serial.println();                              // 줄바꿈

    delay(1000);                                   // 1초 대기
}
```

스케치 13.1에서는 버튼이 연결된 데이터 핀을 디지털 데이터 입력으로 사용하기 위해 pinMode 함수를 사용했으며, 버튼 상태를 알아내기 위해 digitalRead 함수를 사용했다.

■ pinMode

```
void pinMode(uint8_t pin, uint8_t mode)
  - 매개변수
      pin: 설정하고자 하는 핀 번호
      mode: INPUT, OUTPUT, INPUT_PULLUP 중 하나
  - 반환값: 없음
```

지정한 번호의 핀을 입력 또는 출력으로 설정한다. pinMode 함수에서 지정할 수 있는 모드 중 디지털 데이터 입력과 관련된 모드는 INPUT과 INPUT_PULLUP의 두 가지다. 이 중 INPUT_PULLUP은 마이크로컨트롤러 내에 데이터 핀과 연결되어 있는 내부 풀업 저항을 사용하는 모드이고, INPUT은 내부 풀업 저항을 사용하지 않는 모드다. 아두이노 우노에 사용된 **ATmega328 마이크로컨트롤러의 데이터 핀에는 소프트웨어로 제어할 수 있는 내부 풀업 저항이 포함되어 있으므로 풀업 저항이 필요한 경우에는 외부에 별도의 저항을 연결하지 않고도 사용할 수 있다.** 스케치 13.1에서는 INPUT 모드와 외부 풀다운 저항을 사용했다.

■ digitalRead

```
int digitalRead(uint8_t pin)
  - 매개변수
      pin: 핀 번호
  - 반환값: HIGH(1) 또는 LOW(0)
```

입력으로 설정된 데이터 핀의 상태를 읽어 HIGH 또는 LOW 값으로 반환한다.

스케치 13.1을 업로드하고 버튼을 누르면서 시리얼 모니터에 출력되는 내용을 확인해 보자. 풀다운 저항을 사용했으므로 아무 버튼도 누르지 않은 상태에서는 'X X X X'가 출력되고, 버튼을 누르면 해당 위치에 'O'가 표시된다.

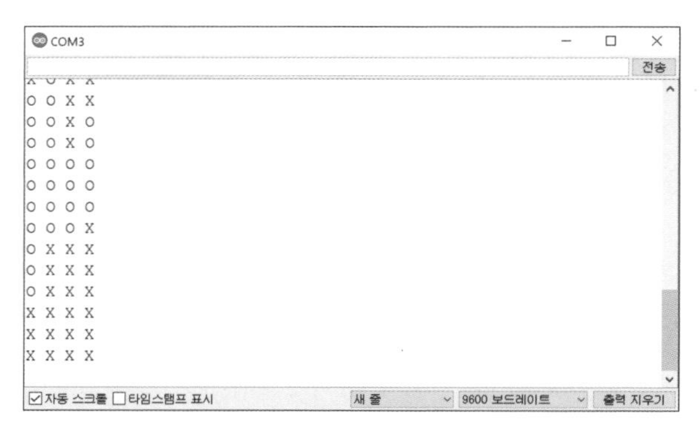

그림 13.10 스케치 13.1 실행 결과

내부 풀업 저항을 사용하기 위해서는 pinMode 함수에서 INPUT이 아니라 INPUT_PULLUP 모드를 선택하면 된다. 다만 **풀업 저항을 사용하면 버튼을 눌렀을 때 데이터 핀에 GND가 가해져야 하므로 버튼의 한쪽 끝을 GND로 연결해야 한다**는 점에 주의해야 한다. 푸시 버튼을 그림 13.11과 같이 9번 핀에 연결하자.

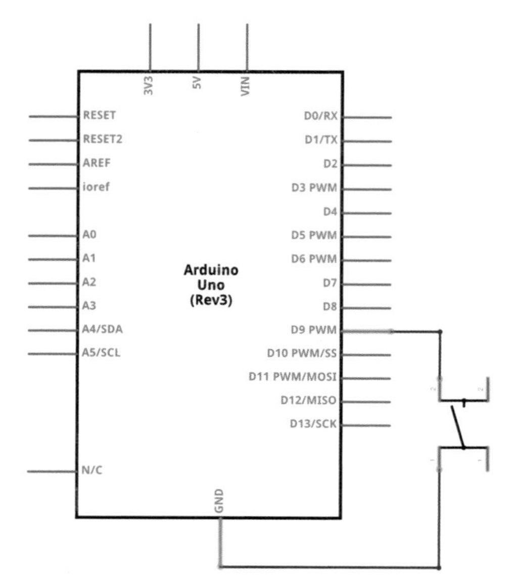

그림 13.11 내부 풀업 저항을 사용하는 버튼 연결 회로도

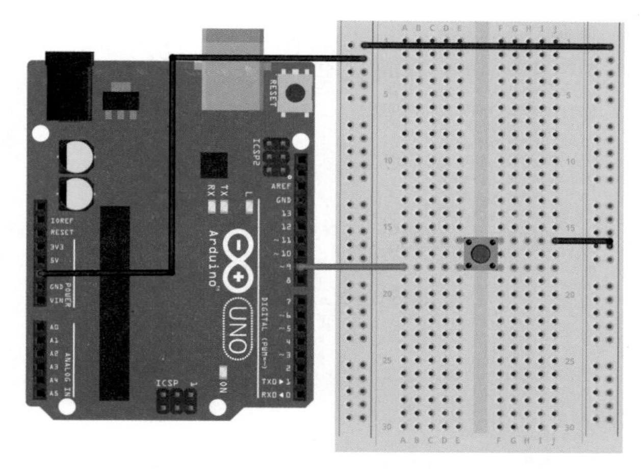

그림 13.12 내부 풀업 저항을 사용하는 버튼 연결 회로

스케치 13.2는 내부 풀업 저항을 사용하도록 설정된 버튼의 상태를 읽어 시리얼 모니터로 출력하는 예다.

스케치 13.2 내부 풀업 저항 사용

```
int pin_button = 9;                                  // 버튼이 연결된 핀

void setup() {
    Serial.begin(9600);                              // 시리얼 통신 초기화
    // 버튼 연결 핀을 내부 풀업 저항을 사용하는 입력으로 설정
    pinMode(pin_button, INPUT_PULLUP);
}

void loop() {
    boolean state = digitalRead(pin_button);         // 버튼 상태 읽기

    Serial.print(String('\'') + state + "\' : ");
    if (state) {                                     // 버튼 상태에 따른 메시지 출력
        Serial.println("버튼을 누르지 않았습니다.");
    }
    else {
        Serial.println("버튼을 눌렀습니다.");
    }

    delay(1000);                                     // 1초 대기
}
```

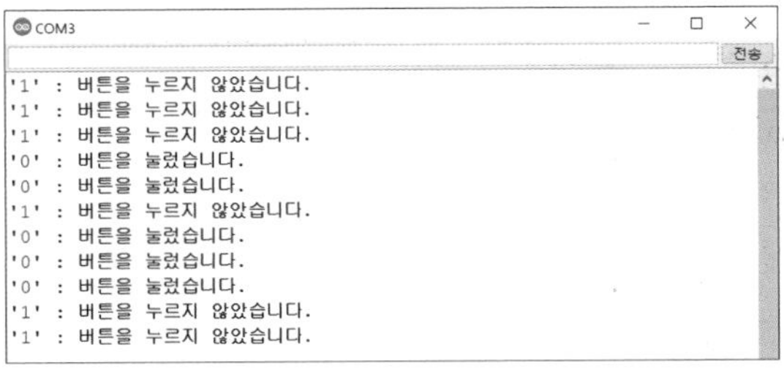

```
COM3
'1' : 버튼을 누르지 않았습니다.
'1' : 버튼을 누르지 않았습니다.
'1' : 버튼을 누르지 않았습니다.
'0' : 버튼을 눌렀습니다.
'0' : 버튼을 눌렀습니다.
'1' : 버튼을 누르지 않았습니다.
'0' : 버튼을 눌렀습니다.
'0' : 버튼을 눌렀습니다.
'0' : 버튼을 눌렀습니다.
'1' : 버튼을 누르지 않았습니다.
'1' : 버튼을 누르지 않았습니다.
```

그림 13.13 스케치 13.2 실행 결과

내부 풀업 저항 설정

스케치 13.2의 pinMode 함수에서는 INPUT_PULLUP 모드를 선택하여 내부 풀업 저항을 사용하게 했다.

```
pinMode(pin_button, INPUT_PULLUP);
```

내부 풀업 저항을 사용하도록 설정하는 또 다른 방법은 **pinMode 함수에서 INPUT 모드를 선택한 후 digitalWrite 함수를 사용하여 해당 핀으로 HIGH 값을 출력**하는 것이다. 입력으로 사용하는 핀에 데이터를 출력하는 것이 이상하게 보이지만, 이 과정을 통해 내부 풀업 저항을 사용하도록 설정할 수 있으며 실제로 아두이노 함수 구현에서 사용하는 방법이기도 하다.

```
pinMode(pin_button, INPUT);
digitalWrite(pin_button, HIGH);
```

데이터 핀으로 읽은 디지털 데이터를 디지털 데이터 출력을 통해 확인해 보자. 이를 위해 2번과 3번 핀에 LED를 연결하고, 4번과 5번 핀에는 풀다운 저항을 사용한 버튼을 연결한다.

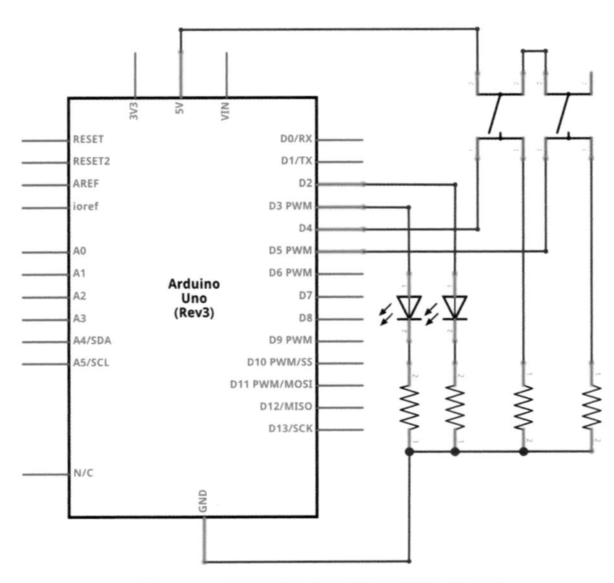

그림 13.14 LED와 푸시 버튼 연결 회로도

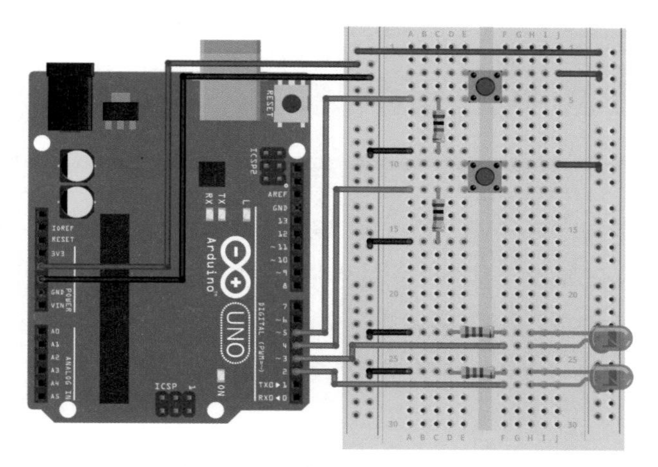

그림 13.15 LED와 푸시 버튼 연결 회로

스케치 13.3은 4번 핀에 연결된 버튼의 상태를 2번 핀에 연결된 LED에 나타내고, 5번 핀에 연결된 버튼의 상태를 3번 핀에 연결된 LED에 나타내게 하는 예다. 스케치 13.3에서는 연결하는 푸시 버튼과 LED의 수를 변경할 수 있도록 푸시 버튼과 LED가 연결된 핀을 배열로 정의하여 사용했다.

스케치 13.3 푸시 버튼 상태를 LED에 나타내기

```
int N = 2;                                              // 버튼/LED 개수
int pin_button[] = {4, 5};                              // 버튼 연결 핀
int pin_LED[] = {2, 3};                                 // LED 연결 핀

void setup() {
    for (int i = 0; i < N; i++) {
        pinMode(pin_button[i], INPUT);                  // 버튼 연결 핀을 입력으로 설정
        pinMode(pin_LED[i], OUTPUT);                    // LED 연결 핀을 출력으로 설정
    }
}

void loop() {
    for (int i = 0; i < N; i++) {
        boolean state = digitalRead(pin_button[i]);     // 버튼 상태 읽기
        digitalWrite(pin_LED[i], state);                // LED로 상태 출력
    }
}
```

13.3 버튼을 누른 횟수 세기

버튼을 누른 횟수를 세어보자. 이를 위해 그림 13.11과 같이 9번 핀에 버튼을 연결하자. 내부 풀업 저항을 사용할 것이므로 외부에 저항을 연결하지 않아도 된다. 풀업 저항이 사용된 경우 버튼을 누르면 LOW 값이 데이터 핀에 가해지므로 LOW 값을 검사하여 버튼이 눌린 것을 확인할 수 있다. 스케치 13.4는 버튼이 눌린 상태를 검사하여 버튼을 누른 횟수를 세고 이를 시리얼 모니터로 출력하는 예다.

스케치 13.4 버튼을 누른 횟수 – 눌린 상태 검사

```
boolean PRESSED = LOW;                              // 버튼이 눌린 상태에서의 입력값
int pin_button = 9;                                 // 버튼이 연결된 핀
int press_count = 0;

void setup() {
    Serial.begin(9600);                             // 시리얼 통신 초기화
    // 버튼 연결 핀을 내부 풀업 저항을 사용하는 입력으로 설정
    pinMode(pin_button, INPUT_PULLUP);
}

void loop() {
    boolean state = digitalRead(pin_button);        // 버튼 상태 읽기

    if (state == PRESSED) {                         // 버튼이 눌린 경우
        press_count++;                              // 버튼을 누른 횟수 증가
        Serial.print("버튼을 ");                     // 메시지 출력
        Serial.println(String(press_count) + "번 눌렸습니다.");
    }

    delay(100);                                     // 0.1초마다 버튼 상태 검사
}
```

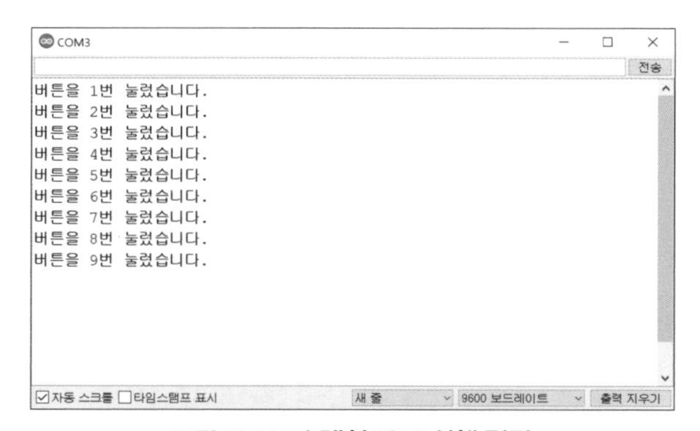

그림 13.16 스케치 13.4 실행 결과

스케치 13.4를 업로드하고 버튼을 눌러보자. 스케치 13.4는 0.1초 간격으로 버튼 상태를 검사하므로 버튼을 0.1초 이상 계속 누르고 있으면 버튼을 누른 횟수 역시 계속 증가한다는 문제점이 있다. 버튼을 누른 횟수를 정확하게 알아내기 위해서는 버튼이 눌리는 순간을 찾아야 한다. 풀업 저항을 사용한 버튼은 누르지 않은 상태에서는 HIGH 값으로 읽히지만 누른 상태에서는 LOW 값으로 읽힌다. 즉, 버튼을 누르는 순간은 HIGH에서 LOW로 버튼의 상태가 변하는 순간에 해당하므로 값이 변하는 순간을 찾아 버튼을 누른 횟수를 증가시키면 된다. 버튼 상태가 바뀌는 순간을 알아내기 위해서는 이전 버튼의 상태와 현재 버튼의 상태를 비교하여 HIGH(이전 상태)에서 LOW(현재 상태)로 바뀌는 순간을 찾아내면 된다. 스케치 13.5는 스케치 13.4를 버튼이 눌리는 순간에만 버튼을 누른 횟수가 증가하도록 수정한 예다.

스케치 13.5 버튼을 누른 횟수 – 버튼을 누르는 순간 검사

```
boolean PRESSED = LOW;                          // 버튼이 눌린 상태에서의 입력값
int pin_button = 9;                             // 버튼이 연결된 핀
int press_count = 0;                            // 버튼을 누른 횟수
boolean state_previous = !PRESSED;              // 버튼의 이전 상태
boolean state_current;                          // 버튼의 현재 상태

void setup() {
    Serial.begin(9600);                         // 시리얼 통신 초기화
    // 버튼 연결 핀을 내부 풀업 저항을 사용하는 입력으로 설정
    pinMode(pin_button, INPUT_PULLUP);
}

void loop() {
    state_current = digitalRead(pin_button);    // 버튼 상태 읽기

    if (state_current == PRESSED) {             // 현재 눌린 상태
        if (state_previous == !PRESSED) {       // 이전에 눌리지 않은 상태
            press_count++;
            state_previous = PRESSED;           // 이전 상태 갱신

            Serial.print("버튼을 ");              // 메시지 출력
            Serial.println(String(press_count) + "번 눌렸습니다.");
        }
        // delay(50);                           // 디바운싱
    }
    else {
        state_previous = !PRESSED;
    }
}
```

스케치 13.5를 업로드하고 버튼을 눌러보자. 스케치 13.4와 달리 버튼을 누르고 있는 동안 버튼을 누른 횟수가 증가하지 않는다. 하지만 여전히 버튼을 누르는 순간 버튼을 두 번 이상 누른 것처럼 버튼을 누른 횟수가 2 이상 증가하는 경우가 생길 수 있다. 이는 스케치 13.5의 문제가 아니라 버튼 자체의 문제다. 버튼을 눌렀을 때 버튼 내부의 접점이 완전히 연결되기 전에 내부 스프링의 진동으로 미세하게 연결되고 떨어지기를 수 밀리초에서 수십 밀리초 동안 반복하며, 이로 인해 버튼을 한 번 눌렀음에도 불구하고 여러 번 눌린 효과를 보이는 경우가 있다. 이러한 현상을 바운스 현상bounce effect 또는 채터링chattering이라고 한다. 그림 13.17은 풀업 저항이 사용된 버튼에서 발생하는 채터링 현상의 예를 보인 것으로, **버튼을 한 번 눌렀을 때 짧은 시간 동안 논리 1과 논리 0 사이를 진동하고 따라서 버튼이 두 번 이상 눌린 것으로 인식된다.**

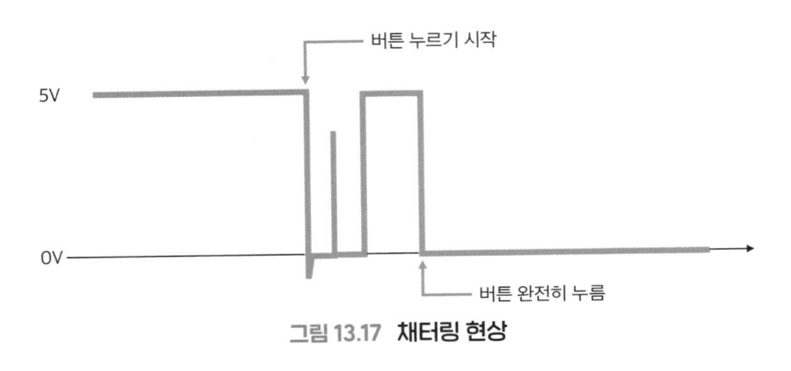

그림 13.17 채터링 현상

채터링 현상을 없애는 것을 디바운스de-bounce라고 하며 채터링 현상은 소프트웨어 및 하드웨어적인 방법으로 줄일 수 있다. 소프트웨어를 통해 채터링을 줄이는 방법에는 버튼을 누르기 시작하는 시점을 찾아내는 방법과 버튼이 완전히 눌린 시점을 찾아내는 방법, 두 가지가 있다.

- 풀업 저항이 사용된 경우 버튼을 누르면 입력은 LOW 값을 갖게 된다. 따라서 **버튼을 누르기 시작하는 시점에서, 즉 LOW 값이 입력되기 시작하는 시점에서 일정 시간 동안의 입력을 무시함으로써 채터링 현상을 줄일 수 있다.** 일정 시간 입력을 무시하기 위해서는 시간 지연 함수인 `delay`를 사용하여 해결할 수 있지만, 버튼의 접점이 완전히 연결되기까지의 시간은 버튼의 종류에 따라 다르므로 버튼의 종류에 따라 지연 시간을 달리 설정해야 한다는 문제가 있다.
- **버튼이 완전히 눌린 시점을 찾아내기 위한 방법은 버튼 입력을 짧은 시간 내에 두 번 검사하고 두 번의 검사에서 모두 LOW 값이 입력되면 버튼이 완전히 눌린 것으로 간주하는 것이다.** 하지만 이 방법 역시 버튼을 두 번 검사하는 시간 간격이 버튼의 종류에 따라 달라질 수 있고, 버튼을 두 번 검사하기 위해 알고리즘이 복잡해질 수 있다.

스케치에서는 흔히 첫 번째 방법을 사용하며, 스케치 13.5에서 주석 처리된 delay 함수가 LOW 값이 입력되기 시작하는 시점에서 일정 시간 입력을 무시하게 하는 역할을 한다. 버튼을 누르는 순간을 찾고 있음에도 버튼을 한 번 눌렀을 때 여러 번 눌린 결과가 나온다면 스케치 13.5에서 밑에서 5번째 줄의 delay 함수 주석 처리를 없애고 실행해 보자. 반면, 스케치 13.6은 두 번째 방법을 사용하여 채터링을 줄인 예다.

스케치 13.6 버튼을 누른 횟수 – 버튼 상태 중복 검사

```
boolean PRESSED = LOW;                              // 버튼이 눌린 상태에서의 입력값
int pin_button = 9;                                 // 버튼이 연결된 핀
int press_count = 0;                                // 버튼을 누른 횟수
boolean state_previous = !PRESSED;                  // 버튼의 이전 상태
boolean state_current;                              // 버튼의 현재 상태

void setup() {
    Serial.begin(9600);                             // 시리얼 통신 초기화
    // 버튼 연결 핀을 내부 풀업 저항을 사용하는 입력으로 설정
    pinMode(pin_button, INPUT_PULLUP);
}

void loop() {
    // 버튼을 짧은 시간 간격으로 두 번 읽어 모두 눌린 값이 나오는지 검사
    state_current = get_button_state(pin_button);

    if (state_current == PRESSED) {                 // 현재 눌린 상태
        if (state_previous == !PRESSED) {           // 이전에 눌리지 않은 상태
            press_count++;
            state_previous = PRESSED;               // 이전 상태 갱신

            Serial.print("버튼을 ");                 // 메시지 출력
            Serial.println(String(press_count) + "번 눌렀습니다.");
        }
    }
    else {
        state_previous = !PRESSED;
    }
}

boolean get_button_state(byte pin_no) {
    if (digitalRead(pin_no) == PRESSED) {           // 첫 번째 버튼 검사
        delay(10);
        if (digitalRead(pin_no) == PRESSED) {       // 두 번째 버튼 검사
            return PRESSED;
        }
    }
    return !PRESSED;
}
```

채터링 현상은 하드웨어를 통해서도 줄일 수 있으며, 그중 하나가 커패시터를 그림 13.18과 같이 추가하는 방법이다. 그림 13.18의 회로에서 커패시터는 버튼을 누르지 않았을 때 서서히 충전되고 버튼을 눌렀을 때 서서히 방전되므로, 버튼 진동에 의한 전압 변동을 흡수하여 채터링 현상을 줄여준다.

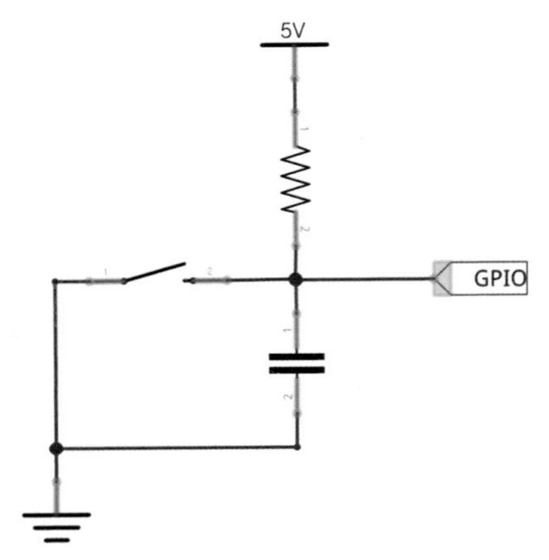

그림 13.18 디바운스 회로를 포함하는 버튼 회로

이 외에도 채터링을 줄이기 위한 다양한 회로가 존재하지만, **소프트웨어적 방법으로 `delay` 함수를 추가하는 방법이 흔히 사용되는 것처럼 하드웨어적 방법 중에서는 커패시터를 추가하는 방법이 간단하고 효과적인 방법으로 흔히 사용된다.**

13.4 맺는말

디지털 데이터 입력은 디지털 데이터 출력과 함께 마이크로컨트롤러가 주변장치와 데이터를 주고받는 기본이 된다. 디지털 데이터 입력을 위해 아두이노에서는 `pinMode`와 `digitalRead` 함수를 제공하고 있으며, 디지털 데이터 출력을 위한 `digitalWrite` 함수와 함께 아두이노 함수 중 기본이 되는 함수라고 할 수 있다.

이 장에서는 버튼을 통해 디지털 데이터를 입력하는 방법을 살펴봤다. 버튼을 사용하는 경우 꼭 기억해야 할 점은 버튼이 연결된 핀이 플로팅 상태에 있지 않게 해야 한다는 것이다. 플로팅 상태에서는 다양한 요인으로 임의의 값이 입력될 수 있고 이는 시스템 오동작의 원인이 될 수 있다. 플로팅 상태를 방지하는 간단한 방법이 풀업 또는 풀다운 저항을 사용하는 것이다. 다행히 ATmega328 마이크로컨트롤러의 데이터 핀에는 소프트웨어로 설정 가능한 풀업 저항이 포함되어 있으므로 별도의 저항을 연결하지 않고도 풀업 저항을 사용할 수 있다. 다만 풀업 저항이 연결된 버튼은 직관적인 방식과는 반대로 동작한다는 점은 기억해야 한다.

버튼이 기계적인 장치여서 발생하는 채터링 현상 역시 잘못된 입력을 일으킬 수 있다. 채터링 현상을 줄이기 위해서는 delay 함수를 추가하는 소프트웨어적인 방법이나 커패시터를 추가하는 하드웨어적인 방법이 간단하면서도 효과적인 방법으로 흔히 사용된다. 하지만 어떤 방법으로도 채터링을 완전히 제거하기는 힘들다는 점도 기억해야 한다.

연 / 습 / 문 / 제

CHAPTER 13

1 9번 핀에 내부 풀업 저항을 사용하는 버튼을 연결하고 버튼을 누를 때마다 13번 핀에 연결된 내장 LED 상태가 반전되는 스케치를 작성해 보자. LED는 켜진 상태에서 스케치를 시작하고, 버튼은 누르는 순간을 찾아 LED 상태를 반전시키도록 한다.

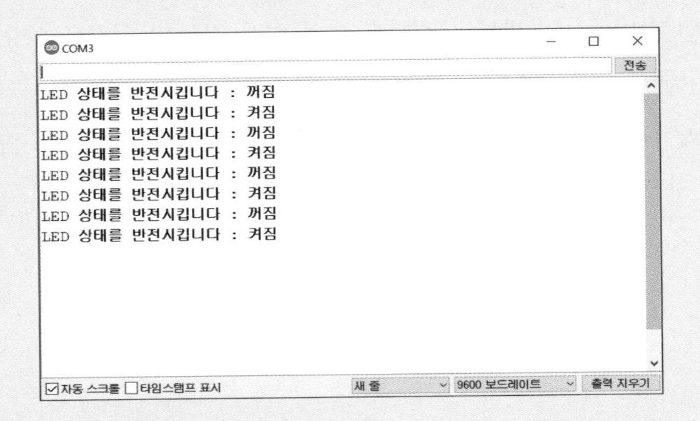

2 2번에서 9번 핀까지 LED를 연결하고 10번 핀에는 풀다운 저항을 통해 버튼을 연결한다. 버튼을 누를 때마다 아래 8개 패턴의 패턴 번호가 증가하여 표시되도록 스케치를 작성해 보자. 7번 패턴 다음에는 0번 패턴으로 되돌아가 패턴이 반복되도록 해야 하며 이를 위해서는 나머지 연산자를 사용할 수 있다.

핀 번호 / 패턴	9	8	7	6	5	4	3	2
0								
1								
2								
3								
4								
5								
6								
7								

3 2번에서 9번 핀까지 LED를 연결하고 10번 핀에는 풀다운 저항을 통해 버튼을 연결한다. 8개의 LED에는 2번 문제의 8개 패턴을 패턴 번호가 증가하는 순서로 0.2초 간격으로 표시하는 순방향 진행과, 패턴 번호가 감소하는 순서로 0.2초 간격으로 표시하는 역방향 진행의 두 가지를 나타낼 수 있다. 초기 상태는 순방향 진행으로 시작하고 버튼이 눌릴 때마다 순방향 진행과 역방향 진행이 바뀌도록 스케치를 작성해 보자. 패턴이 바뀌는 0.2초 간격은 `delay` 함수를 사용해서 조절하도록 한다. 단, `delay` 함수가 실행 중인 동안에는 버튼 상태를 확인할 수 없어 패턴의 진행 방향이 바뀌지 않을 수 있으므로 0.2초 이상 버튼을 눌러주어야 한다.

CHAPTER

14

아날로그 데이터 입력

마이크로컨트롤러는 디지털 데이터 입출력을 기본으로 하지만, 아날로그-디지털 변환기(ADC)를 통해 아날로그 데이터를 디지털로 변환하여 입력받고 처리할 수 있다. 아두이노 우노에 사용된 ATmega328에는 10비트 해상도를 갖는 6채널의 ADC가 포함되어 있으므로 최대 6개의 아날로그 신호를 출력하는 장치를 연결하여 사용할 수 있고 아날로그값은 0에서 1023 사이의 디지털값으로 변환되어 입력된다. 이 장에서는 아날로그 데이터를 디지털 데이터로 변환하여 입력하고 이를 활용하는 방법을 알아본다.

이 장에서 사용할 부품

- 아두이노 우노 × 1 ➡ 아날로그 데이터 입력 테스트
- 가변저항 × 1 ➡ 아날로그 데이터 입력
- LED × 8 ➡ 디지털 데이터 출력
- 220Ω 저항 × 8 ➡ LED 보호
- 조이스틱 × 1 ➡ 이차원 위치 입력

지금까지 살펴본 데이터는 모두 디지털 데이터였다. LED에 불을 켜거나 끄는 데이터, 스위치가 눌렸거나 눌리지 않은 데이터는 물론이거니와 UART 통신을 통해 컴퓨터로 전송되는 데이터 역시 HIGH(1) 또는 LOW(0)의 디지털 데이터를 바탕으로 하고 있다. 마이크로컨트롤러는 디지털 컴퓨터의 일종으로 디지털 데이터만 처리할 수 있다. 하지만 온도, 습도, 조도 등 주변 환경에서 측정할 수 있는 데이터들은 연속적인 아날로그 데이터이므로 이들 데이터를 처리하기 위해서는 먼저 아날로그 데이터를 디지털 데이터로 변환해야 한다. 이때 **아날로그 데이터를 디지털 데이터로 변환하는 장치가 아날로그-디지털 변환기**ADC: Analog-Digital Converter로 이 장에서 살펴볼 내용이다.

주변 환경으로부터 데이터를 획득하는 장치를 흔히 센서라고 하며 센서는 아날로그 데이터를 출력하는 경우가 많다. 예를 들어 온도 센서의 경우 온도가 높은 경우에는 높은 전압을, 온도가 낮은 경우에는 낮은 전압을 출력한다. 마이크로컨트롤러는 아날로그 전압을 입력으로 받아 ADC를 거쳐 디지털 데이터로 변환한 후 처리한다. 아두이노에서는 아날로그 데이터를 디지털 데이터로 변환하여 읽어 들일 수 있도록 analogRead 함수를 제공하고 있다. 표 14.1은 아두이노의 디지털 및 아날로그 데이터 입출력 함수를 요약한 것이고, 표 14.2는 아두이노 우노에서 디지털 및 아날로그 데이터 입출력에 사용할 수 있는 핀을 요약한 것이다.

표 14.1 아두이노의 디지털 및 아날로그 데이터 입출력 함수

	출력	입력
디지털	`pinMode(13, OUTPUT);` `digitalWrite(13, HIGH);`	`pinMode(13, INPUT);` `boolean state = digitalRead(13);`
아날로그	`analogWrite(3, 128);`	`int v = analogRead(A0);`

표 14.2 아두이노 우노의 아날로그 데이터 입력 핀

디지털 핀 번호	아날로그 핀 번호	디지털 데이터 입출력	아날로그 데이터 입력	아날로그 데이터 출력(PWM)	비고
0	-	○	×	×	UART(RX)
1	-	○	×	×	UART(TX)
2	-	○	×	×	
3	-	○	×	○	
4	-	○	×	×	
5	-	○	×	○	
6	-	○	×	○	
7	-	○	×	×	
8	-	○	×	×	

표 14.2 아두이노 우노의 아날로그 데이터 입력 핀 (계속)

디지털 핀 번호	아날로그 핀 번호	디지털 데이터 입출력	아날로그 데이터 입력	아날로그 데이터 출력(PWM)	비고
9	-	○	×	○	
10	-	○	×	○	
11	-	○	×	○	SPI(MOSI)
12	-	○	×	×	SPI(MISO)
13	-	○	×	×	SPI(SCK)
14	A0	○	○	×	
15	A1	○	○	×	
16	A2	○	○	×	
17	A3	○	○	×	
18	A4	○	○	×	I2C(SDA)
19	A5	○	○	×	I2C(SCL)
핀 수		20개	6개	6개	

14.1 아날로그-디지털 변환

아두이노 우노에 사용된 ATmega328 마이크로컨트롤러에는 6 채널의 ADC가 포함되어 있으며 이들 핀을 위해 A0에서 A5까지의 상수 변수가 정의되어 있다. 아날로그 핀을 나타내는 상수 변수의 값은 디지털 입출력 핀을 나타내는 값인 0에서 13번 이후 A0가 14번, A1이 15번 등으로 정의되어 있으므로 **아날로그 0번 핀을 지정하기 위해서는 디지털 핀 번호인 '14'나 상수 변수 'A0' 중 어느 것을 사용해도 무방하다.** 하지만 아날로그 핀임을 명시적으로 나타내기 위해 상수 변수가 흔히 사용된다.

```
static const uint8_t A0 = 14;
static const uint8_t A1 = 15;
static const uint8_t A2 = 16;
static const uint8_t A3 = 17;
static const uint8_t A4 = 18;
static const uint8_t A5 = 19;
```

ATmega328에 포함된 ADC는 10비트 해상도를 갖는다. 해상도란 아날로그값을 몇 단계의 디지털값으로 변환할 것인지를 결정하는 값으로, 10비트의 해상도를 갖는다는 것은 입력값을 2^{10}단계의 디지털값으로 변환할 수 있다는 의미다. 따라서 입력되는 아날로그 전압은 0에서 1023(= $2^{10} - 1$) 사이의 디지털값 중 하나로 바뀐다.

ATmega328의 ADC는 6개 채널을 포함하고 있다. 즉, 최대 6개의 아날로그 데이터 출력 장치를 아두이노 우노에 연결할 수 있다. 하지만 6개 채널은 하나의 ADC에 멀티플렉서MUX: Multiplexer로 연결되어 있으므로 한 번에 하나의 아날로그 입력만을 디지털로 변환할 수 있다는 한계가 있다.

아날로그 데이터 입출력에서의 pinMode 함수

하나의 데이터 핀으로는 아날로그 데이터 입력이나 출력 중 하나만 가능하므로 analogRead 함수를 사용하기 전에 pinMode 함수를 사용하여 입력으로 설정하지 않아도 된다고 이야기하지만, 이는 반만 맞고 반은 틀린 것이다. analogRead 함수를 통해 데이터를 읽어오는 아날로그 입력 핀은 입력으로 설정되어 있어야 하며, 출력으로 설정된 경우에는 정상적으로 동작하지 않는다. 하지만 데이터 핀의 디폴트 상태가 입력 상태이므로 별도로 입력으로 지정하지 않고 사용할 수 있는 것이다. 이는 아날로그 데이터 출력 역시 마찬가지다. analogWrite 함수를 통해 데이터를 출력하는 아날로그 출력 핀 역시 출력으로 설정되어 있어야 한다. 하지만 **analogWrite 함수에는 사용할 핀을 출력으로 설정하는 코드가 포함되어 있으므로 별도로 지정하지 않고 사용할 수 있다.** 이처럼 analogWrite 함수에는 핀을 출력으로 설정하는 코드가 함수 내에 포함되어 있지만 analogRead 함수에는 이런 코드가 포함되어 있지 않으므로 **이전에 디지털 데이터 출력으로 사용된 핀을 아날로그 입력으로 사용하려고 한다면 analogRead 함수를 사용하기 전에 반드시 pinMode 함수를 써서 입력으로 설정해야 한다.**

또 한 가지 주의할 점은 내부 풀업 저항을 사용하지 말아야 한다는 점이다. 아날로그 데이터 입력 핀은 디지털 데이터 입출력 핀으로 사용할 수 있으므로 아날로그 입력 핀에도 내부 풀업 저항이 포함되어 있다. 내부 풀업 저항은 analogRead 함수로 읽어 들이는 값에 영향을 줄 수 있으므로 **아날로그 입력 핀으로 사용하는 핀에는 내부 풀업 저항이 사용되지 않게 해야 한다.**

복잡하게 들리겠지만 하나의 핀을 디지털 데이터 입출력과 아날로그 데이터 입력으로 번갈아 사용하는 경우가 아니라면 걱정하지 않아도 된다. 만약 **핀의 상태를 확신할 수 없다면 analogRead 함수를 사용하기 전에 pinMode 함수로 핀을 INPUT 모드로 설정하는 것이 안전하다.**

- **analogRead**

```
int analogRead(uint8_t pin)
 - 매개변수
     pin: 핀 번호
 - 반환값: 0에서 1023 사이의 정숫값
```

아날로그 데이터 입력을 위해서는 analogRead 함수를 사용한다. analogRead 함수가 디지털 데이터 입출력 함수와 다른 점 중 하나는 디지털 데이터의 경우 1비트 단위로 데이터가 입력되는 반면, 아날로그 데이터는 한 번의 함수 호출로 10비트 데이터를 읽어 들인다는 점이다. 따라서 analogRead 함수는 int 타입 값을 반환한다. digitalRead 함수 역시 int 타입 값을 반환하지만, HIGH(1) 또는 LOW(0) 값만을 가질 수 있다.

아날로그-디지털 변환이 10비트값을 반환하므로 디지털 데이터를 읽는 것보다 아날로그값을 한 번 읽는 데 시간이 오래 걸린다. AVR 시리즈 마이크로컨트롤러에 포함된 축차 비교형 ADC는 아날로그 데이터를 디지털 데이터로 변환하는 데 약 100μs가 소요되므로 초당 최대 10,000번 아날로그 데이터를 읽을 수 있다.

■ analogReference

```
void analogReference(uint8_t type)
  - 매개변수
     type: DEFAULT, INTERNAL, INTERNAL1V1, INTERNAL2V56, EXTERNAL 중 한 가지
  - 반환값: 없음
```

아날로그 데이터를 읽을 때 고려해야 할 점 중 한 가지는 기준 전압의 설정이다. **기준 전압은 analogRead 함수가 반환할 수 있는 최댓값인 1023에 해당하는 전압을 말한다.** 기본적으로 기준 전압은 AVCC$_{\text{Analog VCC}}$를 사용하며, 아두이노에서 AVCC는 동작 전압인 VCC와 같은 전압이 주어져 있다. 따라서 아두이노 우노는 $\frac{5}{1024} \approx 4.9\text{mV}$의 전압 차이를 구별할 수 있다. 하지만 아두이노 우노와 함께 사용할 수 있는 주변장치들이 출력하는 전압의 범위가 0~5V가 아닌 경우도 많으며, 이런 경우에는 analogReference 함수를 통해 기준 전압을 변경할 수 있다. 아두이노에서는 analogReference 함수를 통해 다음 중 하나를 기준 전압으로 설정할 수 있다.

- `DEFAULT` 아두이노 우노의 동작 전압인 5V로 기준 전압을 설정한다. 3.3V를 사용하는 아두이노 보드의 경우에는 3.3V로 기준 전압을 설정한다.
- `INTERNAL` 마이크로컨트롤러의 내부 전압으로 기준 전압을 설정한다. ATmega168이나 ATmega328의 경우 1.1V, ATmega8이나 ATmega32u4의 경우 2.56V가 내부 전압이다. 아두이노 메가2560에서는 사용할 수 없다.
- `INTERNAL1V1` 내부 1.1V를 기준 전압으로 설정한다. 아두이노 메가2560에서만 사용할 수 있다.

- `INTERNAL2V56` 내부 2.56V를 기준 전압으로 설정한다. 아두이노 메가2560에서만 사용할 수 있다.
- `EXTERNAL` AREF 핀에 가해지는 0~5V의 전압을 기준 전압으로 설정한다.

`analogReference` 함수의 `EXTERNAL` 옵션을 사용할 때도 AREF 핀에 인가할 수 있는 전압의 최댓값은 5V이며, 아날로그 입력 핀에 5V 이상의 전압이 가해지면 보드가 손상될 수 있으므로 주의해야 한다.

ATmega328 마이크로컨트롤러에 포함된 ADC는 축차 비교successive approximation **방식을 사용한다.** 축차 비교 방식에서는 먼저 변환될 디지털값의 모든 비트를 0으로 설정한 후, MSBMost Significant Bit부터 아날로그 입력값과 현재 디지털값에 해당하는 아날로그 전압을 비교하면서 각 비트의 값을 결정하는 방식이다. $V_{REF} = 5V$를 기준 전압으로 하고, 입력 전압이 $V_{IN} = 3.3V$일 때 이를 5비트의 디지털값으로 변환하는 과정을 살펴보자. 변환된 디지털값은 $D = 00000_2$에서 시작하고 디지털값에 해당하는 아날로그 전압은 V_{OUT}으로 나타낸다.

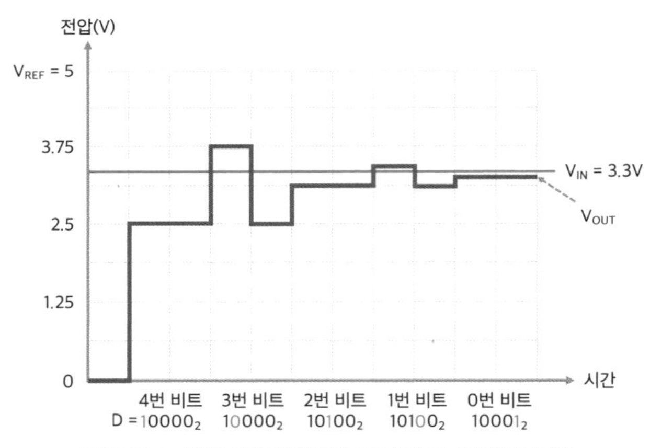

그림 14.1 축차 비교 방식의 아날로그-디지털 변환

먼저 D의 4번 비트를 1로 설정하고($V_{OUT} = 10000_2 \div 100000_2 \times V_{REF} = 2.5$) 입력 전압인 3.3과 비교한다. $V_{IN} > V_{OUT}$의 조건을 만족하므로 D의 4번 비트는 1을 유지한다. 다음은 3번 비트를 1로 설정하고($V_{OUT} = 11000_2 \div 100000_2 \times V_{REF} = 3.75$) V_{IN}과 비교하면 $V_{IN} > V_{OUT}$의 조건을 만족하지 않으므로 3번 비트는 0으로 설정한다. 이러한 과정을 0번 비트까지 반복하면 입력 전압 3.3V에 대한 5비트 디지털값 $D = 10101_2$을 얻을 수 있다. 표 14.3은 축차 비교 방식으로 아날로그값을 디지털값으로 변환하는 과정을 나타낸 것이다. 계산 과정에서 알 수 있듯이 **축차 비교 방식은 입력 전압보다 작거나 같은 값으로 근사화된 디지털값을 반환한다.**

표 14.3 축차 비교 방식의 아날로그-디지털 변환

순서	디지털값(D)	디지털값에 해당하는 아날로그값		비트 변환 결과
0	-	-		00000_2
1	10000_2	$\frac{16}{32} \times 5V = 2.5V < 3.3V$	(○)	10000_2
2	11000_2	$\frac{16+8}{32} \times 5V = 3.75V > 3.3V$	(×)	10000_2
3	10100_2	$\frac{16+4}{32} \times 5V = 3.125V < 3.3V$	(○)	10100_2
4	10110_2	$\frac{16+4+2}{32} \times 5V = 3.4375V > 3.3V$	(×)	10100_2
5	10101_2	$\frac{16+4+1}{32} \times 5V = 3.28125V < 3.3V$	(○)	10101_2

14.2 아날로그값 읽기

A0 핀에 가변저항을 연결하여 A0 핀에 가해지는 전압을 디지털로 변환하여 읽어보자. 이를 위해 그림 14.2와 같이 A0 핀에 가변저항을 연결한다. 가변저항의 3개 핀 중 양쪽 끝 핀에는 VCC와 GND를 가해주면 되지만 극성이 없으므로 연결하는 순서와는 무관하다. 하지만 가변저항의 양쪽 끝 2개 연결선에 연결하는 전원의 극성에 따라 저항값이 낮아지도록 노브를 돌리는 방향이 반대가 된다.

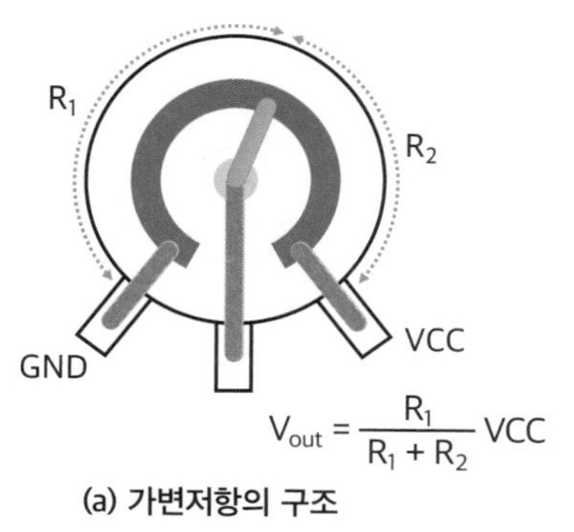

$$V_{out} = \frac{R_1}{R_1 + R_2} VCC$$

(a) 가변저항의 구조

(b) 가변저항

그림 14.2 가변저항

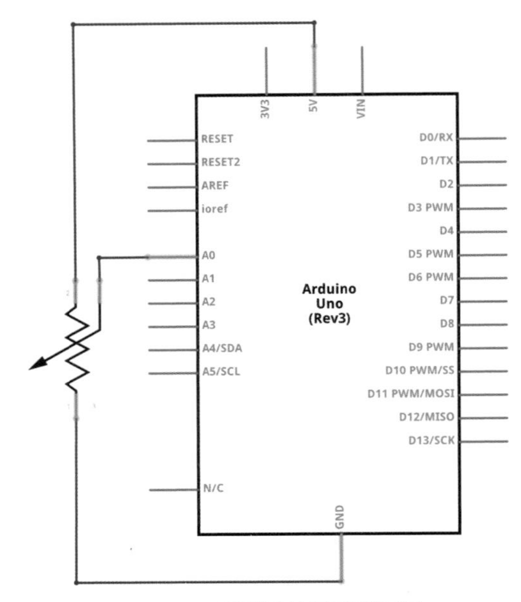

그림 14.3 가변저항 연결 회로도

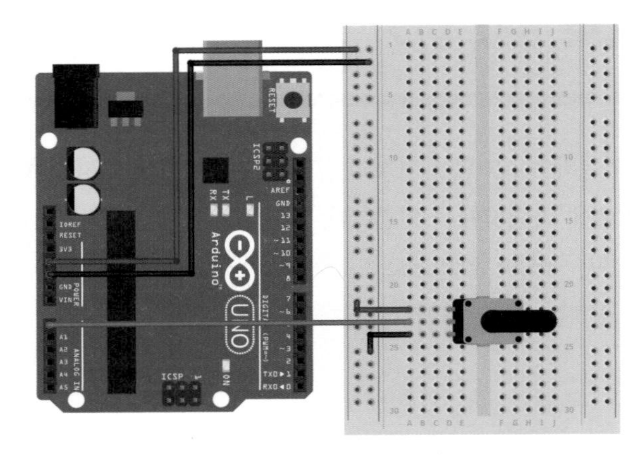

그림 14.4 가변저항 연결 회로

가변저항을 읽기 위해서는 analogRead 함수를 사용하고, 기준 전압은 디폴트값인 AVCC 5V를 사용할 것이므로 analogReference 함수는 사용하지 않는다. 스케치 14.1은 가변저항값을 1초에 한 번 읽어 시리얼 모니터로 출력하는 예다.

스케치 14.1 가변저항값을 읽어 출력하기 – 시리얼 모니터

```
int pin_vr = A0;                              // 가변저항 연결 핀

void setup() {
    Serial.begin(9600);                       // 시리얼 통신 초기화
}
```

```
void loop() {
    int value = analogRead(pin_vr);          // 가변저항 읽기

    Serial.println(String("현재 가변저항의 값은 ") + value + "입니다.");

    delay(1000);                             // 1초 대기
}
```

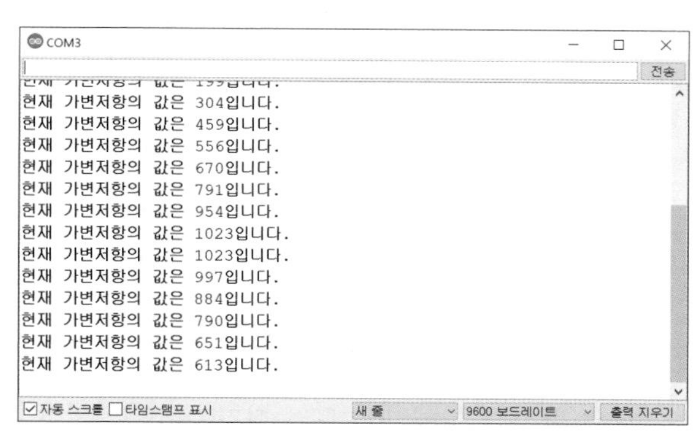

그림 14.5 스케치 14.1 실행 결과

아날로그값의 변화는 시리얼 플로터를 통해 확인하는 것이 변화 양상을 파악하는 데 도움이 될 수 있다. 다만 시리얼 플로터를 사용하기 위해서는 공백문자와 개행문자로 분리된 숫자만을 시리얼 통신으로 출력해야 한다. 스케치 14.2는 시리얼 플로터로 가변저항값의 변화를 살펴보기 위해 스케치 14.1을 수정한 예다. 스케치 14.1과 비교하면 시리얼 통신으로 출력하는 데이터에서 메시지는 모두 삭제하고 값만 출력하고 있으며, 아날로그값을 읽는 시간 간격이 바뀌었다.

스케치 14.2 가변저항값을 읽어 출력하기 – 시리얼 플로터

```
int pin_vr = A0;                             // 가변저항 연결 핀

void setup() {
    Serial.begin(9600);                      // 시리얼 통신 초기화
}

void loop() {
    int value = analogRead(pin_vr);          // 가변저항 읽기

    Serial.println(value);                   // 값만 출력

    delay(50);                               // 초당 20 샘플 출력
}
```

스케치 14.2를 업로드하고 '툴 → 시리얼 플로터' 메뉴 항목을 선택하거나 'Ctrl+Shift+L' 단축키를 눌러 시리얼 플로터를 실행한 후 가변저항을 돌리면서 그래프를 확인해 보자.

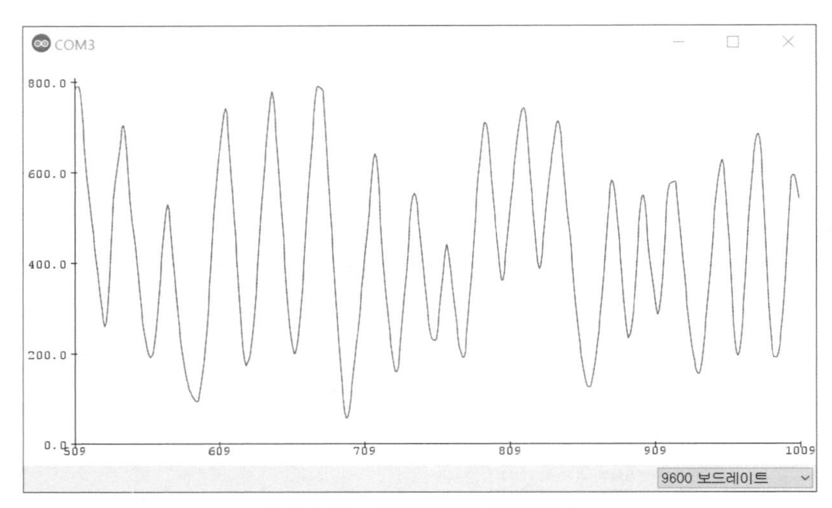

그림 14.6 스케치 14.2 실행 결과

가변저항의 값은 analogRead 함수를 통해 10비트의 디지털값으로 읽힌다. 이를 0에서 8 사이의 정수로 변환하고 그 수만큼 LED를 켜는 스케치를 작성해 보자. 이를 위해 2번에서 9번 핀에 LED를 연결하고 A0 핀에는 가변저항을 연결한다.

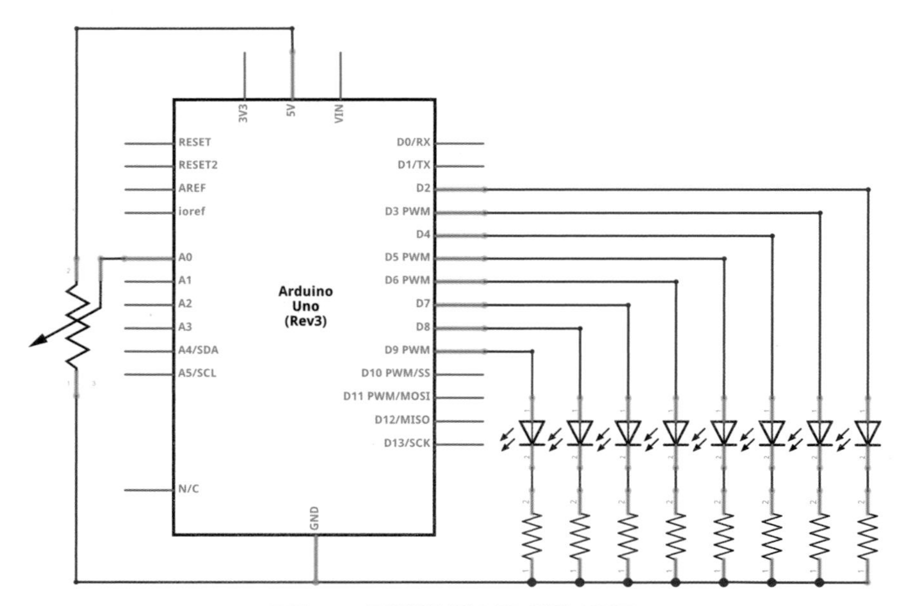

그림 14.7 가변저항과 LED 연결 회로도

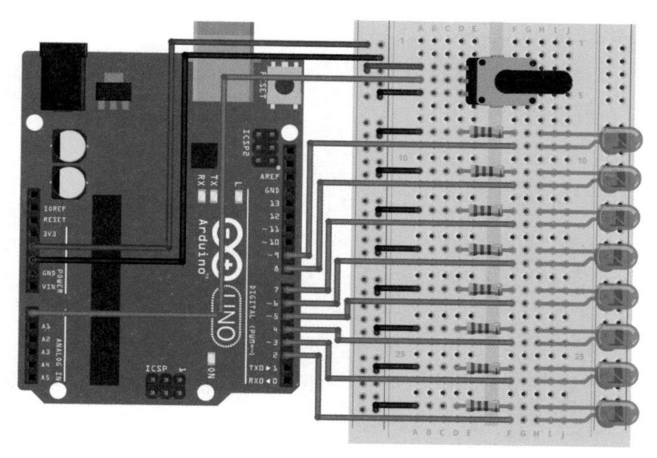

그림 14.8 가변저항과 LED 연결 회로

가변저항값은 0~1023의 값을 갖고 LED의 개수는 0~8의 값을 갖는다. 이처럼 서로 다른 범위를 갖는 두 값 사이의 변환을 위해 사용할 수 있는 함수가 map 함수다.

■ map

```
long map(long value, long fromLow, long fromHigh, long toLow, long toHigh)
 - 매개변수
    value: 데이터
    fromLow: 현재 데이터가 가질 수 있는 최솟값
    fromHigh: 현재 데이터가 가질 수 있는 최댓값
    toLow: 변환하고자 하는 범위의 최솟값
    toHigh: 변환하고자 하는 범위의 최댓값
 - 반환값: 지정한 범위로 사상된 값
```

주어진 데이터값을 지정된 범위의 값으로 선형 사상linear mapping하여 반환한다. 이때 주어지는 값은 [fromLow, fromHigh] 범위의 값이 아니어도 무방하며, toLow 값은 toHigh 값보다 커도 무방하다. **map 함수는 정수 연산을 한다**는 점도 주의해야 한다.

스케치 14.3은 map 함수를 사용하여 가변저항값을 LED 개수로 변환하고 그에 따라 LED를 제어하는 예다.

스케치 14.3 가변저항으로 LED 개수 제어

```
int pin_vr = A0;                                    // 가변저항 연결 핀
int pin_LED[] = {2, 3, 4, 5, 6, 7, 8, 9};           // LED 연결 핀 배열

void setup() {
    Serial.begin(9600);                             // 시리얼 통신 초기화
    for (int i = 0; i < 8; i++) {                   // LED 연결 핀을 출력으로 설정
        pinMode(pin_LED[i], OUTPUT);
    }
}

void loop() {
    int value = analogRead(pin_vr);                 // 가변저항 읽기
    // 가변저항값을 LED 개수로 변환
    int LEDcount = map(value, 0, 1023, 0, 8);

    for (int i = 0; i < 8; i++) {
        if (i < LEDcount) {
            digitalWrite(pin_LED[i], HIGH);
        }
        else {
            digitalWrite(pin_LED[i], LOW);
        }
    }

    Serial.print(String("가변저항 : ") + value);
    Serial.println(String("\tLED 개수 : ") + LEDcount);

    delay(500);                                     // 0.5초 대기
}
```

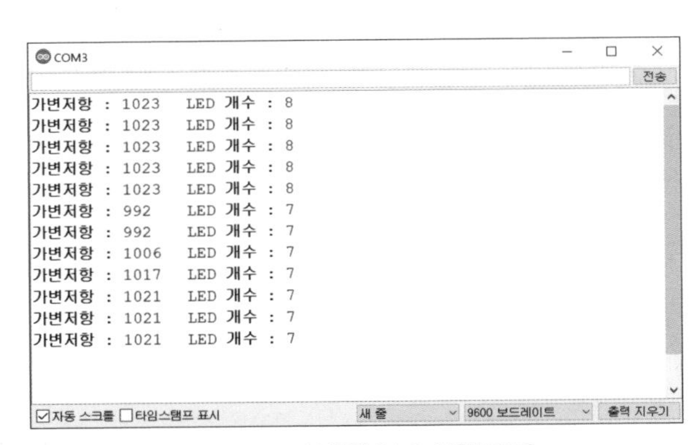

그림 14.9 스케치 14.3 실행 결과

스케치 14.3의 동작에 문제가 없어 보이지만 가변저항을 돌려보면 아주 짧은 순간에만 8개 LED가 모두 켜지고 곧 7개 LED가 켜지는 것을 볼 수 있다. 이는 그림 14.9에서 가변저항값이 1023인 경우에만 LED 개수가 8이 되는 것에서도 알 수 있다. 이 문제는 0에서 1023 사이 값을 9개의 균일한 구간(0개 LED 구간, 1개 LED 구간, ..., 8개 LED 구간)으로 나누면 해결할 수 있다. map 함수는

9개 구간이 아니라 8개 구간으로 나누는 것에 가까우므로 8개 LED가 모두 켜지는 구간이 아주 짧다. 스케치 14.3에서 map 함수를 통해 LED의 개수를 구하는 부분을 다음과 같이 수정한 후 업로드하고 가변저항을 돌리면서 켜지는 LED 개수를 확인해 보자. map 함수를 사용할 때와 다른 점을 발견했는가?

```
int LEDcount = value * 9 / 1024.0;          // 9개 구간으로 나눔
```

스케치 14.3의 경우 표시하고자 하는 LED 상태가 9가지로 2의 거듭제곱이 아니므로 사용할 수 없지만, LED를 모두 끄는 경우를 제외하고 LED 상태를 8가지로 바꾸면 가변저항값에서 LED 개수를 얻기 위해 비트 이동 연산을 사용할 수 있다. LED 상태가 8가지라면 3비트로 나타낼 수 있으므로 가변저항의 10비트값을 오른쪽으로 7비트 이동하면 3비트값을 얻을 수 있다. 다만 이동 후 값은 0에서 7 사이 값이므로 1을 더해서 1에서 8 사이 값으로 바꾸어야 한다. 스케치 14.3에서 map 함수를 사용하여 LED의 개수를 구하는 부분을 다음과 같이 비트 이동 연산을 사용하여 수정하고 map 함수를 사용할 때와의 차이점을 비교해 보자.

```
int LEDcount = (value >> 7) + 1;          // 8개 균일한 길이의 구간으로 변환
```

채널 전환에서의 주의 사항

스케치 14.1은 가변저항의 값을 읽어 시리얼 모니터로 출력하는 스케치다. 동작에 아무런 문제가 없는 것으로 보이고 실제 아무런 문제도 없다. 하지만 2개 이상의 아날로그 입력을 사용하고자 한다면 문제가 발생할 수 있다. 여러 개의 아날로그 입력을 사용하고자 한다면 여러 개의 AD 변환기를 사용하는 것이 가장 좋지만, ATmega328에는 6개 채널이 멀티플렉서로 연결된 하나의 AD 변환기만 포함되어 있다. 즉, **6개의 아날로그 입력을 연결할 수 있지만 한 번에 하나씩만 사용할 수 있다.** 이러한 구조로 인해 여러 개의 아날로그 입력을 사용하고자 하는 경우 주의가 필요하다. 2개의 아날로그값을 읽기 위해서는 하나를 먼저 읽고 채널을 바꾼 후 다른 아날로그값을 읽어야 한다. 물론, 아두이노에서는 채널 전환을 신경 쓸 필요가 없으며 analogRead 함수의 매개변수를 달리 지정하면 자동으로 채널이 바뀐다. 하지만 채널을 바꾸는 명령이 실행된 후 실제로 채널이 바뀌고 AD 변환을 시작할 준비가 될 때까지는 시간이 필요하므로 **채널을 바꾼 후에는 약간의 대기 시간을 두어 회로가 안정되기를 기다려야 한다.** 또는 **채널이 바뀐 후 처음 읽어 들이는 아날로그값은 버리고 두 번째 읽은 값부터 사용하는 것이 정확한 아날로그값을 얻는 방법이다.** A0 핀과 A1 핀으로 2개의 가변저항값을 번갈아 읽는 경우라면 다음과 같이 스케치를 작성할 수 있다.

```
analogRead(A0);                        // 채널 전환
int vr0 = analogRead(A0);              // A0 핀에 연결된 가변저항 읽기
analogRead(A1);                        // 채널 전환
int vr1 = analogRead(A1);              // A1 핀에 연결된 가변저항 읽기
```

14.3 조이스틱

조이스틱은 게임용으로 흔히 사용되는 입력 장치로, 스틱이라 불리는 막대형 레버를 상하좌우로 조절하여 방향을 입력하기 위해 사용한다. 막대형 레버를 사용한 조이스틱 이외에도 십자키 형태의 버튼을 사용하는 조이스틱, 노브 형태의 조이스틱 등 다양한 형태의 조이스틱이 존재한다.

조이스틱은 2개의 가변저항으로 생각할 수 있다. 각 가변저항은 x축 및 y축의 위치를 나타내며, 노브형 조이스틱의 경우 노브를 버튼처럼 누를 수 있는 경우가 대부분이다. 그림 14.10은 이 장에서 사용하는 노브형 조이스틱 모듈을 나타낸 것으로, **위치를 나타내기 위한 2개의 아날로그 출력 핀과 노브 누름을 위한 1개의 디지털 출력 핀 등 3개의 출력 핀**을 갖고 있다. 노브 버튼에는 풀업 저항이 연결되어 있으므로 노브를 누를 때 LOW 값이 출력된다.

그림 14.10 노브형 조이스틱

조이스틱을 그림 14.11과 같이 연결해 보자.

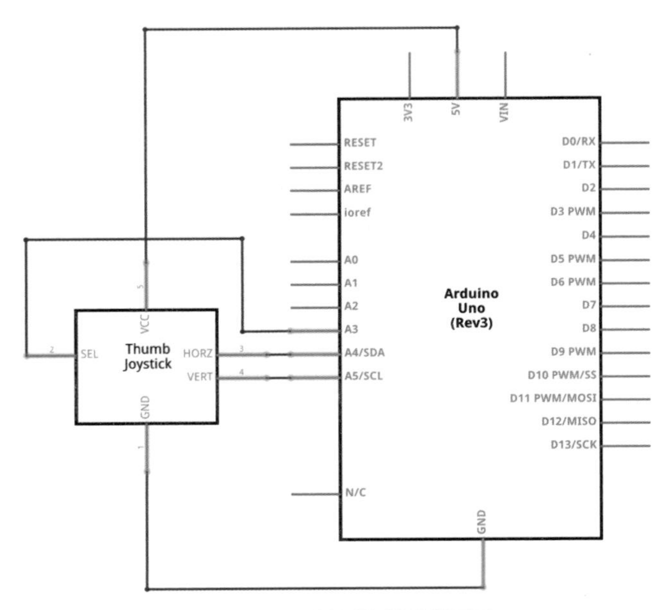

그림 14.11 조이스틱 연결 회로도

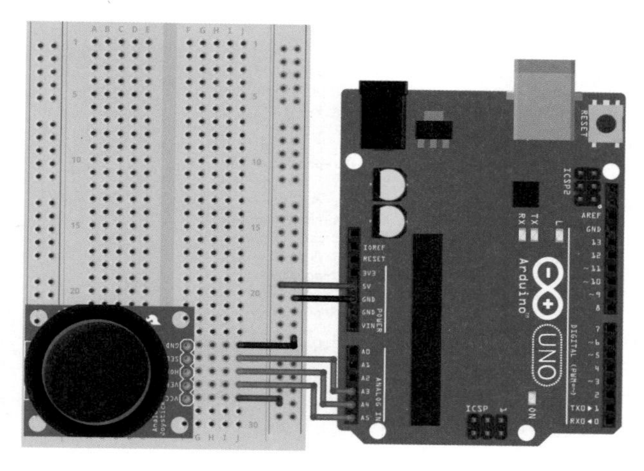

그림 14.12 조이스틱 연결 회로

x축 및 y축 위치를 알아내기 위해서는 A4와 A5의 아날로그 입력 핀을 사용했다. 아날로그 입력 핀은 디지털 입출력 핀으로도 사용할 수 있으므로 그림 14.11에서 노브의 누름을 알아내기 위해 아날로그 입력 핀인 A3 핀을 사용했다. 스케치 14.4는 노브의 위치와 노브의 눌림 상태를 시리얼 모니터로 출력하는 예다. 스케치를 업로드하고 노브를 움직이면서 가변저항값이 바뀌는 것을 확인해 보자. 또한 노브 버튼에는 풀업 저항이 연결되어 있으므로 버튼을 누르지 않을 때 HIGH, 버튼을 눌렀을 때 LOW가 출력되는 것도 확인해 보자.

스케치 14.4 조이스틱 값 읽기

```
int pin_button = A3;                              // 버튼 누름
int pin_X = A4;                                   // x축 위치
int pin_Y = A5;                                   // y축 위치

void setup() {
    pinMode(pin_button, INPUT);

    Serial.begin(9600);                           // 직렬 통신 초기화
}

void loop() {
    int x = analogRead(pin_X);                    // X 위치
    int y = analogRead(pin_Y);                    // Y 위치
    boolean press = digitalRead(pin_button);      // 버튼 누름

    Serial.print("Pressed : ");
    Serial.print(press ? "X" : "O");
    Serial.println(String(", X-position : ") + x + "\tY-position : " + y);

    delay(1000);                                  // 1초 대기
}
```

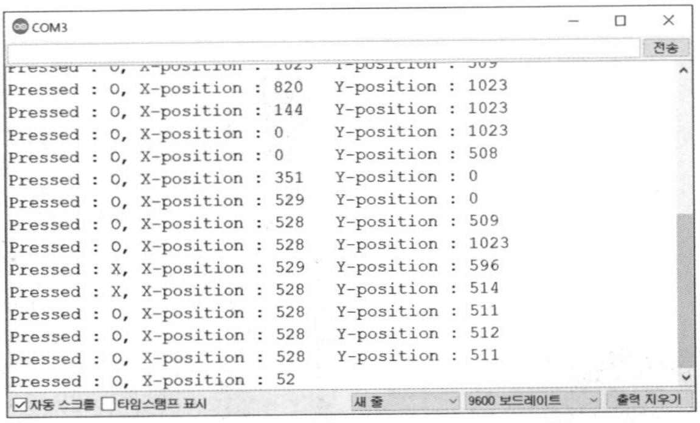
COM3
전송
Pressed : 0, X-position : 820 Y-position : 1023
Pressed : 0, X-position : 144 Y-position : 1023
Pressed : 0, X-position : 0 Y-position : 1023
Pressed : 0, X-position : 0 Y-position : 508
Pressed : 0, X-position : 351 Y-position : 0
Pressed : 0, X-position : 529 Y-position : 0
Pressed : 0, X-position : 528 Y-position : 509
Pressed : 0, X-position : 528 Y-position : 1023
Pressed : X, X-position : 529 Y-position : 596
Pressed : X, X-position : 528 Y-position : 514
Pressed : 0, X-position : 528 Y-position : 511
Pressed : 0, X-position : 528 Y-position : 512
Pressed : 0, X-position : 528 Y-position : 511
Pressed : 0, X-position : 52
자동 스크롤
타임스탬프 표시
새 줄
9600 보드레이트
출력 지우기

그림 14.13 스케치 14.4 실행 결과

14.4 AVCC는 5V인가?

아날로그-디지털 변환을 위해서는 디지털로 변환했을 때 1023에 해당하는 전압, 즉 기준 전압이 필요하며 AVCC가 기준 전압으로 흔히 사용된다. **아두이노 우노에서 AVCC에는 VCC와 같이 5V 전압이 연결되어 있다.** 따라서 디지털로 변환된 값에서 실제 전압을 얻기 위해서는 AD 변환값에 AVCC 값인 5V를 곱하고 1023으로 나누어주면 된다.

```
float analogVoltage = ADC_value / 1023.0 * AVCC;
```

하지만 이 계산식에는 한 가지 문제점이 있는데, 바로 AVCC가 5V라고 가정한 점이다. 아두이노 우노에 사용된 ATmega328 마이크로컨트롤러의 동작 전압 범위는 1.8~5.5V로 그 범위가 넓다. 따라서 AA 배터리 3개, 3.7V 리튬 폴리머 배터리, 컴퓨터의 USB 등 다양한 방법으로 전원을 공급할 수 있으며, 전원 공급 방법에 따라 VCC 값에 차이가 있다. 약간의 차이는 무시할 수 있다고 생각하겠지만, 정밀한 측정이 필요한 경우라면 약간의 차이가 무시할 수 없는 오차로 나타날 수 있다. 예를 들어, 3.0V가 아날로그 입력으로 주어질 때 AVCC가 5.0V라면 613이 AD 변환값으로 나와야 한다. 하지만 실제 AVCC가 4.9V라면 ADC가 반환하는 값은 626으로, AVCC의 0.1V 차이가 AD 변환값에서 13의 차이로 나타난다.

```
int ADC_value = analogVoltage * 1023 / AVCC;
```

AVCC의 차이에 의한 AD 변환값의 오차를 줄이는 방법은 AVCC에 5.0V가 가해지게 하는 것이다. AVCC에 5V 전압이 가해지게 하려면 7~12V의 외부 전원을 연결하는 것이 추천된다. 외부 전원을 연결하면 레귤레이터를 통해 만들어진 5V 전압이 AVCC에 가해지고, 레귤레이터를 거친 전압은 전압 변화가 적어 AD 변환에서의 오차를 줄일 수 있다. 하지만 외부 전원의 전압이 변하면 레귤레이터의 출력 전압 역시 변할 수 있다. 만약 AVCC 값을 정확하게 측정할 수 있다면 다양한 원인에 의해 발생하는 AD 변환의 오차를 줄일 수 있다.

ATmega328에서는 ADC를 사용하여 현재 AVCC 값을 계산하는 방법을 제공하고 있다. 아두이노 우노는 6개의 아날로그 입력 채널을 A0에서 A5 핀으로 제공하고 있다. 하지만 ATmega328에서 ADC의 채널 선택을 위해 ADMUX 레지스터의 하위 4비트를 사용하고 있다. 6개 채널이라면 3비트면 충분한데 4비트를 사용하는 이유는 무엇일까? 표 14.4는 ADMUX 레지스터의 MUX3...0 비트에 따라 선택되는 채널을 나타낸 것이다.

표 14.4 ADMUX 레지스터의 MUXn(n = 0, ..., 3) 비트에 따른 채널 선택

채널	MUX3	MUX2	MUX1	MUX0	입력
0	0	0	0	0	ADC0
1	0	0	0	1	ADC1
2	0	0	1	0	ADC2
3	0	0	1	1	ADC3
4	0	1	0	0	ADC4
5	0	1	0	1	ADC5
6	0	1	1	0	ADC6
7	0	1	1	1	ADC7
8	1	0	0	0	ADC8
9	1	0	0	1	-
10	1	0	1	0	-
11	1	0	1	1	-
12	1	1	0	0	-
13	1	1	0	1	-
14	1	1	1	0	1.1V
15	1	1	1	1	0V(GND)

표 14.4에서 MUX3 값이 0인 경우는 아날로그 데이터 입력을 위해 사용하는 채널이고, MUX3 값이 1인 경우는 특수한 용도로 사용하는 채널이다. 데이터 입력에 사용하는 채널이 6개가 아니

라 8개인 것을 눈치챘는가? 6번과 7번 채널은 28핀의 DIP 타입 칩에서는 사용할 수 없고, 32핀의 SMD 타입 칩에서만 사용할 수 있다.

특수 용도로 사용되는 채널 중 **14번(= 1110_2 = 0x0E) 채널은 내부 기준 전압인 1.1V를 읽는 기능을 한다.** 내부 1.1V는 레귤레이터를 거친 동작 전압보다 안정적인 전압을 유지하므로 전압 계산을 위한 기준으로 사용할 수 있다. 14번 채널의 전압 1.1V를 읽었을 때 AD 변환값을 'READ_CH14'라고 하자. AD 변환값 1023은 입력이 AVCC와 같을 때 얻을 수 있으므로 AVCC는 다음과 같이 계산할 수 있다.

```
1.1 : READ_CH14 = AVCC : 1023
AVCC = 1.1 * 1023 / READ_CH14
     = 1125.3 / READ_CH14
```

아두이노에서는 14번 채널을 읽을 수 있는 함수를 제공하지 않으므로 레지스터를 직접 조작해야 한다. 내부 1.1V를 읽기 위해서는 AVCC를 기준 전압으로 선택한 후 14번 채널을 읽어야 하며, 이를 위해 ADMUX 레지스터가 사용된다. ADMUX 레지스터의 구조는 그림 14.14와 같다.

비트	7	6	5	4	3	2	1	0
	REFS1	REFS0	ADLAR	-	MUX3	MUX2	MUX1	MUX0
읽기/쓰기	R/W	R/W	R/W	R	R/W	R/W	R/W	R/W
초깃값	0	0	0	0	0	0	0	0

그림 14.14 ADMUX 레지스터 구조

비트 7과 비트 6은 기준 전압을 선택하기 위해 사용하는 비트로, 비트값에 따라 선택되는 기준 전압은 표 14.5와 같다.

표 14.5 REFS1과 REFS0 비트 설정에 따른 기준 전압 설정

REFS1	REFS0	설명
0	0	외부 AREF 핀 입력을 기준 전압으로 사용한다.
0	1	외부 AVCC 핀 입력을 기준 전압으로 사용한다.
1	0	-
1	1	내부 1.1V를 기준 전압으로 사용한다.

비트 3에서 비트 0은 채널 선택을 위해 사용되는 비트다(표 14.4). 기준 전압과 채널이 선택되면 AD 변환을 시작하기 위해 ADCSRA ADC Control and Status Register A 레지스터의 6번 비트인 ADSC ADC Start Conversion 비트를 1로 세트한 후 ADSC 비트가 클리어될 때까지 기다리면 된다. AD 변환이 끝나면 변환된 값은 ADC 레지스터에 저장된다. 스케치 14.1은 내부 1.1V 전압을 읽고 AVCC를 계산하여 시리얼 모니터로 출력하는 예다.

스케치 14.5 AVCC 읽기

```
long readAVCC() {
    // AVCC를 기준 전압으로 설정하고 14번 채널 선택
    ADMUX = _BV(REFS0) | _BV(MUX3) | _BV(MUX2) | _BV(MUX1);
    delay(2);                                           // 채널 안정화 대기

    ADCSRA |= _BV(ADSC);                                // AD 변환 시작
    while (bit_is_set(ADCSRA, ADSC));                   // 변환 종료 대기

    long result = 1125300L / ADC;                       // mV 단위 전압으로 변환
    return result;
}

void setup() {
    Serial.begin(9600);
}

void loop() {
    Serial.println(String("현재 AVCC 값은 ") + readAVCC() + String("mV입니다."));
    delay(1000);
}
```

스케치 14.4에서 _BV는 비트 연산을 위한 마스크를 만드는 매크로 함수이고, bit_is_set은 지정한 값의 지정한 비트가 1인지 여부를 반환하는 매크로 함수로 모두 avr_gcc에 정의된 함수들이다.

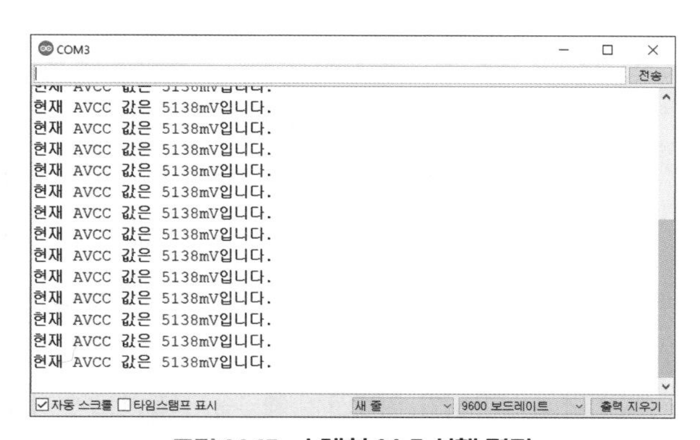

그림 14.15 스케치 14.5 실행 결과

그림 14.15의 결과에서 볼 수 있듯이 AVCC는 5.138V로 계산되었다. 한 가지 주의해야 할 점은 내부 1.1V 전압이 실제로는 1.1V가 아닐 수 있다는 점이다. **내부 1.1V 전압은 여러 가지 전원 상황에서 VCC/AVCC에 비해 일정한 전압을 유지한다.** 하지만 내부 1.1V가 정확하게 1.1V인 것은 아니다. 따라서 내부 1.1V에 대한 보정이 필요할 수 있다. 테스터기로 실제 AVCC를 측정한 결과 4.96V를 얻었다고 가정하자. 가장 간단한 보정 방법은 측정 결과와 readAVCC 함수의 반환값을 이용하여 다음과 같이 보정하는 것으로, 이를 통해 다양한 전원 상황에서 정확한 AVCC 값을 알아낼 수 있으며 AD 변환에서의 오차를 줄일 수 있다.

```
long real_avcc = readAVCC();
real_avcc = real_avcc * 4960 / 5138;
```

14.5 맺는말

세상은 아날로그로 구성되어 있어 우리가 보고 듣고 느끼는 모든 것은 아날로그다. 하지만 우리가 사용하고 있는 아두이노는 디지털 컴퓨터이므로 아날로그 세상과 아두이노를 연결하기 위해 아날로그-디지털 변환기ADC라는 다리가 필요하다.

아두이노 우노에 사용된 ATmega328 마이크로컨트롤러에는 10비트 해상도의 6채널 ADC가 포함되어 있다. 10비트 해상도는 아날로그 신호를 1024단계로 구분하여 나타낼 수 있으므로, 5V 기준 전압을 사용하는 경우 4.89mV 정도의 전압 차이를 구별할 수 있다. 4.89mV 차이가 충분히 작은 것으로 느낄 수도 있지만, 주변 환경과 상호 작용하기 위한 센서의 출력은 이보다 작은 차이가 중요한 경우를 흔히 볼 수 있다. 이런 경우라면 더 높은 해상도의 외부 ADC 칩을 사용하는 것이 해결 방법이 될 수 있다. 이 외에 측정된 아날로그값을 디지털로 바꾸어 출력하는 센서도 쉽게 찾아볼 수 있으므로 상황에 맞게 선택하여 사용하면 된다.

6채널의 ADC에는 6개의 아날로그 데이터 소스를 연결할 수 있다. 하지만 텔레비전으로 하나의 채널만 볼 수 있듯이 ADC로는 하나의 채널로 들어오는 아날로그 데이터만 디지털로 변환할 수 있다. 여러 개의 아날로그 입력을 사용하기 위해서는 채널을 전환하고 읽기를 반복해야 한다. 이때 채널 전환에는 시간이 걸리며, 전환된 이후에도 채널이 안정화되기까지 시간이 필요하다는 점도 생각해야 한다. 근본적으로 마이크로컨트롤러는 디지털 컴퓨터의 일종이므로 아날로그 데이터 처리가 가능하긴 하지만 디지털 데이터만큼 빠른 속도로 처리할 수는 없으며, 이 외에도 여러 가지 제약이 있을 수밖에 없다는 점을 기억하자.

1 스케치 14.3은 가변저항값에 따라 켜지는 LED의 개수가 증가하는 예다. 이를 수정하여 가변저항값에 따라 8개의 LED 중 켜지는 LED의 위치가 변하게 해보자. 예를 들어 가변저항값이 0이면 첫 번째 LED가 켜지고, 1023이면 여덟 번째 LED가 켜지는 식이다. 이때 LED는 항상 1개만 켜지게 한다.

2 아날로그-디지털 변환 과정에서 별도로 기준 전압을 설정하지 않으면 마이크로컨트롤러의 동작 전압이 디폴트값으로 설정된다. 스케치 14.1은 기준 전압이 5V로 설정되어 5V의 전압이 가변저항에 가해지는 경우 1023의 값이 반환된다. 스케치 14.1에서 analogReference 함수를 사용하여 기준 전압을 내부 1.1V로 설정하고 1.1V 이상의 전압이 가해지는 경우 analogRead 함수에서 항상 1023의 값이 반환되는 것을 확인해 보자. 아래 실행 결과에서 하나의 사다리꼴은 가변저항을 좌우로 완전히 한 번 돌려 얻은 결과로, 가변저항의 회전 위치 대부분에서 1023의 값이 나오고 있음을 알 수 있다.

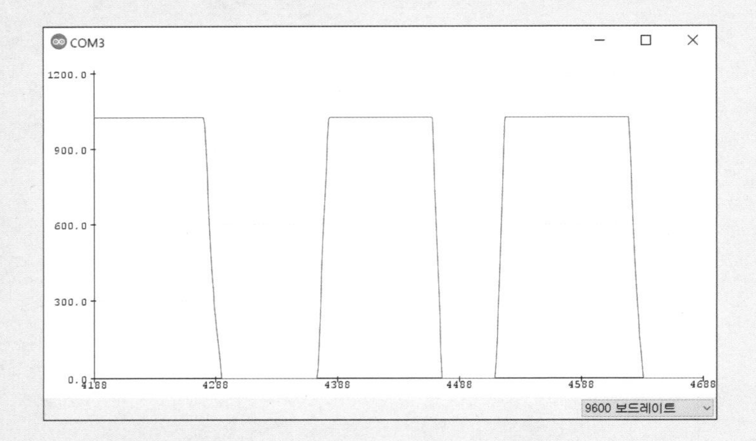

3 A0 핀과 A1 핀에 가변저항을 연결하자. 채널을 바꾸어가면서 각 가변저항의 값을 읽어 시리얼 모니터로 2개 가변저항의 값을 출력하는 스케치를 작성해 보자. ADC에서 채널 전환을 위해서는 시간이 필요하므로 채널을 전환한 후 첫 번째 읽은 값은 버리고 두 번째 읽은 값을 사용하자.

```
COM3
(    0,      1023 )
(    0,      1023 )
(    0,      1023 )
(    53,     927 )
(    240,    712 )
(    359,    619 )
(    530,    503 )
(    714,    394 )
(    869,    257 )
(    1023,   82 )
(    1023,   0 )
(    1023,   0 )
(    1023,   0 )
☑자동 스크롤 ☐타임스탬프 표시   새 줄   9600 보
```

CHAPTER

15

아날로그 데이터 출력

마이크로컨트롤러에서 처리를 거친 디지털 데이터는 다시 아날로그값으로 바꾸어야 처리 결과를 주변 환경으로 돌려줄 수 있다. 하지만 아두이노 보드에 사용된 AVR 시리즈 마이크로컨트롤러는 아날로그 데이터를 디지털 데이터로 바꿀 수는 있지만, 디지털 데이터를 아날로그 데이터로 바꿀 수는 없다. 대신 아날로그 신호와 유사한 효과를 내는 디지털 신호인 펄스 폭 변조PWM 신호를 사용할 수 있다. 이 장에서는 PWM 신호 출력 방법과 이를 통해 아날로그 신호와 비슷한 효과를 얻는 방법을 알아본다.

이 장에서 사용할 부품

부품	수량	용도
아두이노 우노	× 1	➡ 아날로그 데이터 출력 테스트
LED	× 1	➡ PWM 신호를 통한 밝기 제어
RGB LED	× 1	➡ PWM 신호를 통한 색상 제어
가변저항	× 1	➡ LED 밝기 조절
220Ω 저항	× 3	➡ LED 보호

아두이노 우노에는 아날로그 데이터 입력을 위해 10비트 6채널의 아날로그-디지털 변환기ADC가 포함되어 있어 최대 6개의 아날로그 입력을 연결할 수 있다. 입력된 아날로그 데이터는 디지털로 변환되고 처리를 거친 후 그 결과를 다른 장치로 전달하거나 직접 결과를 출력할 수 있다. 다른 장치로 결과를 전달하기 위해 흔히 사용되는 방법은 시리얼 통신을 사용하는 것이다. 시리얼 통신은 디지털 데이터를 사용하지만, 주변 환경으로 결과를 알려주기 위해서는 결국 아날로그값으로 변환되어야 한다. 디지털 데이터를 아날로그 데이터로 변환하기 위해서는 디지털-아날로그 변환기DAC: Digital Analog Converter가 필요하다. 하지만 아두이노 우노에 사용된 ATmega328 마이크로컨트롤러에는 DAC는 포함되어 있지 않으므로 아날로그 신호를 직접 출력하는 것은 불가능하다. 대신 아날로그 신호와 유사한 효과를 내는 펄스 폭 변조PWM: Pulse Width Modulation 신호를 사용할 수 있다. **PWM 신호는 디지털 신호이지만 LED의 밝기 조절이나 모터의 속도 조절 등 아날로그 신호로 가능한 동작을 수행할 수 있다.** 아두이노 함수에서 PWM 신호를 출력하는 함수의 이름이 analogWrite로 'analog'라는 단어가 포함된 것도 이러한 이유다.

표 15.1은 아두이노의 디지털 및 아날로그 데이터 입출력 함수를 요약한 것이고, 표 15.2는 아두이노 우노에서 디지털 및 아날로그 데이터 입출력에 사용할 수 있는 핀을 요약한 것이다. **PWM 신호 출력이 가능한 핀은 디지털 핀 중에서 물결무늬가 표시된 핀**으로, 아날로그 데이터 입력을 위한 하드웨어(ADC)와 다른 하드웨어(타이머/카운터)를 사용하므로 아날로그 입력 핀과 겹치지 않는다.

표 15.1 아두이노의 디지털 및 아날로그 데이터 입출력 함수

	출력	입력
디지털	pinMode(13, OUTPUT); digitalWrite(13, HIGH);	pinMode(13, INPUT); boolean state = digitalRead(13);
아날로그	analogWrite(3, 128);	int v = analogRead(A0);

표 15.2 아두이노 우노의 아날로그 데이터 입력 핀

디지털 핀 번호	아날로그 핀 번호	디지털 데이터 입출력	아날로그 데이터 입력	아날로그 데이터 출력(PWM)	비고
0	-	○	×	×	UART(RX)
1	-	○	×	×	UART(TX)
2	-	○	×	×	
3	-	○	×	○	
4	-	○	×	×	
5	-	○	×	○	
6	-	○	×	○	

표 15.2 아두이노 우노의 아날로그 데이터 입력 핀 (계속)

디지털 핀 번호	아날로그 핀 번호	디지털 데이터 입출력	아날로그 데이터 입력	아날로그 데이터 출력(PWM)	비고
7	–	○	×	×	
8	–	○	×	×	
9	–	○	×	○	
10	–	○	×	○	
11	–	○	×	○	SPI(MOSI)
12	–	○	×	×	SPI(MISO)
13	–	○	×	×	SPI(SCK)
14	A0	○	○	×	
15	A1	○	○	×	
16	A2	○	○	×	
17	A3	○	○	×	
18	A4	○	○	×	I2C(SDA)
19	A5	○	○	×	I2C(SCL)
핀 수		20개	6개	6개	

15.1 펄스 폭 변조

아날로그 신호를 디지털 신호로 나타내는 방법으로는 펄스 진폭 변조PAM: Pulse Amplitude Modulation 방식과 펄스 폭 변조PWM: Pulse Width Modulation 방식이 흔히 사용된다. 그림 15.1의 아날로그 신호를 생각해 보자.

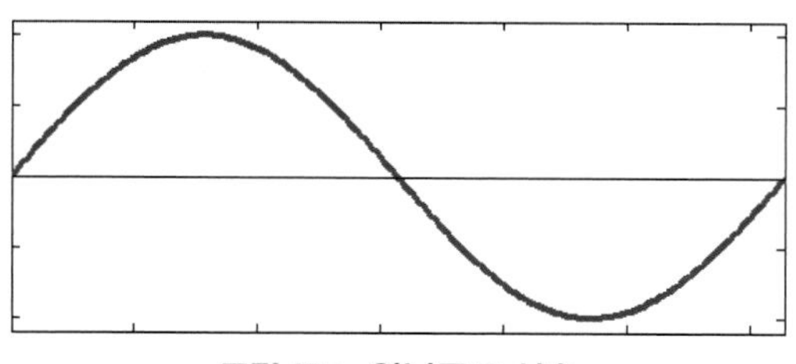

그림 15.1 아날로그 신호

아날로그 데이터를 PAM 방식의 디지털 데이터로 변환하기 위한 첫 번째 과정은 샘플링 과정이다. **샘플링은 일정한 시간 간격으로 아날로그 신호의 값을 취하는 과정이다.**

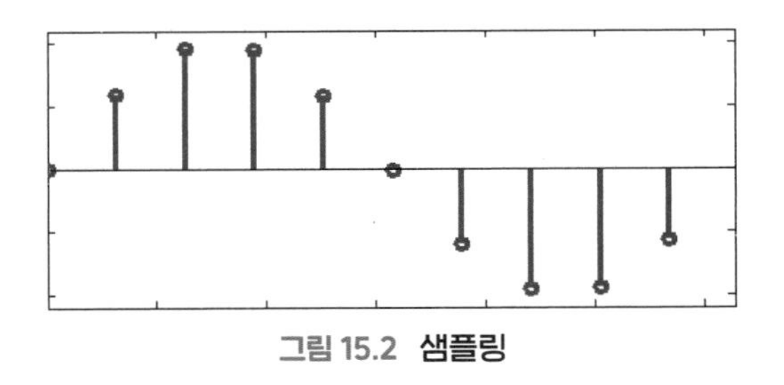

그림 15.2 샘플링

샘플링된 신호는 주어진 해상도에 따라 가장 가까운 디지털값으로 바꾸는 양자화quantization **과정을 거친다.** 8비트 해상도를 갖는다고 가정하면 그림 15.2에서 샘플링된 각 값은 0에서 255 사이의 8비트값으로 표현된다.

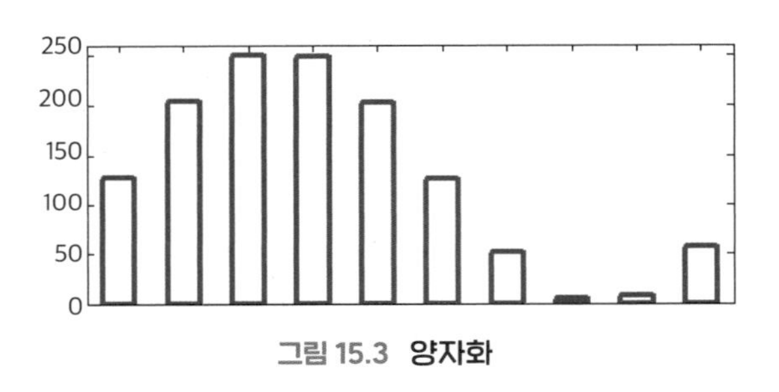

그림 15.3 양자화

PAM 방식에서는 양자화된 신호를 0과 1의 비트열로 나타내며, 시리얼 통신을 사용하여 데이터 핀을 통해 전송하거나 CPU에서 처리할 수 있다.

그림 15.4 PAM 방식의 디지털 신호

PWM 역시 아날로그 데이터를 디지털로 나타내는 방법 중 하나이지만, 양자화된 값을 0과 1의 비트 열로 나타내는 PAM 방식과 달리 펄스의 폭으로 나타낸다는 차이가 있다.

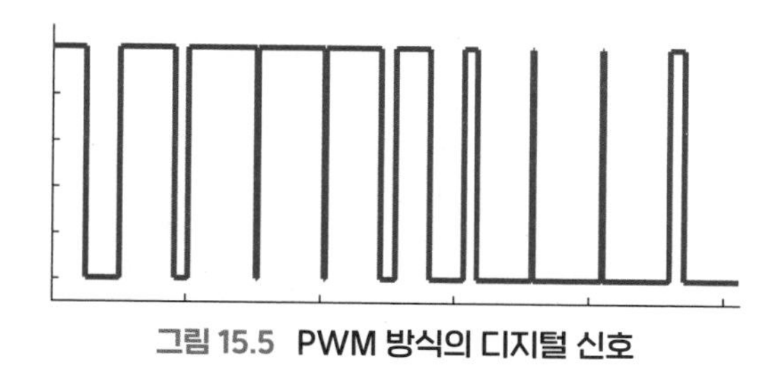

그림 15.5 PWM 방식의 디지털 신호

그림 15.5에서는 하나의 샘플을 한 주기 내에서 HIGH 값이 갖는 비율로 나타내고 있다. 이처럼 **신호가 한 주기 내에서 갖는 HIGH 값의 비율을 듀티 사이클**duty cycle이라고 하며, 그림 15.6은 듀티 사이클에 따른 PWM 신호의 파형을 보여준다.

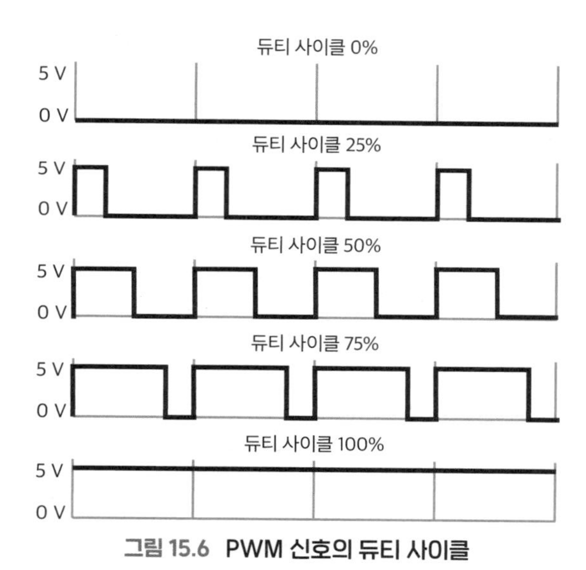

그림 15.6 PWM 신호의 듀티 사이클

그림 15.4의 PAM 방식과 그림 15.5의 PWM 방식의 차이 중 하나는 데이터 저장 방식에 있다. 그림 15.7에서 비교한 것처럼 8비트 해상도를 갖는 PAM 방식에서 하나의 샘플을 표현하는 데는 8비트면 충분하지만, 같은 해상도의 PWM 방식에서는 255비트가 필요하다. 즉, **PWM 방식으로 디지털 데이터를 저장하기 위해서는 많은 저장 공간이 필요하며, 동작 주파수 역시 PAM과 비교했을 때 훨씬 높다.** 그렇다면 PAM 방식과 비교했을 때 PWM 방식의 장점은 무엇일까?

PWM 신호는 PAM 신호에 비해 신호 대 잡음비가 높은 것은 사실이지만, 큰 저장 공간과 높은 동작 주파수로 인해 디지털 데이터 저장이나 전송을 위한 방식으로는 적합하지 않다. 하지만 PWM 신호는 PAM 신호에 비해 간단하게 아날로그 신호로 변환할 수 있고 그 자체로도 아날로그 신호의 효과를 얻을 수 있어, 모터의 속도 제어나 LED의 밝기 제어 등을 위해 마이크로컨트롤러에서 흔히 사용된다.

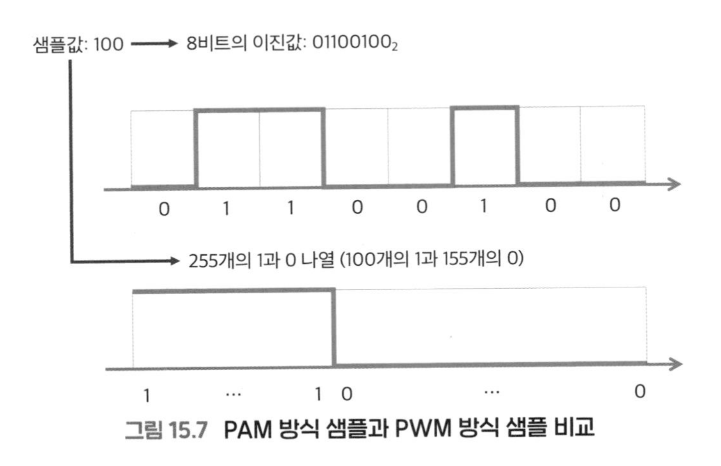

그림 15.7 PAM 방식 샘플과 PWM 방식 샘플 비교

LED에 가변저항을 연결하고 LED에 가해지는 전압과 전류를 조절하면 LED 밝기를 조절할 수 있다. 하지만 LED의 밝기는 PWM 신호를 사용해서 한 주기 내에서 LED를 켜는 시간을 조절하는 것으로도 가능하다. 한 주기 동안 계속해서 LED를 켠다면, 즉 듀티 사이클이 100%라면 LED는 항상 켜져 있을 것이고 100%의 밝기를 보여줄 것이다. 하지만 한 주기 내에서 절반만 LED를 켜고 나머지 절반은 LED를 끈다면, 즉 듀티 사이클이 50%라면 LED는 50% 정도의 밝기로 켜질 것이다. 하지만 **50% 밝기로 LED가 켜지게 하는 데 필수적인 것이 바로 높은 PWM 주파수다.**

50% 듀티 사이클을 갖는 PWM 신호의 형태만 봐서는 LED를 0.5초 간격으로 점멸하는 블링크 신호와 차이가 없다. 두 신호의 차이는 주파수에 있다. LED를 0.5초 간격으로 점멸하는 블링크 신호의 주파수는 1Hz다. 반면, **아두이노 우노에서 `analogWrite` 함수로 출력하는 PWM 신호의 주파수는 490Hz 또는 980Hz**로 블링크 신호보다 훨씬 높다. 50% PWM 신호로 1초에 수백 번 LED를 켜고 끄기를 반복한다면 LED에는 어떻게 나타날까? 디지털 신호는 아날로그 신호를 바탕으로 하고 있으므로 그림 15.6의 파형처럼 HIGH와 LOW 사이에서 신호가 순간적으로 변하는 것은 불가능하다. 또한 LED 역시 반응 속도가 느려서 LED를 완전히 켜기 위해서는 LED의 종류에 따라 수 밀리초에서 수십 밀리초 정도의 시간이 필요하다. 이처럼 여러 가지 요인이 결합하여 1Hz의 블링크 신호를 LED에 가했을 때는 LED가 깜빡이지만, 높은 주파수에 50% 듀티 사이클을 갖는 PWM 신호를 LED에 가했을 때는 LED가 50% 밝기로 켜지게 된다. 즉, **블링크 신호에는 LED가 HIGH인 구간과 LOW인 구간에 개별적으로 반응하지만, PWM 신호에는 LED가 HIGH인 구간과 LOW인 구간을 평균한 값에 반응하게 되고 아날로그 신호와 같이 밝기가 조절되는 결과를 얻을 수 있다.** 사실 블링크 신호도 50% 듀티 사이클의 PWM 신호라고 할 수 있지만, 낮은 주파수의 블링크 신호로는 아날로그 신호와 같은 결과를 얻을 수 없다. PWM 신호는 여러 방법으로 만들 수 있지만, **AVR 시리즈 마이크로컨트롤러에서는 타이머/카운터를 사용하여 PWM 신호를 생성한다.**

15.2 LED 밝기 조절

PWM 신호를 사용하여 LED 밝기를 조절해 보자. 이를 위해 PWM 신호 출력이 가능한 3번 핀에 LED를 연결한다.

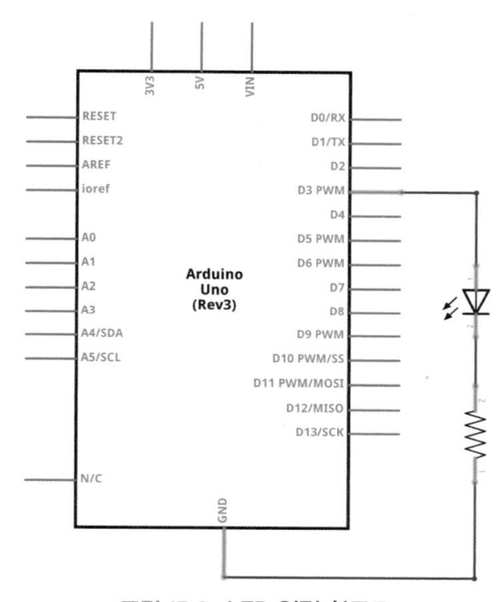

그림 15.8 LED 연결 회로도

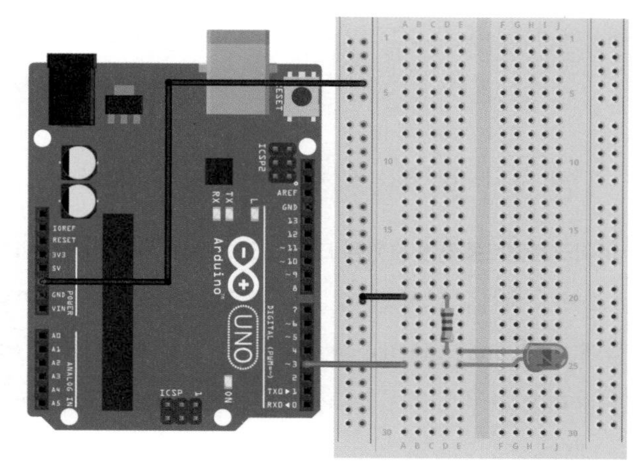

그림 15.9 LED 연결 회로

스케치 15.1은 PWM 신호를 사용하여 LED의 밝기를 변화시키는 예로, LED가 밝아졌다가 어두워지기를 반복한다.

스케치 15.1 LED의 밝기 조절 – analogWrite 사용

```
int pin_LED = 3;                              // LED 연결 핀

void setup() {
}

void loop() {
    for (int i = 0; i < 255; i++) {           // 점차 밝아짐
        analogWrite(pin_LED, i);
        delay(10);
    }
    for (int i = 255; i > 0; i--) {           // 점차 어두워짐
        analogWrite(pin_LED, i);
        delay(10);
    }
}
```

스케치 15.1에서 PWM 신호를 출력하기 위해 사용한 함수가 analogWrite로, 듀티 사이클을 0(0%)에서 255(100%) 사이의 값으로 지정하여 사용한다.

■ analogWrite

```
void analogWrite(uint8_t pin, int value)
  - 매개변수
     pin: 핀 번호
     value: 0(항상 OFF)에서 255(항상 ON) 사이의 값으로 표현되는 듀티 사이클
  - 반환값: 없음
```

지정한 번호의 핀으로 지정한 듀티 사이클을 갖는 PWM 신호를 출력한다.

analogWrite 함수는 마이크로컨트롤러에 포함된 타이머/카운터를 사용하여 PWM 신호를 만들어낸다. 하지만 PWM 신호는 소프트웨어로도 만들 수 있다. 블링크 신호 역시 PWM 신호이므로 블링크 신호의 간격을 짧게 하면 analogWrite 함수와 같은 효과를 얻을 수 있다. 스케치 15.2는 analogWrite 함수를 사용하지 않고 LED를 켜고 끄는 시간 비율을 조절함으로써 스케치 15.1과 같은 효과를 얻게 하는 예다.

스케치 15.2 LED의 밝기 조절 – delayMicroseconds 사용

```
int pin_LED = 3;                                // LED 연결 핀

void setup() {
    pinMode(pin_LED, OUTPUT);                   // LED 연결 핀을 출력으로 설정
}

void loop() {
    for (int i = 0; i < 255; i++) {             // 점차 밝아짐
        my_PWM(pin_LED, i);
    }
    for (int i = 255; i > 0; i--) {             // 점차 어두워짐
        my_PWM(pin_LED, i);
    }
}

void my_PWM(int pin, int dim) {
    for (int i = 0; i < 256; i++) {             // 한 주기 내에서
        if (i > dim) {                          // LOW인 구간
            digitalWrite(pin, LOW);
        }
        else {                                  // HIGH인 구간
            digitalWrite(pin, HIGH);
        }
        delayMicroseconds(20);                  // 마이크로초 단위 지연
    }
}
```

스케치 15.2에서는 높은 PWM 주파수를 얻기 위해 마이크로초 단위의 시간 지연 함수인 delayMicroseconds를 사용했다. delay 함수를 사용하면 주파수가 낮아져 밝기가 변하는 것이 아니라 LED가 깜빡이는 동작을 보일 수 있다.

- **delayMicroseconds**

```
void delayMicroseconds(unsigned int us)
  - 매개변수
      us: 마이크로초 단위의 지연 시간
  - 반환값: 없음
```

지정한 마이크로초 단위의 시간만큼 프로그램 실행을 일시 중지한다.

스케치 15.2에서 알 수 있듯이 PWM 신호를 만드는 것은 어렵지 않다. 하지만 delayMicroseconds 함수를 사용하여 PWM 신호를 만드는 데는 한 가지 문제가 있다. 스케치 15.2는 PWM 신호 출력을

위해 대부분의 CPU 클록을 사용하고 있어서 다른 작업을 하기가 어렵다. 스케치 15.1과 같이 `analogWrite` 함수를 사용하면 전용 하드웨어를 통해 PWM 신호를 출력할 수 있으며, 이때 PWM 신호 생성은 CPU와는 독립적으로 동작한다.

가변저항과 LED를 아두이노 우노에 연결하자. 가변저항은 아날로그값을 읽을 수 있는 A0 핀에 연결하고 LED는 PWM 신호를 출력할 수 있는 3번 핀에 연결하여 가변저항값으로 LED의 밝기를 조절하는 스케치를 작성해 보자.

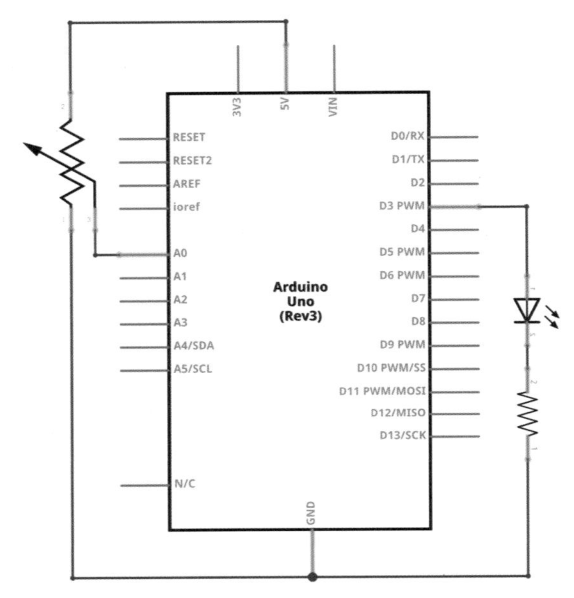

그림 15.10 가변저항과 LED 연결 회로도

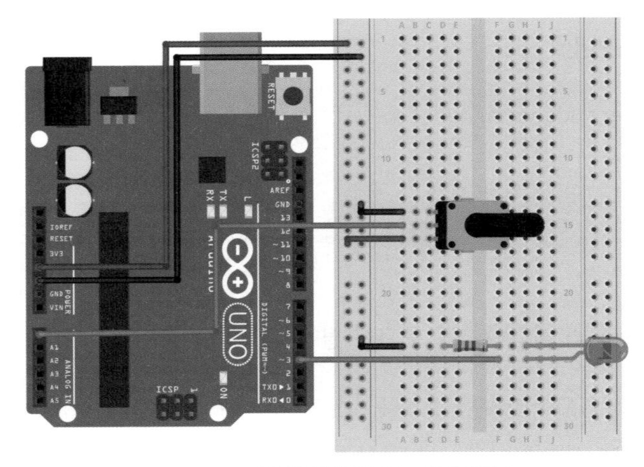

그림 15.11 가변저항과 LED 연결 회로

스케치 15.3은 가변저항값으로 LED 밝기를 조절하는 예다. 가변저항값은 10비트값으로 읽히고 LED 밝기 조절을 위한 PWM 값은 8비트값을 사용하므로 오른쪽 비트 이동 연산을 사용하여 ADC 값을 PWM 값으로 변환하여 사용했다.

스케치 15.3 가변저항으로 LED 밝기 조절

```
int pin_LED = 3;                                        // LED 연결 핀
int pin_vr = A0;                                        // 가변저항 연결 핀

void setup() {
    Serial.begin(9600);                                 // 시리얼 통신 초기화
}

void loop() {
    int value_vr = analogRead(pin_vr);                  // 가변저항값 읽기
    int value_pwm = value_vr >> 2;                      // 8비트 듀티 사이클 값으로 변환

    analogWrite(pin_LED, value_pwm);                    // PWM 신호 출력

    Serial.print(String("가변저항값 : ") + value_vr);
    Serial.println(String("\tLED 밝기 : ") + value_pwm);

    delay(1000);                                        // 1초 대기
}
```

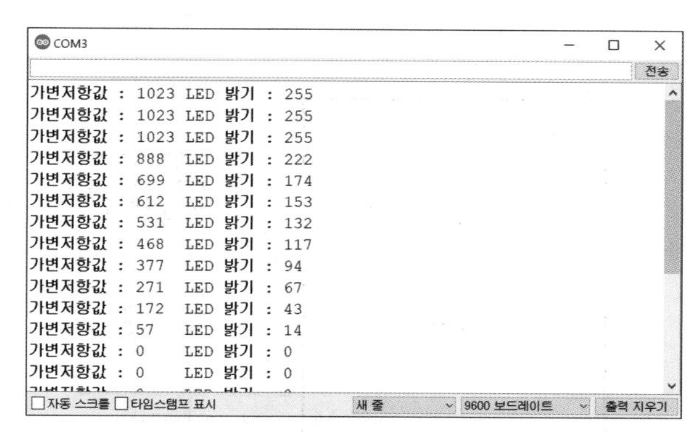

그림 15.12 스케치 15.3 실행 결과

15.3 RGB LED

RGB LED는 빛의 3원색에 해당하는 빨강색Red, 초록색Green, 파란색Blue LED를 하나의 패키지로 만든 것으로, 각 원색을 제어하기 위한 개별적인 제어 핀 3개와 공통 핀 1개를 갖고 있다. **공통 핀을 GND에 연결하고 제어 핀에 VCC를 연결하면 LED가 켜지는 방식을 공통 음극 방식**common cathode이라고 한다. 반면, **공통 핀을 VCC에 연결하고 제어 핀에 GND를 연결하면 LED가 켜지는 방식을 공통 양극 방식**common anode이라고 한다. 이 장에서는 공통 양극 방식의 RGB LED를 사용한다. RGB LED의 4개 핀 중 가장 긴 핀이 공통 핀으로 VCC에 연결하고, 나머지 핀은 PWM 신호 출력이 가능한 핀에 연결한다. 이때 공통 양극 방식 RGB LED는 100%(255) 듀티 사이클에서 완전히 꺼지고 0%(0) 듀티 사이클에서 완전히 켜진다는 점에 주의해야 한다.

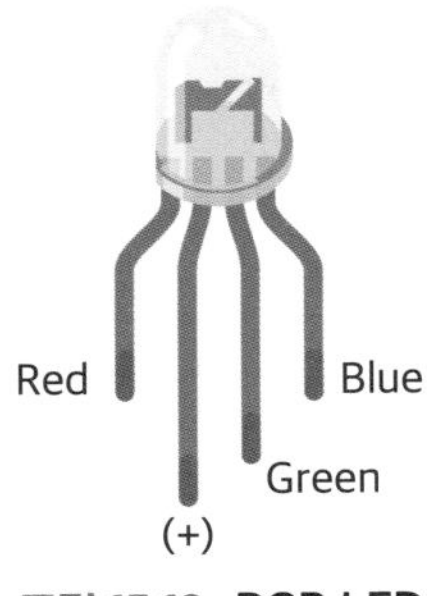

그림 15.13 RGB LED

RGB LED를 PWM 신호 출력이 가능한 11번, 10번, 9번 핀에 그림 15.14와 같이 연결하자.

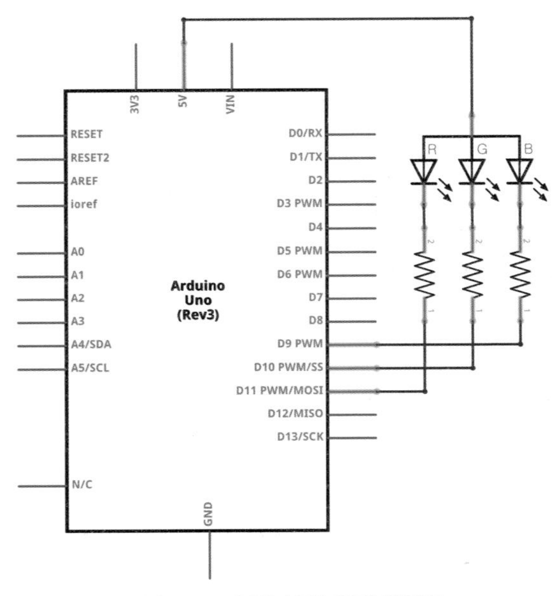

그림 15.14 RGB LED 연결 회로도

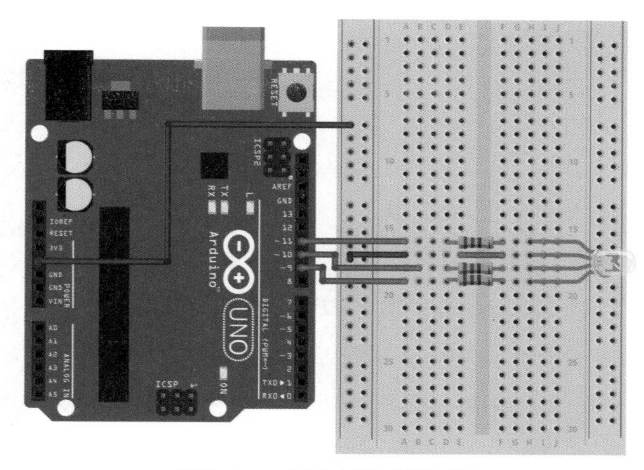

그림 15.15 RGB LED 연결 회로

스케치 15.4는 RGB의 각 원색 하나씩만 서서히 밝게 변하도록 하는 예다. 스케치 15.4에서는 3개의 원색 중 하나씩만 조절했지만, 3개의 원색을 모두 8비트로 제어한다면 2^{24}가지의 색상을 표현할 수 있다.

스케치 15.4 RGB LED 밝기 조절

```
int RGB_LED[] = {9, 10, 11};                        // RGB LED 연결 핀

void setup() {
    for (int i = 0; i < 3; i++) {                   // LED 연결 핀을 출력으로 설정
        pinMode(RGB_LED[i], OUTPUT);
    }
}

void loop() {
    digitalWrite(RGB_LED[1], HIGH);
    digitalWrite(RGB_LED[2], HIGH);
    for (int i = 255; i >= 0; i--) {                // Blue 색상 조절. Green, Red는 끔
        analogWrite(RGB_LED[0], i);
        delay(10);
    }

    digitalWrite(RGB_LED[0], HIGH);
    digitalWrite(RGB_LED[2], HIGH);
    for (int i = 255; i >= 0; i--) {                // Green 색상 조절. Blue, Red는 끔
        analogWrite(RGB_LED[1], i);
        delay(10);
    }

    digitalWrite(RGB_LED[0], HIGH);
    digitalWrite(RGB_LED[1], HIGH);
    for (int i = 255; i >= 0; i--) {                // Red 색상 조절. Green, Blue는 끔
```

```
        analogWrite(RGB_LED[2], i);
        delay(10);
    }
}
```

시리얼 모니터로 밝기를 입력받아 RGB LED를 제어하는 스케치를 작성해 보자. RGB LED는 그림 15.14와 같이 연결하고, 시리얼 모니터에서 콤마로 분리된 3개의 값을 입력받아 이를 RGB LED의 각 요소에 대한 밝깃값으로 사용한다. 그림 15.14의 RGB LED는 공통 양극 방식이므로 0의 값을 출력해야 최대 밝기가 되지만, 시리얼 모니터에는 255를 입력했을 때 최대 밝기가 되도록 했으며, 코드를 간단히 하기 위해 잘못된 입력에 대한 검사는 진행하지 않았다. RGB LED의 밝기를 시리얼 모니터로 제어하는 스케치의 예가 스케치 15.5다. 스케치를 업로드하고 콤마로 분리된 3개 값을 시리얼 모니터에 입력하여 LED의 색상이 바뀌는 것을 확인해 보자.

스케치 15.5 시리얼 모니터로 RGB LED 색상 조절

```
char TERMINATOR = '\n';                                 // 문자열 종료 문자
String buffer = "";                                     // 문자열 저장 버퍼
boolean process_it = false;                             // 문자열 처리 여부
int RGB_LED[] = {11, 10, 9};                            // (R, G, B) RGB LED 연결 핀

void setup() {
    Serial.begin(9600);
}

void loop() {
    while (Serial.available() > 0) {                    // 데이터 수신
        char ch = Serial.read();                        // 데이터 읽기

        if (ch == TERMINATOR) {                         // 문자열 종료 문자인 경우
            process_it = true;                          // 문자열 처리 지시
        }
        else {                                          // 그 외의 문자인 경우
            buffer = buffer + ch;                       // 버퍼에 문자 저장
        }
    }

    if (process_it) {                                   // 저장된 문자열을 처리하는 경우
        int index_start = 0, index_current = -1;
        byte brightness[3] = {0}, index_rgb = 0;        // RGB 값 분리 저장

        Serial.print("( ");
        while (true) {
            // 문자열 내에서 콤마(',') 위치 탐색
            index_current = buffer.indexOf(',', index_current + 1);
            if (index_current != -1) {                  // 콤마 발견
                String str = buffer.substring(index_start, index_current);
```

```
                str.trim();                                 // 앞뒤 공백 제거

                Serial.print(str + " , ");

                brightness[index_rgb] = str.toInt();        // R과 G 값을 배열에 저장
                index_rgb++;

                index_start = index_current + 1;            // 콤마 탐색 시작 위치 조정
            }
            else {                                          // 마지막 B 값으로 더 이상 콤마 없음
                String str = buffer.substring(index_start);
                str.trim();

                Serial.println(str + " )");

                brightness[index_rgb] = str.toInt();        // B 값을 배열에 저장

                break;
            }
        }

        for (int i = 0; i < 3; i++) {                       // 공통 양극 방식을 고려한 출력
            analogWrite(RGB_LED[i], 255 - brightness[i]);
        }

        process_it = false;                                 // 문자열 처리 완료
        buffer = "";                                        // 버퍼 비우기
    }
}
```

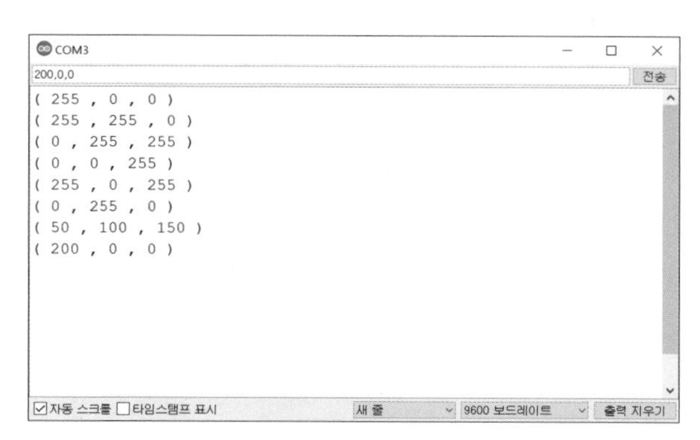

그림 15.16 스케치 15.5 실행 결과

15.4 맺는말

마이크로컨트롤러는 디지털 데이터 처리를 기반으로 하고 있지만, 주변의 모든 데이터는 아날로그 데이터이므로 아날로그 데이터를 읽고 쓸 수 있는 기능이 있어야만 주변 환경과 완전한 상호작용이 가능하다. 아두이노에 사용된 AVR 시리즈 마이크로컨트롤러에는 아날로그 데이터 입력을 위해 아날로그-디지털 변환기ADC가 포함되어 있지만, 아날로그 데이터 출력을 위한 디지털-아날로그 변환기DAC는 포함되어 있지 않으므로 아날로그 데이터를 직접 출력할 수는 없다. 하지만 다행인 점은 많은 주변장치가 디지털 데이터를 입력으로 받는다는 것이다. 대표적인 출력 장치인 모니터 역시 아날로그 데이터를 출력하지만, 모니터로 입력되는 데이터는 HDMIHigh Definition Multimedia Interface나 DVIDigital Visual Interface 등의 디지털 데이터다. 모니터 내부에는 DAC 역할을 하는 장치가 포함되어 있어 디지털 데이터를 받아 아날로그 데이터인 색상으로 변환하여 보여준다. 즉, 많은 경우 마이크로컨트롤러에서는 출력 장치로 디지털 데이터를 전달해 주면 된다. 하지만 아날로그 데이터를 출력하고 싶을 때도 있다. LED의 밝기를 변화시키는 경우, 모터의 속도를 변화시키는 경우 등이 아두이노와 함께 사용되는 대표적인 예에 해당하며, 이런 경우 아날로그 신호 대신 사용할 수 있는 것이 디지털 신호인 펄스 폭 변조PWM 신호다.

아두이노 우노에 사용된 ATmega328 마이크로컨트롤러에는 타이머/카운터를 사용하여 PWM 신호를 생성하는 전용 하드웨어가 포함되어 있으므로 analogWrite 함수를 통해 간단하게 PWM 신호를 출력할 수 있다. **잊지 말아야 할 것은 PWM 신호가 아날로그 신호와 비슷한 결과를 얻을 수 있지만 디지털 신호라는 점이다.** 이 장에서는 LED의 밝기 조절을 통해 PWM 신호의 사용 방법을 알아봤으며, PWM 신호를 사용하여 모터의 회전 속도를 조절하는 방법은 45장 'DC 모터'에서 다룬다.

1 아두이노 우노에 사용된 AVR 시리즈 마이크로컨트롤러에는 타이머/카운터를 통해 PWM 신호를 생성하는 전용 하드웨어가 포함되어 있다. 카운터는 펄스의 수를 세는 장치로, CPU의 클록을 세는 역할을 한다. 타이머는 시간을 측정하는 장치로, 카운터에서 세는 CPU 클록이 일정한 주기를 가지므로 이를 바탕으로 시간을 측정할 수 있다. 타이머/카운터를 아두이노에서 직접 사용하는 경우는 찾아보기 어렵지만, 아두이노 함수와 라이브러리에서 사용된 경우는 어렵지 않게 찾아볼 수 있다. PWM 신호를 출력하는 `analogWrite` 함수를 포함하여 아두이노에서 타이머/카운터를 사용한 예를 찾아보자.

2 PWM 신호 출력이 가능한 5번과 6번 핀에 LED를 연결하고 A0 핀에 가변저항을 연결하자. 스케치 15.4를 참고하여 가변저항값을 2개 LED에 나누어 나타내는 스케치를 작성해 보자. 즉, 가변저항값이 0~512이면 6번 핀에 연결된 LED는 꺼져 있고 5번 핀에 연결된 LED만 밝기가 변하며, 512~1024이면 5번 핀에 연결된 LED는 완전히 켜져 있고 6번 핀에 연결된 LED만 밝기가 변하는 식이다.

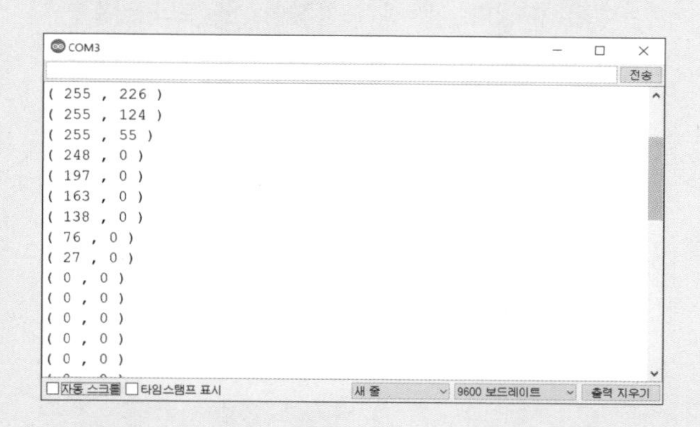

3 9번, 10번, 11번 핀에 LED를 연결하고 PWM 신호를 사용하여 LED의 밝기가 주기적으로 변하는 스케치를 작성해 보자. 9번 핀에 연결된 LED는 0% 밝기에서 100% 밝기로 서서히 밝아지고 100% 밝기 이후에는 0%로 돌아간다. 다른 두 LED의 밝기 변화도 9번 핀 LED의 밝기 변화와 같지만 10번 핀의 LED는 35%, 11번 핀의 LED는 70% 밝기에서 시작하게 한다.

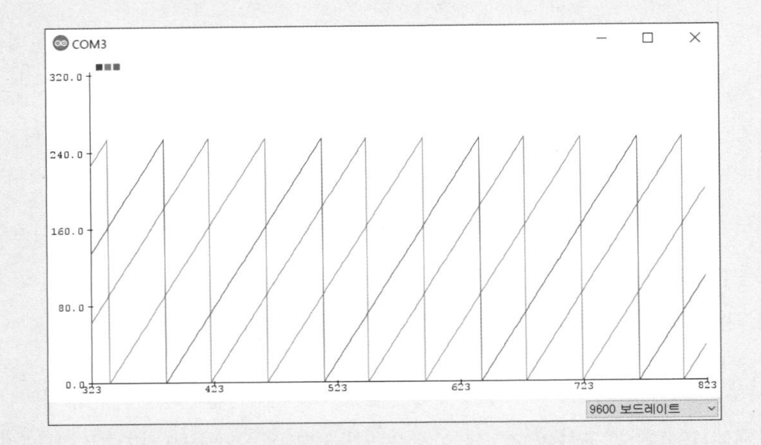

4 아날로그 신호를 디지털로 표현하는 방법에는 PAM_{Pulse Amplitude Modulation}과 PWM Pulse Width Modulation 이외에도 PPM Pulse Position Modulation 방식이 흔히 사용된다. PPM 방식은 한 주기 내에서 펄스의 위치로 값을 표현하는 방식으로, 항상 같은 크기의 펄스가 한 주기 내에 하나씩 나타나는 특징이 있다. 이들을 포함하여 아날로그 신호를 디지털로 표현하는 방법을 알아보고, 각각의 장단점을 비교해 보자.

CHAPTER

16

아두이노 라이브러리

아두이노에서 스케치를 쉽게 작성할 수 있는 것은 아두이노 함수와 아두이노 라이브러리가 있어 가능하다. 이 중 아두이노 함수가 마이크로컨트롤러의 기본 기능을 추상화한 것이라면, 아두이노 라이브러리는 아두이노 함수를 사용하여 마이크로컨트롤러의 특정 기능이나 주변장치 제어 기능 등을 클래스를 사용하여 추상화한 것이다. 이 장에서는 아두이노 라이브러리의 구조와 사용 방법을 알아본다.

이 장에서 사용할 부품

아두이노 우노 × 1 ➡ 라이브러리 사용 테스트

함수 중심의 언어인 C에서는 코드의 재사용을 증가시키기 위해 자주 사용되는 함수들을 기능에 따라 묶어 함수 라이브러리로 제공한다면, 객체지향 언어인 C++에서는 연관된 클래스를 묶어 클래스 라이브러리로 제공한다. 아두이노 역시 C/C++ 언어를 사용하여 스케치를 작성하며, 마이크로컨트롤러에 필요한 기능을 클래스를 사용하여 구현한 다양한 라이브러리를 찾아볼 수 있다. 아두이노의 라이브러리는 오픈 소스 정책에 힘입어 그 종류가 증가하고 있으며, 아두이노에서 사용할 수 있는 거의 모든 기능에 대한 라이브러리를 찾아볼 수 있다고 해도 과언이 아니다. 따라서 아두이노에 사용된 마이크로컨트롤러의 기능 중에서 아두이노 함수로 제공하지 않는 기능이 있거나 아두이노와 함께 사용하고자 하는 주변장치가 있다면 먼저 아두이노 라이브러리를 검색해 보는 것이 해결 방법을 찾을 수 있는 가장 빠른 길이 될 것이다.

16.1 기본 라이브러리

아두이노의 라이브러리는 아두이노에서 제공하는 기본 라이브러리와 자발적인 참여자들에 의해 만들어지고 무료로 내려받아 사용할 수 있는 확장 라이브러리로 나눌 수 있다. 이 중 기본 라이브러리는 아두이노에서 제공하는 공식 라이브러리로, 헤더 파일을 포함하지 않고 사용할 수 있는 라이브러리와 헤더 파일을 포함해야 사용할 수 있는 라이브러리로 다시 나눌 수 있다. 헤더 파일을 포함하지 않고 사용할 수 있는 라이브러리에는 8장 '아두이노 기본 클래스'에서 살펴본 UART 통신을 담당하는 시리얼 라이브러리와 문자열을 다루는 문자열 라이브러리가 포함된다. 이들 라이브러리는 헤더 파일을 포함하지 않고도 사용할 수 있어 아두이노를 위한 C/C++ 언어의 일부로 여겨지기도 한다. 하지만 헤더 파일을 포함하지 않고 사용할 수 있는 클래스는 없다. **Serial과 String 클래스를 위한 헤더 파일은 main 함수와 마찬가지로 스케치에 자동으로 포함된다.** 그만큼 Serial과 String 클래스는 대부분의 스케치에서 사용한다는 의미이기도 하다.

아두이노에서 제공하는 다른 라이브러리를 사용하기 위해서는 해당 헤더 파일을 포함해야 한다. 예를 들어 텍스트 LCD를 사용하기 위해서는 LiquidCrystal.h를 포함해야 하고, 마이크로컨트롤러 내부의 EEPROM을 사용하기 위해서는 EEPROM.h를 포함해야 한다. 아두이노 프로그램과 함께 제공되는 기본 라이브러리에는 어떤 것들이 있을까? **기본 라이브러리들은 아두이노 프로그램이 설치된 디렉터리 아래 'libraries' 디렉터리에서 찾아볼 수 있다.**

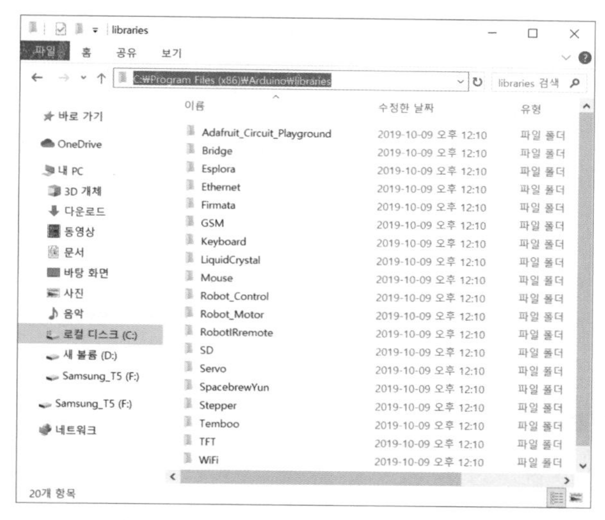

그림 16.1 아두이노 기본 라이브러리 디렉터리

아두이노의 스케치에서 사용할 수 있는 라이브러리는 아두이노 프로그램의 '스케치 → 라이브러리 포함하기' 메뉴에서 확인할 수 있다.

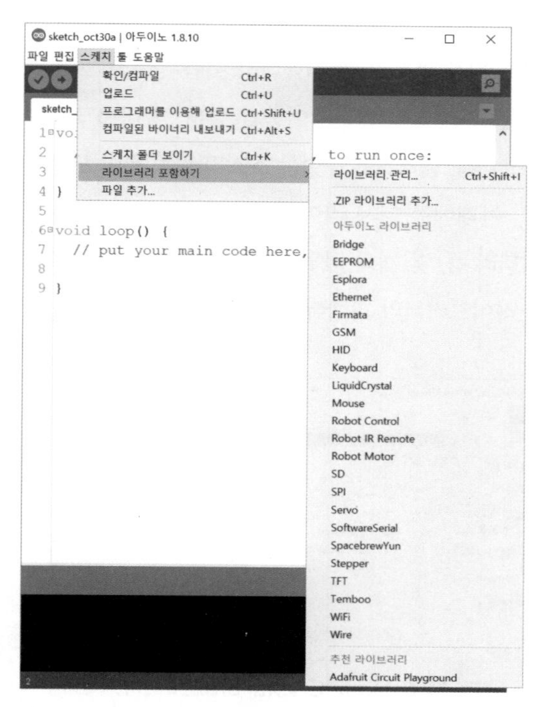

그림 16.2 아두이노 스케치에서 사용할 수 있는 라이브러리

하지만 그림 16.1과 그림 16.2를 비교해 보면 그림 16.1의 디렉터리 개수보다 그림 16.2의 메뉴 항목 개수가 더 많다는 사실을 알 수 있다. 이는 기본 라이브러리 중 일부가 다른 디렉터리에 저장되어 있기 때문이다. 아두이노가 설치된 디렉터리 아래 'hardware\arduino\avr\libraries' 디렉터리를 살펴보면 나머지 라이브러리에 해당하는 디렉터리를 찾을 수 있다. 이처럼 기본 라이브러리가 두 디렉터리에 나누어져 있는 이유는 아두이노 보드에 사용되는 마이크로컨트롤러의 종류가 다양해지면서 같은 라이브러리도 마이크로컨트롤러에 따라 다른 방식으로 구현해야 하는 경우가 있기 때문이다. 즉, **일부 라이브러리는 아두이노 보드별로 하나 이상의 구현이 제공되고 있다.**

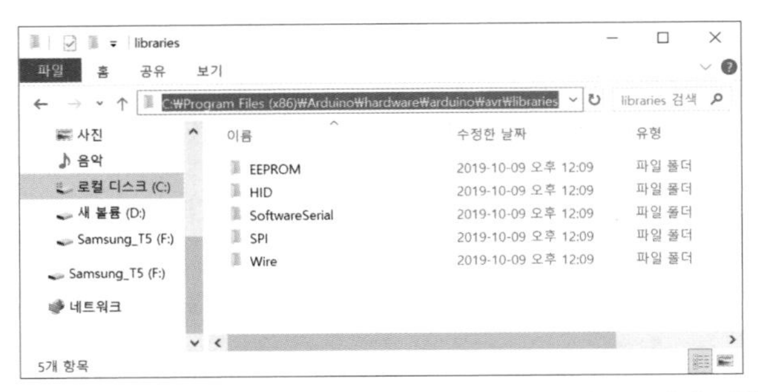

그림 16.3 아두이노 보드 종류에 따른 아두이노 기본 라이브러리 디렉터리

라이브러리는 디렉터리별로 저장된다. 이때 디렉터리 이름은 라이브러리 이름과 같고, 라이브러리에서 구현하는 클래스 이름 역시 라이브러리 이름과 같다. 따라서 **라이브러리가 설치된 디렉터리 이름, 라이브러리 이름, 클래스 이름, 클래스를 구현한 소스 파일 이름이 모두 같다**고 생각하면 된다*. 각각의 라이브러리 디렉터리 아래에는 다시 라이브러리 구현 파일이 위치하는 'src' 디렉터리, 예제가 위치하는 'examples' 디렉터리 등 몇 개의 하위 디렉터리가 존재한다. 그림 16.4는 텍스트 LCD 제어를 위한 LiquidCrystal 라이브러리의 디렉터리를 나타낸 것이다.

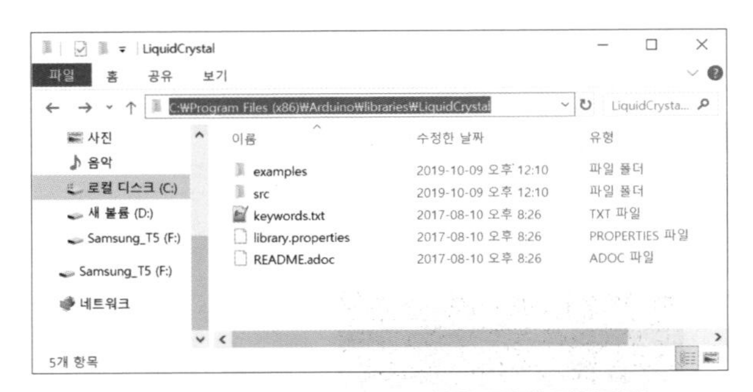

그림 16.4 LiquidCrystal 라이브러리 디렉터리

* 이 이름들이 항상 같은 것은 아니지만, 라이브러리 대부분이 하나의 클래스만을 구현하고 있고 하나의 클래스만 구현하는 경우에는 이 이름들이 같은 경우가 대부분이다.

'src' 디렉터리에는 해당 라이브러리를 구현한 헤더(*.h) 파일과 소스(*.cpp) 파일이 위치하며, 간단한 기능이라면 소스 파일 없이 헤더 파일만 존재하는 경우도 있다. 'examples' 디렉터리에는 스케치북에 저장되는 것과 같은 구조로 예제가 저장되어 있다.

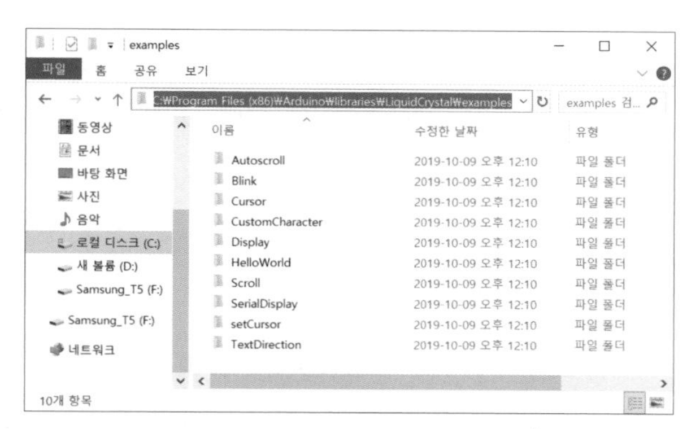

그림 16.5 LiquidCrystal 라이브러리의 예제 디렉터리

라이브러리에 포함된 예제들은 '파일 → 예제' 메뉴 아래에 라이브러리 이름과 예제 이름의 메뉴 항목으로 나타난다. 예를 들어, LiquidCrystal 라이브러리에 포함된 예제들은 '파일 → 예제 → LiquidCrystal' 메뉴 아래에서 확인할 수 있다.

어떤 라이브러리를 사용하고 싶다면 가장 먼저 스케치에서 해당 헤더 파일을 포함해야 한다. '스케치 → 라이브러리 포함하기' 메뉴에서 라이브러리 이름을 선택하면 필요한 헤더 파일을 포함하는 `#include` 문이 자동으로 스케치 시작 부분에 추가된다. 일부 라이브러리의 경우 라이브러리에 있는 헤더 파일을 모두 포함하지만, 실제로 모든 헤더 파일이 필요하지 않을 수 있으므로 필요한 헤더 파일을 `#include` 문으로 직접 포함하기도 한다.

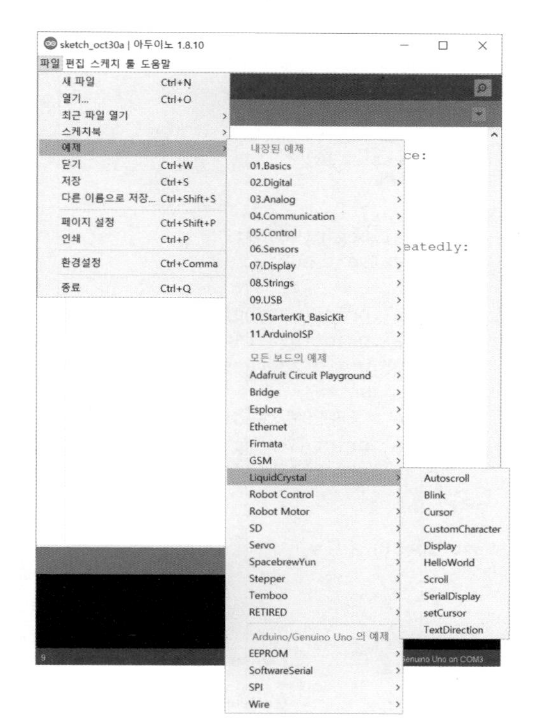

그림 16.6 LiquidCrystal 라이브러리의 예제 메뉴

기본 라이브러리 중 하나인 EEPROM 라이브러리를 사용해 보자. EEPROM에 대한 자세한 내용은 53장 '내부 EEPROM'을 참고하면 되고, 여기서는 라이브러리의 사용 방법을 중심으로 살펴보자. 아두이노 우노에 사용된 ATmega328 마이크로컨트롤러에는 1KB의 EEPROM이 포함되어 있으며, EEPROM에 데이터를 읽고 쓸 수 있게 해주는 라이브러리가 EEPROM 라이브러리다. 스케치 16.1은 EEPROM의 10번지에 100을 쓰고, 이를 다시 읽어 시리얼 모니터로 출력하는 예다. EEPROM 라이브러리 사용을 위한 `#include` 문은 '스케치 → 라이브러리 포함하기 → EEPROM' 메뉴 항목을 선택하여 추가하거나 직접 입력하면 된다.

```
#include <EEPROM.h>
```

스케치 16.1을 업로드하고 시리얼 모니터에서 EEPROM에 읽고 쓴 데이터를 확인해 보자. 기본 라이브러리를 사용하기 위해 `#include` 문을 사용해야 한다는 점을 제외하면 시리얼이나 문자열 라이브러리를 사용하는 것과 차이가 없다.

스케치 16.1 EEPROM 라이브러리 사용

```
#include <EEPROM.h>

int address = 10;                                   // EEPROM의 주소

void setup() {
    Serial.begin(9600);                             // 시리얼 통신 초기화
    int value = 100;                                // EEPROM에 기록할 값

    Serial.print(String("EEPROM의 ") + address + "번지에 ");
    Serial.println(String(value) + "의 값을 씁니다.");
    EEPROM.write(address, value);                   // EEPROM에 쓰기

    value = EEPROM.read(address);                   // EEPROM에서 읽기
    Serial.print(String("EEPROM의 ") + address + "번지에서 읽은 값은 ");
    Serial.println(String(value) + "입니다.");
}

void loop() {
}
```

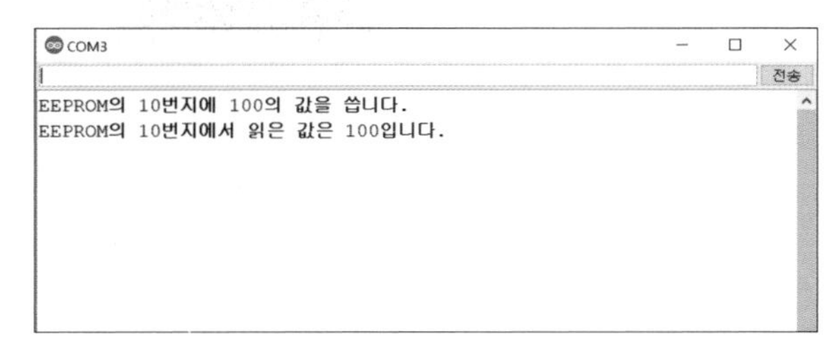

그림 16.7 스케치 16.1 실행 결과

라이브러리에 포함된 예제를 사용하는 것도 마찬가지다. EEPROM 내에 기록된 값을 순서대로 읽어 출력하는 예제를 열어 실행해 보자. '파일 → 예제 → EEPROM → eeprom_read' 메뉴 항목을 선택하면 EEPROM의 내용을 읽어 시리얼 모니터로 출력하는 예제가 새 창으로 열린다. 스케치를 업로드하고 시리얼 모니터를 열어 EEPROM의 내용이 바이트 단위로 출력되는 것을 확인해 보자.

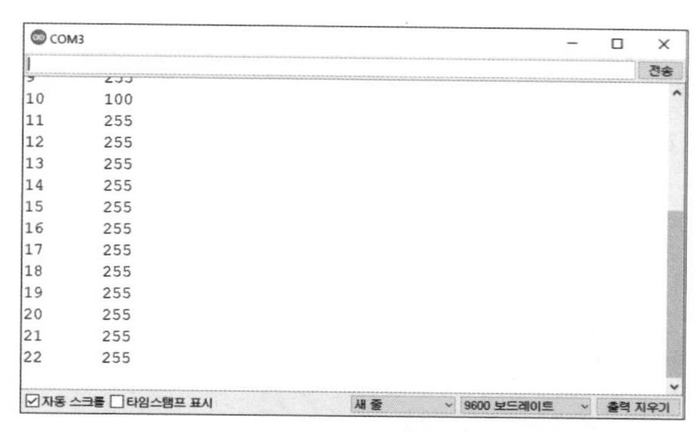

그림 16.8 eeprom_read 예제 실행 결과

스케치 16.1을 입력했거나 eeprom_read 예제를 열었을 때 주의해서 볼 점 중 하나는 키워드의 색이 다르게 표시된다는 점이다. 키워드의 색을 다르게 표시하면 코드를 읽기가 쉬울 뿐만 아니라 잘못된 입력을 쉽게 알아차릴 수 있는 등 여러 가지 장점이 있으며 이를 구문 채색syntax coloring, 키워드 강조keyword highlighting 등으로 부른다. **키워드는 라이브러리 디렉터리에 keywords.txt 파일로 정의할 수 있다.** EEPROM 라이브러리 디렉터리의 keywords.txt 파일을 열어보자.

keywords.txt 파일

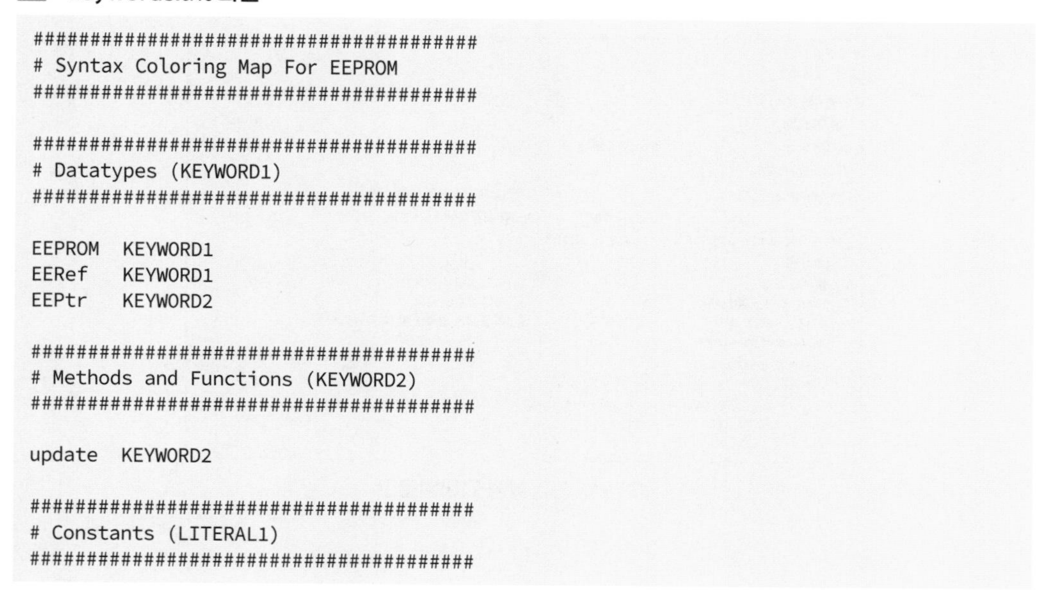

```
#######################################
# Syntax Coloring Map For EEPROM
#######################################

#######################################
# Datatypes (KEYWORD1)
#######################################

EEPROM  KEYWORD1
EERef   KEYWORD1
EEPtr   KEYWORD2

#######################################
# Methods and Functions (KEYWORD2)
#######################################

update  KEYWORD2

#######################################
# Constants (LITERAL1)
#######################################
```

키워드 파일에는 키워드와 키워드가 속하는 그룹을 탭 문자로 분리하여 표시한다. **KEYWORD1 그룹에는 클래스 이름이나 데이터 타입 등이 주로 포함되고 KEYWORD2 그룹에는 함수, 멤버 함수 등이 포함되며 LITERAL1 그룹에는 상수 등이 포함된다.** 키워드를 추가하고 싶다면 keywords.txt 파일에 키워드와 그룹을 추가한 후 아두이노 프로그램을 다시 시작하면 된다.

앞의 EEPROM 예에서 볼 수 있듯이 어떤 라이브러리가 필요한지만 알고 있다면 라이브러리를 사용하는 것은 어렵지 않다. 라이브러리를 사용하는 것보다 어려운 것은 라이브러리를 설치하는 일이며, 정말 어려운 건 라이브러리를 작성하는 일이다. 라이브러리를 사용해 봤으니 라이브러리를 설치해 보자.

16.2 확장 라이브러리

확장 라이브러리는 아두이노에서 기본적으로 제공하지는 않지만, 자발적인 참여자들에 의해 만들어지고 배포되는 라이브러리를 말한다. 기본 라이브러리와의 가장 큰 차이는 설치되는 위치에 있다. **기본 라이브러리가 아두이노 설치 디렉터리 아래에 설치되어 있다면 확장 라이브러리는 스케치북 디렉터리 아래 'libraries' 디렉터리에 설치한다.** 스케치북 디렉터리는 '파일 → 환경설정' 메뉴 항목을 선택하거나 'Ctrl+,(comma)' 단축키를 눌러 환경설정 다이얼로그를 실행하면 확인할 수 있다.

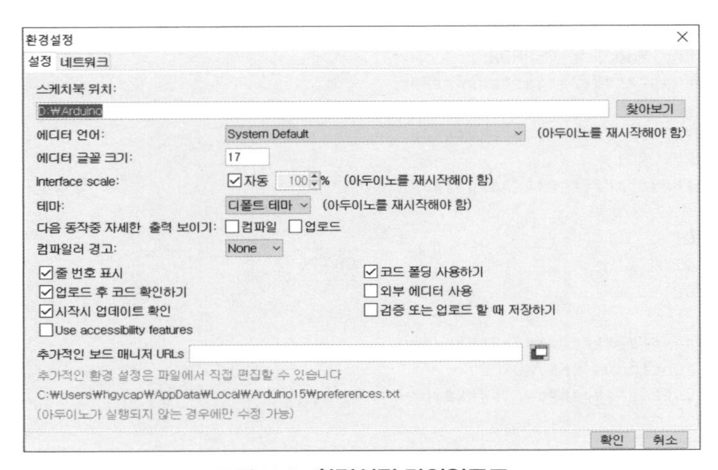

그림 16.9 환경설정 다이얼로그

라이브러리를 추가하는 방법은 세 가지가 있다. 첫 번째는 라이브러리 관리를 위한 라이브러리 매니저를 사용하는 방법으로, **라이브러리 매니저에서는 라이브러리를 검색하고 설치할 수 있는 기능을 제공한다.** '스케치 → 라이브러리 포함하기 → 라이브러리 관리...' 메뉴 항목이나 'Ctrl + Shift + I' 단축키를 눌러 라이브러리 매니저를 실행하고 'circular buffer'를 검색해 보자. 원형 버퍼는 고정된 크기의 버퍼 양 끝이 연결된 것처럼 사용할 수 있게 해주는 자료구조로, 큐의 동작인 FIFO First In First Out와 스택의 동작인 LIFO Last In First Out를 모두 사용할 수 있다. UART 통신에서 수신 데이터를 저장하기 위해서도 원형 버퍼를 사용하고 있다. 검색 결과에서 CircularBuffer 라이브러리를 선택하여 설치하자.

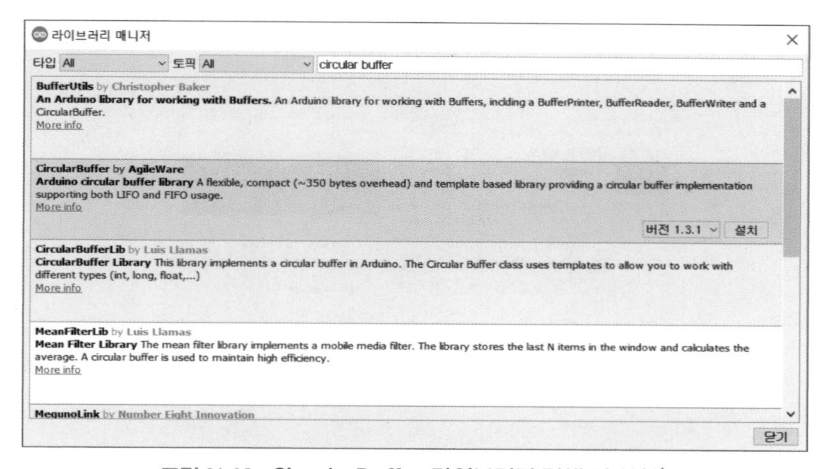

그림 16.10 CircularBuffer 라이브러리 검색 및 설치*

설치된 라이브러리는 스케치북 디렉터리 아래 'libraries' 디렉터리에 설치된다. 스케치북 디렉터리를 'D:\Arduino'라고 가정하면 원형 버퍼 라이브러리는 그림 16.11과 같이 'D:\Arduino\libraries\CircularBuffer' 디렉터리에 설치된다.

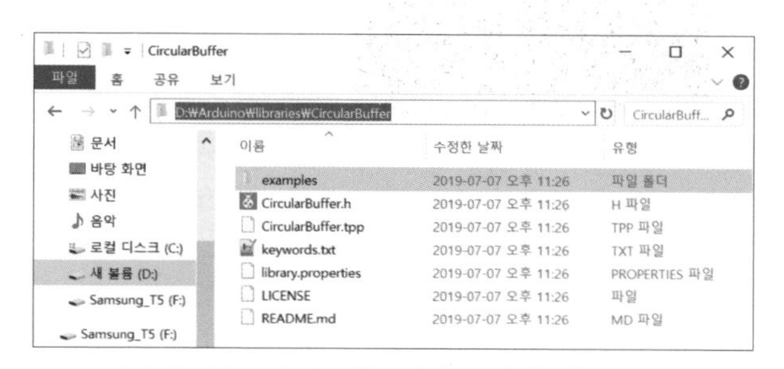

그림 16.11 CircularBuffer 라이브러리 설치 디렉터리

* https://github.com/rlogiacco/CircularBuffer

그림 16.11의 디렉터리 구조를 그림 16.4의 디렉터리 구조와 비교해 보면 한 가지 차이점을 볼 수 있다. 예제를 저장하는 'examples' 디렉터리는 그림 16.4와 같지만, 라이브러리 구현 파일이 별도의 'src' 디렉터리 없이 라이브러리 루트 디렉터리에 바로 저장되어 있다. 이처럼 **라이브러리에서 소스 파일을 저장하는 방식에는 src 디렉터리를 별도로 만들어 저장하는 방식과 라이브러리 루트 디렉터리에 저장하는 두 가지 방식이 있으며, src 디렉터리에 저장하는 방식이 라이브러리를 작성하는 최신 표준이다.** 하지만 최신 라이브러리 표준을 따르기 위해서는 라이브러리 속성을 저장하는 library.properties 파일을 반드시 작성해야 한다. 라이브러리 속성 파일을 작성하면 소스 파일은 src 디렉터리나 라이브러리 루트 디렉터리 모두에 올 수 있지만, 속성 파일을 작성하지 않으면 소스 파일은 라이브러리 루트 디렉터리에만 올 수 있다. 라이브러리 설치가 완료되면 '스케치 → 라이브러리 포함하기' 메뉴 아래에 'CircularBuffer' 메뉴 항목이 추가된 것을 확인할 수 있다.

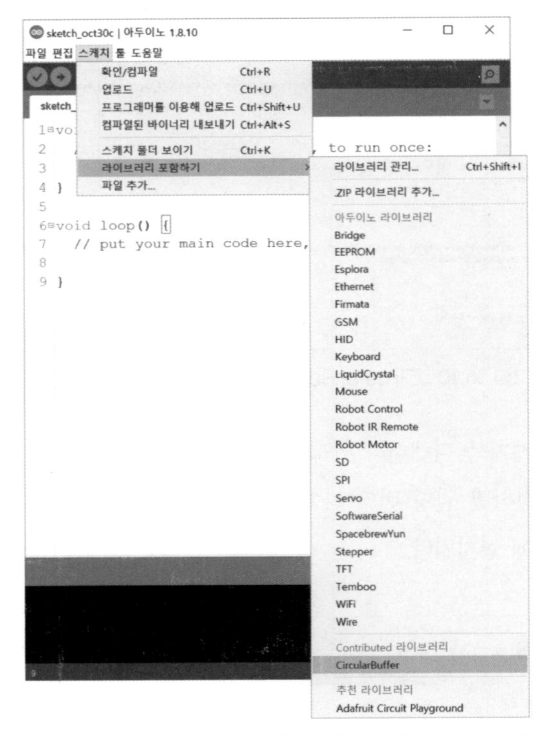

그림 16.12 CircularBuffer 라이브러리 포함하기 메뉴 추가

CircularBuffer 라이브러리 디렉터리 아래 'examples' 디렉터리에는 디렉터리별로 예제 파일이 저장되어 있으며, 이들 예제는 '파일 → 예제 → CircularBuffer' 아래 메뉴 항목으로 확인할 수 있다.

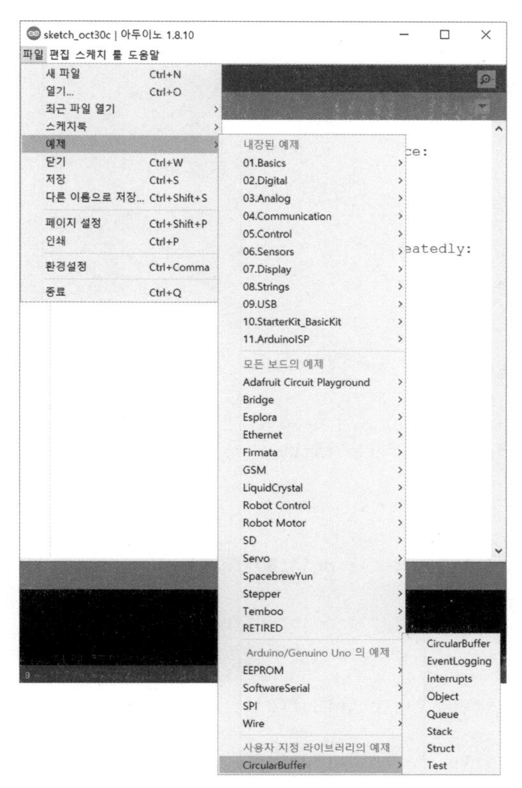

그림 16.13 CircularBuffer 라이브러리 예제 메뉴 추가

`CircularBuffer` 클래스는 버퍼의 시작(head 또는 first)과 끝(tail 또는 last)에 요소를 추가하거나 제거할 수 있는 함수를 제공하고 있다.

표 16.1 CircularBuffer 클래스 동작을 위한 기본 함수

위치 \ 동작	요소 추가	요소 제거
버퍼 시작(first 또는 head)	unshift	shift
버퍼 끝(last 또는 tail)	push	pop

스케치 16.2는 CircularBuffer 라이브러리의 기본적인 사용 방법을 보여주는 예다.

스케치 16.2 CircularBuffer 라이브러리 사용

```
#include <CircularBuffer.h>

CircularBuffer<char, 5> buffer;                    // char 형 5개 저장 가능한 버퍼

void setup() {
    Serial.begin(9600);                            // 시리얼 통신 초기화

    for (int i = 0; i < 4; i++) {                  // 4개 데이터 버퍼에 저장
        buffer.push('A' + i);
    }
    Serial.print("초기 상태\t\t: ");
    printBuffer();
    Serial.println(String(" first 또는 head\t: ") + buffer.first());
    Serial.println(String(" last 또는 tail\t: ") + buffer.last());
    Serial.println();

    buffer.push('X');                              // push: last/tail에 추가
    Serial.print("push('\X\')\t: "); printBuffer();
    buffer.push('Y');                              // push: last/tail에 추가
    Serial.print("push('\Y\')\t: "); printBuffer();

    buffer.pop();                                  // pop: last/tail에서 제거
    Serial.print("pop()\t\t: "); printBuffer();
    buffer.pop();                                  // pop: last/tail에서 제거
    Serial.print("pop()\t\t: "); printBuffer();

    buffer.unshift('Z');                           // unshift: first/head에 추가
    Serial.print("unshift('\Z\')\t: "); printBuffer();

    buffer.shift();                                // shift: first/head에서 제거
    Serial.print("shift()\t\t: "); printBuffer();

    buffer.clear();                                // clear: 모든 데이터 제거
    Serial.print("clear()\t\t: "); printBuffer();
}

void loop() {
}

void printBuffer() {
    Serial.print("[");
    if (!buffer.isEmpty()) {
        for (decltype(buffer)::index_t i = 0; i < buffer.size() - 1; i++) {
            Serial.print(buffer[i] + String(","));
        }
        Serial.print(buffer[buffer.size() - 1]);
    }
    Serial.println("]");
}
```

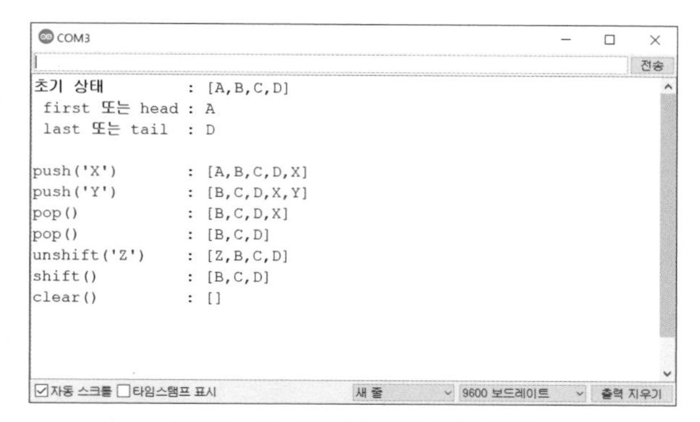

그림 16.14 스케치 16.2 실행 결과

CircularBuffer 라이브러리를 다른 방법으로 설치하기 위해, 먼저 설치된 CircularBuffer 라이브러리를 제거하자. 라이브러리를 제거하기 위해서는 라이브러리가 설치된 디렉터리 전체를 삭제하면 된다. 다만 라이브러리를 삭제한 이후에는 아두이노 프로그램을 다시 시작하는 것이 좋다.

라이브러리를 설치하는 두 번째 방법은 라이브러리 압축 파일을 내려받아 설치하는 것이다. 라이브러리 홈페이지에서 라이브러리의 압축 파일을 내려받는다. 홈페이지 우측 부분의 녹색 'Code' 버튼을 누른 후 'Download ZIP'을 클릭하면 압축 파일을 내려받을 수 있다.

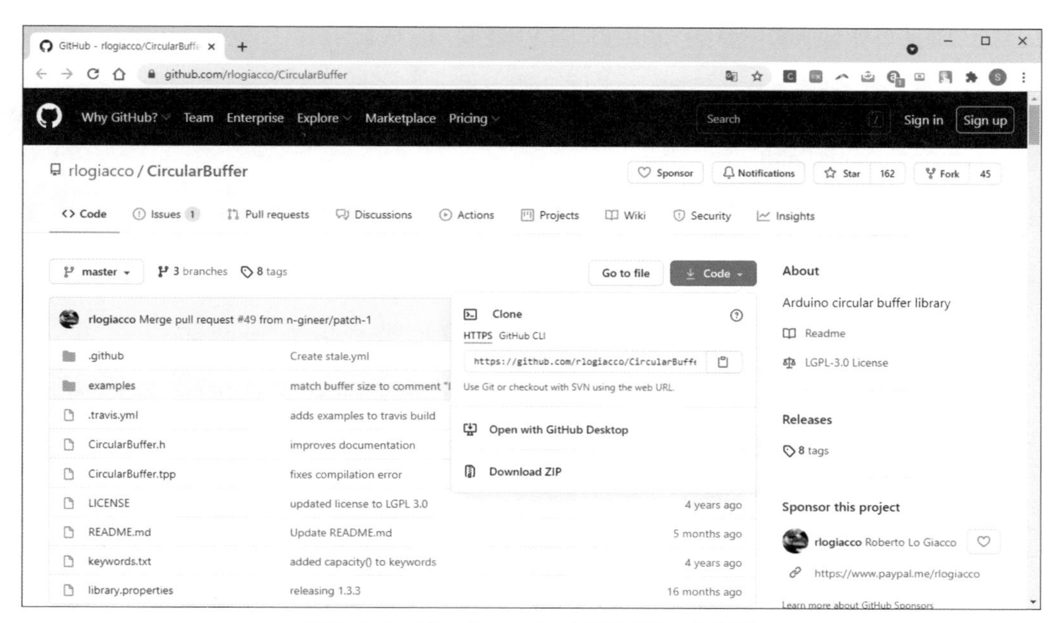

그림 16.15 CircularBuffer 라이브러리 페이지*

* https://github.com/rlogiacco/CircularBuffer

'스케치 → 라이브러리 포함하기 → .ZIP 라이브러리 추가...' 메뉴 항목을 선택하여 **라이브러리 추가 다이얼로그를 실행하고 내려받은 압축 파일을 선택하면 라이브러리 설치는 끝난다.**

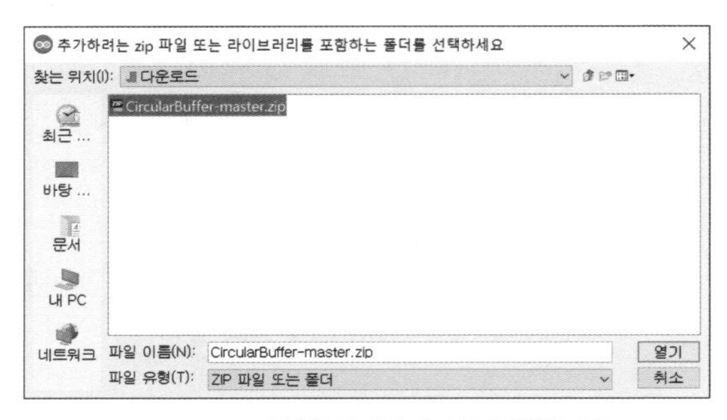

그림 16.16 라이브러리 추가 다이얼로그

라이브러리가 추가되면 스케치 16.2를 업로드하고 시리얼 모니터로 그림 16.14와 같은 결과가 나오는지 확인해 보자.

라이브러리를 설치하는 마지막 방법은 **라이브러리 파일을 스케치북 디렉터리 아래 libraries 디렉터리에 직접 압축을 해제하여 설치하는 방법**이다. 라이브러리를 직접 설치한 이후에는 그림 16.11과 같은 디렉터리 구조를 가져야 한다. **라이브러리를 직접 설치하는 경우에는 앞의 두 가지 방법과 달리 아두이노 프로그램을 다시 실행해야 설치된 라이브러리가 인식된다.** 표 16.2는 라이브러리를 설치하는 세 가지 방법을 비교한 것이다.

표 16.2 라이브러리 설치 방법

방법	메뉴	비고
라이브러리 매니저 사용	스케치 → 라이브러리 포함하기 → 라이브러리 관리	모든 라이브러리가 라이브러리 매니저에서 검색되지는 않는다.
.ZIP 라이브러리 추가 다이얼로그 사용	스케치 → 라이브러리 포함하기 → .ZIP 라이브러리 추가	먼저 라이브러리를 내려받아야 한다.
확장 라이브러리 디렉터리에 압축 해제	-	먼저 라이브러리를 내려받아야 하고, 압축 해제 후에는 아두이노 프로그램을 다시 시작해야 한다.

라이브러리 설치를 위해서는 라이브러리 매니저를 사용하는 방법이 간편하고도 흔히 사용되는 방법이다. 하지만 **모든 라이브러리가 라이브러리 매니저에서 검색되지는 않으므로 다른 설치 방법도 알고 있어야 한다.** 라이브러리 매니저에서 검색되지 않는 라이브러리도 대부분 압축 파일 형태로 제공되므로 라이브러리 추가 다이얼로그가 라이브러리 매니저를 대신할 수 있다. 직접 압축을 해제하는 방법은 이전 버전의 아두이노 프로그램에서 사용하던 방식으로 아두이노 프로그램을 다시 시작

해야 하는 불편함이 있어 지금은 거의 사용하지 않는다. 하지만 라이브러리를 직접 작성하는 경우에는 확장 라이브러리 디렉터리에 직접 파일을 복사해야 한다.

16.3 블링크 라이브러리 만들기

스케치 16.3은 setup 함수에서 13번 핀에 연결된 LED를 0.5초 간격으로 점멸하도록 설정하고, loop 함수에서 update 함수를 통해 LED 점멸 시간을 확인하고 지정한 시간 간격을 초과한 경우 LED의 상태를 반전시키는 예다. 점멸 시간을 확인하기 위해 스케치 16.3에서는 millis 함수를 사용했다.

■ millis

```
unsigned long millis()
  - 매개변수: 없음
  - 반환값: 스케치 실행이 시작된 이후의 밀리초 단위 경과 시간
```

스케치 실행이 시작된 이후의 시간을 밀리초 단위로 반환한다.

LED 점멸을 위해서는 delay 함수가 흔히 사용되지만, delay 함수는 지정한 시간 동안 스케치 실행이 일시 중지되므로 다른 모든 작업 역시 중지된다. 반면, millis 함수는 마이크로컨트롤러가 시작된 이후의 시간을 밀리초 단위로 반환하는 함수로, 스케치 실행이 중지되지 않으므로 여러 가지 작업을 동시에 진행해야 하는 경우 흔히 사용된다. millis 함수에 대한 자세한 사용 방법은 17장 '멀티 태스킹 – 다중 작업 처리 구조'를 참고하면 된다.

</> 스케치 16.3 millis 함수를 이용한 블링크

```
unsigned long blink_previous;                               // 이전 점멸 시간
boolean blink_state;                                        // 현재 LED 상태
int blink_pin;                                              // LED 연결 핀
int blink_interval;                                         // LED 점멸 간격

void blink_init(int pin, int interval, boolean state = false) {
    blink_pin = pin;
    blink_interval = interval;
    blink_state = state;                                    // 디폴트값은 꺼진 상태
    blink_previous = millis();
```

```
    pinMode(blink_pin, OUTPUT);                     // LED 연결 핀 출력으로 설정
    digitalWrite(blink_pin, blink_state);           // LED에 초기 상태 출력
}

void blink_update() {
    unsigned long blink_current = millis();         // 현재 시간

    // LED를 반전시켜야 하는 경우
    if (blink_current - blink_previous >= blink_interval) {
        blink_previous = blink_current;             // 마지막 반전 시간 갱신
        blink_state = !blink_state;                 // LED 상태 반전
        digitalWrite(blink_pin, blink_state);       // 현재 LED 상태 출력
    }
}

void setup() {
    blink_init(13, 500);                            // LED 상태 초기화
}

void loop() {
    blink_update();                                 // LED 상태 갱신
}
```

스케치 16.3에서 LED 상태를 초기화하고 LED 상태를 바꾸는 함수를 BlinkLED 라이브러리로 만들어 임의의 핀에 연결된 LED를 임의의 시간 간격으로 점멸할 수 있게 해보자. 스케치 16.4는 BlinkLED 클래스를 정의하는 헤더 파일이다. **INO 확장자를 갖는 스케치 파일의 경우 컴파일 시에 기본적인 헤더 파일이 자동으로 추가되지만, C, CPP, H 등의 확장자를 갖는 파일에는 헤더 파일이 자동으로 추가되지 않으므로 Arduino.h 파일을 포함해야 한다.** 또한 헤더 파일을 여러 번 포함해 클래스가 중복해서 정의되는 것을 막기 위해 전처리 명령(#indef, #define, #endif)을 사용했다. BlinkLED 클래스는 점멸 간격, LED의 현재 상태, LED 연결 핀 등을 저장하기 위한 멤버 변수를 갖고 있으며, 초기화와 LED 상태 업데이트를 위한 멤버 함수도 갖고 있다.

스케치 16.4 BlinkLED.h

```
#include "Arduino.h"

#ifndef _BLINK_LED
#define _BLINK_LED

class BlinkLED {
private:
    unsigned long previous;                  // 이전 점멸 시간
    boolean state;                           // 현재 LED 상태
    int pin;                                 // LED 연결 핀
    int interval;                            // LED 점멸 간격

public:
    void init(int _pin, int _interval, boolean _state = false);
    void update();
```

```
};

#endif
```

스케치 16.5는 BlinkLED.cpp 파일로, BlinkLED 클래스의 멤버 함수를 정의한 파일이다. 멤버 함수의 내용은 스케치 16.3의 함수들을 그대로 사용했다.

스케치 16.5 BlinkLED.cpp

```
#include "BlinkLED.h"

void BlinkLED::init(int _pin, int _interval, boolean _state = false) {
    pin = _pin;
    interval = _interval;
    state = _state;
    previous = millis();

    pinMode(pin, OUTPUT);                       // LED 연결 핀 출력으로 설정
    digitalWrite(pin, state);                   // LED에 초기 상태 출력
}

void BlinkLED::update() {
    unsigned long current = millis();           // 현재 시간

    // LED를 반전시켜야 하는 경우
    if (current - previous >= interval) {
        previous = current;                     // 마지막 반전 시간 갱신
        state = !state;                         // LED 상태 반전
        digitalWrite(pin, state);               // 현재 LED 상태 출력
    }
}
```

확장 라이브러리가 설치되는 디렉터리 아래에 라이브러리 이름(BlinkLED)으로 디렉터리를 만들고 라이브러리 구현 파일(스케치 16.4(BlinkLED.h)와 스케치 16.5(BlinkLED.cpp))을 복사해 넣으면 라이브러리 설치는 끝난다.

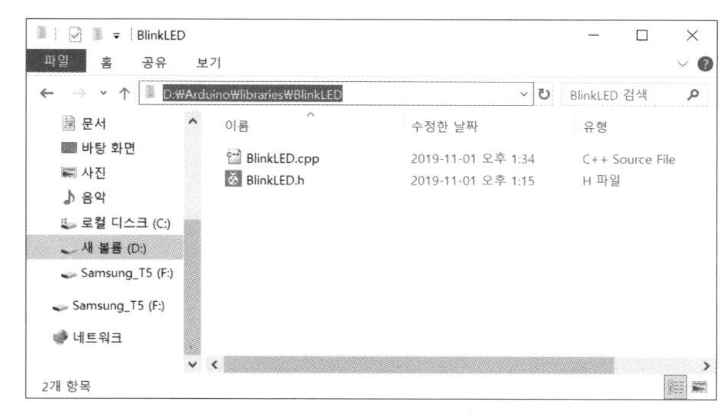

그림 16.17 BlinkLED 라이브러리 설치

아두이노 프로그램을 다시 시작하면 '스케치 → 라이브러리 포함하기' 메뉴 아래에 'BlinkLED' 메뉴 항목을 확인할 수 있을 것이다.

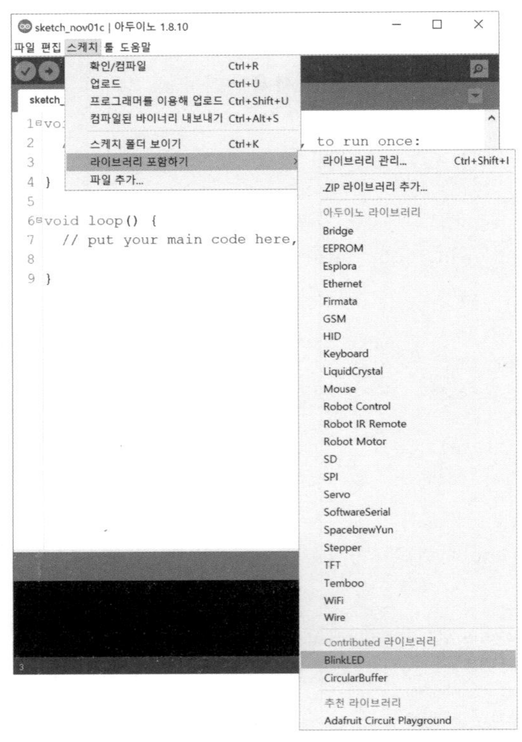

그림 16.18 BlinkLED 라이브러리 메뉴 항목 추가

스케치 16.6은 BlinkLED 라이브러리를 이용하여 13번 핀에 연결된 LED를 0.5초 간격으로 점멸하는 예다. 스케치 16.3과 비교하면 객체를 생성하는 방법과 setup 및 loop 함수에서 함수를 호출하는 방법이 다르지만, 기본적으로 같은 내용이다. 대신 라이브러리를 사용함으로써 구체적인 동작 방법은 숨겨져 있고 추상적인 함수 호출로 LED 점멸이 이루어지므로 쉽게 사용할 수 있다는 점에서 차이가 있다.

스케치 16.6 BlinkLED 라이브러리 사용

```
#include <BlinkLED.h>

BlinkLED blink;                          // BlinkLED 객체 생성

void setup() {
    blink.init(13, 500);                 // 13번 핀 LED를 0.5초 간격으로 점멸하도록 초기화
}
```

```
void loop() {
    blink.update();      // 13번 핀 LED 상태 갱신
}
```

LED를 점멸하는 간단한 기능이기는 하지만 BlinkLED 클래스를 사용하면 스케치의 길이를 짧게 할 수 있다는 점 그리고 일정 시간 간격으로 LED 점멸이 필요한 다른 스케치에서도 BlinkLED 클래스를 사용할 수 있다는 점이 라이브러리를 작성하여 사용하는 이유이자 장점이다.

16.4 맺는말

아두이노에서는 아두이노 함수와 기본 클래스 이외에 자주 사용되는 기능들을 클래스로 묶어 라이브러리로 제공하고 있다. 하지만 이보다 더 중요한 부분은 무료로 내려받아 사용할 수 있는 확장 라이브러리가 아닐까 싶다. 확장 라이브러리 중에는 이 장에서 살펴본 원형 버퍼와 같이 하드웨어와는 무관한 라이브러리도 존재하지만, 대부분은 마이크로컨트롤러의 특정 기능이나 마이크로컨트롤러와 함께 사용할 수 있는 주변장치와 관련된 것들이다. 즉, 확장 라이브러리가 늘어나고 있다는 것은 아두이노에 사용된 마이크로컨트롤러의 다양한 기능을 활용한다는 의미이며, 아두이노와 함께 사용할 수 있는 하드웨어가 늘어나고 있다는 뜻이다.

아두이노 생태계에서 이처럼 중요한 라이브러리이지만 직접 라이브러리를 만드는 일은 쉽지 않다. 라이브러리를 만들기 위해서는 하드웨어에 대한 이해는 물론 객체지향 기법 역시 이해하고 있어야 한다. 라이브러리를 사용할 수 있을 정도의 이해와 라이브러리를 만들 수 있을 정도의 이해는 그 차이가 큰 것이 사실이다. 지금은 라이브러리를 만들 수 없다고 실망할 필요는 없다. 아두이노는 라이브러리를 사용하는 사람들을 위한 플랫폼이므로 아마도 지금은 필요한 모든 기능을 기존 라이브러리에서 찾을 수 있을 것이다. 지금은 기존 라이브러리를 활용하는 것이 먼저다.

1 라이브러리 구현 파일을 라이브러리로 설치하지 않고 하나의 스케치에서만 사용하는 방법도 있다. 스케치 16.6을 입력하고 'TestBlinkLED'라는 이름으로 저장하자. '스케치 → 파일 추가...' 메뉴 항목을 선택하여 BlinkLED.cpp와 BlinkLED.h 파일을 선택하면 아두이노 프로그램에 3개의 탭이 만들어지고 3개의 파일이 'TestBlinkLED' 디렉터리 아래 저장된다. 스케치를 업로드하여 LED가 0.5초 간격으로 점멸하는지 확인해 보자. 이때 헤더 파일을 포함하는 방법은 꺾쇠 괄호(<>)에서 따옴표("")로 바꾸어야 한다.

2 12번과 13번 핀에 LED를 연결하자. 스케치 16.6을 참고하여 13번 핀에 연결된 LED는 1초 간격으로 점멸하고, 12번 핀에 연결된 LED는 0.5초 간격으로 점멸하는 스케치를 BlinkLED 라이브러리를 사용하여 작성해 보자.

CHAPTER

17

멀티 태스킹: 다중 작업 처리 구조

낮은 사양의 마이크로컨트롤러를 사용하는 아두이노는 여러 가지 작업을 동시에 진행하는 데 한계가 있다. 하지만 마이크로컨트롤러에서 처리하는 작업은 적은 연산을 짧은 시간 동안만 수행하는 경우가 많으며, 이런 작업은 제한적이지만 여러 가지를 동시에 진행할 수 있다. 이 장에서는 아두이노에서 여러 가지 작업을 동시에 처리하는 방법들을 알아본다.

이 장에서 사용할 부품

- 아두이노 우노 × 1 ➡ 멀티 태스킹 테스트
- LED × 2 ➡ 디지털 데이터 출력
- 220Ω 저항 × 2 ➡ LED 보호
- 푸시 버튼 × 1 ➡ 디지털 데이터 입력
- 1kΩ 저항 × 1 ➡ 푸시 버튼 풀다운 저항

17.1 다중 작업의 처리 구조

마이크로컨트롤러에서 처리할 수 있는 데이터에는 직접 처리할 수 있는 디지털 데이터와 변환 과정을 거쳐 처리할 수 있는 아날로그 데이터가 있다. 이들 데이터의 처리를 통해 마이크로컨트롤러는 주변 환경과 상호 작용하게 된다. 주변 환경과 상호 작용하는 과정에서 어려운 점 중 하나는 마이크로컨트롤러가 처리해야 하는 작업이 2개 이상일 수 있다는 점이다. 하나의 작업만 처리하는 경우 마이크로컨트롤러를 위한 프로그램을 작성하는 것은 그리 복잡하거나 어렵지 않지만, 운영체제의 도움을 받을 수 없는 마이크로컨트롤러에서 2개 이상의 작업을 동시에 진행하기는 쉽지 않다. 다행히 마이크로컨트롤러에서 처리하는 작업은 데스크톱 컴퓨터에서 처리하는 작업과 같이 많은 연산을 긴 시간 동안 수행하는 경우는 흔하지 않다. **마이크로컨트롤러에서 처리하는 작업은 적은 연산을 짧은 시간 동안만 수행하고 이러한 동작을 반복하는 경우가 대부분이다.** 1초 간격으로 LED를 점멸하는 문제, 버튼을 눌렀을 때만 LED의 상태를 반전시키는 문제 등이 그 예에 속한다. 블링크 문제에서 1초에 한 번 LED 상태를 바꾸는 데 0.1초의 시간이 필요하다고 가정하면 나머지 0.9초의 시간 동안은 무엇을 해야 할까? 아두이노에서 제공하는 블링크 예제의 경우 0.9초 동안은 아무런 동작도 하지 않고 다음번 LED 점멸 시간이 되기를 기다리고 있다. 하나의 작업만 처리하는 경우라면 이런 구성에 아무런 문제가 없다. 하지만 LED를 1초 간격으로 점멸하는 작업이 진행되면서 시리얼 통신으로 정수를 수신하여 이를 더하는 작업 역시 진행되어야 한다면 다음번 LED 점멸 시간을 기다리고 있는 것만으로는 부족하다. 두 작업이 동시에 진행되어야 한다면 각 작업을 처리해야 하는 시점, 즉 LED를 점멸해야 하는 시점과 정수를 수신한 시점을 알아내고 이 시점에서 해당 작업을 처리하는 구조가 필요하다.

두 작업을 동시에 진행하기 위한 구조가 새롭거나 복잡한 것은 아니지만 주의해야 할 점이 두 가지 있다. 첫째, **작업을 처리할 시점을 결정하는 검사는 가능한 한 자주 이루어져야 한다.** 1초 경과를 검사하는 과정이 2초에 한 번 이루어진다면 LED 점멸은 제대로 이루어질 수 없는 것이 당연하다. 둘째, **실제 처리하는 작업 역시 가능한 한 빨리 끝나야 한다.** LED를 점멸하는 데 걸리는 시간이 2초라면 1초 경과를 검사하는 과정이 자주 이루어진다고 해도 아무런 의미가 없다. 그림 17.1의 구조에서 처리 시점을 결정하기 위해서는 `if` 문을 사용하며, 정확한 처리 시점을 결정하기 위해서는 스케치 실행이 시작된 이후의 실행 시간을 알려주는 `millis` 함수가 흔히 사용된다.

여러 가지 작업을 동시에 진행하는 방법에는 millis 함수를 사용하는 방법만 있는 것은 아니다. 그림 17.1과 같이 **소프트웨어적인 방법으로 작업의 처리 시점을 결정하는 방식을 폴링**polling **방식이라고 한다.** 폴링 방식과 비교되는 방법에 인터럽트interrupt 방식이 있다. **인터럽트 방식은 하드웨어에 의해 작업의 처리 시점이 결정된다.** 즉, 1초가 지났는지를 스케치에서 if 문을 사용해서 검사해야 하는 폴링 방식과는 다르게, 인터럽트 방식에서는 1초가 지났을 때 특정 함수를 호출하도록 설정하기만 하면 하드웨어에 의해 1초마다 자동으로 지정한 함수가 호출된다.

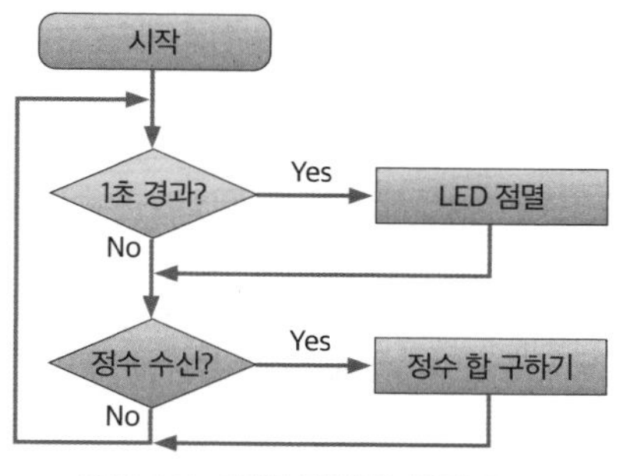

그림 17.1 다중 작업의 처리 구조

delay 함수는 일정한 시간 간격으로 특정 작업을 반복하기 위해 사용할 수 있는 함수로 아두이노의 블링크 예제에서도 사용하고 있다. 하지만 **여러 가지 작업을 동시에 진행하고자 한다면 delay 함수는 사용해서는 안 된다.** delay 함수는 작업 시작 시점을 판단하기 위한 검사가 자주 실행되는 것을 방해한다. 대신 **millis 함수나 인터럽트를 사용하는 방법이 여러 작업을 동시에 진행하기 위해 아두이노에서 주로 사용하는 방법이다.** 먼저 delay 함수의 한계를 살펴보고, 이를 해결하기 위한 millis 함수와 인터럽트 사용 방법을 알아보자.

17.2 delay 함수의 한계

delay 함수는 지정한 시간만큼 스케치 실행을 일시 중지하기 위해 사용할 수 있는 가장 간단한 방법이다.

■ delay

```
void delay(unsigned long ms)
  - 매개변수
      ms: 밀리초 단위의 지연 시간
  - 반환값: 없음
```

지정한 시간만큼 스케치 실행을 일시 중지한다. delay 함수에 사용되는 매개변수는 밀리초 단위의 지연 시간으로 unsigned long 타입을 갖는다. unsigned long 타입은 4바이트의 크기를 가지므로 지정할 수 있는 최대 지연 시간은 2^{32}밀리초로, 약 50일의 지연 시간을 지정할 수 있다. 밀리초보다 짧은 지연 시간이 필요한 경우 사용할 수 있는 함수에는 delayMicroseconds 함수가 있다.

■ delayMicroseconds

```
void delayMicroseconds(unsigned int us)
  - 매개변수
      us: 마이크로초 단위의 지연 시간
  - 반환값: 없음
```

delay 함수와 마찬가지로 지정한 시간만큼 스케치 실행을 일시 중지한다. delayMicroseconds 함수에 사용되는 매개변수는 마이크로초 단위의 지연 시간으로 unsigned int 타입을 가지므로 최대 2^{16}마이크로초, 약 65밀리초의 지연 시간을 지정할 수 있다.

블링크 스케치를 기억할 것이다. 블링크 스케치는 1초 간격으로 LED를 점멸하기 위해 delay 함수를 사용한다. 스케치 17.1은 블링크 스케치에 LED의 상태를 나타내는 변수를 추가하여 delay 함수를 하나만 사용하도록 수정한 것이다.

스케치 17.1 블링크

```
boolean state = false;                      // LED 상태

void setup() {
    pinMode(LED_BUILTIN, OUTPUT);           // LED 연결 핀을 출력으로 설정
}

void loop() {
    digitalWrite(LED_BUILTIN, state);       // LED 연결 핀으로 상태 출력
    state = !state;
    delay(1000);                            // 1초 대기
}
```

스케치 17.1로 LED를 1초 간격으로 점멸하는 데 아무런 문제가 없는 이유는 한 가지 작업만 진행되기 때문이다. LED를 하나 더 추가해서 두 가지 작업이 동시에 진행되게 해보자. 그림 17.2와 같이 12번 핀과 13번 핀에 LED를 연결하고 12번 핀의 LED는 0.5초 간격으로, 13번 핀의 LED는 1초 간격으로 점멸하도록 스케치를 작성해 보자.

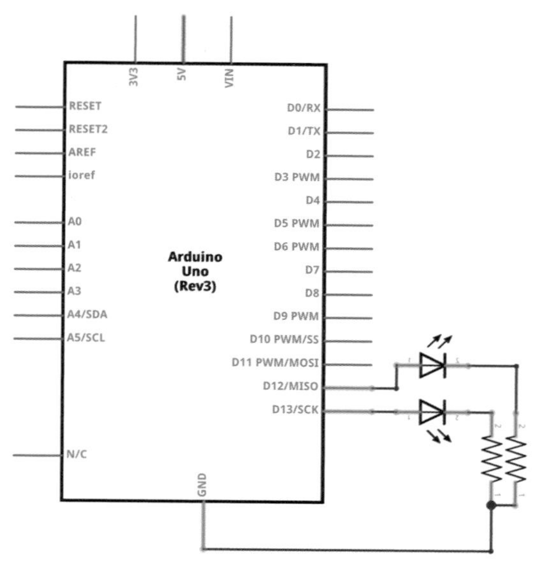

그림 17.2 LED 연결 회로도

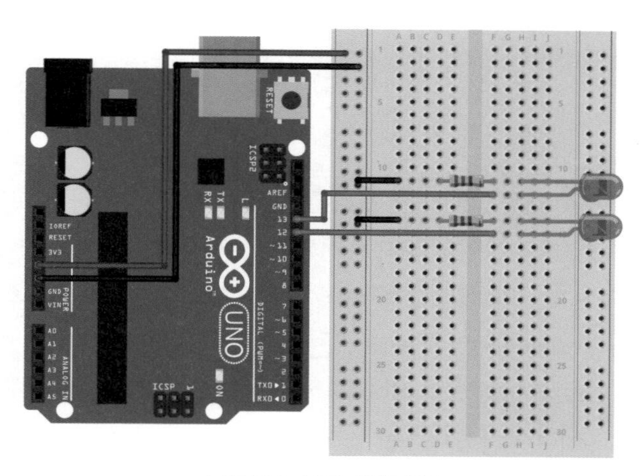

그림 17.3 LED 연결 회로

스케치 17.2는 13번 핀의 LED는 1초 간격으로, 12번 핀의 LED는 0.5초 간격으로 점멸하는 스케치를 `delay` 함수를 사용하여 구현한 예다.

스케치 17.2 점멸 간격이 다른 2개의 LED 블링크 – delay 함수

```
int LED1 = 13, LED2 = 12;                       // LED 연결 핀

void setup() {
    pinMode(LED1, OUTPUT);                      // LED 연결 핀을 출력으로 설정
    pinMode(LED2, OUTPUT);
}

void loop() {
    digitalWrite(LED1, LOW);
    digitalWrite(LED2, LOW);
    delay(500);

    digitalWrite(LED1, LOW);
    digitalWrite(LED2, HIGH);
    delay(500);

    digitalWrite(LED1, HIGH);
    digitalWrite(LED2, LOW);
    delay(500);

    digitalWrite(LED1, HIGH);
    digitalWrite(LED2, HIGH);
    delay(500);
}
```

스케치 17.2를 업로드하면 2개의 LED가 서로 다른 시간 간격으로 점멸하는 것을 확인할 수 있다. delay 함수를 사용해서 2개의 작업을 동시에 진행하는 데 문제가 없어 보이지만, 이는 두 LED의 점멸 간격이 2배 차이가 나기 때문에 가능한 것이다. 2개의 LED가 0.1초와 1초 간격으로 점멸하게 만들려면 어떻게 해야 할까? 긴 코드가 필요하긴 하겠지만 이 역시 가능은 하다. 하지만 0.3초와 1초 간격으로 점멸하는 경우는 어떨까? 긴 코드를 작성한다고 해도 쉽지는 않을 것이다. delay 함수는 간단하게 지연 시간을 설정할 수 있게 해주므로 주기적인 작업을 처리하기 위해 사용할 수 있다. 하지만 **delay 함수는 블링크와 같이 한 가지 작업을 진행하는 경우에만 사용할 수 있다.** 다른 예를 살펴보자. 그림 17.2의 회로에 풀다운 저항이 연결된 버튼을 2번 핀에 추가하자.

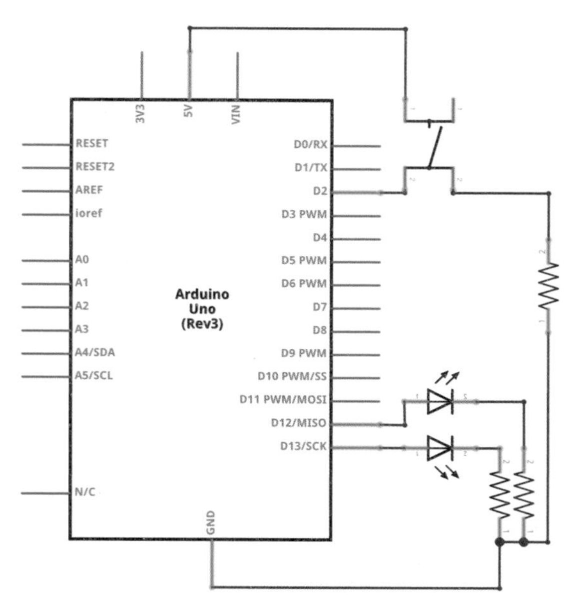

그림 17.4 LED와 버튼 연결 회로도

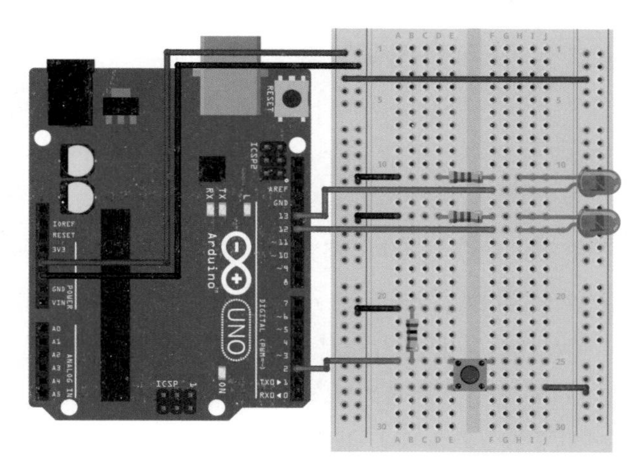

그림 17.5 LED와 버튼 연결 회로

13번 핀 LED는 1초 간격으로 점멸하고, 2번 핀에 연결된 버튼이 눌릴 때마다 12번 핀에 연결된 LED의 상태가 반전되는 스케치를 delay 함수를 사용하여 작성한 예가 스케치 17.3이다. 스케치 17.3을 업로드하고 버튼을 눌러 동작을 확인해 보자.

스케치 17.3 버튼과 LED 제어 – delay 함수

```
int LED1 = 13, LED2 = 12;                       // LED 연결 핀
int pin_button = 2;                             // 버튼 연결 핀
boolean state1 = false, state2 = false;         // LED 상태

void setup() {
    pinMode(LED1, OUTPUT);                      // LED 연결 핀을 출력으로 설정
    pinMode(LED2, OUTPUT);
    pinMode(pin_button, INPUT);                 // 버튼 연결 핀을 입력으로 설정
}

void loop() {
    digitalWrite(LED1, state1);                 // 13번 핀 LED 상태 표시
    delay(1000);                                // 1초 대기
    state1 = !state1;                           // 13번 핀 LED 상태 반전

    if (digitalRead(pin_button)) {              // 버튼이 눌린 경우
        state2 = !state2;                       // 12번 핀 LED 상태 반전
        digitalWrite(LED2, state2);             // 12번 핀 LED 상태 표시
    }
}
```

스케치 17.3을 업로드하면 13번 핀의 LED가 1초 간격으로 점멸하는 것을 확인할 수 있다. 하지만 2번 핀에 연결된 버튼을 누르면 버튼을 누를 때마다 12번 핀의 LED 상태가 바뀌지는 않는다. 무엇이 문제일까? 문제는 delay 함수에 있다. delay 함수는 스케치의 실행을 지정한 시간만큼 멈춘다. 그러므로 스케치 17.3에서 **delay 함수가 실행 중인 1초 동안에는 digitalRead 함수가 실행될 수 없어 버튼의 상태가 변한 것을 알 수 없고, 따라서 버튼을 눌러도 LED의 상태가 바뀌지 않는다***. 처리할 시점이 되었는지 검사하는 과정이 가능한 한 자주 이루어져야 한다는 점을 기억할 것이다. 하지만 delay 함수는 모든 작업을 중지시키기 때문에 지정한 시간 동안 처리할 시점이 되었는지를 검사할 수 없다. 이처럼 delay 함수는 여러 가지 작업이 동시에 진행되어야 하는 스케치에서는 사용해서는 안 되며, 여러 가지 작업을 동시에 진행하기 위해 delay 함수 대신 사용할 수 있는 것이 millis 함수다.

* 버튼이 눌린 것을 확인하기 위해서는 버튼이 눌리는 순간을 찾아내고, 디바운싱을 고려해야 하는 등 단순히 버튼이 눌린 것을 확인하는 것보다 많은 작업이 필요하다. 하지만 이들은 모두 버튼을 한 번 눌렀을 때 두 번 이상 눌린 것으로 인식되는 경우를 방지하기 위한 것으로, 버튼을 눌러도 눌린 것을 인식하지 못하는 것과는 반대되는 상황이다. 따라서 스케치 17.3에서는 버튼이 눌린 것만을 인식하도록 버튼 상태가 HIGH인지만 검사했다. 자세한 내용은 13장 '디지털 데이터 입력'을 참고하면 된다.

17.3 millis 함수

millis 함수는 현재 실행 중인 스케치가 시작된 이후의 경과 시간을 밀리초 단위로 반환하는 함수다.

■ millis

```
unsigned long millis()
  - 매개변수: 없음
  - 반환값: 스케치 실행이 시작된 이후의 밀리초 단위 경과 시간
```

스케치 실행이 시작된 이후의 시간을 밀리초 단위로 반환한다.

delay 함수를 사용한 블링크 스케치에서 대기 시간 1초 동안은 스케치가 일시 정지하므로 다른 작업을 진행할 수 없으며, 이것이 delay 함수의 가장 큰 단점이다. **millis 함수는 delay 함수와 같은 시간 지연 함수가 아니라 현재까지의 실행 시간을 반환하는 함수다.** delay 함수는 그 자체로 1초의 시간을 소비하면서 다른 작업이 진행될 수 없게 하지만, millis 함수는 실행 시간을 즉시 반환하므로 다른 작업의 진행을 방해하지 않는다.

스케치 17.1에서 loop 함수는 얼마나 자주 호출될까? 스케치 17.1에서 가장 많은 시간을 소비하는 것은 delay 함수로, 1초의 실행 시간을 가지므로 약 1초에 한 번 loop 함수가 호출된다. 스케치 17.4는 어떨까? 스케치 17.4는 delay 함수 없는 블링크 예제*에 1초 동안 loop 함수가 호출되는 횟수를 세는 변수를 추가한 것이다. 스케치 17.4를 업로드하고 실행 결과를 확인해 보자.

스케치 17.4 delay 함수 없는 블링크

```
const int ledPin =  LED_BUILTIN;                // LED 연결 핀
boolean ledState = LOW;                         // LED 상태
unsigned long count = 0;                        // loop 함수 실행 횟수

unsigned long time_previous = 0;                // LED를 반전시킨 시간
const long interval = 1000;                     // LED 점멸 간격

void setup() {
    Serial.begin(9600);                         // 시리얼 통신 초기화
```

* '파일 → 예제 → 02.Digital → BlinkWithoutDelay'

```
    pinMode(ledPin, OUTPUT);                    // LED 연결 핀을 출력으로 설정
}

void loop() {
    unsigned long time_current = millis(); // 현재까지의 실행 시간
    count++;                                    // loop 함수 실행 횟수 증가

    // LED를 반전시킨 이전 시간 이후 1초 이상 시간이 지난 경우
    if (time_current - time_previous >= interval) {
        time_previous = time_current;           // LED를 마지막으로 반전시킨 시간

        Serial.print("1초 동안 loop 함수는 ");
        Serial.println(String(count) + "번 실행되었습니다.");
        count = 0;                              // loop 함수 실행 횟수 초기화

        ledState = !ledState;                   // LED 상태 반전
        digitalWrite(ledPin, ledState);         // LED 상태 출력
    }
}
```

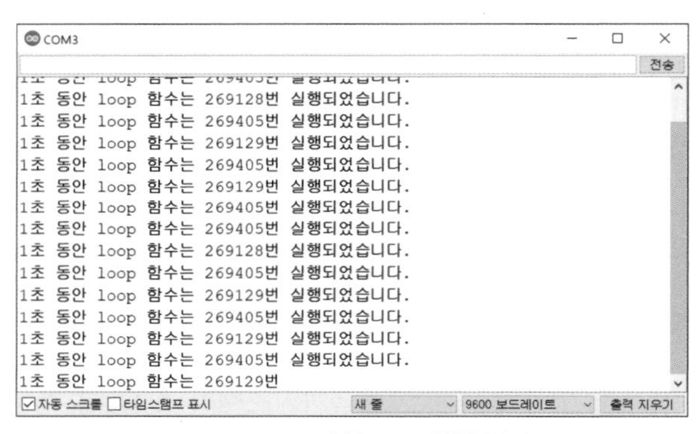

그림 17.6 스케치 17.4 실행 결과

`delay` 함수를 사용한 블링크 스케치는 1초에 한 번 `loop` 함수가 실행된다. 반면, 그림 17.6의 실행 결과에서 알 수 있듯이 **`millis` 함수를 사용한 블링크 스케치에서 `loop` 함수는 1초에 26만 번 이상 실행된다.** 이러한 차이는 `loop` 함수 내에 다른 동작을 위한 코드를 추가하는 경우 명확하게 나타난다.

스케치 17.5는 스케치 17.3을 `millis` 함수를 사용하여 수정한 예다. 스케치 17.5를 업로드하고 버튼을 눌러보자. 스케치 17.3의 경우 버튼을 눌러도 LED 상태가 바뀌지 않을 때가 있는 반면, 스케치 17.5는 버튼을 누를 때 LED 상태가 한 번 이상 바뀔 수는 있지만 버튼을 누르는 즉시 LED의 상태가 바뀌는 것은 확인할 수 있다. 스케치 17.3의 `loop` 함수 역시 1초에 한 번 실행된다. 반면 스케치 17.5는 스케치 17.4와 비교했을 때 버튼 상태를 검사하는 코드가 추가되어 실행되는 횟수가 줄기는 했지만 17만 번 이상 실행된다. 즉, 버튼이 눌린 상태를 1초에 17만 번 검사할 수 있다는 이야기다. 따라서 버튼을 눌렀을 때 즉시 버튼이 눌린 것을 알아낼 수 있다.

스케치 17.5 버튼과 LED 제어 – millis 함수

```
int LED1 = 13, LED2 = 12;                          // LED 연결 핀
int pin_button = 2;                                // 버튼 연결 핀
boolean state1 = false, state2 = false;            // LED 상태
unsigned long count = 0;                           // loop 함수 실행 횟수

unsigned long time_previous = 0;
const long interval = 1000;                        // LED 점멸 간격

void setup() {
    Serial.begin(9600);                            // 시리얼 통신 초기화

    pinMode(LED1, OUTPUT);                         // LED 연결 핀을 출력으로 설정
    pinMode(LED2, OUTPUT);
    pinMode(pin_button, INPUT);                    // 버튼 연결 핀을 입력으로 설정
}

void loop() {
    unsigned long time_current = millis();  // 현재까지의 실행 시간
    count++;                                       // loop 함수 실행 횟수 증가

    // LED를 반전시킨 이전 시간 이후 1초 이상 시간이 지난 경우
    if (time_current - time_previous >= 1000) {
        time_previous = time_current;
        state1 = !state1;                          // 13번 핀 LED 상태 반전
        digitalWrite(LED1, state1);                // 13번 핀 LED 상태 표시

        Serial.print("1초 동안 loop 함수는 ");
        Serial.println(String(count) + "번 실행되었습니다.");
        count = 0;                                 // loop 함수 실행 횟수 초기화
    }

    if (digitalRead(pin_button)) {                 // 버튼이 눌린 경우
        state2 = !state2;                          // 12번 핀 LED 상태 반전
        digitalWrite(LED2, state2);                // 12번 핀 LED 상태 표시
    }
}
```

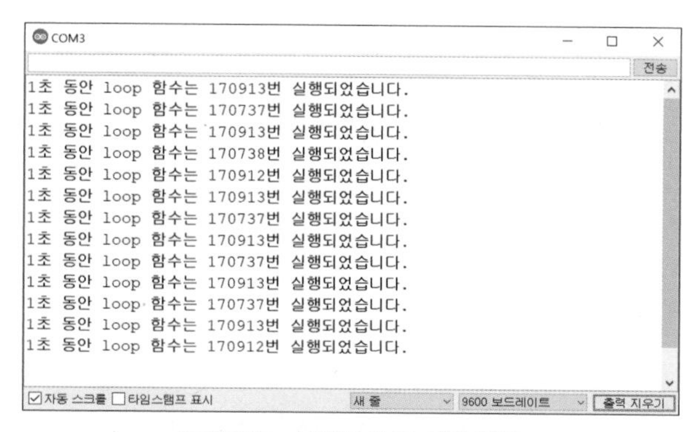

그림 17.7 스케치 17.5 실행 결과

이처럼 **millis 함수를 사용하면 두 가지 작업을 동시에 진행하기 위한 시점을 정확하게 결정하고 두 가지 작업이 동시에 진행되게 할 수 있다.** 스케치 17.5에서도 1초 간격으로 LED를 점멸하는 작업과 버튼의 상태를 검사하여 LED를 반전시키는 작업이 동시에 이루어지고 있다. 이것이 가능한 건 두 가지 작업의 진행 시점을 1초에 17만 번 이상 테스트할 수 있기 때문이기도 하지만, LED를 반전시키는 작업이 몇 클록 내에 끝낼 수 있는 간단한 작업이라는 점도 또 다른 이유임을 기억해야 한다.

스케치 17.2 역시 마찬가지다. 스케치 17.2에서 점멸 간격이 다른 두 LED의 점멸을 delay 함수를 사용하여 작성했지만, 임의의 점멸 간격에 적용하기는 쉽지 않다. 하지만 millis 함수를 사용하면 점멸 간격이 서로 다른 LED를 점멸하는 두 가지 작업을 어렵지 않게 동시에 진행할 수 있다. 스케치 17.6은 스케치 17.3을 millis 함수를 사용하여 수정한 예로, 스케치 17.3과 달리 LED의 점멸 간격을 나타내는 변숫값(INTERVAL1과 INTERVAL2)을 변경하기만 하면 다른 점멸 간격으로 LED를 점멸할 수가 있다.

스케치 17.6 점멸 간격이 다른 2개의 LED 블링크 – millis 함수

```
int LED1 = 13, LED2 = 12;                        // LED 연결 핀
boolean state1 = false, state2 = false;          // LED 상태
// 각 LED를 반전시킨 마지막 시간
unsigned long time_previous1 = 0, time_previous2 = 0;

int INTERVAL1 = 1000, INTERVAL2 = 500;           // LED 반전 시간 간격

void setup() {
    pinMode(LED1, OUTPUT);                       // LED 연결 핀을 출력으로 설정
    pinMode(LED2, OUTPUT);
}

void loop() {
    unsigned long time_current = millis();       // 현재까지의 실행 시간

    if (time_current - time_previous1 >= INTERVAL1) {
        time_previous1 = time_current;
        state1 = !state1;
        digitalWrite(LED1, state1);
    }

    if (time_current - time_previous2 >= INTERVAL2) {
        time_previous2 = time_current;
        state2 = !state2;
        digitalWrite(LED2, state2);
    }
}
```

millis 함수를 사용하면 두 가지 이상의 작업을 동시에 진행할 수 있다. 하지만 **millis 함수는 폴링 방식으로 사용해야 하므로 스케치 내에서 작업의 진행 시점을 매번 검사해야 하고, 따라서 코드가 복잡해진다는 단점은 있다.**

17.4 millis 함수를 사용한 다중 작업 처리 스케치 작성

다중 작업을 처리하는 스케치를 작성하는 방법은 여러 가지가 있지만, 아두이노에서 가장 많이 사용되는 방법은 `millis` 함수를 사용하는 것이다. `millis` 함수를 사용하여 다중 작업을 처리하도록 만든 스케치의 구조는 그림 17.1과 같다. 먼저 그림 17.1을 N개 작업을 동시에 처리하는 일반화된 구조로 나타내면 그림 17.8과 같이 나타낼 수 있다.

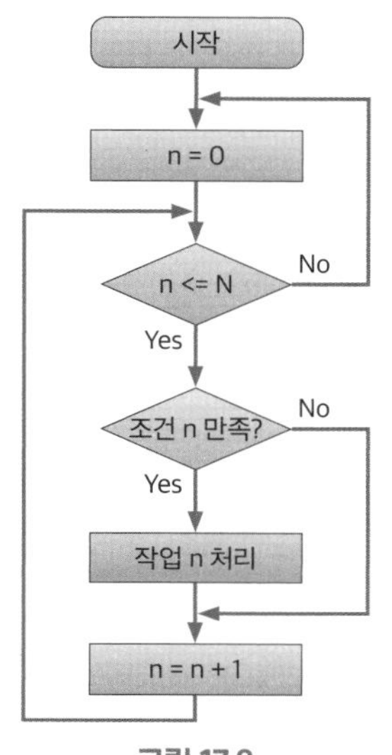

그림 17.8
N개 작업의 동시 처리 구조

그림 17.8의 구조를 사용해서 여러 가지 작업을 동시에 진행하려면 다음 두 가지 조건을 만족해야 한다.

① '조건 n 검사'는 가능한 한 자주 이루어져야 한다.
② '작업 n 처리'는 가능한 한 빨리 끝나야 한다.

여기에 한 가지 조건을 더 추가하자.

③ 작업 사이에는 연관성이 없어야 한다.

작업 사이에 연관성이 있는 경우라면 `if-else` 문이나 `switch-case` 문을 사용하여 경우의 수를 따져야 한다. 작업 1은 LED를 일정한 시간 간격으로 점멸하는 작업이고, 작업 2는 전방에 장애물이 나타났는지를 검사하는 작업이라고 생각해 보자. 이때 LED의 점멸 간격이 전방에 물체가 있는지 없는지에 따라 달라진다고 하면 LED를 점멸할 때 물체의 존재 여부를 고려하기 위해 조건문이 필요하다. 이처럼 작업 사이의 연관성이 있는 경우라도 복잡한 조건문을 제외하면 작업 사이의 연관성이 없는 경우와 같은 처리 구조를 가지므로, 이 장에서는 작업 사이의 연관성이 없는 것으로 가정하고 다중 작업을 위한 스케치 작성 방법을 설명한다. 작업 사이에 연관성이 없는 두 가지 작업을 동시에 진행하는 간단한 예가 스케치 17.6의 점멸 간격이 서로 다른 LED의 점멸 문제이므로, 여기서는 스케치 17.6을 작성하는 순서와 방법을 자세히 알아본다.

여러 가지 작업을 동시에 처리하기 위해서는 먼저 **(1) 수행할 작업을 명확히 정의**해야 한다. 점멸 간격이 다른 2개의 LED 점멸 문제에서 두 가지 작업은 1초 간격으로 LED를 점멸하는 작업과 0.5초 간격으로 LED를 점멸하는 작업이다. 이들 두 작업은 다른 작업의 상태와 무관하게 동작하므로 세 번째 조건을 만족한다.

작업이 정의되면 **(2) 개별 작업을 수행하는 스케치를 작성**해야 한다. 이때 조건 ①과 조건 ②를 염두에 두고 구현하는 것이 좋지만, 우선은 개별 작업의 결과를 얻을 수 있도록 구현하는 것이 먼저다. 1초 간격으로 LED를 점멸하는 단위 작업은 스케치 17.7과 같이 구현할 수 있다.

스케치 17.7 개별 작업의 구현 1

```
int LED1 = 13;                              // LED 연결 핀
boolean state1 = false;                     // LED 상태

int INTERVAL1 = 1000;                       // LED 반전 시간 간격

void setup() {
    pinMode(LED1, OUTPUT);                  // LED 연결 핀을 출력으로 설정
}

void loop() {
    state1 = !state1;                       // LED 상태 반전
    digitalWrite(LED1, state1);             // LED 상태 출력
    delay(INTERVAL1);
}
```

개별 작업이 구현된 후에는 구현된 스케치가 조건 ①과 조건 ②를 만족하는지 검사해야 한다. **조건 ①을 만족하기 위해서는 1초에 `loop` 함수가 일정 횟수 이상 호출되어야 한다.** 횟수를 정확하게 정할 수는 없지만, 최소한 수 밀리초에 한 번, 1초에 수백 번은 `loop` 함수가 호출될 수 있어야 한다. 스케치 17.7에서는 1초에 한 번 `loop` 함수가 호출되므로 다중 작업 처리에는 사용할 수 없다. 1초에 수백 번 `loop` 함수가 호출되도록 스케치를 작성하는 방법의 하나가 `millis` 함수를 사용하는 방법이다. 스케치 17.8은 스케치 17.7을 `millis` 함수를 사용하여 수정한 것으로, 1초에 24만 번 이상 `loop` 함수가 호출된다.

스케치 17.8 개별 작업의 구현 2

```
int LED1 = 13;                              // LED 연결 핀
boolean state1 = false;                     // LED 상태

unsigned long time_previous1 = 0;           // 마지막으로 작업을 처리한 시간
int INTERVAL1 = 1000;                       // LED 반전 시간 간격
unsigned long time_current;

void setup() {
    pinMode(LED1, OUTPUT);                  // LED 연결 핀을 출력으로 설정
}

void loop() {
    time_current = millis();                // 현재 시간

    blink_1s_task();                        // 작업 처리
}
```

```
void blink_1s_task() {                                  // 작업 처리 함수
    if (time_current - time_previous1 >= INTERVAL1) {   // 작업 처리 시점 판단
        time_previous1 = time_current;                  // 마지막으로 작업을 처리한 시간
        state1 = !state1;                               // LED 상태 반전
        digitalWrite(LED1, state1);                     // LED 상태 출력
    }
}
```

스케치 17.8은 조건 ①과 조건 ②를 모두 만족하면서 개별 작업을 수행하는 예로, 0.5초 간격으로 LED를 점멸하는 작업 역시 같은 방법으로 구현할 수 있다. 개별 작업에 대한 스케치 구현이 끝나면 **(3) 개별 작업을 통합**하면 된다.

스케치 17.9 개별 작업의 통합

```
int LED1 = 13, LED2 = 12;                               // LED 연결 핀
boolean state1 = false, state2 = false;                 // LED 상태

// 마지막으로 작업을 처리한 시간
unsigned long time_previous1 = 0, time_previous2 = 0;
unsigned long time_current;
int INTERVAL1 = 1000, INTERVAL2 = 500;                  // LED 반전 시간 간격

void setup() {
    pinMode(LED1, OUTPUT);                              // LED 연결 핀을 출력으로 설정
    pinMode(LED2, OUTPUT);
}

void loop() {
    time_current = millis();                            // 현재 시간

    blink_1s_task();                                    // 작업 1 처리: 1초 간격 블리크
    blink_0_5s_task();                                  // 작업 2 처리: 0.5초 간격 블링크
}

void blink_1s_task() {                                  // 작업 처리 함수 1
    if (time_current - time_previous1 >= INTERVAL1) {   // 작업 1 처리 시점 검사
        time_previous1 = time_current;                  // 마지막으로 작업 1을 처리한 시간
        state1 = !state1;                               // LED 1 상태 반전
        digitalWrite(LED1, state1);                     // LED 1 상태 출력
    }
}

void blink_0_5s_task() {                                // 작업 처리 함수 2
    if (time_current - time_previous2 >= INTERVAL2) {   // 작업 2 처리 시점 검사
        time_previous2 = time_current;                  // 마지막으로 작업 2를 처리한 시간
        state2 = !state2;                               // LED 2 상태 반전
        digitalWrite(LED2, state2);                     // LED 2 상태 출력
    }
}
```

스케치 17.9를 스케치 17.6과 비교해 보면 개별 작업 처리를 위해 별도의 함수를 사용한 점 이외에는 차이가 없다. 스케치 17.6에서는 작업 처리 함수가 간단하므로 `loop` 함수 내에 포함되어 있을 뿐이다. `millis` 함수를 사용하여 다중 작업을 처리하는 스케치를 작성하는 과정을 요약하면 다음과 같다.

1. 개별 작업 정의
2. 개별 작업 구현
3. `loop` 함수 실행이 수 밀리초 이내에 끝나 `loop` 함수를 초당 수백 번 이상 호출할 수 있도록 개별 작업 처리를 개별 작업 처리 시점 결정 방법과 실제 개별 작업 처리 과정으로 분리: `millis` 함수 사용
4. 개별 작업 통합

위의 과정을 통해 모든 다중 작업 처리 스케치를 구현할 수 있는 것은 아니지만, 여러 가지 작업을 동시에 처리해야 하는 경우 대부분은 `millis` 함수를 사용하여 구현할 수 있으며, 스케치에서 다중 작업 처리를 위해 가장 많이 사용되는 방법이 `millis` 함수를 사용하는 방법이다. 마지막으로 언급하고 싶은 것은 인터럽트 방식에 대한 오해다. `millis` 함수를 사용하는 폴링 방식으로는 해결할 수 없고 인터럽트 방식으로만 해결할 수 있는 경우가 존재하는 것은 사실이다. 하지만 **스케치에서 반드시 인터럽트 방식을 사용해야 하는 경우는 많지 않으며, 인터럽트 방식을 사용하는 이유는 대부분 스케치 효율을 높이기 위한 것**이라는 점도 기억하자.

17.5 Ticker 라이브러리

Ticker 라이브러리는 정해진 시간 간격으로 지정한 함수를 호출할 수 있게 해주는 라이브러리다. 하지만 **Ticker 라이브러리는 인터럽트 방식으로 동작하는 것이 아니라, `millis` 함수를 사용하여 시간을 계산하고 콜백 함수 호출 시점을 결정하는 폴링 방식으로 동작한다.** 따라서 **Ticker 라이브러리를 사용하는 경우에는 `loop` 함수 내에서 시간 계산을 위해 update 함수를 호출해야 한다.** 하지만 복잡한 시간 계산을 간단하게 처리해 주고 원하는 만큼의 `Ticker` 클래스 객체를 만들어 사용할 수 있다는 장점이 있다.

Ticker 클래스를 사용하기 위해서는 먼저 Ticker 라이브러리를 설치해야 한다. Ticker 라이브러리는 라이브러리 매니저에서 찾을 수 없으므로 Ticker 라이브러리 홈페이지*에서 라이브러리를 내려받는다. '스케치 → 라이브러리 포함하기 → .ZIP 파이브러리 추가...' 메뉴 항목을 선택하여 라이브러리 선택 다이얼로그를 실행하고, 내려받은 압축 파일을 선택하면 라이브러리 설치가 완료된다. 라이브러리 선택 다이얼로그를 통해 라이브러리를 설치하면 라이브러리 설치 후 아두이노 프로그램을 다시 시작하지 않아도 된다.

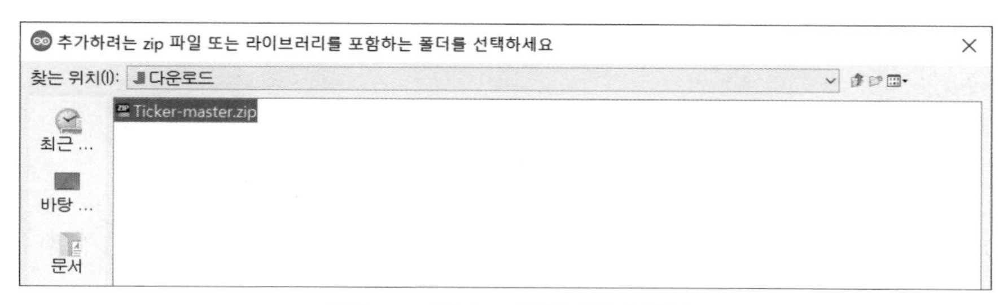

그림 17.9 Ticker 라이브러리 설치

Ticker 라이브러리는 주기적으로 호출할 콜백 함수를 관리할 수 있도록 Ticker 클래스를 제공하고 있다. Ticker 라이브러리를 사용하기 위해서는 먼저 헤더 파일을 포함해야 한다. '스케치 → 라이브러리 포함하기 → Ticker' 메뉴 항목을 선택하거나 #include 문을 직접 입력하면 된다.

```
#include <Ticker.h>
```

Ticker 클래스에서는 주기적인 콜백 함수 호출을 관리하기 위해 다음과 같은 멤버 함수를 정의하고 있다.

■ Ticker

```
Ticker::Ticker(fptr callback, uint32_t timer, uint32_t repeat = 0,
resolution_t resolution = MICROS)
  - 매개변수
    callback: 주기적으로 호출할 콜백 함수 포인터
    timer: 밀리초 단위의 콜백 함수 호출 간격
    repeat: 콜백 함수 호출 횟수(0으로 지정하면 횟수 제한 없이 계속 호출됨)
    resolution: 호출 간격 결정을 위한 내부의 시간 계산 단위(MICROS, MILLIS)
  - 반환값: 없음
```

* https://github.com/sstaub/Ticker

주기적인 함수 호출을 담당하는 객체를 생성한다. Ticker 객체는 시간 간격에 따라 하나씩 생성해서 사용하면 된다. 즉, 점멸 간격이 서로 다른 2개의 LED를 위한 블링크 스케치에서는 1초 간격으로 동작하는 Ticker 객체와 0.5초 간격으로 동작하는 Ticker 객체를 각각 생성하면 된다. Ticker 객체를 생성할 때는 지정한 시간 간격으로 호출할 콜백 함수에 대한 포인터와 시간 간격을 밀리초 단위로 지정한다.

- **start**

```
void Ticker::start()
  - 매개변수: 없음
  - 반환값: 없음
```

생성된 Ticker 클래스 객체가 주기적인 함수 호출을 수행할 수 있도록 초기화를 수행한다.

- **update**

```
void Ticker::update()
  - 매개변수: 없음
  - 반환값: 없음
```

객체의 시간 업데이트를 위해 loop 함수 내에서 호출하는 함수다. update 함수가 호출되면 내부적으로 millis 함수를 사용하여 경과 시간을 계산하고, 지정한 시간 간격을 넘어선 경우 콜백 함수를 호출한다.

스케치 17.10은 Ticker 라이브러리를 사용하여 2개의 LED를 0.5초와 1초 간격으로 점멸하는 예다.

스케치 17.10 점멸 간격이 다른 2개의 LED 블링크 – Ticker 라이브러리

```
#include <Ticker.h>

void blink1();                                // 콜백 함수 선언
void blink2();

int LED1 = 13, LED2 = 12;                     // LED 연결 핀
boolean state1 = false, state2 = false;       // LED 상태

Ticker ticker1(blink1, 1000);                 // 1초 간격으로 blink1 함수를 호출하는 객체
Ticker ticker2(blink2, 500);                  // 0.5초 간격으로 blink2 함수를 호출하는 객체

void setup() {
```

```
    pinMode(LED1, OUTPUT);                    // LED 연결 핀을 출력으로 설정
    pinMode(LED2, OUTPUT);

    ticker1.start();                          // Ticker 객체의 시간 계산 시작
    ticker2.start();
}

void loop() {
    ticker1.update();                         // 시간 업데이트 및 콜백 함수 호출
    ticker2.update();
}

void blink1() {                               // 1초 간격 점멸
    state1 = !state1;
    digitalWrite(LED1, state1);
}

void blink2() {                               // 0.5초 간격 점멸
    state2 = !state2;
    digitalWrite(LED2, state2);
}
```

Ticker 라이브러리는 update 함수를 사용하는 폴링 방식이라는 한계는 있지만, 별도의 하드웨어 지원이 필요하지 않고 millis 함수를 사용할 때의 복잡한 구조를 간단히 표현할 수 있다는 점에서 유용한 라이브러리 중 하나다.

17.6 TimerOne 라이브러리

마이크로컨트롤러에서 제공하는 기능 중에서 일정한 시간 간격으로 진행되는 작업을 위해 사용할 수 있는 기능에 타이머/카운터가 있다. 타이머/카운터는 CPU 클록을 기준으로 시간을 계산할 수 있게 해주며, 일정 시간이 지났을 때 인터럽트를 통해 알려주는 기능이 있어 주기적인 작업 처리에 사용할 수 있다. 아두이노 우노에 사용된 ATmega328 마이크로컨트롤러에도 3개의 타이머/카운터를 사용할 수 있다. 타이머/카운터를 사용할 때 주의해야 할 사항이 몇 가지 있다.

- **하나의 타이머/카운터는 하나의 시간 간격만을 설정할 수 있다***. Ticker 라이브러리에서 원하는 개수만큼 객체를 생성하여 다양한 시간 간격을 설정할 수 있는 것과 달리 타이머/카운터를 사용하여 설정할 수 있는 시간 간격의 개수는 많지 않다.
- **타이머/카운터 기능을 이미 다른 아두이노 함수나 라이브러리에서 사용하고 있을 수 있다.** 특히 0번 타이머/카운터의 경우 아두이노에서 흔히 사용되는 `delay` 함수와 `millis` 함수에서 사용하고 있으므로 다른 용도로 0번 타이머/카운터를 사용하면 시간 함수가 정상적으로 동작하지 않을 수 있다.
- **타이머/카운터는 PWM 신호 출력을 위해서도 사용된다.** 따라서 타이머/카운터를 다른 용도로 사용하면 PWM 신호 역시 정상적으로 출력되지 않을 수 있다.

표 17.1은 아두이노 우노의 타이머/카운터 관련 내용을 요약한 것이다.

표 17.1 아두이노 우노의 타이머/카운터

타이머/카운터	카운터 비트 수	관련 아두이노 함수/라이브러리	관련 PWM 핀
0번	8비트	delay, millis	5, 6
1번	16비트	서보 라이브러리	9, 10
2번	8비트	tone	3, 11

TimerOne 라이브러리는 1번 타이머/카운터를 사용하여 시간 간격을 설정하고, 설정한 시간 간격에 따라 자동으로 콜백 함수를 호출할 수 있게 해준다. **TimerOne 라이브러리는 Ticker 라이브러리와 달리 인터럽트를 사용하므로 `loop` 함수에서 update와 같은 함수를 호출할 필요가 없다.**

`TimerOne` 클래스를 사용하기 위해서는 먼저 TimerOne 라이브러리를 설치해야 한다. TimerOne 라이브러리는 Ticker 라이브러리처럼 홈페이지에서 내려받아** 설치하는 것도 가능하지만 라이브러리 매니저를 통해서도 설치할 수 있다. '스케치 → 라이브러리 포함하기 → 라이브러리 관리...' 메뉴 항목 또는 'Ctrl+Shift+I' 단축키를 눌러 라이브러리 매니저를 실행한다. 라이브러리 매니저에서 'TimerOne'을 검색하고 '설치' 버튼을 누르면 라이브러리가 자동으로 설치된다. 라이브러리 매니저를 통해 라이브러리를 설치하면 라이브러리 설치 후 아두이노 프로그램을 다시 시작하지 않아도 된다.

* 타이머/카운터의 종류에 따라서는 2개 이상의 시간 간격을 설정하는 것이 가능하기는 하지만 대부분의 타이머 관련 라이브러리에서는 하나의 시간 간격만을 설정할 수 있도록 하고 있다.

** https://github.com/PaulStoffregen/TimerOne

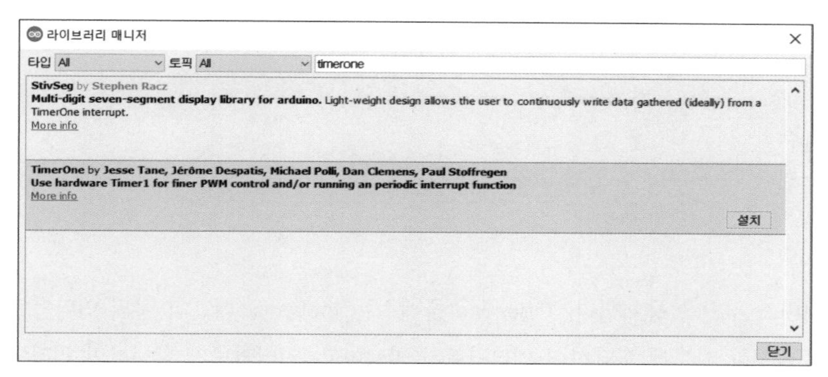

그림 17.10 TimerOne 라이브러리 검색 및 설치*

TimerOne 라이브러리는 주기적인 콜백 함수 호출을 위해 `TimerOne` 클래스를 제공하고 있다. TimerOne 라이브러리를 사용하기 위해서는 먼저 헤더 파일을 포함해야 한다. '스케치 → 라이브러리 포함하기 → TimerOne' 메뉴 항목을 선택하거나 `#include` 문을 직접 입력하면 된다.

```
#include <TimerOne.h>
```

라이브러리를 사용할 때 가장 먼저 해야 할 일은 객체를 생성하는 것이다. 하지만 `TimerOne` 클래스의 경우 1번 타이머/카운터를 위한 전용 클래스로 하나의 객체만 생성할 수 있다. 따라서 TimerOne 라이브러리에서는 `Timer1` 객체를 미리 선언하고 있으므로 별도로 객체를 생성하지 않고 사용할 수 있다.

■ initialize

```
void TimerOne::initialize(unsigned long microseconds = 1000000)
  - 매개변수
     microseconds: 마이크로초 단위의 인터럽트 서비스 루틴 호출 간격
  - 반환값: 없음
```

`Timer1` 객체에는 하나의 시간 간격만을 설정할 수 있으며 `initialize` 함수를 통해 설정할 수 있다. `initialize` 함수에서는 마이크로초 단위로 시간 간격을 지정하며, 시간 간격이 설정되면 자동으로 타이머가 시작된다.

---

* https://github.com/PaulStoffregen/TimerOne

■ **attachInterrupt**

```
void TimerOne::attachInterrupt( void (*isr)() )
  - 매개변수
      isr: 인터럽트 서비스 루틴에 대한 포인터
  - 반환값: 없음
```

인터럽트 서비스 루틴을 등록한다. TimerOne 클래스는 Ticker 클래스와 달리 인터럽트 방식으로 동작하므로 설정한 시간에 도달하면 인터럽트가 발생하고, 인터럽트가 발생하면 인터럽트 서비스 루틴ISR: Interrupt Service Routine이 자동으로 호출된다. **Ticker 클래스는 인터럽트가 아니라 millis 함수를 사용하므로 update 함수를 통해 콜백 함수가 호출된다면 TimerOne 클래스는 하드웨어에 의해 ISR이 호출되며, 이때 attachInterrupt 함수로 등록한 함수가 호출된다.**

스케치 17.11은 TimerOne 라이브러리를 사용하여 2개의 LED를 0.5초와 1초 간격으로 점멸하는 예다.

스케치 17.11 점멸 간격이 다른 2개의 LED 블링크 – TimerOne 라이브러리

```
#include <TimerOne.h>

int LED1 = 13, LED2 = 12;                       // LED 연결 핀
boolean state1 = false, state2 = false;         // LED 상태

void setup() {
    pinMode(LED1, OUTPUT);                      // LED 연결 핀을 출력으로 설정
    pinMode(LED2, OUTPUT);

    Timer1.attachInterrupt(blink);              // 콜백 함수 등록
    Timer1.initialize(500000);                  // 마이크로초 단위
}

void loop() {
    state1 = !state1;                           // 1초 간격 점멸
    digitalWrite(LED1, state1);

    delay(1000);                                // 1초 대기
}

void blink() {                                  // 0.5초 간격 점멸
    state2 = !state2;
    digitalWrite(LED2, state2);
}
```

스케치 17.11에서 한 가지 주의해야 할 점은 TimerOne 클래스에는 하나의 시간 간격만을 지정할 수 있다는 점이다. 따라서 스케치 17.8에서는 0.5초 간격의 LED 점멸을 TimerOne 클래스에서 담

당하고, 1초 간격의 LED 점멸은 블링크 예제와 같이 `delay` 함수를 써서 구현하고 있다. 2개의 LED 블링크에서 `delay` 함수를 사용할 수 없는 이유 중 하나는 `delay` 함수가 실행 중인 동안에는 다른 작업 대부분이 정지하기 때문이다. 스케치 17.11에서 1초 간격의 LED 점멸을 위해 `delay` 함수로 1초를 대기하는 중에도 다른 LED는 0.5초 간격으로 점멸하고 있다. 어떻게 이것이 가능할까? 비밀은 인터럽트 서비스 루틴이 우선순위가 높다는 데 있다. **하드웨어에 의해 발생하는 인터럽트를 처리하는 ISR은 `loop` 함수보다 우선순위가 높아 먼저 처리되므로 `delay` 함수에 의해 1초 동안 실행이 정지된 상태에서도 ISR에 의해 처리되는 0.5초 간격의 블링크는 가능하다.** 자세한 내용은 52장 '인터럽트'를 참고하면 된다.

17.7 외부 인터럽트

일정한 시간 간격을 갖는 작업을 처리하기 위해 `millis` 함수 대신 사용할 수 있는 방법으로 폴링 방식의 Ticker 라이브러리와 인터럽트 방식의 TimerOne 라이브러리를 살펴봤다. 이와 비슷하게 **버튼이 눌렸을 때 LED를 점멸하기 위해 사용했던 조건문 대신 사용할 수 있는 방법에 외부 인터럽트가 있다.** 외부 인터럽트는 데이터 핀에 가해지는 입력의 변화를 감지하여 ISR을 호출하게 해준다. 외부 인터럽트에 의해 호출되는 ISR은 `attachInterrupt` 함수를 통해 등록할 수 있다. TimerOne 라이브러리에도 같은 이름의 함수가 존재하고 목적도 비슷하지만 사용하는 인터럽트의 종류가 다르다. **TimerOne 라이브러리에서는 타이머/카운터 관련 인터럽트를 사용한다면 여기서는 외부 인터럽트를 사용한다.**

■ attachInterrupt

```
void attachInterrupt(uint8_t interrupt, void (*function)(void), int mode)
  - 매개변수
      interrupt: 인터럽트 번호
      function: 인터럽트 처리 함수의 이름(인터럽트 처리 함수는 매개변수를 갖지 않으며 반환값이 없다.)
      mode: 인터럽트가 발생하는 시점
  - 반환값: 없음
```

외부 인터럽트에 의해 호출되는 인터럽트 서비스 루틴을 등록한다. 아두이노 우노에서는 2번과 3번 핀을 통해 2개의 외부 인터럽트를 사용할 수 있으며, 인터럽트 번호는 2번과 3번 핀에서 발생하는 인터럽트를 구별하기 위한 것으로 0이나 1의 값을 가질 수 있다. 인터럽트 번호를 직접 사용할 수도 있지만, `digitalPinToInterrupt` 매크로 함수로 핀 번호를 인터럽트 번호로 변환하여 사용하는 것을 추천하고 있다.

인터럽트가 발생하는 시점은 표 17.2의 네 가지 중 하나를 사용할 수 있다. 풀다운 저항이 연결된 버튼에서 버튼이 눌리는 시점은 GND에서 VCC로 입력이 바뀌는 상승 에지이므로 `RISING`을 사용하면 된다.

표 17.2 mode 값에 따른 인터럽트 발생 시점

상수	인터럽트 발생 시점
LOW	입력값이 LOW일 때 인터럽트가 발생한다.
CHANGE	입력값의 상태가 변할 때 인터럽트가 발생한다(RISING 또는 FALLING).
RISING	입력값의 상승 에지에서 인터럽트가 발생한다.
FALLING	입력값의 하강 에지에서 인터럽트가 발생한다.

■ digitalPinToInterrupt

```
digitalPinToInterrupt(pin)
  - 매개변수
      pin: 핀 번호
  - 반환값: 인터럽트 번호
```

```
    #define digitalPinToInterrupt(p)
            ((p) == 2 ? 0 : ((p) == 3 ? 1 : NOT_AN_INTERRUPT))
```

아두이노 핀 번호에 해당하는 인터럽트 번호를 반환한다. 위의 정의는 아두이노 우노의 경우에 해당한다.

스케치 17.12는 외부 인터럽트를 사용하여 1초 간격의 LED 점멸과 버튼이 눌렸을 때 LED를 점멸하는 작업이 동시에 이루어지도록 만든 예로, 스케치 17.5와 같은 동작을 한다. 또한 스케치 17.12는 스케치 17.11과 마찬가지로 1초 간격의 LED 점멸을 위해 `delay` 함수를 사용하고 있다는 점도 주의해야 한다.

스케치 17.12 버튼과 LED 제어 – 외부 인터럽트

```
int LED1 = 13, LED2 = 12;                          // LED 연결 핀
int pin_button = 2;                                // 버튼 연결 핀
boolean state1 = false, state2 = false;            // LED 상태

void setup() {
    pinMode(LED1, OUTPUT);                         // LED 연결 핀을 출력으로 설정
    pinMode(LED2, OUTPUT);
    pinMode(pin_button, INPUT);                    // 버튼 연결 핀을 입력으로 설정

    // 디지털 2번 핀의 버튼이 눌릴 때 상승 에지(rising)에서
    // 'blink' 함수가 호출되도록 인터럽트 서비스 루틴 등록
    attachInterrupt(digitalPinToInterrupt(pin_button), blink, RISING);
}

void loop() {
    state1 = !state1;                              // 1초 간격 점멸
    digitalWrite(LED1, state1);

    delay(1000);                                   // 1초 대기
}

void blink() {
    state2 = !state2;
    digitalWrite(LED2, state2);
}
```

17.8 맺는말

마이크로컨트롤러에서 여러 가지 작업을 동시에 진행하는 것은, 마이크로컨트롤러가 복잡한 연산을 감당하기에는 연산 능력이 부족할 뿐만 아니라 여러 가지 작업을 조율할 운영체제가 없다는 점에서 컴퓨터에서 이루어지는 멀티 태스킹과는 차이가 있다. 하지만 마이크로컨트롤러에서 여러 가지 작업이 동시에 진행되는 경우 각 작업은 짧은 시간 동안 적은 연산만을 수행하는 경우가 대부분이므로, 이러한 특징을 이용하면 아두이노에서도 2개 이상의 작업을 동시에 수행하는 것이 그렇게 어렵지 않다.

아두이노로 여러 가지 작업을 동시에 진행하고자 할 때는 delay 함수를 사용하지 말아야 한다는 점을 반드시 기억해야 한다. 스케치 17.11이나 스케치 17.12에서는 delay 함수를 사용했지만, 이는 다른 한

가지 작업을 담당하는 전용 하드웨어가 있어서 가능한 것이다. delay 함수 대신 시간을 조절하고 타이밍을 맞추는 작업을 위해 아두이노에서는 millis 함수 사용을 추천하고 있다. millis 함수를 사용하는 것보다 인터럽트를 사용하는 것이 같은 작업을 더 짧은 스케치로 가능하게 해주는 것은 사실이지만, 인터럽트는 하드웨어에 대한 이해가 필요하고 정해진 종류의 인터럽트만 사용할 수 있다는 등의 단점도 있다. 무엇보다 인터럽트는 비전공자를 위한 아두이노에서 흔히 사용하는 기법은 아니라는 점을 기억하자. 또한 millis 함수 역시 인터럽트를 기반으로 하고 있을 만큼 인터럽트는 유용한 기능으로, 인터럽트를 직접 사용하지는 않더라도 많은 아두이노 함수와 라이브러리가 이미 인터럽트를 사용하고 있다는 점도 잊지 말아야 한다. 여러 가지 작업이 부드럽게 맞물려 돌아가기를 원하는가? 아마도 대부분은 millis 함수를 통해 구현할 수 있을 것이다.

1 delay 함수를 사용하면 여러 가지 작업을 동시에 진행하는 데 문제가 있을 수 있다. 또한 시간 간격이 상대적으로 부정확하다는 문제점도 있다. delay 함수는 delay 함수에서 대기하는 시간만 지정할 수 있다. 하지만 delay 함수 이외의 코드를 실행하기 위해서도 시간이 필요하다. delay 함수를 사용한 블링크와 millis 함수를 사용한 블링크에서 실제 LED가 점멸하는 시간 간격을 측정하여 출력하는 스케치를 작성하고, 두 방법에서의 실제 점멸 간격을 비교해 보자.

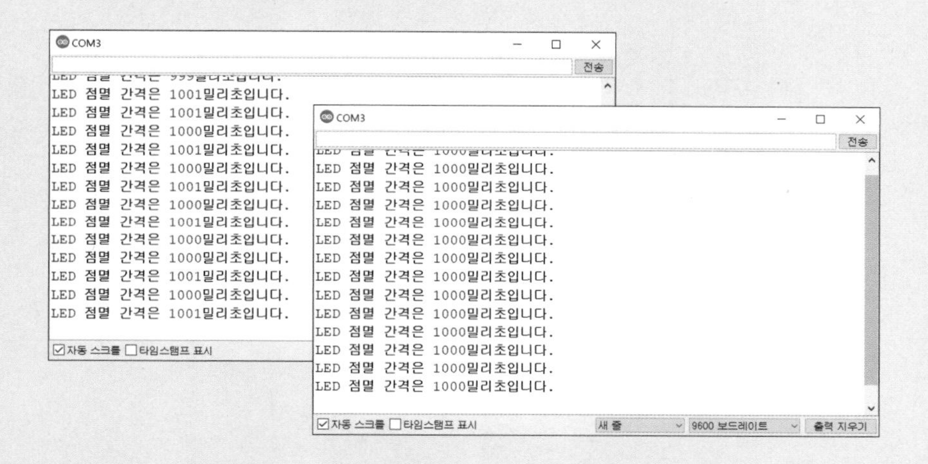

2 13번 핀에 LED를 연결하고 A0 핀에 가변저항을 연결하여 가변저항값에 따라 블링크 시간 간격이 변하는 스케치를 작성해 보자. 블링크 시간 간격은 0.5초에서 1.5초 사이에서 변하게 하고, 이 값은 가변저항의 0~1023 범위의 값을 map 함수로 변환하여 사용하게 한다.

```
COM3                                             전송
현재 점멸 시간 간격은 1500밀리초입니다.
현재 점멸 시간 간격은 1346밀리초입니다.
현재 점멸 시간 간격은 1225밀리초입니다.
현재 점멸 시간 간격은 1129밀리초입니다.
현재 점멸 시간 간격은 1071밀리초입니다.
현재 점멸 시간 간격은 1009밀리초입니다.
현재 점멸 시간 간격은 921밀리초입니다.
현재 점멸 시간 간격은 831밀리초입니다.
현재 점멸 시간 간격은 744밀리초입니다.
현재 점멸 시간 간격은 647밀리초입니다.
현재 점멸 시간 간격은 563밀리초입니다.
현재 점멸 시간 간격은 563밀리초입니다.
현재 점멸 시간 간격은 563밀리초입니다.
현재 점멸 시간 간격은 562밀리초입
자동 스크롤  타임스탬프 표시   새 줄   9600 보드레이트   출력 지우기
```

스케치 17.5는 LED가 1초 간격으로 점멸하면서 버튼이 눌릴 때마다 LED가 반전되는 예다. 하지만 버튼을 누른 상태만을 검사하므로 버튼이 한 번만 눌려도 여러 번 누른 것으로 인식하는 경우가 있다. 버튼이 눌리는 순간을 찾고 디바운싱까지 고려하여 버튼을 한 번 눌렀을 때 LED 상태가 한 번만 바뀌도록 스케치 17.5를 수정해 보자.

찾아보기

D

E

F

T

U

V

W

ㄱ

ㄴ

ㄷ

ㄹ

ㅁ

ㅂ